DADOS PESSOAIS E REPARAÇÃO CIVIL

O GEN | Grupo Editorial Nacional – maior plataforma editorial brasileira no segmento científico, técnico e profissional – publica conteúdos nas áreas de concursos, ciências jurídicas, humanas, exatas, da saúde e sociais aplicadas, além de prover serviços direcionados à educação continuada.

As editoras que integram o GEN, das mais respeitadas no mercado editorial, construíram catálogos inigualáveis, com obras decisivas para a formação acadêmica e o aperfeiçoamento de várias gerações de profissionais e estudantes, tendo se tornado sinônimo de qualidade e seriedade.

A missão do GEN e dos núcleos de conteúdo que o compõem é prover a melhor informação científica e distribuí-la de maneira flexível e conveniente, a preços justos, gerando benefícios e servindo a autores, docentes, livreiros, funcionários, colaboradores e acionistas.

Nosso comportamento ético incondicional e nossa responsabilidade social e ambiental são reforçados pela natureza educacional de nossa atividade e dão sustentabilidade ao crescimento contínuo e à rentabilidade do grupo.

EDUARDO LUIZ **BUSATTA**

DADOS PESSOAIS E REPARAÇÃO CIVIL

COLEÇÃO
DIREITO
PRIVADO

ORGANIZADOR
FLÁVIO **TARTUCE**

- O autor deste livro e a editora empenharam seus melhores esforços para assegurar que as informações e os procedimentos apresentados no texto estejam em acordo com os padrões aceitos à época da publicação, e todos os dados foram atualizados pelo autor até a data de fechamento do livro. Entretanto, tendo em conta a evolução das ciências, as atualizações legislativas, as mudanças regulamentares governamentais e o constante fluxo de novas informações sobre os temas que constam do livro, recomendamos enfaticamente que os leitores consultem sempre outras fontes fidedignas, de modo a se certificarem de que as informações contidas no texto estão corretas e de que não houve alterações nas recomendações ou na legislação regulamentadora.

- Fechamento desta edição: *18.04.2024*

- O Autor e a editora se empenharam para citar adequadamente e dar o devido crédito a todos os detentores de direitos autorais de qualquer material utilizado neste livro, dispondo-se a possíveis acertos posteriores caso, inadvertida e involuntariamente, a identificação de algum deles tenha sido omitida.

- **Atendimento ao cliente:** (11) 5080-0517 | faleconosco@grupogen.com.br

- Direitos exclusivos para a língua portuguesa
  Copyright © 2024 by
  Editora Forense Ltda.
  Uma editora integrante do GEN | Grupo Editorial Nacional
  Travessa do Ouvidor, 11 – Térreo e 6º andar
  Rio de Janeiro – RJ – 20040-040
  www.grupogen.com.br

- Reservados todos os direitos. É proibida a duplicação ou reprodução deste volume, no todo ou em parte, em quaisquer formas ou por quaisquer meios (eletrônico, mecânico, gravação, fotocópia, distribuição pela Internet ou outros), sem permissão, por escrito, da Editora Forense Ltda.

- Capa: Fabricio Vale

CIP-BRASIL. CATALOGAÇÃO NA PUBLICAÇÃO
SINDICATO NACIONAL DOS EDITORES DE LIVROS, RJ

B925d

    Busatta, Eduardo Luiz
    Dados pessoais e reparação civil / Eduardo Luiz Busatta ; organização Flávio Tartuce. - 1. ed. - Rio de Janeiro : Forense, 2024.
        352 p. ; 23 cm.   (Direito privado)

    Inclui bibliografia
    ISBN 978-85-3099-513-3

        1. Direitos fundamentais - Brasil. 2. Proteção de dados. 3. Reparação (Direito). I. Tartuce, Flávio. II. Título. III. Série.

24-89264   CDD: 343.45:342.721(81)

Gabriela Faray Ferreira Lopes - Bibliotecária - CRB-7/6643

À Daniele, esposa amada, fonte de toda a inspiração.

AGRADECIMENTOS

A tese de doutoramento, agora transformada em livro, que segue, apesar de levar somente o nome do doutorando, na verdade é fruto da contribuição de inúmeras pessoas.

À Professora Doutora Têmis Limberger, agradeço imensamente pela orientação competente, equilibrada e atenta. Além das lições de direito, conviver com a Professora Têmis trouxe muitas lições de cultura e humanidade.

Ao Professor Marcos Catalan, amigo e interlocutor de longa data, agradeço pela constante troca de ideias e incansável disposição para ouvir minhas dúvidas e angústias.

Agradeço também ao amigo Ricardo Canan pela leitura atenta dos originais e seus profícuos apontamentos para a pesquisa.

Ao amigo Marcos Ehrhardt Júnior, agradeço pelas lições a respeito da temática, bem como a disposição para debater as ideias que foram expostas na pesquisa.

Agradeço, ainda, aos Professores Leonel Severo Rocha, Lenio Luiz Streck, José Rodrigo Rodrigues, Wilson Engelmann e Eroulths Cortiano Júnior (Universidade Federal do Paraná) pelo grande aprendizado obtido durante as aulas dos créditos do doutoramento.

Aos colegas de turma, Diogo Lopes Cavalcante, Eduardo Hoffmann, Fabiane Grando, Figueiredo Monteiro Neto, Leonardo Ribas Tavares, Rodrigo Rodrigues Dias e Lucas Paulo Orlando de Oliveira, pelo aprendizado compartilhado, ajuda e incentivo.

Agradeço à Universidade Estadual do Oeste do Paraná – Unioeste, na pessoa do Magnífico Reitor Alexandre Almeida Webber, pelo apoio institucional na realização da pesquisa.

Por fim, agradeço ao amigo e Professor Flávio Tartuce e ao Grupo Editorial Nacional por possibilitar que a tese alcance o grande público.

THE UNKNOWN CITIZEN

He was found by the Bureau of Statistics to be
One against whom there was no official complaint,
And all the reports on his conduct agree
That, in the modern sense of an old-fashioned word, he was a saint,
For in everything he did he served the Greater Community.
Except for the War till the day he retired
He worked in a factory and never got fired,
But satisfied his employers, Fudge Motors Inc.
Yet he wasn't a scab or odd in his views,
For his Union reports that he paid his dues,
(Our report on his Union shows it was sound)
And our Social Psychology workers found
That he was popular with his mates and liked a drink.
The Press are convinced that he bought a paper every day
And that his reactions to advertisements were normal in every way.
Policies taken out in his name prove that he was fully insured,
And his Health-card shows he was once in hospital but left it cured.
Both Producers Research and High-Grade Living declare
He was fully sensible to the advantages of the Instalment Plan
And had everything necessary to the Modern Man,
A phonograph, a radio, a car and a frigidaire.
Our researchers into Public Opinion are content
That he held the proper opinions for the time of year;
When there was peace, he was for peace: when there was war, he went.
He was married and added five children to the population,
Which our Eugenist says was the right number for a parent
of his generation.
And our teachers report that he never interfered with their education.

Was he free? Was he happy? The question is absurd:
Had anything been wrong, we should certainly have heard.*

(W. H. AUDEN)

---

* *O cidadão desconhecido*, de W. H. Auden (1907-1973):
"Foi considerado pelo Serviço de Estatística como / Uma pessoa contra a qual não havia nenhuma queixa oficial, / E todos os relatórios sobre a sua conduta concordam / Que, no sentido moderno de uma palavra antiquada, ele era um santo, / Pois em tudo o que fez, serviu à Comunidade Maior. / Exceto durante a guerra, até ao dia em que se reformou / Trabalhou numa fábrica e nunca foi despedido, / mas satisfazia os seus patrões, a Fudge Motors Inc. / No entanto, ele não era um fura-greves ou estranho nas suas opiniões, / pois o seu sindicato diz que ele pagava as suas quotas, / (O nosso relatório sobre o seu sindicato mostra que era sólido) / E os nossos trabalhadores de Psicologia Social descobriram / Que ele era popular com os seus colegas e gostava de beber. / A imprensa está convencida de que ele comprava um jornal todos os dias / e que as suas reações aos anúncios eram normais em todos os sentidos. / As apólices de seguro subscritas em seu nome provam que ele tinha um seguro completo, / E o seu cartão de saúde mostra que ele esteve uma vez no hospital, mas que saiu de lá curado. / Tanto a Producers Research como a High-Grade Living declaram que / Ele era totalmente sensível às vantagens do Plano de Prestação / E tinha tudo o que era necessário para o Homem Moderno, / Um fonógrafo, um rádio, um carro e uma geladeira. / Os nossos investigadores da opinião pública estão satisfeitos / com o fato de ele ter as opiniões adequadas à época do ano; / Quando havia paz, ele era pela paz; quando havia guerra, ele ia. / Era casado e acrescentou cinco filhos à população, / O que o nosso Eugenista diz ser o número correto para um pai da sua geração. / E os nossos professores dizem que ele nunca interferiu na sua educação. / Ele era livre? Era feliz? A pergunta é absurda: / Se algo estivesse errado, certamente teríamos ouvido" (AUDEN. W. H. The unknown citizen. *In*: POETS.org. New York, Academy of American Poets, c2023. Disponível em: https://poets.org/poem/unknown-citizen. Acesso em: 20 jul. 2023, tradução nossa).

SOBRE O ORGANIZADOR

Flávio Tartuce

- Pós-Doutor e doutor em Direito Civil e graduado pela Faculdade de Direito da USP.
- Mestre em Direito Civil Comparado e especialista em Direito Contratual pela PUCSP.
- Relator-geral da Comissão de Juristas nomeada para a Reforma do Código Civil, pelo Senado Federal.
- Coordenador e professor titular permanente do Programa de Mestrado da Escola Paulista de Direito (EPD).
- Diretor-geral e professor da Escola Superior da Advocacia da Ordem dos Advogados do Brasil em São Paulo.
- Conselheiro efetivo da Ordem dos Advogados do Brasil da Seccional do Estado de São Paulo (OABSP).
- Membro efetivo da Comissão de Direito Civil da OABSP.
- Conselheiro e professor da Escola Superior da Advocacia do Conselho Federal da OAB (ESA Nacional).
- Secretário-geral da comissão de Responsabilidade Civil do Conselho Federal da OAB.
- Coordenador e professor dos cursos de pós-graduação lato sensu em Direito Civil e Processual Civil, Direito Contratual, Direito Civil e do Consumidor, Direito de Família e das Sucessões da Escola Paulista de Direito (EPD).
- Patrono regente e professor do curso de pós-graduação lato sensu em Advocacia do Direito Negocial e Imobiliário da Escola Brasileira de Direito (EBRADI).
- Professor convidado em outros cursos de pós-graduação *lato sensu* pelo País, em Escolas da Magistratura e na Associação dos Advogados de São Paulo (AASP).
- Membro do Conselho Consultivo do Operador Nacional de Registros Públicos Eletrônicos do Conselho Nacional de Justiça (ONR/CNJ).

- Fundador e primeiro presidente do Instituto Brasileiro de Direito Contratual (IBDCONT).
- Presidente do Instituto Brasileiro de Direito Contratual em São Paulo (IBDCONTSP).
- Diretor Nacional do Instituto Brasileiro de Direito de Família (IBDFAM), sendo presidente da Comissão de Direito das Sucessões.
- Colunista do *Portal Migalhas: Família e Sucessões* e *Migalhas Contratuais*.
- Palestrante em cursos, congressos e seminários jurídicos no Brasil e no exterior.
- Atua como advogado, parecerista, consultor jurídico e árbitro nas principais Câmaras Arbitrais do Brasil.

Site: www.flaviotartuce.adv.br
Blogs: www.professorflaviotartuce.blogspot.com
http://flaviotartuce.jusbrasil.com.br
Instagram: @flavio.tartuce
Currículo lattes: http://lattes.cnpq.br/7182705988837779

SOBRE O AUTOR

Eduardo Luiz Busatta

- Pós-doutorando em *New Technologies, Law and Social Sciences* pela Università Mediterranea di Reggio Calabria (MICHR, Itália).
- Doutor *summa cum laude* em Direito Público pela Universidade do Vale do Rio dos Sinos (Unisinos).
- Mestre em Direito Negocial pela Universidade Estadual de Londrina (UEL).
- Professor adjunto da Universidade Estadual do Oeste do Paraná (Unioeste).
- Membro fundador do Instituto Brasileiro de Direito Contratual (IBDCONT).
- Palestrante em cursos, congressos e seminários jurídicos no Brasil e no exterior.
- Procurador do Estado do Paraná.

APRESENTAÇÃO GERAL DA COLEÇÃO

Com muita alegria e júbilo acadêmico, apresento esta coleção, sob a minha coordenação geral, que congrega livros e trabalhos monográficos de Direito Privado, pelo selos do Grupo Editorial Nacional e da *clássica* Editora Forense.

O seu objetivo é difundir ainda mais os trabalhos técnicos, sobretudo os produzidos no âmbito das Faculdades de Direito de todo o Brasil, fomentando o contínuo debate do Direito Privado Brasileiro e a *civilística* nacional.

Por certo que, além da publicação de coleções, obras coletivas, cursos e manuais, há a necessidade de um contínuo lançamento de livros específicos de Direito Civil, com todas as suas temáticas vistas de forma mais aprofundada, da Parte Geral ao Direito das Sucessões, para que o seu debate continue vivo e intenso, não só no âmbito acadêmico como também perante toda a sociedade brasileira.

Feliz e realizado, portanto, com o lançamento deste novo projeto, agradecendo ao sempre parceiro Grupo Editorial Nacional, por nele acreditar, e também aos autores que compõe essa nova série bibliográfica, visando ao crescimento do Direito Civil Brasileiro.

Boa leitura! Bons estudos! É o que eu sempre desejo.

Flávio Tartuce
Coordenador da coleção Direito Privado, pelo Grupo GEN/Forense.

APRESENTAÇÃO

Dados Pessoais e Reparação Civil, mais do que um mero título, trata-se de um encontro desafiador entre o novo e o velho, entre a era digital e os conceitos tradicionais do Direito Civil.

À medida que a sociedade avança em direção a uma realidade cada vez mais digitalizada, na qual os dados pessoais se tornaram uma moeda valiosa, surge a necessidade crucial de compatibilizar esse novo paradigma com os direitos fundamentais.

Esta obra explora essa interface complexa, buscando conciliar a proteção dos direitos com o progresso tecnológico. Mediante análise aprofundada, o livro navega por essa encruzilhada jurídica, propondo soluções inovadoras que equilibram as demandas hodiernas com os pilares seculares do Direito Civil.

O livro é fruto da tese de doutoramento defendida com êxito em setembro de 2023 no Programa de Pós-Graduação em Direito da Universidade do Vale do Rio do Sinos (Unisinos). Intitulada "Contributo(s) do direito de danos à proteção de dados pessoais: interações entre prevenção e reparação de danos", a tese foi aprovada com distinção e recomendação para publicação pela banca formada pelos professores doutores Têmis Limberger (orientadora), Eroulths Cortiano Júnior, Fabiano Menke, Marcos Catalan e Raquel Von Hohendorf. É com grande satisfação que aproveito esta oportunidade para expressar minha profunda gratidão a esses ilustres acadêmicos, cujas valiosas contribuições foram cuidadosamente incorporadas à versão final que agora tenho o privilégio de compartilhar com o público em geral.

Além de explorar o direito à proteção de dados pessoais e a imputação da responsabilidade civil propriamente dita, este livro realiza uma análise profunda sobre os riscos, a prevenção e a precaução relacionados à temática proposta.

Pode-se dizer que suas principais contribuições se dão: a) no desenvolvimento do direito à proteção de dados pessoais como um direito distinto e autônomo em relação ao direito à privacidade e até mesmo ao direito à autodeterminação informativa; b) na defesa de que a abordagem baseada em riscos foi adotada pela Lei Geral de Proteção de Dados Pessoais (LGPD); c) na relevância da análise interdependente dos horizontes preventivo e reparatório ligados aos riscos e danos decorrentes do tratamento de dados pessoais, com a necessária consideração do grau concreto de risco da atividade; d) no desenvolvimento do que se denominou de "responsabilidade civil dúctil", adotada, na minha visão, pela LGPD para a atribuição da responsabilidade por danos e, consequentemente, no contributo que tal adoção traz para o direcionamento social, com a criação da função promocional do direito de danos.

Assim, muito além da discussão simplista sobre a adoção da responsabilidade civil subjetiva ou objetiva pela LGPD, o presente livro desenvolve uma abordagem complexa e interdependente das medidas de antecipação ao dano (*ex ante*) e as medidas de reparação (*ex post*). Esta forma de enxergar, defende-se, tem o potencial de fazer com que o direito fundamental à proteção de dados pessoais, instrumentalizado especialmente pela Lei Geral de Proteção de Dados, possa ser concretizado por meio do direito de danos.

Com isso, acredito que a obra seja especialmente útil aos estudantes de graduação e pós-graduação, dada a seriedade científica buscada, mas também aos profissionais do Direito (advogados, magistrados, promotores, procuradores etc.), por buscar soluções concretas e objetivas ligadas aos riscos e danos decorrentes da atividade de tratamento de dados pessoais.

Portanto, convido todos a conhecerem este livro, esperando que tenham na leitura o mesmo prazer que tive ao escrevê-lo.

Por fim, parabenizo o Professor Flávio Tartuce, a Editora Forense e o Grupo Editorial Nacional pela belíssima iniciativa de criar a coleção "Direito Privado", que preenche uma importante lacuna no cenário jurídico nacional. Ao mesmo tempo, expresso minha imensa gratidão pela confiança depositada em mim ao permitir que eu participe desta coleção.

Cascavel, 19 de março de 2024.

Eduardo Luiz Busatta

PREFÁCIO

PRECAUÇÃO, PREVENÇÃO E REPARAÇÃO DE DANOS NA LEI GERAL DE PROTEÇÃO DE DADOS: UMA BREVÍSSIMA INTRODUÇÃO SOBRE A DUCTIBILIDADE NO USO DE FATORES DE ATRIBUIÇÃO DO DEVER DE REPARAR

O convite para lapidar algumas poucas palavras, que nascem acanhadas e buscam se esconder em um brevíssimo excerto introdutório que assume a sua inexorável condição de encabulado prelúdio, tocou, profundamente, os recantos mais recônditos do meu coração, preciso publicamente confessá-lo.

Conheci Eduardo em 2002. Era dezembro, fim de dezembro, e fazia muito calor. Éramos jovens. Em termos cronológicos, ele mais que eu. Eduardo impressionou-me desde o primeiro instante e não apenas por seus quase dois metros de altura ou pelo vermelho que ainda costuma tomar conta da sua tez em inúmeros instantes, mormente, quando ele se encontra com *Dionysos*, o deus do vinho.

Eduardo também impressionou os outros três colegas com quem dividíamos, constantemente, as angústias imanentes à condição de pesquisadores neófitos e, permita-me a inconfidência, à *Calíope* do Direito Civil brasileiro, professora doutora Jussara Borges Ferreira, que nos honrou com a orientação de nossas pesquisas quando cursamos o mestrado em Direito junto à Universidade Estadual de Londrina e, sem dúvida alguma, segue a inspirar a todos que a conhecem com sua paixão pelo Direito, sua oratória acurada e seriedade acadêmica.

Ali, naquele momento, começou nossa amizade. Uma história vivida ao largo de mais de duas décadas, como revela um cálculo aritmético que parece dispensar o recurso à calculadora ou ao celular. Uma história, literalmente, vivida ao largo de alguns milhares de quilômetros rodados pelas estradas do Sul e do Sudeste do Brasil. Eduardo, por exemplo, estava comigo quando conheci a *Doce Eliza*.

Hoje, depois de acompanhar alguns dos momentos mais lindos de sua vida, de vê-lo mestre com um trabalho icônico sobre a teoria do adimplemento substancial – o melhor livro escrito sobre o assunto no Brasil –, de ver um "s" sumir de seu patronímico, de conhecer sua linda família nuclear, ele me dá a honra de prefaciar esse livro singular, gestado por ocasião de seu doutoramento, registre-se merecidamente grafado *summa cum laude*!

Desde sempre, a fala firme, segura e sem qualquer pompa, afetação ou pedantismo são características dignas de nota. O rigor dogmático, clareza e elegância em cada raciocínio jurídico e, ainda, a capacidade de solucionar questões pinçadas do universo fenomênico também o são. A escrita, tal qual a fala, tem qualidade incomum. Predicados lapidados ao longo do tempo com muita dedicação e esforço pessoal de Eduardo, quem o conhece o sabe!

Convido toda pessoa que tenha contato com este livro e ainda não conheça o autor a saltar as próximas páginas e beber direto na fonte. Faça isso sem qualquer constrangimento. Estou convicto de que verá que não há excesso algum nas palavras, frases, orações e parágrafos que carregam em seu ventre alguns dos atributos de um ser humano notável.

É verdade que a gentil, melhor, a honrosa missiva exortou-me também a tentar antecipar aspectos teóricos e estéticos impossíveis de serem bem comunicados por meio da estridente voz de um núncio. A tarefa, aliás, não poderia ser executada à contento mesmo se esse núncio possuísse a inteligência de *Pallás Athēná*, confissão fato que, é verdade, ameniza bastante o sentimento de culpa[1] afeto à manifesta incapacidade de lapidar palavras à altura da obra prenunciada.

Impõe-me, outrossim, registrar que a obra que vem ao lume é bem mais que aprazível. O livro é delicioso, do início ao fim. Mas é bem mais que isso. Cada parágrafo foi deveras bem cosido e densamente fundamentado. E isso se repete, sem nenhuma letargia, em cada uma das páginas que dão vida a esse robusto livro que deverá ser degustado como devem ser apreciados os melhores vinhos, os melhores queijos e, certamente, vivenciados os melhores amores.

O livro divide-se em três grandes partes. A primeira explora as nuances do direito fundamental à proteção de dados pessoais, um direito formalmente reconhecido no Brasil há menos de um lustro. A segunda dedica-se ao estudo do tratamento de dados pessoais. Ela se espraia, entretanto, para muito além do que se costuma ver nas obras escritas sobre o tema. A argúcia e rara inteligência de Eduardo revelam aspectos até então ocultos no contexto da *law in book* e ignorados pela *law in action*. A última parte é dedicada a um tema que particularmente me encanta: o direito de danos. Essas reflexões, em especial, são sem dúvida alguma o que existe de mais sofisticado escrito sobre o assunto no País, nas Américas e, ouso dizer, no mundo.

Suas entranhas revelam a existência de mais de 400 fontes, escritas em diversos idiomas, todas elas, minudentemente trabalhadas. A Crítica Hermenêutica do Direito e o Direito Dúctil de Zagrebelsky[2], ao lado de outros referenciais teóricos incontestáveis, foram usados para pensar uma dogmática refinadíssima que ajudará, sem dúvida, a melhor tutelar cada ser humano tanto quando se

---

[1] GUEDES, Paulo Sergio Rosa; WALZ, Julio Cesar. *O sentimento de culpa*. 2. ed. Porto Alegre: ed. do autor, 2009.

[2] ZAGREBELSKY, Gustavo. *El derecho dúctil*: ley, derechos, justicia. 11. ed. Tradução: Marina Gascón. Madrid: Trotta, 2011.

pensa na precaução e na prevenção de danos como quando se tem em mente a máxima reparação.

Enfim, não parece excessivo lembrar que esse ser humano é titular de dados ameaçados diuturnamente, tanto em seu caráter estático – genoma humano, digitais e outros signos distintivos da pessoa – como em sua vertente dinâmica que engloba características pessoais referentes a escolhas religiosas, éticas, culturais, ideológicas, políticas e profissionais[3]. Ameaças contra as quais pouco se pode fazer na seara fenomênica, mormente, no campo individual e, que também por isso, demandam a intervenção do Direito.

No mais, resta-me dizer apenas: deleitem-se com essa obra incomum; desfrutem os encantos dessa estonteante *Galatea*[4] literária.

Marcos Catalan

Doutor *summa cum laude* pela Faculdade do Largo do São Francisco, Universidade de São Paulo. Mestre em Direito pela Universidade Estadual de Londrina. Estágio pós--doutoral no *Mediterranea International Center for Human Rights Research* (2020-2021). *Visiting Scholar* no *Istituto Universitario di Architettura di Venezia* (2015-2016). Estágio pós-doutoral na *Facultat de Dret da Universitat de Barcelona* (2015-2016). Professor visitante no Mestrado em Direito de Danos da *Facultad de Derecho de la Universidad de la Republica*, Uruguai. Professor visitante no Mestrado em Direito dos Negócios da *Universidad de Granada*, Espanha. Professor visitante no Mestrado em Direito Privado da *Universidad de Córdoba*, Argentina. Professor visitante no Mestrado em Direito Civil da *Universidad de Huánuco*, Peru. Cofundador da Rede de Pesquisas Agendas de Direito Civil Constitucional. Diretor do Brasilcon (2020-2021). Advogado parecerista.

---

[3] AGURTO GONZÁLES, Carlos; QUEQUEJANA MAMANI, Sonia Lidia. *Derecho privado, persona y responsabilidad civil*. Buenos Aires: Olejnik, 2019. p. 55.

[4] BULFINCH, Thomas. *O livro de ouro da mitologia*: histórias de deuses e de heróis. 34. ed. Rio de Janeiro: Ediouro, 2006. p. 71-72.

SUMÁRIO

INTRODUÇÃO		1
1	**DIREITO FUNDAMENTAL À PROTEÇÃO DE DADOS PESSOAIS**	15
1.1	Transformação digital, sociedade e direito	16
1.2	Alguns elementos históricos estruturantes do direito à proteção de dados pessoais	30
1.3	O novo direito fundamental à proteção de dados pessoais	39
1.4	Conteúdo e objeto do direito fundamental à proteção de dados pessoais	48
1.5	Arquétipos legais na/da Lei Geral de Proteção de Dados (Lei 13.709) como salvaguardas constitucionalmente adequadas – essência do direito fundamental à proteção de dados pessoais	57
1.6	Dimensão subjetiva e dimensão objetiva do direito fundamental à proteção de dados pessoais	78
1.7	A função de irradiação dos direitos fundamentais e a busca da resposta constitucionalmente adequada	84
2	**RISCOS, PRECAUÇÃO E PREVENÇÃO NO TRATAMENTO DE DADOS PESSOAIS**	109
2.1	Sociedade de risco	109
2.2	Riscos decorrentes do tratamento de dados pessoais	114
2.3	Fundamentação constitucional dos deveres de precaução e prevenção	131
2.4	Do protagonismo do consentimento ao protagonismo do risco	144
2.5	O risco e o caráter preventivo (em sentido amplo) da LGPD	151
2.6	Ferramentas específicas de prevenção (*lato sensu*) na LGPD	166
2.7	A abordagem baseada em risco e os deveres de prevenção (*lato sensu*) na LGPD: a necessária correspondência entre o grau de risco e a extensão dos deveres respectivos	174

3 DA REPARAÇÃO DE DANOS DECORRENTES DA ATIVIDADE DE TRATAMENTO DE DADOS PESSOAIS 191

3.1 A reparação de danos decorrentes do tratamento de dados pessoais: análise crítica do estado da arte... 192

3.2 A antijuridicidade na conduta do agente de tratamento de dados .. 200

3.3 A antijuridicidade e o dever de reparar danos.................................... 208

3.4 A responsabilidade por danos em matéria de proteção de dados pessoais entre a abstração e a concretude.. 219

3.5 A(s) interação(ões) entre prevenção e reparação de danos............... 236

3.6 Das medidas de redução do risco e sua relevância para fins de responsabilidade de reparar os danos: a função promocional do direito de danos.. 242

3.7 A hermenêutica adequada à Constituição em matéria de riscos e danos decorrentes da atividade de tratamento de dados pessoais ... 254

CONCLUSÃO.. 267

REFERÊNCIAS.. 287

INTRODUÇÃO

> "Agora não é o momento de pensar naquilo que você não tem. Pense antes no que pode fazer com aquilo que tem."[1]

Dados pessoais, sistemas de inteligência artificial e inferências preditivas; matéria-prima, técnica utilizada e resultado obtido, respectivamente – estes são os principais componentes da transformação social que está ocorrendo enquanto estas linhas são escritas/lidas. As promessas são muitas; contudo, muitos também são os riscos.

Na atualidade, a "digitalização da sociedade" decorrente da penetrabilidade das tecnologias digitais, em especial da internet, em praticamente todos os setores da existência humana, ressignificou a expressão "navegar é preciso".[2] De fato, parcela considerável (e crescente) das atividades humanas, em todos os campos, depende do uso das tecnologias digitais, em especial, da internet, a ponto de tornar-se impossível pensar a forma de ser e viver atual sem sua utilização.

---

[1] HEMINGWAY, Ernest. **O velho e o mar**. Tradução de Fernando de Castro Ferro. 87. ed. Rio de Janeiro: Bertrand Brasil, 2015. p. 109.

[2] O mar sempre foi a grande metáfora voltada à internet. Regulamentá-la, de forma efetiva, é o grande desafio do direito. Nesse sentido, é impossível não relacionar tal temática com a trama de "O velho e o mar", de Ernest Hemingway. E é por essa razão que todas as seções da pesquisa são epigrafadas com citações extraídas de tal obra que, ainda que de forma figurada, relacionam-se com o conteúdo desenvolvido.

Sistemas que utilizam tecnologias digitais necessitam de dados[3] em formato digital,[4] os quais podem ser facilmente coletados e praticamente não ocupam espaço; são mantidos armazenados com custos cada vez menores,[5] admitem replicação e são transportados (comunicados) quase que instantaneamente. Assim, a digitalização facilita a coleta e o tratamento dos dados, o que possibilita seu uso progressivo, de forma que grandes quantidades de dados são colhidas, processadas e armazenadas em velocidade (até pouco) inimaginável, tornando comum expressões como mineração de dados[6] e *Big Data*[7], dentre outras tantas. Se até bem pouco tempo somente fatos relevantes eram registrados (inicialmente em pedra, madeira, posteriormente em papéis), na atualidade, sistemas informáticos registram praticamente todos os eventos, por mais comuns e (aparentemente) irrelevantes que sejam, como cliques, chamadas, pagamentos, postagens, curtidas, consultas, compras, tempo de visualização, interação etc.

Com isso e com o desenvolvimento de ferramentas de inteligência artificial,[8] os dados passaram a ser tidos como o "novo petróleo" (tradução

---

[3] A respeito da definição de *dados* e suas distinções, colhe-se a seguinte passagem: "Dados são fatos coletados e normalmente armazenados. Informação é o dado analisado e com algum significado. O conhecimento é a informação interpretada, entendida e aplicada para um fim" (AMARAL, Fernando. **Introdução à ciência de dados**: mineração de dados e big data. Rio de Janeiro: Alta Books, 2016. p. 3).

[4] A grosso modo, os dados podem ser não eletrônicos, como os armazenados em papel, ou eletrônicos. Estes, por sua vez, podem ser analógicos, sendo transmitidos por ondas (rádio, televisão etc.), ou digitais, formados e transferidos em pacotes de bits, sofrendo menos interferência que os analógicos e apresentando maiores potencialidades.

[5] O custo de armazenamento em HD na década de 1980 era algo próximo a um milhão de dólares por gigabyte. Em 2014, custava menos de três centavos de dólar (SIEGEL, Eric. **Análise preditiva**: o poder de prever quem vai clicar, comprar, mentir ou morrer. Tradução de Wendy Campos. Rio de Janeiro: Alta Books, 2017. p. 94).

[6] A mineração de dados consiste na busca de padrões em grandes quantidades de dados, para os mais diversos fins.

[7] A respeito da problematização do *big data* e do direito correspondente, consultar: HOFFMANN-RIEM, Wolfgang. **Teoria geral do direito digital**: transformação digital: desafios para o direito. Tradução de Italo Fuhrmann. Rio de Janeiro: Forense, 2021. p. 16-19.
HOFFMANN-RIEM, Wolfgang. **Big data**: desafíos también para el derecho. Tradução de Eduardo Knör Argote. Pamplona: Civitas: Thomson Reuters, 2018.

[8] De forma bastante geral, fala-se de inteligência artificial no sentido das diversas técnicas ligadas à programação digital que buscam, em maior ou menor grau, emular a capacidade de pensar e de agir do ser humano. Diferente das demais tecnologias

nossa)[9] – expressão cunhada para demonstrar o quanto a economia atual depende de seu uso (fala-se, até mesmo, em uma economia movida a dados), mas que também ressalta o aspecto meramente patrimonialista que é atribuído pelos agentes econômicos aos dados pessoais.

Os dados representam a essência de tudo que é relevante, inclusive dos próprios seres humanos. Quando podem ser atribuídos às pessoas, ainda que indiretamente, os dados são qualificados como pessoais.[10] Sua captação se dá por diversos meios, como digitalização, sensores instalados nos mais diversos objetos (internet das coisas), câmeras em locais públicos e privados, mas especialmente pelo uso da internet. Na forma como esta se encontra estruturada atualmente (melhor seria dizer, explorada comercialmente), os dados pessoais funcionam como uma espécie de "passaporte" para seu uso, ou seja, em maior ou menor medida, a depender de vários fatores, se faz necessária a cessão de dados pessoais para ingresso no "ambiente virtual". E, uma vez nele, ocorre a geração de mais e mais dados pessoais. As poucas pessoas que se negam a ceder seus dados pagam "altos preços", tanto no aspecto econômico (o custo dos serviços tende a ser mais elevado) quanto no aspecto social (dificuldade de comunicação, entre outros).

Os dados pessoais permitem captar as ações e as emoções humanas, o corpo e a mente das pessoas,[11] o tangível e o intangível do ser humano. Os

---

criadas pelo homem desde os primórdios, a inteligência artificial não é uma ferramenta passiva, mas sim ativa, pois pode aprender, criar e se tornar intuitiva de forma mais ou menos autônoma. Nessa medida, está se tornando o epicentro das mudanças tecnológicas. Consultar a respeito em: GABRIEL, Martha. **Inteligência artificial**: do zero ao metaverso. Barueri, SP: Atlas, 2022.

[9] Conforme matéria veiculada pela revista *The Economist*, de 06.05.2017 (THE WORLD'S most valuable resource is no longer oil, but data. **The Economist**. [UK], May 6th, 2017. Disponível em: https://www.economist.com/leaders/2017/05/06/the-worlds-most-valuable-resource-is-no-longer-oil-but-data. Acesso em: 15 jan. 2023).

[10] Na presente pesquisa, foi utilizado o conceito legal de "dado pessoal" previsto no art. 5º, I, da LGPD – Lei Geral de Proteção de Dados Pessoais –, como sendo toda "informação relacionada a pessoa natural identificada ou identificável" (BRASIL. **Lei nº 13.709, de 14 de agosto de 2018**. Lei Geral de Proteção de Dados Pessoais (LGPD). Brasília, DF: Presidência da República, 2018. Disponível em: http://www.planalto.gov.br/ccivil_03/_ato2015-2018/2018/lei/L13709.htm. Acesso em: 15 abr. 2023).

[11] Nesse sentido, afirma-se que, com apenas 250 "curtidas", é possível que o algoritmo (re)conheça o titular dos dados melhor que ele próprio (LISSARDY, Gerardo. 'Despreparada para a era digital, a democracia está sendo destruída', afirma guru do 'big data'. **BBC News Brasil**. [Brasil], 9 abr. 2017. Disponível em: https://www.bbc.com/portuguese/geral-39535650. Acesso em: 30 abr. 2023).

indígenas brasileiros Mundurucu seguem um ensinamento muito antigo de não permitir que sejam fotografados, por acreditar que as fotografias lhes roubam a alma.[12] A sabedoria desse povo antecipou, em muito, as possibilidades de inferências decorrentes do uso do reconhecimento facial.[13] "Oferecemos uma visão de 360 graus de seus clientes" – este é o *slogan* da sociedade empresária norte-americana de *big data* Acxion, que possui dados pessoais de mais de trezentos milhões de norte-americanos.[14] Certamente se trata de uma sinédoque, pois o conhecimento sobre as pessoas obtido mediante o tratamento de seus dados pessoais vai muito além do aspecto externo que a expressão "visão em graus" sugere. Com isso, os dados pessoais são usados pelos agentes de tratamento não só com vistas à obtenção de informações acerca de fatos presentes ou pretéritos, mas também para determinação de hábitos de consumo, análises preditivas[15] e, até mesmo, induzimento e manipulação.

É importante deixar claro que os dados pessoais são utilizados há bastante tempo. Contudo, é certo que, com o desenvolvimento da informática e, especialmente, com a evolução da internet, ocorreu uma elevação exponencial do uso/acesso a esses dados, uma vez que se permitiu um aumento significativo da eficiência na sua extração e processamento[16] – e isso deve ser considerado em qualquer análise jurídica a ser realizada.

---

[12] Conforme: WELLE, Deutsche. Por que os yanomami não querem ter fotos suas compartilhadas. **Isto é dinheiro**. [Brasil], 27 jan. 2023. Disponível em: https://www.istoedinheiro.com.br/por-que-os-yanomami-nao-querem-ter-fotos-suas-compartilhadas/. Acesso em: 26 jun. 2023.

[13] Consultar a respeito em: SIMÃO, Bárbara; FRAGOSO, Nathalie; ROBERTO, Enrico. **Reconhecimento facial e o setor privado**: guia para a adoção de boas práticas. São Paulo: InternetLab; IDEC, 2020. Disponível em: https://idec.org.br/sites/default/files/reconhecimento_facial_diagramacao_digital_2.pdf. Acesso em: 24 jun. 2023.

[14] Conforme: HAN, Byung-Chul. **No enxame**: perspectivas do digital. Tradução de Lucas Machado. Petrópolis, RJ: Vozes, 2018. p. 125.

[15] A respeito da importância econômica e das possibilidades das análises preditivas, consultar: SIEGEL, Eric. **Análise preditiva**: o poder de prever quem vai clicar, comprar, mentir ou morrer. Tradução de Wendy Campos. Rio de Janeiro: Alta Books, 2017.

[16] É importante ressaltar que a LGPD regulamenta também o tratamento de dados pessoais de maneira não informatizada, ou seja, independentemente do meio empregado (art. 3º) (BRASIL. **Lei nº 13.709, de 14 de agosto de 2018**. Lei Geral de Proteção de Dados Pessoais (LGPD). Brasília, DF: Presidência da República, 2018. Disponível em: http://www.planalto.gov.br/ccivil_03/_ato2015-2018/2018/lei/L13709.htm. Acesso em: 15 abr. 2023).

Quanto ao ponto, é bastante difundido que as leis de proteção de dados pessoais surgiram das cinzas da Segunda Grande Guerra. Contudo, é pouco conhecido o fato de que a Alemanha Nazista se valeu dos serviços de um grande conglomerado empresarial norte-americano de tecnologia para identificar, capturar, transportar, escravizar e buscar exterminar os judeus. Os serviços prestados envolveram a criação de soluções tecnológicas completas na cruel, desumana, gigantesca e repugnante tarefa. E tudo foi efetuado unicamente a partir de dados pessoais obtidos junto a arquivos físicos públicos e privados, que foram cruzados por meio de cartões perfurados. Além da tecnologia arcaica utilizada (ante o desenvolvimento atual), que permitia poucas e demoradas recombinações, a logística para o uso das máquinas necessárias e dos cartões perfurados era bastante dispendiosa, seja em termos de construção das máquinas e confecção dos milhões de cartões, seja em termos de manutenção, transporte etc. E, não obstante tudo isso, foi bastante eficaz.[17] Se, na atualidade, os "Senhores da Informação",[18] ou seja, os grandes agentes de tratamento de dados pessoais mundiais, viessem a colaborar com governos autoritários e com pretensões de "limpeza étnica ou social", certamente os resultados seriam exponencialmente maiores, ainda que eventualmente menos cruéis.[19]

Como referido, muitas são as promessas a respeito dos dados pessoais: melhorias nas condições de vida dos menos favorecidos; tratamentos de saúde inovadores e eficientes; superação das distâncias com a facilitação das co-

---

Contudo, dada a eficiência dos meios informáticos, atualmente, é de menor relevância o tratamento por outros meios, de forma que a previsão legislativa funciona mais como mecanismo de inibição de que se criem bancos de dados via outros recursos para fugir da regulamentação legal.

[17] Consultar a respeito em: BLACK, Edwin. **IBM e o holocausto**: a aliança estratégica entre a Alemanha Nazista e a mais poderosa empresa americana. Tradução de Afonso Celso da Cunha Serra. São Paulo: Editora Campus, 2001. passim.

[18] RODOTÀ, Stefano. **A vida na sociedade da vigilância**: a privacidade hoje. Tradução de Danilo Doneda e Luciana Cabral Doneda. Organização, seleção e apresentação de Maria Celina Bodin de Moraes. São Paulo: Renovar, 2008. p. 68.

[19] É certo que o holocausto judeu foi um fenômeno complexo e de difícil explicação, o que pode levar à impressão de que algo similar jamais aconteça novamente. Contudo, parece correta a análise de Zygmunt Baumann de que o holocausto é um fenômeno tipicamente moderno. Soma-se a isso o fato de que a manipulação social da moralidade parece ter atingido um patamar superior na atualidade com a disseminação das fake news. Logo, não se pode afastar totalmente o risco a respeito.
Sobre o fenômeno do holocausto a partir da visão de Baumann, consultar: BAUMAM, Zygmunt. **Modernidade e holocausto**. São Paulo: Zahar, 1998. *E-book*.

municações; redução das externalidades ambientais de atividades produtivas etc. Grande também e o fascínio que a tecnologia empregada proporciona. Contudo, inúmeros riscos foram criados ou potencializados pelo uso das tecnologias digitais no tratamento de dados pessoais. E, não raro, tais riscos se transformam em efetivos danos aos titulares, com lesão aos direitos fundamentais de liberdade, igualdade, privacidade, ou, ainda, simplesmente ao patrimônio (em seu sentido econômico). A título de exemplo, tem se tornado cada vez mais comum o vazamento de dados pessoais, tais como o ocorrido em relação a mais de 223 milhões de brasileiros.[20] Pesquisas dão conta de que os dados pessoais vazados no Brasil em 2022 corresponderam a mais de 40% do total mundial no período.[21]

Pode-se mencionar que a adequada regulação do uso dos dados pessoais é um dos maiores desafios da atualidade,[22] pois é necessário impedir que as sociedades sejam transformadas em ambientes de vigilância, controle e seleção. Esse panorama social não só fez com que a proteção dos dados pessoais se tornasse uma preocupação das pessoas e dos governos, mas, ainda, tornou-a o mais relevante direito fundamental da contemporaneidade.[23]

Nesse contexto, vem a lume na Europa, em 2016 (com entrada em vigor em 2018), o *novo* Regulamento Geral de Proteção de Dados – RGPD (UE)

---

[20] Consultar a respeito em: MEGAVAZAMENTO de dados de 223 milhões de brasileiros: o que se sabe e o que ainda falta saber. *In:* G1. [Brasil], 28 jan. 2021. Disponível em: https://g1.globo.com/economia/tecnologia/noticia/2021/01/28/vazamento-de--dados-de-223-milhoes-de-brasileiros-o-que-se-sabe-e-o-que-falta-saber.ghtml. Acesso em: 10 fev. 2023.

[21] Consultar em: SANTOS, Daniel dos. Brasil é o país com o maior volume de vazamento de dados. *In:* A LOT Brasil. [Brasil], c2020. Disponível em: https://aiotbrasil.com.br/seguranca/brasil-e-o-pais-com-o-maior-volume-de-vazamento-de-dados/. Acesso em: 2 maio 2023.

[22] "A importância econômica do ciberespaço e dos efeitos dos danos dele derivados, permitem atribuir aos riscos tecnológicos e cibernéticos o caráter de risco global e situá-lo entre os principais interesses sociais atuais" (JIMENO MUÑOZ, Jesús. **Derecho de daños tecnológicos, ciberseguridad e insurtech**. Madrid, España: Dykinson, 2019. p. 25, tradução nossa).
Texto original: "La importancia socioeconómica del ciberespacio y de los efectos de los daños derivados del mismo, permite atribuir a los riesgos tecnológicos y cibernéticos el carácter del riesgo global y situarlo entre los principales intereses sociales actuales" (JIMENO MUÑOZ, Jesús. **Derecho de daños tecnológicos, ciberseguridad e insurtech**. Madrid, España: Dykinson, 2019. p. 25).

[23] RODOTÀ, Stefano. **A vida na sociedade da vigilância**: a privacidade hoje. Tradução de Danilo Doneda e Luciana Cabral Doneda. Organização, seleção e apresentação de Maria Celina Bodin de Moraes. São Paulo: Renovar, 2008. p. 21.

2016/679[24] e, no Brasil, em 14 de agosto de 2018, foi publicada a Lei 13.709, intitulada "Lei Geral de Proteção de Dados" (LGPD), a qual estabeleceu que a disciplina da proteção de dados tem como fundamentos, conforme art. 2º (adaptado): o respeito à privacidade, a autodeterminação informativa, a liberdade de expressão, de informação, de comunicação e de opinião, o livre desenvolvimento da personalidade, a dignidade e o exercício da cidadania pelas pessoas, dentre outros.[25] Ainda, é de especial relevância a promulgação da Emenda Constitucional 115/2022, que completou o catálogo de direitos fundamentais mediante a inclusão do direito fundamental à proteção de dados pessoais.[26]

É justamente nessa temática que a presente pesquisa se insere, pois investiga o risco e a imputação de danos em matéria de tratamento de dados pessoais, com foco na hermenêutica constitucionalmente adequada (assim considerada com base nos aportes das teorias de base adotadas). A proble-

---

[24] REINO UNIDO. EUR-Lex. Parlamento Europeu. Atos Legislativos. Regulamento (UE) 2016/679 do Parlamento Europeu e do Conselho de 27 de abril de 2016. Relativo à proteção das pessoas singulares no que diz respeito ao tratamento de dados pessoais e à livre circulação desses dados e que revoga a Diretiva 95/46/CE (Regulamento Geral sobre a Proteção de Dados). **Jornal Oficial da União Europeia**, Bruxelas, Bélgica, p. I. 119/1-I.119-88, 2016. Disponível em: https://eur-lex.europa.eu/legal-content/PT/TXT/?uri=celex%3A32016R0679. Acesso em: 15 abr. 2023.
REINO UNIDO. Privazyplan. **UE Regulamento Geral sobre a Proteção de Dados**. Conteúdo. Regulamento (UE) 2016/679 do Parlamento Europeu e do Conselho de 27 de abril de 2016. Relativo à proteção das pessoas singulares no que diz respeito ao tratamento de dados pessoais e à livre circulação desses dados e que revoga a Diretiva 95/46/CE (Regulamento Geral sobre a Proteção de Dados) [...]. Germany, Alemanha: 5 set. 2018. Disponível em: https://www.privacy-regulation.eu/pt/. Acesso em: 15 jan. 2023.

[25] BRASIL. **Lei nº 13.709, de 14 de agosto de 2018**. Lei Geral de Proteção de Dados Pessoais (LGPD). Brasília, DF: Presidência da República, 2018. Disponível em: http://www.planalto.gov.br/ccivil_03/_ato2015-2018/2018/lei/L13709.htm. Acesso em: 15 abr. 2023.

[26] BRASIL. [Constituição (1988)]. **Emenda Constitucional nº 115, de 10 de fevereiro de 2022**. Altera a Constituição Federal para incluir a proteção de dados pessoais entre os direitos e garantias fundamentais e para fixar a competência privativa da União para legislar sobre proteção e tratamento de dados pessoais. Brasília, DF: Presidência da República, 2022. Disponível em: http://www.planalto.gov.br/ccivil_03/constituicao/Emendas/Emc/emc115.htm#:~:text=EMENDA%20CONSTITUCIONAL%20N%C2%BA%20115%2C%20DE,e%20tratamento%20de%20dados%20pessoais. Acesso em: 11 jan. 2023.

matização toma em consideração, para fins de *applicatio*,[27] o risco da atividade de tratamento de dados pessoais, em sua concretude, nos horizontes[28] preventivo e reparatório. O universo da pesquisa é voltado ao ordenamento jurídico pátrio atual e envolve direito constitucional e de proteção de dados pessoais, em diálogo com institutos de direito civil e do consumidor. Vale-se, ainda que não se tenha a pretensão de realizar pesquisa em direito comparado propriamente dito, das importantes contribuições dos demais sistemas jurídicos, em especial o europeu. Os aprofundamentos históricos são restritos aos períodos moderno e contemporâneo, o que se justifica pelo fato de que é nesse período que foram construídas as bases da temática a ser problematizada.

Assim, o problema fundamental da pesquisa pode ser definido da seguinte forma: sob quais circunstâncias a análise dos horizontes preventivo e reparatório, baseada no risco gerado pela atividade de tratamento de dados pessoais em sua concretude, pode contribuir para a obtenção de uma hermenêutica adequada à concretização do direito fundamental à proteção de dados pessoais?

A hipótese, pensada sob a ótica do direito de danos, aponta para a relevância da análise interdependente dos horizontes preventivo e reparatório ligados aos riscos e danos decorrentes da atividade de tratamento de dados pessoais, bem como para a necessária consideração do concreto grau de risco da referida atividade, de forma que, quanto maior for o risco concreto gerado pela atividade de tratamento de dados pessoais, maiores serão os deveres de prevenção e precaução, como também menores serão os "filtros"[29] relativos à reparação do dano, quando ocorrido. Essa abordagem, sem desconsiderar

---

[27] No sentido que lhe atribui Hans-Georg Gadamer, sucintamente: que o processo de atribuição de sentido ao texto não se dá por partes, tampouco em abstrato. Assim, o texto deve ser pensado a partir de sua aplicação concreta (GADAMER, Hans-Georg. **Verdade e método**. Tradução de Flávio Paulo Meurer. 15. ed. Petrópolis, RJ: Vozes; Bragança Paulista, SP: Editora Universitária São Francisco, 2015. p. 406-493).

[28] "Horizonte é o âmbito de visão que abarca e encerra tudo o que pode ser visto a partir de um determinado ponto" (GADAMER, Hans-Georg. **Verdade e método**. Tradução de Flávio Paulo Meurer. 15. ed. Petrópolis, RJ: Vozes; Bragança Paulista, SP: Editora Universitária São Francisco, 2015. p. 399).

[29] A expressão é aqui utilizada no sentido que lhe dá Anderson Schreiber, ou seja, como "óbices capazes de promover a seleção das demandas de ressarcimento que deveriam merecer acolhida jurisdicional" (SCHREIBER, Anderson. **Novos paradigmas da responsabilidade civil**: da erosão dos filtros da reparação à diluição dos danos. São Paulo: Atlas, 2007. p. 11).

outras possibilidades, pode contribuir para a obtenção da hermenêutica adequada à concretização do direito fundamental à proteção de dados pessoais.

Com isso se questiona se prevenção e reparação podem ser analisadas de forma a gerar sinergia, retroalimentação, contribuição recíproca, redundando em uma verdadeira "fusão de horizontes".[30] E isso somente é possível tendo em conta o concreto grau de risco da atividade de tratamento de dados desenvolvida pelo agente. O dano é um fenômeno complexo e, para sua compreensão, bem como do direito a ele correspondente, parece não ser adequada uma abordagem parcial e, em tal caso, simplificadora.

O objetivo geral da pesquisa é investigar se a análise interdependente dos horizontes preventivo e reparatório dos danos (potenciais e/ou efetivamente ocorridos), fundada no risco gerado pela atividade de tratamento de dados pessoais em sua concretude, pode contribuir para a obtenção da hermenêutica adequada à concretização do direito fundamental à proteção de dados pessoais.

Os objetivos específicos, nessa perspectiva, são: a) analisar o conteúdo e o âmbito do direito à proteção de dados pessoais na atualidade; b) caracterizar o conteúdo do direito fundamental à proteção de dados pessoais; c) definir o que se entende pelo assim chamado "direito de danos" e as contribuições que (este) pode trazer à adequada concretização do direito fundamental à proteção de dados pessoais; d) identificar os aspectos relevantes do risco em matéria de proteção de dados pessoais, bem como o fundamento, conteúdo e a extensão dos deveres de precaução e prevenção; e) aprofundar a análise dos elementos estruturantes da responsabilidade civil, em especial aqueles ligados aos seus regimes (subjetivo, objetivo e objetivo agravado); f) elucidar se, e em que medida, o concreto grau de risco da atividade de tratamento de dados desenvolvida correlaciona-se e influencia (n)o regime de imputação do dever de reparar danos.

A emergência ainda *recente* da LGPD, bem como da própria temática de proteção de dados pessoais, especialmente em solo pátrio, parece acarretar uma análise insuficiente e a inadequação das conclusões dos autores às condições sociojurídicas objetivas. Com isso, o estado da arte em tal matéria aponta para a análise dos horizontes preventivo e reparatório de forma estanque, bem como restringe-se, quase que exclusivamente, em definir se a LGPD adotou a responsabilidade baseada na culpa (responsabilidade subjetiva)

---

[30] Consultar a respeito em: GADAMER, Hans-Georg. **Verdade e método**. Tradução de Flávio Paulo Meurer. 15. ed. Petrópolis, RJ: Vozes; Bragança Paulista, SP: Editora Universitária São Francisco, 2015. p. 399-405.

ou baseada no risco da atividade (responsabilidade objetiva), passando ao largo da análise sobre o risco gerado pela atividade de tratamento de dados em sua concretude.

Pode-se dizer que poucas são as preocupações com a adequação constitucional dessa abordagem, especialmente com a concretização do direito fundamental à proteção de dados pessoais, assim como com a necessidade de romper com o paradigma individualista tradicional da responsabilidade civil, a fim de que se migre para o que se possa chamar de "direito de danos", centrado na vítima e no dano (e não na conduta do ofensor e na sanção a ser-lhe imposta), e cuja tutela volta-se não só ao dano efetivo, mas também ao potencial, conferindo, com isso, especial importância à prevenção e à precaução,[31] o que importa em grande ganho social ou coletivo.

É importante ressaltar que as leis de proteção de dados, a exemplo da LGPD, são normas transversais, aplicáveis a todos os setores da economia. Logo, abrangem a atividade de tratamento de dados pessoais realizada por simples microempresários até conglomerados empresariais transnacionais, bem como agentes que tratam dados pessoais de forma meramente acessória à sua atividade e, também, agentes cuja atividade principal é o tratamento de dados pessoais. Acresce-se a isso o fato de que inúmeras são as finalidades do tratamento, bem como os tipos de dados tratados, de forma que os riscos aos direitos dos titulares decorrentes da atividade de tratamento de dados são bastante distintos, inclusive em probabilidade de ocorrência e gravidade dos resultados. Assim, parece inadequado pensar em uma análise abstrata.

O adequado tratamento da matéria é, portanto, relevante para que se garanta, de um lado, que o titular dos dados pessoais veja reconhecido seu direito à prevenção e à reparação quando presentes os requisitos legais e, de outro, proporcionar que os agentes de tratamento de dados ajam de tal forma a evitar, ou ao menos minorar, antecipadamente, a ocorrência de danos.

Assim, a pesquisa poderá contribuir para a definição do âmbito e da hermenêutica adequada voltada à concretização do direito fundamental à

---

[31] Wilson Engelmann esclarece que "opta-se pelo uso da expressão Direito de Danos uma vez que se está preocupado com a precaução, como uma provável forma de estabilização das expectativas cognitivas por meio do sistema do Direito" (ENGELMANN, Wilson. As nanotecnologias e o meio ambiente: entre os riscos e a autorregulação regulada. *In*: STRECK, Lenio Luiz; ROCHA, Leonel Severo; ENGELMAN, Wilson (org.). **Constituição, sistemas sociais e hermenêutica**: anuário do Programa de Pós-Graduação em Direito da Unisinos: mestrado e doutorado: n. 14. São Leopoldo: Karywa: Unisinos, 2018. p. 252. Disponível em: https://editorakarywa.files.wordpress.com/2018/08/anuc3a1rio-ppg-direito.pdf. Acesso em: 17 ago. 2023).

proteção dos dados pessoais. Para tanto, as principais teorias de base a serem utilizadas ao desenvolvimento da pesquisa abrangem a hermenêutica jurídica desenvolvida por Hans-Georg Gadamer, com ênfase especial à "*applicatio*",[32] bem como à concepção do "Direito como integridade", provinda de Ronald Dworkin,[33] e da necessária "resposta adequada à Constituição", de Lenio Luiz Streck.[34]

Portanto, conforme denota o trecho que faz epígrafe à presente introdução, não é pretensão da pesquisa versar sobre o direito futuro, mas sim fazer uma análise hermenêutica do arcabouço jurídico de proteção de dados pessoais existente na atualidade, a fim de vê-lo sob sua melhor luz, que é a luz irradiada da Constituição de 1988. Da mesma forma, não

---

[32] GADAMER, Hans-Georg. **Verdade e método**. Tradução de Flávio Paulo Meurer. 15. ed. Petrópolis, RJ: Vozes; Bragança Paulista, SP: Editora Universitária São Francisco, 2015. p. 406-493.

[33] Especialmente:
DWORKIN, Ronald. **O império do direito**. Tradução de Jefferson Luiz Camargo. São Paulo: Martins Fontes, 1999.
DWORKIN, Ronald. **Uma questão de princípio**. Tradução de Luís Carlos Borges. São Paulo: Martins Fontes, 2000.
DWORKIN, Ronald. **Levando os direitos a sério**. Tradução e notas de Nelson Boeira. Revisão da tradução: Silvana Vieira. 1. ed. São Paulo: Martins Fontes, 2002 (Justiça e direito).

[34] Em especial:
STRECK, Lenio Luiz. Bases para a compreensão da hermenêutica jurídica em tempos de superação do esquema sujeito-objeto. **Revista Seqüência**, [Santa Catarina], n. 54, p. 29-46, jul./2007. Disponível em: https://periodicos.ufsc.br/index.php/sequencia/article/download/15066/13733. Acesso em: 23 jul. 2023.
STRECK, Lenio Luiz. Da "justeza dos nomes" à "justeza da resposta" constitucional. **Revista dos Tribunais** [online], Thomson Reuter, Revista do Instituto dos Advogados de São Paulo, [São Paulo], v. 22/2008, p. 1-21/p. 134-154, jul./dez. 2008.
STRECK, Lenio Luiz. As várias faces da discricionariedade no direito civil brasileiro: o "reaparecimento" do movimento do direito livre em Terrae Brasilis. **Revista dos Tribunais** [online], Thomson Reuter, Revista de Direito Civil Contemporâneo, [Brasil], v. 8/2016, p. 1-10; p. 37-48, jul./ set. 2016.
STRECK, Lenio Luiz. O que ainda podemos aprender com a literatura sobre os princípios jurídicos e suas condições de aplicação? **Revista dos Tribunais** [online], Thomson Reuter, Revista de Processo, [Brasil], v. 258/2016, p. 1-17/p. 153-170, ago./2016.
STRECK, Lenio Luiz. **Dicionário de hermenêutica**: quarenta temas fundamentais da teoria do direito à luz da crítica hermenêutica do direito. Belo Horizonte: Letramento: Casa do Direito, 2017.
STRECK, Lenio Luiz. **Verdade e consenso**. 6. ed. São Paulo: Saraiva, 2017.

se pretende realizar análises dogmáticas abstratas, mediante a formulação de definições e classificações, pois, além das teorias de base que encaminham a isso, a preocupação é com a aplicação e efetivação do referido direito fundamental.

Para tanto, o capítulo inaugural tratará do direito fundamental à proteção de dados pessoais, com especial ênfase ao seu conteúdo, diferenciando-o dos demais direitos fundamentais, em especial o direito fundamental à privacidade. Assim, parte-se da análise da transformação digital e da importância dos dados (pessoais) na atualidade para estabelecer o pano de fundo que leva às preocupações atuais quanto aos riscos decorrentes do uso de tais dados. Na sequência, a pesquisa avança para problematizar a essência do referido direito fundamental, em especial no que se refere às salvaguardas juridicamente adequadas como seu núcleo, bem como para sua dimensão objetiva e a necessidade de conferir proteção adequada ao bem jurídico fundamental. Ato contínuo, tratar-se-á da função de irradiação dos direitos fundamentais, a fim de prospectar em que medida o direito de danos pode ser utilizado a fim de concretizar o direito fundamental à proteção de dados pessoais.

No segundo capítulo, o foco da pesquisa corresponde às medidas de antecipação, tendo em conta os riscos gerados pela atividade de tratamento de dados pessoais. A investigação partirá do que tem sido denominado de "Sociedade de Risco", para, com base nesse constructo, buscar identificar os riscos aos direitos dos titulares decorrentes da atividade de tratamento de dados pessoais. Na sequência, buscar-se-á o(s) fundamento(s) constitucional(is) dos deveres de prevenção e precaução, bem como a análise do caráter estruturante e as ferramentas específicas de gerenciamento de risco previstas na LGPD. Ademais, investigar-se-á se a LGPD reconhece a existência de graus diversos de riscos aos dados pessoais e a relevância para o fim de definir a extensão dos deveres de cuidado, segurança, proteção, prevenção e precaução.

No capítulo final, a pesquisa volta-se à reparação do dano decorrente da antijuridicidade no tratamento de dados pessoais, com especial ênfase no concreto risco da atividade, bem como nas interações entre prevenção e reparação, inclusive visando desenvolver a função promocional do direito de danos na proteção de dados pessoais e a hermenêutica constitucionalmente adequada a respeito da matéria. Assim, principia-se mediante efetivação de análise crítica ao estado da arte relativo à temática para compreender a antijuridicidade prevista na LGPD como requisito do dever de reparar danos, bem como busca-se aprofundar no concernente à relevância da adoção do risco da atividade de tratamento de dados na sua concretude e da interação entre prevenção e reparação.

Por fim, são tecidas, de forma sistemática, as conclusões as quais foram sendo obtidas durante o desenvolvimento da pesquisa.

Para tratar da temática, será usado o método fenomenológico-hermenêutico,[35] o que importa na análise do fenômeno e da interpretação crítica do direito a ele correspondente, sem olvidar que sujeito e objeto se encontram conectados,[36] até mesmo pelo fato de ser difícil imaginar pesquisador/pesquisa n(ess)a área que não seja objeto da extração de dados pessoais e que, em razão disso, possua sua própria pré-compreensão a respeito do assunto.

É importante ressaltar, como faz Lenio Streck, que a compreensão do fenômeno importa no revolvimento do chão linguístico ligado a uma determinada tradição para, então, reconstruir a historicidade e desvelar o fenômeno.[37] A pesquisa visa justamente a uma releitura da teoria oitocentista da responsabilidade civil, via rompimento com os dogmas que não encontram sustentação na ambiência social e jurídico-constitucional inaugurada em 1988, a fim de desvelar os elementos estruturantes de uma tutela adequada ao titular dos dados pessoais sujeito aos riscos de tratamento de seus dados (pessoais). Quadra ressaltar que as mudanças sociais decorrentes das novas tecnologias convergem para tornar a tradição em matéria de responsabilidade civil inautêntica, de forma que é necessário repensar seus elementos estruturantes.

A técnica de pesquisa que será usada é a de revisão bibliográfica, com base na literatura especializada nacional e estrangeira, em especial a de origem europeia, não só por ser o berço do Direito Civil, mas também em razão da maior tradição no direito à proteção de dados pessoais e pela notória aproximação entre os regimes do RGPD e da LGPD. Também será utilizada a

---

[35] HEIDEGGER, Martin. **Ser e tempo**. Tradução de Márcia Sá Cavalcante Schuback. 10. ed. Petrópolis, RJ: Vozes; Bragança Paulista, SP: Editora Universitária São Francisco, 2015. p. 65-79.

[36] ENGELMANN, Wilson. Nanotecnologia e direitos humanos. **Cadernos de Dereito Actual** (online), [España], n. 9, Número Ordinário, p. 441-487, 2018. Disponível em: http://www.cadernosdedereitoactual.es/ojs/index.php/cadernos/article/view/325. Acesso em: 22 jan. 2023. p. 444.

[37] "Revolve-se o chão linguístico em que está (sempre) assentada uma determinada tradição; reconstrói-se-lhe a história institucional, fazendo com que o fenômeno se desvele, como em um palimpsesto. Método fenomenológico-hermenêutico também quer dizer 'desleituras'. O revolvimento do chão linguístico implica desler as coisas" (STRECK, Lenio Luiz. **Dicionário de hermenêutica**: quarenta temas fundamentais da teoria do direito à luz da crítica hermenêutica do direito. Belo Horizonte: Letramento: Casa do Direito, 2017. p. 140).

literatura sul-americana, especialmente advinda da Argentina e do Uruguai, ante o inegável desenvolvimento do direito de danos em tais países.

O principal raciocínio a ser utilizado será o dialético, na busca de contradições e movimentos necessários ao repensar na sistemática de antecipação e imputação por danos em matéria de proteção de dados pessoais.

Serão utilizados os seguintes tipos genéricos de investigação:[38] a) histórico-jurídico, especialmente em relação à evolução da responsabilidade civil ao direito de danos; b) jurídico-descritivo e jurídico-compreensivo, notadamente no que se refere à análise das disposições constantes da Constituição Federal e da LGPD; c) jurídico-comparativo, no que concerne à comparação entre o RGPD e a LGPD; d) jurídico-prospectivo, a fim de que sejam identificadas as tendências, em especial no que toca ao direito fundamental à proteção dos dados pessoais e ao direito de danos.

---

[38] GUSTIN, Miracy Barbosa de Souza; DIAS, Maria Tereza Fonseca. **(Re)pensando a pesquisa jurídica**: teoria e prática. 4. ed. Belo Horizonte: Del Rey, 2013. p. 26-29.

1

DIREITO FUNDAMENTAL À PROTEÇÃO DE DADOS PESSOAIS

"O mar é generoso e belo. Mas pode tornar-se tão cruel e tão rapidamente, que aves assim, que voam mergulhando no mar e caçando com as suas fracas e tristes vozes, são demasiado frágeis para enfrentá-lo."[1]

O capítulo inaugural da pesquisa objetiva demonstrar a relevância do tratamento de dados pessoais na atualidade sob o ponto de vista social e econômico e, via de consequência, também para o Direito, bem como explicitar o conteúdo do direito fundamental à proteção de dados pessoais e suas decorrências.

Para tanto, inicia-se a partir de uma abordagem acerca da transformação digital e seus efeitos na sociedade e no direito a fim de assentar as bases para que se possa, então, fazer uma rápida reconstrução histórica do caminho percorrido para o alcance ao direito à proteção de dados pessoais como direito fundamental autônomo, cujo conteúdo, objeto e essência, nessa perspectiva, carecem ser desenvolvidos de forma modelar. A partir de então, trata da dimensão subjetiva e objetiva do direito fundamental à proteção de dados pessoais, com especial ênfase na função de irradiação dos direitos fundamentais e o estabelecimento de bases teóricas para estribar a busca da resposta constitucionalmente adequada no que se refere ao direito de danos ligado à proteção de dados pessoais.

---

[1] HEMINGWAY, Ernest. **O velho e o mar**. Tradução de Fernando de Castro Ferro. 87. ed. Rio de Janeiro: Bertrand Brasil, 2015. p. 32.

1.1 TRANSFORMAÇÃO DIGITAL, SOCIEDADE E DIREITO

"Navigare necesse, vivere non est necesse" – A frase inaugurada pelo general romano Pompeu, no século I a.C.,[2] foi utilizada para encorajar os marinheiros a enfrentar grande tormenta para transportar trigo à Roma e foi afamada – quiçá ressignificada com a substituição do adjetivo "necessário" por "preciso" –, em língua portuguesa, pelo poeta Fernando Pessoa.[3] Essa frase traz implicitamente a ideia de deixar de lado as necessidades circunstanciais para dedicar-se ao que se faz essencial.

O mar, ante sua fluidez, ausência de fronteiras e, consequentemente, de soberania, inspira à internet, em especial nos seus primórdios "ingênuos",[4] razão pela qual a "[...] grande metáfora de estar em rede é 'navegar.'" (tradução nossa, grifo do autor).[5] Com a ubiquidade das tecnologias digitais, em especial da internet e sua crescente "[...] penetrabilidade em todas as esferas da atividade humana [...]",[6] torna-se impossível pensar a forma de ser e viver atual sem sua utilização. De instrumento, como toda técnica, a internet se tornou o ambiente,[7] moldando, assim, as condições reais e

---

[2] POMPEU. *In*: WIKIQUOTE, [Brasil], 13 de setembro de 2020. Disponível em: https://pt.wikiquote.org/wiki/Pompeu. Acesso em: 12 abr. 2023.

[3] "Navegadores antigos tinham uma frase gloriosa: | 'Navegar é preciso; viver não é preciso.' | Quero para mim o espírito [d]esta frase, | transformada a forma para a casar como eu sou: | Viver não é necessário; o que é necessário é criar. | [...]" (1.1-5) (grifo do autor).
PESSOA Fernando. Navegar é preciso. *In*: WIKISOURCE. [*S. l.*], c2023. Disponível em: https://pt.wikisource.org/wiki/Navegar_é_Preciso. Acesso em: 12 abr. 2023.

[4] É certo que a internet é o maior espaço público que foi criado. Contudo, é ingênuo pensar em liberdade irrestrita na forma proclamada na Declaração de Independência do Ciberespaço.
Ver a respeito em: RODOTÀ, Stefano. **El derecho a tener derechos**. Tradução de José Manuel Revuelta. Madri: Editorial Trotta, 2014. p. 344-346.

[5] "[...] gran metáfora del estar en red es 'navegar'". RODOTÀ, Stefano. **El derecho a tener derechos**. Tradução de José Manuel Revuelta. Madri: Editorial Trotta, 2014. p. 344, grifo do autor.

[6] CASTELLS, Manuel. **A sociedade em rede**. Tradução de Roneide Venâncio Majer. 20. ed. São Paulo: Paz e Terra, 2019. p. 64.

[7] Umberto Galimberti considera que a técnica, como um todo, se tornou o ambiente que cerca e constitui todos os indivíduos. Tal generalização não é indene de discussões. Contudo, parece não haver dúvida de que a internet exerce efetivamente esse papel (GALIMBERTI, Umberto. **Psiche e techne**: o homem na idade da técnica. Tradução de José Maria de Almeida. São Paulo: Paulus, 2006. passim).

concretas da existência humana. De certa forma, na atualidade, *navegar é necessário para viver*.

O uso largamente difundido da internet faz surgir, assim, a denominada "sociedade em rede", correspondente à "[...] estrutura social construída em torno de redes ativadas por tecnologias de comunicação e de informação processadas digitalmente e baseadas em microeletrônica".[8]

Esse novo paradigma altera consideravelmente as relações sociais e econômicas. Ao contrário da escrita, que opera com base no código de linguagem cotidiano, o digital opera mediante procedimentos técnicos que fogem à percepção humana, o que acarreta, com isso, forte dependência em relação ao tecnicismo. Da mesma forma, diferentemente dos objetos técnicos de outrora, que eram meramente passivos e se limitavam a finalidades predefinidas, a tecnologia da informação condiciona a experiência humana, pois é usada nas mais diversas finalidades, de forma que pode ser tida "[...] mais como uma tecnologia dos meios do que uma tecnologia dos fins [...]",[9] o que faz com que seja utilizada em praticamente todas as atividades humanas. Gerd Leonhard assevera, à vista disso, que "[...] tudo que pode ser digitalizado, será digitalizado".[10] Referido autor elenca 10 grandes mudanças ("megamudanças") as quais têm o potencial de reformular a sociedade, e a digitalização é a primeira delas. Contudo, da análise das demais (mobilização, ecranização, desintermediação, transformação, inteligização, automação, virtualização, antecipação e robotização)[11], percebe-se que a digitalização funciona como condição de possibilidade para as outras. A partir dessa perspectiva, fica evidente que a tendência atual é de que as tecnologias digitais, cada vez mais, permeiem a atividade econômica.

Em sentido próximo, Manuel Castells inicia seu livro *A galáxia da internet* afirmando que "[a] Internet é o tecido das nossas vidas" (CASTELLS, Manuel. **A galáxia da internet**: reflexões sobre a internet, os negócios e a sociedade. Tradução de Maria Luiza X. de A. Borges. Rio de Janeiro: Zahar, 2003. p. 7).

[8] CASTELLS, Manuel. **O poder da comunicação.** Tradução de Vera Lúcia Mello Joscelyne. 5. ed. São Paulo: Paz e Terra, 2021. p. 70.

[9] VESTING, Thomas. **Gentleman, gestor, homo digitalis**: a transformação da subjetividade jurídica na modernidade. Tradução Ricardo Campos e Gercélia Mendes. São Paulo: Editora Contracorrente, 2022. p. 307.

[10] LEONHARD, Gerd. **Tecnologia *versus* humanidade**: o confronto futuro entre a máquina e o homem. Tradução de Florbela Marques. Lisboa: Gradiva Publicações, 2018. p. 45.

[11] LEONHARD, Gerd. **Tecnologia *versus* humanidade**: o confronto futuro entre a máquina e o homem. Tradução de Florbela Marques. Lisboa: Gradiva Publicações, 2018. p. 44-61.

Klaus Schwab, nessa mesma linha de pensamento, sustenta que, contemporaneamente, assiste-se a uma "Quarta Revolução Industrial", a qual, em sua composição característica, se aproveita justamente da "[...] capacidade de disseminação da digitalização e da tecnologia da informação [...]".[12] Tendo como base essa revolução digital, ocorre a produção de uma amplitude e de uma profundidade jamais vistas, com a combinação de várias tecnologias, o que acarreta(rá) "[...] mudanças de paradigmas sem precedentes da economia, dos negócios, da sociedade e dos indivíduos".[13] As principais inovações tecnológicas, dessarte, ligam-se à inteligência artificial, à robótica, à internet das coisas e à computação quântica, somente para citar algumas. Com a "Quarta Revolução Industrial", então, ocorre a fusão cada vez maior dos mundos físico, digital e biológico.[14] Assim, de forma crescente, as ações humanas ocorridas/efetivadas no "mundo físico" repercutem no "mundo digital" e vice-versa,[15] de forma que as "fronteiras" entre o real e o virtual deixam de existir.[16]

Luciano Floridi, a partir dessa constatação, cunhou o neologismo "*onlife*" para designar a forma de vida atual, em que a nova condição humana ocasionou a superação da barreira entre o virtual e o real. Em analogia ao encontro da água doce de um rio com a água salgada do oceano, em que se formam os mangues e a água é salobra, referido autor sustenta que a vida, na sociedade atual, não é mais *online* ou *offline*, mas sim uma junção dessas formas, que resulta em uma terceira forma – *onlife* –, o que significa a indefinição da distinção entre realidade e virtualidade e entre humanos, máquinas e natureza. Na sua visão, a aceitação das tecnologias da informação e da comunicação pelas pessoas afeta radicalmente a condição humana, via

---

[12] SCHWAB, Klaus. **A quarta revolução industrial**. Tradução de Daniel Moreira Miranda. São Paulo: Edipro, 2016. p. 23.

[13] SCHWAB, Klaus. **A quarta revolução industrial**. Tradução de Daniel Moreira Miranda. São Paulo: Edipro, 2016. p. 13.

[14] SCHWAB, Klaus. **A quarta revolução industrial**. Tradução de Daniel Moreira Miranda. São Paulo: Edipro, 2016. p. 23.

[15] "Os dados estão permeando o mundo físico e digital, dentro de um verdadeiro ecossistema que abrange desde a sua produção até o seu descarte [...], impactando diretamente no desenvolvimento da economia, da promoção e [da] estabilidade social, espalhados em todo [o] mundo, oferecendo oportunidades e ameaças" (CARVALHO, Antonio Ramalho de Souza. Os dados no contexto da quarta revolução industrial. **Cadernos Adenauer**, Rio de Janeiro, Fundação Konrad Adenauer, ano XX, n. 3, p. 93-111, out./2019. p. 109).

[16] Pierre Levy há muito alertava acerca disso a partir da indicação de que a oposição entre o virtual e o real é fácil e enganosa (LÉVY, Pierre. **O que é virtual?**. Tradução de Paulo Neves. 2. ed. São Paulo: Editora 34, 2011. p. 15).

transformação das interações das pessoas consigo mesmas, com os demais e com a natureza (tradução nossa).[17]

A internet se torna, portanto, a "[...] chave do cofre da inovação tecnológica que transforma a sociedade" (tradução nossa).[18] Emerge, assim, uma nova base material e tecnológica de organização social e, especialmente, da atividade econômica, que pode ser designada, na esteira de Manuel Castells, como "capitalismo informacional",[19] que, ao contrário dos demais modos de produção em que o conhecimento e a informação se mostram como elementos, ainda que cruciais, do processo produtivo, tem como caráter definidor do modo de produção a aplicação do conhecimento e da informação sobre os próprios conhecimentos.[20]

Especial relevância, nesse contexto, adquirem as plataformas digitais,[21] que passam a ter lugar preponderante na internet e na economia, deixando de ser meras ferramentas para se transformarem em verdadeiros "modelo[s] de negócio",[22] pois acarretam uma complexa e simbiótica relação entre a pró-

---

[17] FLORIDI, Luciano. **The onlife manifesto**: being human in a hyperconnected era. London: Springer, 2015. p. 2.

[18] "[...] clave de bóveda de la innovación tecnológica que transforma la sociedad." PIÑAR MAÑAS, José Luis. Sociedad, innovación y privacidad. **Revistas ICE** – Información Comercial Española, ICE, [España], n. 897, 2017 (Ejemplar dedicado a: El cambio digital en la economía. Un proceso disruptivo), p. 67-75, jul.-ago./2017. Disponível em: https://dialnet.unirioja.es/servlet/articulo?codigo=6265463. Acesso em: 12 set. 2022. p. 68.

[19] CASTELLS, Manuel. **A sociedade em rede**. Tradução de Roneide Venancio Majer. 20. ed. São Paulo: Paz e Terra, 2019. p. 75.

[20] CASTELLS, Manuel. **A sociedade em rede**. Tradução de Roneide Venancio Majer. 20. ed. São Paulo: Paz e Terra, 2019. p. 74.

[21] A respeito do poder das plataformas, até mesmo no sentido de regulamentar relações jurídicas, consultar: DE GREGORIO, Giovanni. **The law of the platforms**: digital constitutionalism in Europe: reframing rights and powers in the algorithmic society. [Reino Unido]: Cambridge University Press: University of Oxford, 2022 (Cambridge Studies in European Law and Policy). p. 80-122. DOI:10.1017/9781009071215.004. Disponível em: https://www.cambridge.org/core/books/digital-constitutionalism-in-europe/law-of-the-platforms/DA41AF99D14B885E60EC0CFC7E4F6106. Acesso em: 22 set. 2022.

[22] FRAZÃO, Ana. Plataformas digitais, *big data* e riscos para os direitos da personalidade. *In*: MENEZES, Joyceane Bezerra de; TEPEDINO, Gustavo (coord.). **Autonomia privada, liberdade existencial e direitos fundamentais**. Belo Horizonte: Fórum, 2019. p. 334.
Sobre a racionalidade econômica das plataformas, esclarece a autora que "[...] está associada à viabilização dos mercados de dois lados, os quais se caracterizam pela

pria plataforma, a *big data* e a *big analytics*.[23] É possível falar até mesmo na *plataformização do Estado*, no sentido de que os serviços públicos passam a ser prestados por este mediante o uso de plataformas virtuais.

Os autores citados não deixam dúvida de que, na atualidade, as tecnologias digitais desempenham papel essencial na sociedade. Sua expansão para todas as fronteiras humanas faz com que não seja possível cindi-las como sendo (tão somente) algo físico, biológico ou virtual. A virtualidade se expande, nesse sentido, a ponto de não mais ser separável do restante.

Por outro lado, especialmente após os atentados às Torres Gêmeas, em 11 de setembro de 2001, instalou-se, em nível global, uma grande cadeia de vigilância estatal[24] com a finalidade de evitar novos ataques terroristas, encabeçada pelos Estados Unidos da América e instrumentalizada especialmente por ferramentas digitais,[25] que certamente deixariam George

---

promoção da interação entre os usuários das pontas, de maneira a tornar possível a alteração do volume das transações mediante a alocação de maiores custos para um dos lados na mesma medida em que se reduzem os custos para o outro" (FRAZÃO, Ana. Plataformas digitais, *big data* e riscos para os direitos da personalidade. *In*: MENEZES, Joyceane Bezerra de; TEPEDINO, Gustavo (coord.). **Autonomia privada, liberdade existencial e direitos fundamentais**. Belo Horizonte: Fórum, 2019. p. 334).

[23] O termo *big data* é utilizado para designar o uso das tecnologias digitais para o tratamento de grandes quantidades de dados. Assume especial relevância os chamados "Cinco Vs", os quais correspondem às cinco características essenciais dos bancos de dados: volume, variedade, velocidade, veracidade e valor. *Big analytics* ou *big data analytics*, por sua vez, como a própria expressão diz, refere-se à análise dos dados, especialmente mediante o uso da inteligência artificial, e "[...] visa a (sic) expansão e [à] utilização de conhecimento gerado por dados de todos os tipos em uma infinidade de campos de aplicação [...]" (HOFFMANN-RIEM, Wolfgang. **Teoria geral do direito digital**: transformação digital: desafios para o direito. Tradução de Italo Fuhrmann. Rio de Janeiro: Forense, 2021. p. 18).

[24] Manuel Castells, ao tratar da vigilância estatal, assevera que: "Nas condições vigentes nos Estados autoritários, essa vigilância pode afetar diretamente nossas vidas (e essa é de fato a situação da maioria esmagadora da humanidade). Mas mesmo em sociedades democráticas, em que os direitos civis são respeitados, a transparência de nossas vidas moldará decisivamente as nossas atitudes. Ninguém jamais foi capaz de viver numa sociedade transparente. Se esse sistema de vigilância e controle da Internet se desenvolver plenamente, não poderemos fazer o que nos agrada. Talvez não tenhamos nenhuma liberdade, e nenhum lugar onde nos esconder" (CASTELLS, Manuel. **A galáxia da internet**: reflexões sobre a internet, os negócios e a sociedade. Rio de Janeiro: Zahar, 2003. p. 149).

[25] Consultar nesse sentido: SNOWDEN, Edward. **Eterna vigilância**: como montei e desvendei o maior sistema de espionagem do mundo. São Paulo: Planeta do Brasil, 2019.

Orwell impressionado.[26] Stefano Rodotà afirma, a partir desse contexto, que a "privacidade[,] na era do terror", é vista como dificultadora da segurança, de forma que é, muitas vezes, relegada por legislações de emergência.[27] Essa polarização, decorrente de uma visão simplificadora, por conseguinte, tem sido uma constante na discussão a respeito da regulamentação do tratamento de dados pessoais, sendo comum expressões ligadas, na sua essência, ao mote de que somente almeja proteção sobre seus dados aqueles que possuem algo a esconder.

Nesse contexto, as rápidas transformações econômicas e sociais possibilitadas pela internet permitiram/levaram a um exercício mais efetivo concernentemente a uma série de direitos fundamentais (tradução nossa),[28] especialmente aqueles ligados à liberdade – liberdade de opinião, de manifestação etc. –, o que Antonio Enrique Pérez Luño denomina como "[...] novos perfis das liberdades nas sociedades tecnológicas" (tradução nossa).[29] Contudo, como toda inovação tecnológica, a transformação digital (com abrangência da atividade relativa a tratamento de dados pessoais) é ambivalente, pois, além de possibilitar benefícios sociais e econômicos, traz consigo inúmeros riscos a diversos direitos[30] – e esses riscos são hiperbolizados: primeiro pelo imenso desequilíbrio de poder existente entre os detentores das tecnologias digitais, os "Senhores da Informação",[31] e os usuários; segundo,

---

[26] Sobre George Orwell, leia: BIOGRAFIA de George Orwell. **Pensador**. [*S. l.*], c2023. Disponível em: https://www.pensador.com/autor/george_orwell/biografia/. Acesso em 15 set. 2022.

[27] RODOTÀ, Stefano. **A vida na sociedade da vigilância**: a privacidade hoje. Tradução de Danilo Doneda e Luciana Cabral Doneda. Organização, seleção e apresentação de Maria Celina Bodin de Moraes. São Paulo: Renovar, 2008. p. 14.

[28] CELESTE, Edoardo. Digital constitutionalism: a new systematic theorisation. **International Review of Law, Computers & Technology**, [USA], v. 33, issue 1, p. 76-99, Jan./2019. DOI: 10.1080/13600869.2019.1562604. Disponível em: https://www.researchgate.net/publication/330135709_Digital_constitutionalism_a_new_systematic_theorisation. Acesso em: 15 set. 2022.

[29] "[...] nuevos perfiles de las libertades en las sociedades tecnológicas". PÉREZ LUÑO, Antonio Enrique. **Los derechos humanos en la sociedad tecnológica**. Madrid: Universitas, 2012. p. 9.

[30] Os riscos decorrentes do tratamento de dados pessoais serão devidamente analisados no segundo capítulo desta pesquisa.

[31] RODOTÀ, Stefano. **A vida na sociedade da vigilância**: a privacidade hoje. Tradução de Danilo Doneda e Luciana Cabral Doneda. Organização, seleção e apresentação de Maria Celina Bodin de Moraes. São Paulo: Renovar, 2008. p. 68.

pela penetrabilidade da internet, que, como ressaltado, atrai para o campo digital a maioria dos ambientes sociais.[32]

O direito, como "saber prático",[33] nessa conjuntura, necessita adaptar-se com o fito de criar instrumentos aptos a analisar e a compreender as transformações tecnológicas e, com isso, regular adequadamente as relações jurídicas decorrentes.[34] Em outras palavras, a ciência do direito, para servir à sociedade, deve ser sempre atualizada e altamente ligada ao desenvolvimento social, o que inclui – mas não se restringe – os avanços tecnológicos (tradução nossa).[35]

Tamanho são os desafios gerados pela transformação digital concernentemente aos direitos, em especial, os fundamentais, que a doutrina tem debatido acerca do denominado "Constitucionalismo digital", uma das vertentes do constitucionalismo contemporâneo, como "[...] o conjunto de princípios [...] que informa, orienta e determina [...]" (tradução nossa)[36] a geração de respostas

---

[32] Acerca da ambivalência da internet, esclarece Manuel Castells que "[a] elasticidade da internet a torna particularmente suscetível a intensificar as tendências contraditórias presentes em nosso mundo. Nem utopia nem distopia, a internet é a expressão de nós mesmos através de um código de comunicação específico, que devemos compreender se quisermos mudar nossa realidade".
CASTELLS, Manuel. **A galáxia da internet**: reflexões sobre a internet, os negócios e a sociedade. Tradução de Maria Luiza X. de A. Borges. Rio de Janeiro: Zahar, 2003. p. 11.

[33] STRECK, Lenio Luiz. **Verdade e consenso**. 6. ed. São Paulo: Saraiva, 2017. p. 185-188.

[34] Acerca da dificuldade de o direito acompanhar, na atualidade, a evolução tecnológica, colhe-se a seguinte passagem: "Os direitos humanos foram forjados no seio de sociedades em que as mudanças ocorreram de forma lenta e gradual, de modo que a ciência jurídica estivesse em condições de as acolher e as acomodar nos conceitos jurídicos correspondentes. Hoje, o grande desafio que se coloca aos operadores do direito e aos próprios cidadãos é o de dispor de categorias de análise e de compreensão desses novos fenômenos". PÉREZ LUÑO, Antonio Enrique. **Los derechos humanos en la sociedad tecnológica**. Madrid: Universitas, 2012. p. 9. Tradução nossa.
Texto original: "Los derechos humanos se forjaron en el seno de sociedades en las que los câmbios se producian de manera lenta y paulatina, por lo que la ciencia jurídica se hallaba em condiciones de poder assumirlos y alojarlos en los correspondientes conceptos jurídicos. Hoy, el gran reto que se plantea a los operadores del Derecho y a los propios ciudadanos reside em contar com unas categorias de análisis y de comprensión de esos nuevos fenómenos" (PÉREZ LUÑO, Antonio Enrique. **Los derechos humanos en la sociedad tecnológica**. Madrid: Universitas, 2012. p. 9).

[35] SAARENPÄÄ, Ahti. Derechos digitales. In: BAUZÁ REILLY, Marcelo (dir.). **El derecho de las TIC en Iberoamérica**. Montevideo, Uruguay: Ed. LLa Ley Uruguay, 2019. cap. 10, p. 291-326. p. 292.

[36] "The set of principles [...] that informs, guides and determines [...]". Celeste, Edoardo. Digital constitutionalism: a new systematic theorisation. **International Review of Law, Computers & Technology**, [USA], v. 33, issue 1, p. 77, Jan. 2019. DOI: 1-

constitucionais. Em outras palavras, designa as reações constitucionais às tensões geradas relativamente aos direitos fundamentais pelo uso crescente da tecnologia digital, mediante a adaptação dos objetivos do constitucionalismo contemporâneo às especificidades da sociedade digital. Na doutrina nacional, tem-se defendido, por conseguinte, o *Constitucionalismo Digital*, de forma ampla e abstrata, como organizado "[...] a partir de prescrições normativas comuns de reconhecimento, afirmação e proteção dos direitos fundamentais no ciberespaço".[37] Funciona, portanto, como um marco de liberdade contra o determinismo tecnológico imposto por agentes públicos e privados (tradução nossa).[38]

Referidas reações normativas constitucionais podem ser classificadas em três categorias:

a) disposições legais que reconhecem a possibilidade acrescida de gozo de direitos fundamentais, tais como as que reconhecem o acesso à internet como condição à cidadania;

b) disposições legais que objetivam evitar violações a direitos fundamentais, tais como as disposições pertinentes à proteção de dados pessoais;

c) disposições legais que têm por fim o reequilíbrio dos poderes existentes, como as que permitem maior escrutínio pelos cidadãos das ações estatais (tradução nossa).[39]

24.10.1080/13600869.2019.1562604. Disponível em: https://www.researchgate.net/publication/330135709_Digital_constitutionalism_a_new_systematic_theorisation. Acesso em: 15 set. 2022.

[37] MENDES, Gilmar Ferreira; FERNANDES, Victor Oliveira Constitucionalismo Digital e Jurisdição Constitucional: uma agenda de pesquisa para o caso brasileiro. **Revista Justiça do Direito**, v. 34, n. 2, p. 10, maio-ago./2020. DOI: https://doi.org/10.5335/rjd.v34i2.11038. Disponível em: http://seer.upf.br/index.php/rjd/article/view/11038. Acesso em: 15 set. 2022.

[38] DE GREGORIO, Giovanni. **The law of the platforms**: digital constitutionalism in Europe: reframing rights and powers in the algorithmic society. [UK]. Cambridge University Press: University of Oxford, 2022 (Cambridge Studies in European Law and Policy). p. 80-122. DOI:10.1017/9781009071215.004. Disponível em: https://www.cambridge.org/core/books/digital-constitutionalism-in-europe/law-of-the-platforms/DA41AF99D14B885E60EC0CFC7E4F6106. Acesso em: 22 set. 2022.

[39] CELESTE, Edoardo. Digital constitutionalism: a new systematic theorisation. **International Review of Law, Computers & Technology**, [USA], v. 33, issue 1, p. 78-79, Jan./2019. DOI: 10.1080/13600869.2019.1562604. Disponível em: https://www.researchgate.net/publication/330135709_Digital_constitutionalism_a_new_systematic_theorisation. Acesso em: 15 set. 2022.

É importante ter em conta que tal esforço não pode se mirar unicamente na criação de novos direitos fundamentais ou outras disposições constitucionais. A construção de maior relevância, nesse contexto, refere-se à ressignificação dos direitos fundamentais à luz das especificidades do ambiente digital, a fim de adaptar os objetivos constitucionais à sociedade digitalizada (tradução nossa),[40] o que inclui a otimização das liberdades cidadãs mediante o controle do poder político.[41]

Antonio Enrique Pérez Luño assevera que a liberdade foi o valor fundante da primeira geração de direitos fundamentais, enquanto a igualdade cumpriu tal papel em relação aos direitos de segunda geração. Por sua vez, os direitos fundamentais de terceira geração são respostas à contaminação das liberdades públicas ocasionadas pelas novas tecnologias. Tendo como valor fundante a solidariedade, ressignifica a autonomia pessoal, que deixa de ser abstrata e de esgotar-se em si mesma, ao fazer surgir, de tal forma, direitos fundamentais que se perfazem em um determinado contexto social e histórico (tradução nossa).[42]

Assim, a transformação digital altera, também, as pessoas (e suas relações – logo toda a sociedade) e a(s) economia(s), bem como funciona como catalisadora, não só da disrupção tecnológica, mas também – e por consequência – de uma verdadeira transformação do/no direito. E um dos grandes desafios decorrentes da transformação digital para o direito – quiçá o mais

---

[40] CELESTE, Edoardo. Digital constitutionalism: a new systematic theorisation. **International Review of Law, Computers & Technology**, [USA], v. 33, issue 1, p. 77, Jan./2019. DOI: 10.1080/13600869.2019.1562604. Disponível em: https://www.researchgate.net/publication/330135709_Digital_constitutionalism_a_new_systematic_theorisation. Acesso em: 15 set. 2022.

[41] A respeito do constitucionalismo digital, em especial, a crítica ao uso alargado de tal expressão, ver: PEREIRA, Jane Reis Gonçalves; IGLESIAS KELLER, Clara. Constitucionalismo digital: contradições de um conceito impreciso / Digital constitutionalism: contradictions of a loose concept. **Revista Direito e Práxis**, [S. l.], v. 13, n. 4, p. 2648–2689, 2022. Disponível em: https://www.e-publicacoes.uerj.br/revistaceaju/article/view/70887. Acesso em: 3 out. 2023. Referidas autoras identificam, além da noção de constitucionalismo digital acima exposta, mais duas, sendo a primeira ligada ao constitucionalismo europeu, no sentido de normas constitucionais comunitárias, e a segunda ligada à vertente do constitucionalismo societal, por elas criticada em razão do seu déficit de democracia. Em razão disso, sustentam a inadequação de tal expressão, "[à] exceção dos usos relativos à incorporação do tema na agenda do direito constitucional [...]." (p. 2680).

[42] PÉREZ LUÑO, Antonio Enrique. **Los derechos humanos en la sociedad tecnológica**. Madrid: Universitas, 2012. passim.

relevante na atualidade – refere-se à regulação da atividade de tratamento de dados pessoais realizada pelos agentes públicos e privados.

A transformação digital, nessa perspectiva, facilita a coleta e o tratamento de dados pessoais, bem como possibilita combinações e recombinações até então inimagináveis, em especial com o uso da inteligência artificial, o que redunda em um crescente e diversificado uso dos dados pessoais. Grandes quantidades de dados são colhidas, processadas e armazenadas em velocidade até pouco tempo considerada inconcebível. Com isso, se pode falar, até mesmo, em uma economia movida a dados, em especial, pessoais.

Como ressaltado, a internet é a grande ferramenta de coleta e transporte (comunicação) dos dados pessoais. Assim como o microscópio permite visualizar objetos muito pequenos e o telescópio faz o mesmo com objetos muito distantes, o uso da internet possibilita ver os indivíduos de forma até então inimaginada. Conforme assevera Shoshana Zuboff, a mediação do computador em novos domínios, especialmente ligados a buscas online, permitiu aos agentes de tratamento a obtenção de dados pessoais até então inéditos.[43]

Assim, em certa medida, parte crescente da realidade das pessoas e, também, da sociedade é traduzida "[...] em uma nova dimensão simbólica à medida que eventos, objetos, processos e pessoas se tornam visíveis, cognoscíveis e compartilháveis de uma nova maneira".[44] Isso faz com que os diferentes sujeitos passem a ser sintetizados e rotulados pelas suas informações (para não dizer simplificados a partir de suas informações), "[...] pois elas [as informações] passam a definir, classificar e, mesmo, etiquetar a todos".[45]

É certo que a utilização de dados pessoais sempre gerou risco para os titulares. Basta ver, por exemplo, que a utilização de dados pessoais pelo Estado Alemão Nazista foi essencial para a identificação e posterior prisão e

---

[43] "Por exemplo, além de palavras-chave, cada busca no Google produz em seu encalço dados colaterais como o número e o padrão dos termos de busca, como uma busca é formulada, ortografia, pontuação, tempo de visualização em uma página, padrões de cliques e localização" (ZUBOFF, Shoshana. **A era do capitalismo de vigilância**: a luta por um futuro humano na nova fronteira do poder. Tradução de George Schlesinger. Rio de Janeiro: Intrínseca, 2020. p. 85).

[44] ZUBOFF, Shoshana. Big other: capitalismo de vigilância e perspectivas para uma civilização de informação. *In:* BRUNO, Fernanda *et al.* (org.). **Tecnopolíticas da vigilância**: perspectivas da margem. Tradução de Antonio Holzmeister Oswaldo Cruz e Bruno Cardoso. São Paulo: Boitempo, 2018. p. 24.

[45] MORAES, Maria Celina Bodin de. Ampliando os direitos da personalidade. *In:* MORAES, Maria Celina Bodin de. **Na medida da pessoa humana**: estudos de direito civil-constitucional. Rio de Janeiro: Renovar, 2010. p. 140.

homicídio em massa dos judeus[46] (como ressaltado na introdução). Contudo, com a fusão dos mundos físico, digital e biológico, decorrente da revolução digital e de suas tecnologias consequentes, os riscos se tornaram significativamente maiores, uma vez que a recolha e o processamento dos dados têm ganho exponencial em velocidade e amplitude, bem como penetrabilidade em todos os campos.[47] Na atualidade, nesse sentido, vivencia-se a "economia da atenção"[48] e o "capitalismo de vigilância"[49], em que agentes econômicos dedicados ao tratamento de dados pessoais disputam a atenção dos usuários, até mesmo mediante a criação das mais diversas estratégias e instrumentos para mantê-los o maior tempo possível "conectados", a fim de vigiá-los (e, com isso, coletar a maior quantidade de dados possível), mas, especialmente, mediante a criação do chamado "[...] negócio de influenciar consciências [...]"[50] e modificar comportamentos,[51] o que importa na "[...] forma mais

---

[46] A respeito disso, consultar: BLACK, Edwin. **IBM e o holocausto**: a aliança estratégica entre a Alemanha Nazista e a mais poderosa empresa americana. Tradução de Afonso Celso da Cunha Serra. São Paulo: Editora Campus, 2001.

[47] Nesse contexto, a ubiquidade da internet faz com que praticamente todas as atividades cotidianas tenham relação, de alguma forma, com a produção de dados em formato digital. De câmeras instaladas em locais públicos a sensores nos veículos, uma enorme quantidade de dados é gerada e tratada. Isso sem falar no uso direto da internet para uma boa parte do trabalho e mesmo do lazer.

[48] A respeito disso, consultar: DAVENPORT, Thomas H.; BECK, John C. **A economia da atenção**. Rio de Janeiro: Editora Campus Elsevier, 2001.

[49] A respeito disso, consultar: ZUBOFF, Shoshana. **The age of surveillance capitalism**: the fight for a human future at the new frontier of power. New York: PublicAffairs, 2019.

[50] FRAZÃO, Ana. Plataformas digitais, *big data* e riscos para os direitos da personalidade. In: MENEZES, Joyceane Bezerra de; TEPEDINO, Gustavo (coord.). **Autonomia privada, liberdade existencial e direitos fundamentais**. Belo Horizonte: Fórum, 2019. p. 334.

[51] "Nessa fase do imperativo de predição, os capitalistas de vigilância declaram seu direito de modificar o comportamento alheio para obter lucros por meio de métodos que contornam a consciência humana, os direitos de escolha individuais e todo o complexo de processos autorreguladores que podem ser resumidos com termos como *autonomia* e *autodeterminação*" (ZUBOFF, Shoshana. **A era do capitalismo de vigilância:** a luta por um futuro humano na nova fronteira do poder. Tradução de George Schlesinger. Rio de Janeiro: Intrínseca, 2020. p. 342, grifo do autor).

fundamental de poder [...]"[52] e comprova que "[o] poder na sociedade em rede é o poder da comunicação".[53]

Discorrendo acerca do "capitalismo de vigilância", Shoshana Zuboff assevera que, inicialmente, os dados pessoais gerados eram tidos como um subproduto da navegação dos usuários nos sites de busca e eram armazenados sem cuidado e, de forma geral, ignorados. Na sequência, percebeu-se que esse "superavit comportamental" poderia ser utilizado para melhorar a experiência do usuário – isso no que concerne ao aumento de rapidez, precisão e relevância dos resultados, o que a autora denomina como "ciclo de reinvestimento do valor comportamental". Assim, o poder analítico era utilizado para processar parte dos dados pessoais, o que acarretava unicamente na melhoria do serviço prestado ao próprio titular de dados. Contudo, visando a maiores ganhos, os dados pessoais passaram a ser a matéria-prima usada "[...] também a serviço de dirigir a publicidade a usuários individuais".[54] Foi essa a guinada que acabou por transformar a internet em um projeto de vigilância difundido e muito lucrativo. Dessarte, a combinação de inteligência artificial com coleta e armazenamento cada vez maior de "superavit comportamental", implementada pelas mais avançadas operações tecnológicas, formou uma lógica de acumulação jamais vista. Dessa forma, a mineração de dados pessoais passou/passa a ser usada para "[...] ler as mentes destes [dos usuários] a fim de combinar anúncios com os seus interesses [...]", o que permite "[...] saber o que um indivíduo *específico*, num tempo e espaços específicos, estava pensando, sentindo ou fazendo [...]"[55] (grifo do autor) para, com isso, personalizar a mensagem publicitária a fim de que ocorra maior probabilidade de influenciar o comportamento do destinatário. Trata-se de um poder gigantesco, uma vez que importa em "[...] novas capacidades para inferir e deduzir pensamentos, sentimentos, intenções e interesses de pessoas ou grupos com uma arquitetura automatizada que opera como um espelho

---

[52] CASTELLS, Manuel. **O poder da comunicação**. Tradução de Vera Lúcia Mello Joscelyne. 5. ed. São Paulo: Paz e Terra, 2021. p. 21.
[53] CASTELLS, Manuel. **O poder da comunicação**. Tradução de Vera Lúcia Mello Joscelyne. 5. ed. São Paulo: Paz e Terra, 2021. p. 99.
[54] ZUBOFF, Shoshana. **The age of surveillance capitalism**: the fight for a human future at the new frontier of power. New York: PublicAffairs, 2019. p. 93.
[55] ZUBOFF, Shoshana. **A era do capitalismo de vigilância:** a luta por um futuro humano na nova fronteira do poder. Tradução de George Schlesinger. Rio de Janeiro: Intrínseca, 2020. p. 97.

unidirecional [...]" sem a ciência do usuário, o que permite "[...] acesso secreto e privilegiado aos [seus] dados comportamentais".[56]

Com base em tais lições, pode-se afirmar que os dados pessoais passam a: (i) representar a essência das pessoas em tempo real; (ii) serem instrumentalizados com o único objetivo de gerar lucro.

Tamanha a relevância que os dados passam a deter, que os cientistas de dados asseveram que os dados pessoais são muito melhores do que uma pessoal real, pois "[...] não ocupam espaço, não custam quase nada para manter, duram para sempre e são muito mais fáceis de serem replicados e transportados"[57] – e tudo isso de forma imperceptível.[58] E quanto mais dados, mais poder.

Tudo isso gera como principal efeito, além dos diversos riscos aos direitos da personalidade do titular de dados,[59] "[...] o desequilíbrio de poderes entre os indivíduos [titulares dos dados] e os organismos que processam os

---

[56] ZUBOFF, Shoshana. **A era do capitalismo de vigilância:** a luta por um futuro humano na nova fronteira do poder. Tradução de George Schlesinger. Rio de Janeiro: Intrínseca, 2020. p. 100.

[57] SIEGEL, Eric. **Análise preditiva**: o poder de prever quem vai clicar, comprar, mentir ou morrer. Tradução de Wendy Campos. Rio de Janeiro: Alta Books, 2017. p. 48.

[58] "Isso é o que os computadores fazem de melhor. Eles escondem seu poder para, silenciosamente, ordenar alterações procedimentais sólidas que normalmente continuam sendo ignoradas, já que a maioria não é diretamente testemunhada por qualquer pessoa. Mas, sob a superfície, um mar de mudanças está ocorrendo, como se o oceano inteiro estivesse sendo reconfigurado" (SIEGEL, Eric. **Análise preditiva**: o poder de prever quem vai clicar, comprar, mentir ou morrer. Tradução de Wendy Campos. Rio de Janeiro: Alta Books, 2017. p. 28).

[59] Nesse sentido: "Dentre as searas mais desafiadoras que se tem colocado e exigido reações eficazes com vistas ao enfrentamento dos inúmeros problemas acarretados, devem ser mencionadas as que advêm a partir do uso de inteligência artificial e na formação e emprego de Big Data, vez que colocam em risco os direitos humanos e fundamentais em risco, podendo produzir e acentuar discriminação por meio de generalizações ou de estereotipações e de práticas abusivas de perfilhamento, de análise preditiva e de vigilantismo, acirrando assimetrias informacionais e, em razão disso, violando a esfera da privacidade e a dignidade da pessoa humana" (SARLET, Ingo Wolfgang; SARLET, Gabrielle Bezerra Sales. **Separação informacional de poderes no direito constitucional brasileiro**. Texto de discussão 4/2022. São Paulo: Associação Data Privacy Brasil de Pesquisa, 2022. Disponível em: https://www.dataprivacybr.org/documentos/separacao-informacional-de-poderes-no-direito-constitucional-brasileiro/?idProject=. Acesso em: 15 set. 2022. p. 33).

dados pessoais [...]".[60] Afinal, cria-se grande assimetria informacional, pois, de um lado, o agente de tratamento de dados detém grande conhecimento do titular, enquanto, de outro, o titular dos dados pessoais pouco ou nada sabe a respeito do tratamento, que, por si só, é quase imperceptível e bastante complexo. Some-se a isso a grande opacidade na atividade, especialmente com o uso de inteligência artificial, o que gera uma verdadeira "caixa-preta",[61] seja pela consideração com relação aos algoritmos, tidos como segredos empresariais,[62] seja pela dificuldade que os usuários, órgãos de fiscalização e mesmo o Poder Judiciário possuem em compreender os aspectos relevantes das inovações tecnológicas utilizadas no tratamento de dados pessoais. As caraterísticas próprias relativas a tais dados – como a intangibilidade e o "consumo não rival"[63] (no sentido de que seu uso não causa sua destruição ou desgaste, tampouco deixa marcas) –, bem como a velocidade e a inexistência de fronteiras geográficas, características próprias da internet, contribuem para agravar ainda mais a situação.

A revisão da bibliografia realizada neste tópico, como paradigma nesse âmbito, demonstrou a ambivalência da atividade de tratamento de dados pessoais. De um lado, uma infinidade de desenvolvimentos que afetam a sociedade em praticamente todos os ambientes, o que faz com que não possa, de forma direta, ocorrer sua renúncia/dispensa. De outro, possibilidades variadas de eventos adversos ao titular de dados pessoais, não só pelo uso dos dados em si, mas especialmente pela forma do uso, que têm criado uma assimetria de poder inédita.

Como se sabe, os direitos fundamentais surgem da premente necessidade de proteger as liberdades em face do Estado, o que significa dizer: das ameaças decorrentes do exercício arbitrário do poder por quem o detém, de

---

[60] MENDES, Laura Schertel. **Privacidade, proteção de dados e defesa do consumidor**: linhas gerais de um novo direito fundamental. São Paulo: Saraiva, 2014. p. 79.

[61] Conforme: HOFFMANN-RIEM, Wolfgang. Inteligência artificial como oportunidade para a regulação jurídica. **Revista Direito Público-RDP**, Porto Alegre, v. 16, n. 90, p. 29, nov./dez. 2019. Disponível em: https://www.portaldeperiodicos.idp.edu.br/direitopublico/article/view/3756. Acesso em: 1º set. 2022.

[62] HOFFMANN-RIEM, Wolfgang. Inteligência artificial como oportunidade para a regulação jurídica. **Revista Direito Público-RDP**, Porto Alegre, v. 16, n. 90, p. 29, nov./dez. 2019. Disponível em: https://www.portaldeperiodicos.idp.edu.br/direito-publico/article/view/3756. Acesso em: 1º set. 2022.

[63] SPIECKER, Indra. O direito à proteção de dados na internet em caso de colisão. **Revista Brasileira de Direitos Fundamentais & Justiça**, Belo Horizonte, ano 12, n. 38, p. 19, jan./jun. 2018. DOI: https://doi.org/10.30899/dfj.v12i38.709. Disponível em: http://dfj.emnuvens.com.br/dfj/article/view/709. Acesso em: 24 set. 2022.

forma que passa a ganhar sentido a existência de um direito fundamental à proteção de dados pessoais, o que será objeto de análise na sequência.

1.2 ALGUNS ELEMENTOS HISTÓRICOS ESTRUTURANTES DO DIREITO À PROTEÇÃO DE DADOS PESSOAIS

Sabe-se que o direito à privacidade, como direito da personalidade (uma nova exigência da liberdade pessoal),[64] foi inicialmente desenvolvido no âmbito do direito norte-americano. O conhecido artigo *The right to privacy* (1890), de Warren & Brandeis, desenvolveu o que foi intitulado como "direito a estar só" ou "direito a ser deixado em paz" (tradução nossa),[65] o que importa no respeito a uma esfera privada de cada sujeito (vida privada) em contraposição a uma esfera pública (vida pública ou social). Um direito à "[...] restrição ou ocultação de informações [...]",[66] de índole manifestamente negativa, no sentido de exigir ou impor abstenções a terceiros. Dessa maneira, importa em "[...] uma fuga do mundo exterior como um todo para a subjetividade interior do indivíduo, subjetividade esta que antes fora abrigada e protegida pelo domínio privado".[67] O que se percebe, isso posto, é que a intimidade é vista como uma "descoberta", uma forma de se apropriar de todos e de um todo. Conhecer o subjetivo de cada indivíduo leva, de tal forma, ao mais profundo, o que envolve adentrar a privacidade pertencente ao (seu) domínio privado, e esse domínio (privado), que funciona como um refúgio para a pessoa, é essencial para seu desenvolvimento.[68] É longe dos julgamentos públicos que cada indivíduo

---

[64] Acerca disso, leia-se, de forma mais aprofundada, em: FROSINI, Tommaso Edoardo. Le sfide attuali del diritto ai dati personali. *In*: FARO, Sebastiano; FROSINI, Tommaso Edoardo; PERUGINELLI, Ginevra (coord.). **Dati e algoritmi**: diritto e diritti nella società digitale. Bologna: il Mulino, 2020. p. 25.

[65] "Rigth to be alone". BRANDEIS, Louis D.; WARREN, Samuel D. The right to privacy. **Harvard Law Review**, [USA], v. 4, n. 5, p. 206, Dec. 15, 1890.

[66] POSNER, Richard A. **A economia da justiça**. Tradução de Evandro Ferreira e Silva. São Paulo: Editora WMF Martins Fontes, 2010. p. 273.

[67] ARENDT, Hannah. **A condição humana**. Tradução de Roberto Raposo. 12. ed. Rio de Janeiro: Forense Universitária, 2016. p. 85.

[68] Hannah Arendt ressalta que: "[u]ma existência vivida inteiramente em público, na presença de outros, torna-se, como se diz, superficial. Retém a sua visibilidade, mas perde a qualidade resultante de vir à luz a partir de um terreno mais sombrio, que deve permanecer oculto a fim de não perder sua profundidade em um sentido muito real, não subjetivo. O único modo eficaz de garantir a escuridão do que deve ser escondido da luz da publicidade é a propriedade privada, um lugar possuído

pode ser ele mesmo; pode ousar, divergir das imposições decorrentes do senso comum, deixar de *parecer* para *ser*.

Essa pode ser considerada a noção clássica do instituto (do direito à privacidade), ligada justamente ao direito de manutenção da esfera privada preservada de olhares, intromissões, invasões públicas ou de terceiros.

A questão, contudo, ganha maior complexidade nas décadas de 1960 e 1970, na Europa. Isso em razão de que começa a generalizar-se o uso de sofisticados – para a época – "cérebros eletrônicos"[69] (tradução nossa) os quais passam a permitir o tratamento massivo de dados, não só pelos governos, mas também pela iniciativa privada, o que passou a causar indagações a respeito dos riscos dessas ações para os direitos das pessoas. É importante ressaltar, nessa perspectiva, que, passados poucos anos da Segunda Grande Guerra, ainda era muito presente na memória as experiências de vigilância comunistas e nazistas – "[...] e se pretendia evitar a todo custo a sua repetição" (tradução nossa).[70] Desde já é perceptível que a evolução é bastante pragmática e decorre da necessária resposta às mudanças tecnológicas.

Stefano Rodotà acrescenta que justamente o fato que parece levar à morte da privacidade – o fichamento de grandes contingentes populacionais – paradoxalmente "[...] está na origem de uma transformação qualitativa que pode permitir que a privacidade recupere sua carga vital e assuma funções antes desconhecidas".[71]

Nesse contexto, surgem as primeiras leis em países da Europa a respeito do tema. Cabe citar a Lei de Hesse (1970) como a primeira na matéria.[72]

---

privadamente para se esconder" (ARENDT, Hannah. **A condição humana**. Tradução de Roberto Raposo. 12. ed. Rio de Janeiro: Forense Universitária, 2016. p. 87-88).

[69] "cerebros electrónicos". PIÑAR MAÑAS, José Luis. El derecho de la protección de datos personales en la perspectiva europea. *In:* BAUZÁ REILY, Marcelo (director). **El derecho de las TIC en Iberoamérica**. Montevideo: Ed. La Ley Uruguay, 2019. cap. XII, p. 347.

[70] "y se pretendía evitar a todo costo su repetición". PIÑAR MAÑAS, José Luis. El derecho de la protección de datos personales en la perspectiva europea. *In:* BAUZÁ REILY, Marcelo (director). **El derecho de las TIC en Iberoamérica**. Montevideo: Ed. La Ley Uruguay, 2019. cap. XII, p. 347.

[71] RODOTÀ, Stefano. **A vida na sociedade da vigilância**: a privacidade hoje. Tradução de Danilo Doneda e Luciana Cabral Doneda. Organização, seleção e apresentação de Maria Celina Bodin de Moraes. São Paulo: Renovar, 2008. p. 32.

[72] Consultar dados referentes em: OLIVEIRA, Marco Aurélio Bellizze; LOPES, Isabela Maria Pereira. Os princípios norteadores da proteção de dados pessoais no Brasil

Contudo, a contribuição verdadeiramente relevante foi dada pelo Conselho da Europa, em 1981, que, mediante o Convênio 108/81,[73] estabeleceu os princípios e direitos que qualquer legislação europeia deveria acolher para proteger os dados de caráter pessoal (tradução nossa).[74] De tal Convênio são deduzidos alguns "princípios" do direito à proteção de dados pessoais cuja importância é destacada até o momento e perpassa as fronteiras europeias, tais como: a) observância de correção e exatidão na recolha e tratamento (de dados); b) necessidade de a coleta ser decorrente de finalidade específica e guardar pertinência entre os dados colhidos e a finalidade almejada; c) segurança dos dados; d) acesso e controle individual pelo titular.[75]

Dois anos mais tarde (1983), o Tribunal Constitucional Alemão proferiu a célebre decisão a respeito do censo e que pode ser considerada, até então, a mais paradigmática no tocante à matéria. Nela, destacou-se o controle sobre a própria informação na configuração do direito à privacidade e à proteção de dados pessoais, bem como à necessária observância da dignidade da pessoa humana e do livre desenvolvimento da personalidade.[76] Com isso, o referido Tribunal completou os direitos constitucionais com a formulação de um novo direito: o direito à autodeterminação informativa, que protege quanto ao recolhimento, armazenamento, utilização e transmissão de dados pessoais (tradução nossa).[77]

---

e sua otimização pela Lei 13.709/2018. *In*: FRAZÃO, Ana; TEPEDINO, Gustavo; OLIVA, Milena Donato (coord.). **Lei Geral de Proteção de Dados Pessoais e suas repercussões no direito brasileiro**. São Paulo: Thomson Reuters Brasil: Revista dos Tribunais, 2019. p. 53-83.

[73] A respeito da importância do Convênio 108/81, consultar: LIMBERGER, Têmis. **O direito à intimidade na era da informática**: a necessidade de proteção dos dados pessoais. Porto Alegre: Livraria do Advogado Editora, 2007. p. 67-68.

[74] PIÑAR MAÑAS, José Luis. El derecho de la protéción de datos personales en la perspectiva europea. *In*: BAUZÁ REILY, Marcelo (director). **El derecho de las TIC en Iberoamérica**. Montevideo: Ed. La Ley Uruguay, 2019. cap. XII, p. 347-348.

[75] RODOTÀ, Stefano. **A vida na sociedade da vigilância**: a privacidade hoje. Tradução de Danilo Doneda e Luciana Cabral Doneda. Organização, seleção e apresentação de Maria Celina Bodin de Moraes. São Paulo: Renovar, 2008. p. 59.

[76] A decisão pode ser consultada, em língua portuguesa, em: MARTINS, Leonardo (org. e introd.). **Cinquenta anos de jurisprudência do Tribunal Constitucional Federal Alemão**. Coletânea original de Jürgen Schwabe. Tradução de Beatriz Hennig et al. Montevideo, Uruguay: Konrad-Adenauer-Stiftung, 2005. Disponível em: http://www.kas.de/wf/doc/kas_7738-544-1-30.pdf. Acesso em: 11 maio 2023. p. 233-245.

[77] PIÑAR MAÑAS, José Luis. El derecho de la protección de datos personales en la perspectiva europea. *In*: BAUZÁ REILY, Marcelo (director). **El derecho de las TIC en Iberoamérica**. Montevideo: Ed. La Ley Uruguay, 2019. cap. XII, p. 349.

Ocorre, portanto, verdadeira "mutação na privacidade"[78] decorrente, como demonstrado, do incremento dos meios tecnológicos, mais especificamente, do aumento da capacidade de recolhimento, processamento e guarda de dados pessoais por meio do uso massivo de computadores[79] e, posteriormente, da Internet.

E, sob essa perspectiva, foi criada a Diretiva 95/46 (1995) da União Europeia que, além de regular a proteção de dados pessoais, tratou a respeito da livre circulação desses dados.[80] Trata-se de uma evolução considerável, pois resta sedimentada a relevância social e econômica do uso dos dados pessoais. Não se trata de diploma legal proibitivo, pelo contrário, passa a regulamentar a forma em que os dados pessoais podem ser usados.

No ano 2000, foi positivado, na Carta de Direitos da União Europeia, como direito autônomo e independente do direito à privacidade, o direito à proteção de dados pessoais. De fato, o art. 7º da referida carta estabelece que "[t]odas as pessoas têm direito ao respeito pela sua vida privada e familiar, pelo seu domicílio e pelas suas comunicações", enquanto o art. 8º dispõe que "[t]odas as pessoas têm direito à protecção dos dados de carácter pessoal que lhes digam respeito",[81] e, nessa perspectiva, o cumprimento das disposições legais relativas será objeto de "[...] fiscalização por parte de uma autoridade independente".[82] Fica evidente, na forma estabelecida, que o direito à privacidade tem natureza de prestação negativa (de exigir abstenções) e é de cunho eminentemente individualista, já o direito à proteção de dados tem, ao lado do direito de defesa, natureza positiva (de exigir ações) e, ao lado do aspecto

---

[78] LIMBERGER, Têmis. **Cibertransparência:** informação pública em rede: a virtualidade e suas repercussões na realidade. Porto Alegre: Livraria do Advogado, 2016. p. 58-64.

[79] PEIXOTO, Erick Lucena Campos; EHRHARDT JÚNIOR, Marcos. Breves notas sobre a ressignificação da privacidade. **Revista Brasileira de Direito Civil-RBDCivil**, Belo Horizonte, v. 16, p. 41, abr./jun. 2018.

[80] REINO UNIDO. EUR-Lex. Parlamento Europeu. **Directiva 95/46/CE do Parlamento Europeu e do Conselho, de 24 de outubro de 1995**. Relativa à protecção das pessoas singulares no que diz respeito ao tratamento de dados pessoais e à livre circulação desses dados. Jornal Oficial das Comunidades Europeias. p. I.281/31-I.281/50. Luxemburgo, 24 out. 1995. Disponível em: https://eur-lex.europa.eu/legal-content/PT/ALL/?uri=CELEX%3A31995L0046. Acesso em: 30 abr. 2023.

[81] Grafia conforme documento original.

[82] [PORTUGAL]. Carta dos Direitos Fundamentais da União Europeia – 2000. **Jornal Oficial das Comunidades Europeias**, [Portugal], c364/1-c 364/22, dez./2000. Disponível em: https://www.europarl.europa.eu/charter/pdf/text_pt.pdf. Acesso em: 30 abr. 2023.

individual, é de cunho claramente coletivo ou social. Ademais, impõe claro dever de proteção aos Estados integrantes da União Europeia no sentido de estruturar um sistema de proteção baseado em uma autoridade independente.

E, nesse contexto, vem a lume, em 2016 (com entrada em vigor em 2018), o Regulamento Geral de Proteção de Dados – RGPD (UE) 2016/679. Ao contrário da Diretiva 95/46 – que foi revogada pelo Regulamento –, tal diploma é de observância obrigatória pelos Estados-membros da União Europeia, independentemente de qualquer lei interna de adaptação.[83] E, segundo José Luis Piñar Mañas, esse Regulamento introduziu um novo modelo de proteção de dados para a Europa, em que se passou da mera gestão dos dados pessoais para o uso responsável da informação – provinda do manuseio dos dados pessoais (tradução nossa),[84] especialmente em razão da chamada responsabilidade proativa[85] (arts. 5.2 e 24, adiante tratados),[86] do dever de privacidade por desenho e por defeito, do instrumento de análise de riscos etc. Sem dúvida, trata-se do diploma legal mais paradigmático da atualidade, não só por positivar o que pode ser chamado de "padrão ouro" no tratamento de dados pessoais, mas também pelo fato de que tem o potencial de ser replicado, ao menos de forma próxima, por outros países (chamado "Efeito Bruxelas").

No Brasil, em 14 de agosto de 2018, nesse âmbito, foi publicada a Lei 13.709, intitulada "Lei Geral de Proteção de Dados" (LGPD). Fruto de considerável tramitação no Congresso Nacional e fortemente inspirada no RGPD,

---

[83] REINO UNIDO. EUR-Lex. Parlamento Europeu. Atos Legislativos. Regulamento (UE) 2016/679 do Parlamento Europeu e do Conselho de 27 de abril de 2016. Relativo à proteção das pessoas singulares no que diz respeito ao tratamento de dados pessoais e à livre circulação desses dados e que revoga a Diretiva 95/46/CE (Regulamento Geral sobre a Proteção de Dados). **Jornal Oficial da União Europeia**, Bruxelas, Bélgica, p. I. 119/1-I.119-88, 2016. Disponível em: https://eur-lex.europa.eu/legal-content/PT/TXT/?uri=celex%3A32016R0679. Acesso em: 15 abr. 2023.

[84] PIÑAR MAÑAS, José Luis. El derecho de la protección de datos personales en la perspectiva europea. *In*: BAUZÁ REILY, Marcelo (director). **El derecho de las TIC en Iberoamérica**. Montevideo: Ed. La Ley Uruguay, 2019. cap. XII. p. 353.

[85] Grafia mais utilizada no português de Portugal.

[86] REINO UNIDO. EUR-Lex. Parlamento Europeu. Atos Legislativos. Regulamento (UE) 2016/679 do Parlamento Europeu e do Conselho de 27 de abril de 2016. Relativo à proteção das pessoas singulares no que diz respeito ao tratamento de dados pessoais e à livre circulação desses dados e que revoga a Diretiva 95/46/CE (Regulamento Geral sobre a Proteção de Dados). **Jornal Oficial da União Europeia**, Bruxelas, Bélgica, p. I. 119/1-I.119-88, 2016. Disponível em: https://eur-lex.europa.eu/legal-content/PT/TXT/?uri=celex%3A32016R0679. Acesso em: 15 abr. 2023.

como pode ser deduzido do cotejo entre ambos, estabelece que a disciplina da proteção de dados pessoais tem como fundamentos, conforme art. 2º (adaptado), o respeito à privacidade, a autodeterminação informativa, a liberdade de expressão, de informação, de comunicação e de opinião, o livre desenvolvimento da personalidade, a defesa do consumidor, a dignidade e o exercício da cidadania pelas pessoas, dentre outros.[87] E não há dúvida de que esses "[...] dois sistemas [o RGPD e a LGPD] se encontram fortemente alinhados[...]", conforme clara preferência do legislador brasileiro, o que "[...] facilitará a realizaç[ão] de transações e cooperações com países [...]" da União Europeia.[88]

Por fim, relativamente à ainda recente evolução brasileira na matéria, cabe ressaltar a decisão do Supremo Tribunal Federal proferida no referendo da liminar na ADI 6387/DF (Ação Direta de Inconstitucionalidade 6.387 Distrito Federal),[89] momento em que foi reconhecida a existência de um direito fundamental implícito à proteção de dados pessoais, deliberada ainda durante a *vacatio legis* da LGPD e a promulgação da Emenda Constitucional 115/2022.[90] Dada sua relevância, ambas serão abordadas detalhadamente no próximo tópico.

---

[87] BRASIL. **Lei nº 13.709, de 14 de agosto de 2018**. Lei Geral de Proteção de Dados Pessoais (LGPD). Brasília, DF: Presidência da República, 2018. Disponível em: http://www.planalto.gov.br/ccivil_03/_ato2015-2018/2018/lei/L13709.htm. Acesso em: 15 abr. 2023.

[88] TEPEDINO, Gustavo; TEFFÉ, Chiara Spadaccini de. Consentimento e proteção de dados pessoais na LGPD. *In*: FRAZÃO, Ana; TEPEDINO, Gustavo; OLIVA, Milena Donato (coord.). **Lei Geral de Proteção de Dados Pessoais e suas repercussões no direito brasileiro**. São Paulo: Thomson Reuters Brasil: Revista dos Tribunais, 2019. p. 293.

[89] BRASIL. Supremo Tribunal Federal. **Medida Cautelar na Ação Direta de Inconstitucionalidade 6.387 Distrito Federal**. Medida Cautelar de Urgência. [...] Cuida-se de pedido de medida cautelar em ação direta de inconstitucionalidade proposta pelo Conselho Federal da Ordem dos Advogados do Brasil – CFOAB contra o inteiro teor da Medida Provisória n. 954, de 17 de abril de 2020 [...]. Requerente: Conselho Federal da Ordem dos Advogados do Brasil - CFOAB. Intimado: Presidente da República. Relatora: Ministra Rosa Weber, 24.04.2020. p. 1-13. Disponível em: http://www.stf.jus.br/arquivo/cms/noticiaNoticiaStf/anexo/ADI6387MC.pdf. Acesso em: 11 jan. 2023.

[90] BRASIL. [Constituição (1988)]. **Emenda Constitucional nº 115, de 10 de fevereiro de 2022**. Altera a Constituição Federal para incluir a proteção de dados pessoais entre os direitos e garantias fundamentais e para fixar a competência privativa da União para legislar sobre proteção e tratamento de dados pessoais. Brasília, DF: Presidência da República, 2022. Disponível em: http://www.planalto.gov.br/ccivil_03/constituicao/Emendas/Emc/emc115.htm#:~:text=EMENDA%20CONSTITUCIONAL%20N%C2%BA%20115%2C%20DE,e%20tratamento%20de%20dados%20pessoais. Acesso em: 11 jan. 2023.

Assim, considerando-se as especificidades dos dados na sociedade de informação, bem como a legislação europeia e brasileira citadas, não há dúvida de que a proteção de dados pessoais, inicialmente deduzida do próprio direito à privacidade, na atualidade, acaba por exceder esse âmbito, pois confere salvaguarda a diversos direitos fundamentais.

É importante deixar claro que ao proteger os dados pessoais, na verdade, protege-se o titular dos dados,[91] pois estes representam faceta significativa da personalidade. Logo, a proteção dedicada aos dados pessoais deve abranger todos os direitos e liberdades individuais da pessoa humana os quais não cabem tão somente no conceito estrito de privacidade, decorrente do ressaltado antagonismo privado-público. Tal distinção, que será aprofundada no item seguinte, é de grande importância, pois, do contrário, "[...] corre-se o risco de ele [o direito à proteção de dados pessoais] não se desprender das amarras conceituais e da dinâmica do direito à privacidade [...]" o que, ao extremo, pode "[...] inviabilizar uma normatização própria para regular o fluxo informacional como fator promocional da pessoa humana".[92]

De fato, pouca ou nenhuma relevância, em muitos aspectos, possui a discussão acerca do que é público ou privado para fins de proteção de dados pessoais.[93] Basta verificar, por exemplo, o direito de acesso (arts. 6º, IV, e 9º da LGPD) ou o direito de correção (art. 18, III da LGPD) que fogem da lógica do sigilo.[94] Nesse sentido, é necessário pensar a proteção de dados até mesmo no espaço público. Os dados de filiação partidária, por exemplo, são públicos, o que significa dizer que sobre eles inexiste qualquer expectativa de privacidade. Contudo, sua utilização de forma discriminatória, descontextualizada, para fins de persecução estatal etc., pode ser considerada como antijurídica, pois o § 3º do art. 7º da LGPD estabelece que "[o] tratamento de

---

[91] ALBERS, Marion. A complexidade da proteção de dados. **Revista Brasileira de Direitos Fundamentais & Justiça**, Belo Horizonte, v. 10, n. 35, p. 29, jul./dez. 2016. DOI: https://doi.org/10.30899/dfj.v10i35.93. Disponível em: http://dfj.emnuvens.com.br/dfj/article/view/93. Acesso em: 21 jan. 2023.

[92] BIONI, Bruno Ricardo. **Proteção de dados pessoais**: a função e os limites do consentimento. Rio de Janeiro: Forense, 2019. p. 100.

[93] BIONI, Bruno Ricardo. **Proteção de dados pessoais**: a função e os limites do consentimento. Rio de Janeiro: Forense, 2019. p. 67.

[94] BRASIL. **Lei nº 13.709, de 14 de agosto de 2018**. Lei Geral de Proteção de Dados Pessoais (LGPD). Brasília, DF: Presidência da República, 2018. Disponível em: http://www.planalto.gov.br/ccivil_03/_ato2015-2018/2018/lei/L13709.htm. Acesso em: 15 abr. 2023.

dados pessoais cujo acesso é público deve considerar a finalidade, a boa-fé e o interesse público que justificaram sua disponibilização".[95]

Assim, é correto defender que a proteção de dados pessoais tem origem na privacidade, contudo dela se autonomiza e passa a abranger uma série de outros direitos e liberdades públicas, de forma que pode ser fundamentada na cláusula geral de proteção à pessoa humana, a qual deve englobar "[...] todas as dimensões da personalidade humana [...]".[96] Portanto, no quadro atual, a partir desse entendimento, a questão da proteção de dados encontra-se ligada de forma muito próxima à dignidade da pessoa humana, à liberdade e à igualdade.

Pode-se dizer, por conseguinte, que o direito à proteção de dados pessoais não alcança um único bem jurídico, mas sim interesses complexos e múltiplos, mediante a regulamentação da criação de perfis de personalidade e a proteção à reputação, com vedação à estigmatização e à discriminação, ao roubo de identidade, o que encaminha a expectativas "justificadas de privacidade" e "proteção da integridade contextual".[97]

Nesse sentido, Stefano Rodotà destaca que a "[...] proteção de dados pode ser vista como a soma de um conjunto de direitos que configuram a cidadania do novo milênio".[98] De fato, como demonstrado no tópico ante-

---

[95] BRASIL. **Lei nº 13.709, de 14 de agosto de 2018**. Lei Geral de Proteção de Dados Pessoais (LGPD). Brasília, DF: Presidência da República, 2018. Disponível em: http://www.planalto.gov.br/ccivil_03/_ato2015-2018/2018/lei/L13709.htm. Acesso em: 15 abr. 2023.

[96] SARLET, Ingo Wolfgang; SAAVEDRA, Giovani Agostini. Fundamentos jusfilosóficos e âmbito de proteção do direito fundamental à proteção de dados pessoais. **Revista Direito Público-RDP**, Brasília, v. 17, n. 93, p. 43, maio/jun. 2020. Disponível em: https://www.portaldeperiodicos.idp.edu.br/direitopublico/article/view/4315. Acesso em: 11 jan. 2023.

[97] ALBERS, Marion. A complexidade da proteção de dados. **Revista Brasileira de Direitos Fundamentais & Justiça**, Belo Horizonte, v. 10, n. 35, p. 37, jul./dez. 2016. DOI: https://doi.org/10.30899/dfj.v10i35.93. Disponível em: http://dfj.emnuvens.com.br/dfj/article/view/93. Acesso em: 21 jan. 2023.

[98] RODOTÀ, Stefano. **A vida na sociedade da vigilância**: a privacidade hoje. Tradução de Danilo Doneda e Luciana Cabral Doneda. Organização, seleção e apresentação de Maria Celina Bodin de Moraes. São Paulo: Renovar, 2008. p. 17.
Acresce, nesse sentido, Ingo Wolfgang Sarlet que, "[n]essa perspectiva, é crucial que se tenha presente que, embora a proteção de dados tenha sido deduzida (associada), em diversos casos, do direito à privacidade (*v.g.*, nos EUA, o conceito de *informational privacy*) ou, pelo menos, também do direito à privacidade, como no caso da Convenção Europeia de Direitos Humanos [CEDH] (nos termos da exegese do art. 8º levada a efeito pela CEDH), o fato é que o objeto (âmbito de proteção) do direito

rior, na atualidade se dá a fusão entre o "real" e o "virtual", de forma que os dados pessoais passam não somente a identificar a pessoa ou corresponder a um "avatar" em uma realidade paralela, mas sim a constituir a pessoa nas múltiplas ambiências sociais por ela vivenciadas, de forma indistinguível e, portanto, inseparável. Diante disso, não se pode concordar com a existência (única e independente) de "corpos eletrônicos" ou mesmo de faceta eletrônica da personalidade.

Por tudo isso, é necessário pensar a proteção de dados pessoais como "instrumento" ou "procedimento" adequado à proteção da pessoa humana como um todo, em suas múltiplas dimensões, com abrangência dos direitos personalíssimos e fundamentais, bem como dos interesses coletivos, quando se mostrarem presentes,[99] com foco nos riscos que a atividade de coleta, tratamento e utilização de dados pessoais gera.

à proteção de dados pessoais é mais amplo, porquanto, com base num conceito ampliado de informação, abarca todos os dados que dizem respeito a determinada pessoa natural, sendo irrelevante à qual esfera da vida pessoal se referem (íntima, privada, familiar, social), descabida qualquer tentativa de delimitação temática" (SARLET, Ingo Wolfgang. Proteção de dados pessoais como direito fundamental na Constituição Federal brasileira de 1988: contributo para a construção de uma dogmática constitucionalmente adequada. **Revista Brasileira de Direitos Fundamentais & Justiça**, Belo Horizonte, v. 14, n. 42, p. 191, jan./jun. 2020. p. 191. DOI: https://doi.org/10.30899/dfj.v14i42.875. Disponível em: http://dfj.emnuvens.com.br/dfj/article/view/875. Acesso em: 16 mar. 2023).

[99] O chamado caso Facebook/Cambridge Analytica demonstra o elevado risco e os danos sociais (no sentido coletivo) que o tratamento de dados gera/pode gerar. Afinal, ainda que o dano individual para cada titular de dados não seja tão significativo, a possibilidade de que o uso dos dados pessoais para induzimento político tenha sido relevante no resultado da eleição presidencial norte-americana, à época, deixa claro os riscos à democracia. Maiores detalhes do caso podem ser encontrados em:
DE LLANO, Pablo; SÁNCHEZ, Álvaro. Vazamento de dados do Facebook causa tempestade política mundial: caso Cambridge Analytyca. **El País** [online], Miami / Bruxelas, 20 mar. 2018. Disponível em: https://brasil.elpais.com/brasil/2018/03/19/internacional/1521500023_469300.html. Acesso em: 17 ago. 2023.
Consultar também: LIMBERGER, Têmis. Transparência e acesso aos dados e informações: o caso do 'Facebook': um estudo comparado entre o RGPD Europeu e o marco civil da internet no Brasil. In: STRECK, Lenio Luiz; ROCHA, Leonel Severo; ENGELMAN, Wilson (org.). **Constituição, sistemas sociais e hermenêutica**: anuário do Programa de Pós-Graduação em Direito da Unisinos: mestrado e doutorado: n. 14. São Leopoldo: Karywa: Unisinos, 2018. p. 214-233. Disponível em: https://editorakarywa.files.wordpress.com/2018/08/anuc3a1rio-ppg-direito.pdf. Acesso em: 15 abr. 2023.

1.3 O NOVO DIREITO FUNDAMENTAL À PROTEÇÃO DE DADOS PESSOAIS

A Constituição Brasileira de 1988 não consagrou – ao menos expressamente – a proteção de dados pessoais como um direito fundamental, ainda que tenha se debruçado sobre direitos fundamentais afins. De fato, foram expressamente consagrados, como direitos fundamentais, o direito à privacidade e à intimidade (art. 5º, X), a inviolabilidade do domicílio – dimensão espacial da privacidade[100] – (art. 5º, XI) e a inviolabilidade do sigilo da correspondência e das comunicações telegráficas, de dados e das comunicações telefônicas (art. 5º, XII). Por outro lado, foi instituído o *habeas data* como garantia constitucional de acesso e retificação das informações pessoais constantes de bancos de dados governamentais ou de caráter público (art. 5º, LXXII).[101]

Tais disposições constitucionais, bem como a consagração da dignidade da pessoa humana como um dos fundamentos da República Brasileira (art. 1º, III),[102] ao tutelar o livre desenvolvimento da personalidade, o que importa na proteção da pessoa em todas as dimensões, levaram parte considerável da doutrina a sustentar, "[...] mediante uma leitura harmônica e sistemática do texto constitucional [...]",[103] a existência de um direito fundamental implícito

---

[100] A respeito das dimensões da privacidade, consultar: PEIXOTO, Erick Lucena Campos; EHRHARDT JÚNIOR, Marcos. Os desafios da compreensão do direito à privacidade no sistema jurídico brasileiro em face das novas tecnologias. *In:* EHRHARDT JÚNIOR, Marcos; LOBO, Fabíola Albuquerque (coord.). **Privacidade e sua compreensão no direito brasileiro**. Belo Horizonte: Fórum, 2019. p. 39-47.

[101] BRASIL. [Constituição (1988)]. **Constituição da República Federativa do Brasil de 1988**. Brasília, DF: Presidência da República, 1988. Disponível em: http://www.planalto.gov.br/ccivil_03/constituicao/constituicao.htm. Acesso em: 11 jan. 2023.

Lamentavelmente, o *habeas data* acabou por ser subutilizado na prática judicial brasileira, sendo até mesmo tachado como "um remédio cuja valia é, no fundo, essencialmente simbólica" (BARROSO, Luís Roberto. A viagem redonda: *habeas data*, direitos constitucionais e provas ilícitas. *In:* WAMBIER, Teresa Arruda Alvim (coord.). **Habeas data**. São Paulo: Editora Revista dos Tribunais, 1998. p. 212).

[102] BRASIL. [Constituição (1988)]. **Constituição da República Federativa do Brasil de 1988**. Brasília, DF: Presidência da República, 1988. Disponível em: http://www.planalto.gov.br/ccivil_03/constituicao/constituicao.htm. Acesso em: 11 jan. 2023.

[103] SARLET, Ingo Wolfgang. Fundamentos constitucionais: o direito fundamental à proteção de dados. *In:* DONEDA, Danilo *et al.* (coord.). **Tratado de proteção de dados pessoais**. Rio de Janeiro: Forense, 2021. p. 36.

à proteção de dados pessoais.[104] Contudo, isso somente veio a encontrar eco no Poder Judiciário, em especial no Supremo Tribunal Federal, após longo e claudicante caminhar.

De fato, pode-se considerar que a prática jurisprudencial brasileira era marcada, quanto ao ponto, por uma atuação tímida e até mesmo contraditória. De um lado, por considerar que os dados pessoais não mereciam proteção por si mesmos, e, de outro, por tratar questões ligadas à proteção de dados pessoais como diversas fenomenologias jurídicas, reduzindo-as ao direito do consumidor e a demais liberdades individuais, especialmente, à privacidade.[105]

Assim, o Supremo Tribunal Federal, em diversos julgamentos,[106] acolheu a interpretação inicialmente defendida por Tércio Sampaio Ferraz Júnior, que pode ser tida como meramente gramatical e, no mínimo, "temerosa",[107] de que a proteção jurídica contida no inciso XII do art. 5.º da Constituição tinha como

---

[104] Nesse sentido, dentre outros:
MENDES, Laura Schertel. **Privacidade, proteção de dados e defesa do consumidor**: linhas gerais de um novo direito fundamental. São Paulo: Saraiva, 2014.
SARLET, Ingo Wolfgang. Fundamentos constitucionais: o direito fundamental à proteção de dados. *In*: DONEDA, Danilo *et al.* (coord.). **Tratado de proteção de dados pessoais**. Rio de Janeiro: Forense, 2021. p. 21-59.
SARLET, Ingo Wolfgang; SAAVEDRA, Giovani Agostini. Fundamentos jusfilosóficos e âmbito de proteção do direito fundamental à proteção de dados pessoais. **Revista Direito Público-RDP**, Brasília, v. 17, n. 93, p. 33-57, maio/jun. 2020. Disponível em: https://www.portaldeperiodicos.idp.edu.br/direitopublico/article/view/4315. Acesso em: 11 jan. 2023.
SARLET, Ingo Wolfgang. Proteção de dados pessoais como direito fundamental na Constituição Federal brasileira de 1988: contributo para a construção de uma dogmática constitucionalmente adequada. **Revista Brasileira de Direitos Fundamentais & Justiça**, Belo Horizonte, v. 14, n. 42, p. 191, jan./jun. 2020. DOI: https://doi.org/10.30899/dfj.v14i42.875. Disponível em: http://dfj.emnuvens.com.br/dfj/article/view/875. Acesso em: 16 mar. 2023.
RODRIGUEZ, Daniel Piñeiro. **O direito fundamental à proteção de dados**: vigilância, privacidade e regulação. Rio de Janeiro: Lumen Juris, 2021.

[105] DONEDA, Danilo. Panorama histórico da proteção de dados pessoais. *In*: DONEDA, Danilo *et al.* (coord.). **Tratado de proteção de dados pessoais**. Rio de Janeiro: Forense, 2021. p. 10.

[106] LÔBO, Paulo. Direito à privacidade e sua autolimitação. *In*: EHRHARDT JÚNIOR, Marcos; LOBO, Fabíola Albuquerque (coord.). **Privacidade e sua compreensão no direito brasileiro**. Belo Horizonte: Fórum, 2019. p. 21.

[107] DONEDA, Danilo Cesar Maganhoto. **Da privacidade à proteção de dados pessoais**: elementos da formação da Lei Geral de Proteção de Dados. 2. ed. São Paulo: Thomson Reuters, 2019. p. 262.

objeto a *comunicação de dados*, e não os *dados em si mesmos*,[108] de forma que os dados pessoais não comunicados não estavam salvaguardados pelo dispositivo em questão. Assim, exemplificativamente, no julgamento do *Habeas Corpus* 91.867, o Tribunal entendeu pela licitude da prova obtida mediante consulta ao telefone celular de cidadão preso em flagrante, sob o argumento de que os dados arquivados no aparelho relativos a registros telefônicos, por não serem comunicados, não são objeto de proteção constitucional.[109] Assim, dados não comunicados eram considerados como "coisas", no sentido de que não mereciam qualquer proteção, o que é totalmente contraditório, uma vez que a comunicação dos dados não vai lhe alterar a substância e, portanto, a necessidade de sua proteção.

Paradoxalmente, há uma linear incorporação das questões afetas à proteção de dados pessoais à privacidade,[110] sem que, contudo, seja possí-

---

[108] "A distinção é decisiva: o objeto protegido no direito à inviolabilidade de sigilo não são os dados em si, mas a sua comunicação restringida (liberdade de negação)" (FERRAZ JÚNIOR, Tércio Sampaio. **Sigilo de dados**: o direito à privacidade e os limites à função fiscalizadora do Estado. **Revista da Faculdade de Direito**, Universidade de São Paulo, v. 88, p. 439-459, jan.-1993. Disponível em: https://www.revistas.usp.br/rfdusp/article/view/67231/69841. Acesso em: 4 ago. 2022).

[109] BRASIL. Supremo Tribunal Federal (2. Turma). **Habeas Corpus 91.867 Pará**. Habeas corpus. Nulidades: (1) inépcia da denúncia; (2) ilicitude da prova produzida durante o inquérito policial; violação de registros telefônicos do corréu, executor do crime, sem autorização judicial; (3) ilicitude da prova das interceptações telefônicas de conversas dos acusados com advogados, porquanto essas gravações ofenderiam o disposto no art. 7º, ii, da Lei 8.906/96, que garante o sigilo dessas conversas. Vícios não caracterizados. Ordem denegada. [...]. Pactes: Davi Resende Soares; Lindomar Resende Soares. Impte.: José Luis Mendes de Oliveira Lima e outro(a//s). Coator: Superior Tribunal de Justiça. Relator: Ministro Gilmar Mendes, 24.04.2012. p. 9-15. Disponível em: https://portal.stf.jus.br/processos/detalhe.asp?incidente=2534858. Acesso em: 4 ago. 2022.

[110] Diversas são as decisões nesse sentido. A título de exemplo, o Superior Tribunal de Justiça, no julgamento do RMS 38.920 SP, em que se discutia o apagamento de antecedentes criminais de condenado em virtude da extinção da punibilidade em razão do cumprimento da pena, assentou ser "[...] induvidoso o direito à preservação da privacidade e da intimidade, no que toca à divulgação de informações daquele sobre o qual recai o peso de uma condenação ou tão somente da obrigação de comparecer perante o Estado para responder a um processo criminal, mormente nos casos de extinção da punibilidade pela prescrição da pretensão punitiva, arquivamento, absolvição ou reabilitação" (BRASIL. Superior Tribunal de Justiça (6. Turma). **Recurso Ordinário em Mandado de Segurança RMS 38.920/SP**. Recurso ordinário em mandado de segurança – exclusão de informações sobre condenação criminal do banco de dados do Instituto de Identificação Ricardo Gumbleton Daunt – IIRGD – Art. 748

vel "[...] formular um arcabouço capaz de fazer frente às novas situações e questões que surgiram com as novas tecnologias",[111] pois, no mais das vezes, sua evocação era meramente retórica. Na verdade, tal evocação tinha como finalidade suprir a lacuna criada pela não proteção de dados pessoais.[112] Era uma espécie de panaceia possível.

---

do CPP – Extinção da punibilidade – Cumprimento da pena – direito à intimidade – Art. 202 da LEP – Poder Judiciário – Acesso – Possibilidade – Ausência de prova pré-constituída – Dilação probatória – Vedação – Recurso ordinário desprovido. [...]. Recorrente: Cícero Francisco Alves. Recorrido: Ministério Público do Estado de São Paulo. Relator: Ministro Rogerio Schietti Cruz, 07.11.2013. Disponível em: https://processo.stj.jus.br/SCON/pesquisar.jsp. Acesso em: 16 mar. 2023).

Ora, em relação a tais dados não há propriamente expectativa de privacidade, uma vez que são dados públicos. A questão, na verdade, versa sobre a necessidade – adequação na mantença de tais dados em virtude da extinção da punibilidade.

Em outra passagem, o mesmo Tribunal, ao julgar Recurso Especial em que se discutia indenização em virtude de inscrição indevida em cadastro de proteção de crédito (homônimo), adotou, em parte, a seguinte fundamentação para conceder a compensação:

"4. No caso em comento, acabou a recorrida construindo um perfil da recorrente que simplesmente não corresponde à realidade, atribuindo-lhe a pecha de má pagadora sem que houvesse razão para tanto. É que a falta de uma qualificação mínima (nome e CPF ou RG, ou nome e ascendência, dentre tantos outros critérios) demonstra que a recorrida não observou o básico para atender ao atributo da precisão na elaboração do cadastro.

5. É que da mesma forma que se proíbe as anotações de informações excessivas (art. 3º, § 3º, da Lei n. 12.414/2011), deve ser vedado o tratamento de informações módicas, escassas, insuficientes, sob pena de não se preservar o núcleo essencial do direito à privacidade" (BRASIL. Superior Tribunal de Justiça (4. Turma). **Recurso Especial REsp 1.297.044/SP**. Responsabilidade civil. Dano moral. Inscrição indevida. Cadastro de inadimplentes. Homônimo. Falta de qualificação mínima do inscrito. Violação ao direito à privacidade. Dever de cuidado. Inobservância. Negligência na divulgação do nome. Falha na prestação do serviço. [...]. Recorrente: Ivone Gomes da Silva. Recorrido: Associação Comercial de São Paulo. Relator: Ministro Luis Felipe Salomão, 20.08.2015. Disponível em: https://processo.stj.jus.br/SCON/pesquisar.jsp. Acesso em: 16 mar. 2023).

Em ambos os casos é possível verificar que o direito fundamental à privacidade foi utilizado de forma demasiado alargada e, portanto, inadequada.

[111] DONEDA, Danilo. Panorama histórico da proteção de dados pessoais. In: DONEDA, Danilo et al. (coord.). **Tratado de proteção de dados pessoais**. Rio de Janeiro: Forense, 2021. p. 11.

[112] Assim, em situações em que era percebida uma inadequada utilização dos dados pessoais, buscava-se a tutela via direito à privacidade, ainda que não houvesse qualquer expectativa de privacidade propriamente dita. Nesse sentido, interessante questão

Assim, em resumo, o panorama era de negação da proteção de dados pessoais por si mesmos, valendo-se, contudo, do direito fundamental à privacidade com a pretensão de resolver as questões próprias da proteção de dados pessoais, exigindo-se dele (do direito fundamental à privacidade) mais do que poderia oferecer. Contudo, no referendo da liminar na ADI 6387/DF (Ação Direta de Inconstitucionalidade 6.387 Distrito Federal), o Supremo Tribunal Federal, mediante a realização de verdadeira "revolução Copernicana"[113] na prática jurisprudencial brasileira, reconheceu que o direito à proteção de dados pessoais pode ser considerado como um direito fundamental implícito e autônomo em relação à privacidade.[114]

A discussão centrava-se na constitucionalidade da Medida Provisória 954, de 17 de abril de 2020, que, ante a pandemia do sars-covid-19, determinou que as operadoras de telefonia estavam obrigadas a repassar à Fundação Instituto Brasileiro de Geografia e Estatística (IBGE), para fins de produção

---

foi julgada pelo Superior Tribunal de Justiça ao estabelecer que: "Se a demandante expõe sua imagem em cenário público, não é ilícita ou indevida sua reprodução pela imprensa, uma vez que a proteção à privacidade encontra limite na própria exposição realizada". Tratava-se de caso em que a autora expôs parte íntima de seu corpo na praia, sendo fotografada e exposta em jornal de ampla circulação (BRASIL. Superior Tribunal de Justiça (4. Turma). **Recurso Especial REsp 595.600/SC**. Direito civil. Direito de imagem. Topless praticado em cenário público. Não se pode cometer o delírio de, em nome do direito de privacidade, estabelecer-se uma redoma protetora em torno de uma pessoa para torná-la imune de qualquer veiculação atinente a sua imagem. [...]. Recorrente: Maria Aparecida de Almeida Padilha. Recorrido: Zero Hora Editora Jornalística S/A. Relator: Ministro Cesar Asfor Rocha, 18.03.2004. p. 1; p. 4; p. 6. Disponível em: https://scon.stj.jus.br/SCON/jurisprudencia/toc.jsp?livre=%28RESP. clas.+e+%40num%3D"595600"%29+ou+%28RESP+adj+"595600"%29.suce. Acesso em: 3 jul. 2023.

[113] No sentido aproximado apregoado por Thomas Kuhn, como uma revolução no campo das ideias, em que se passa a admitir uma abordagem nova, totalmente distinta da anterior até então aceita. Consultar a respeito em: KUHN, Thomas S. A revolução copernicana: a astronomia planetária no desenvolvimento do pensamento ocidental. Tradução de Marília Costa Fontes. Lisboa: Edições 70, 1990.

[114] BRASIL. Supremo Tribunal Federal (1. Turma). **Medida Cautelar na Ação Direta de Inconstitucionalidade 6.387 Distrito Federal**. Medida Cautelar de Urgência. [...] Cuida-se de pedido de medida cautelar em ação direta de inconstitucionalidade proposta pelo Conselho Federal da Ordem dos Advogados do Brasil – CFOAB contra o inteiro teor da Medida Provisória 954, de 17 de abril de 2020 [...]. Requerente: Conselho Federal da Ordem dos Advogados do Brasil - CFOAB. Intimado: Presidente da República. Relatora: Ministra Rosa Weber, 2020. p. 1-13. Disponível em: http://www.stf.jus.br/arquivo/cms/noticiaNoticiaStf/anexo/ADI6387MC.pdf. Acesso em: 11 jan. 2023.

de estatística oficial, a relação integral dos nomes, dos números de telefone e dos endereços de seus consumidores.[115] O Tribunal entendeu que os dados pessoais merecem proteção constitucional, independentemente de serem privados ou não, pelo fato de que, na atualidade, inexistem dados pessoais irrelevantes. Afinal, podem ser usados pelo Estado ou pelos atores privados para, mediante técnicas de cruzamento com outros dados pessoais, a criação de perfis informacionais pessoais de grande relevância, dentre outros fundamentos.[116]

---

[115] BRASIL. **Medida Provisória nº 954, de 17 de abril de 2020**. Dispõe sobre o compartilhamento de dados por empresas de telecomunicações prestadoras de serviço telefônico fixo comutado e de serviço móvel pessoal com a Fundação Instituto Brasileiro de Geografia e Estatística, para fins de suporte à produção estatística oficial durante a situação de emergência de saúde pública de importância internacional decorrente do coronavírus (covid-19), de que trata a Lei 13.979, de 6 de fevereiro de 2020. Brasília, DF: Presidência da República, 2020. Disponível em: https://www.planalto.gov.br/ccivil_03/_ato2019-2022/2020/mpv/mpv954.htm. Acesso em: 11 jan. 2023.

[116] Do voto do Ministro Gilmar Mendes, em *Referendo na Medida Cautelar na ação Direta de Inconstitucionalidade 6.389 Distrito Federal*, extrai-se a seguinte passagem que bem retrata a questão: "A afirmação de um direito fundamental à privacidade e à proteção de dados pessoais deriva, ao contrário, de uma compreensão integrada do texto constitucional lastreada *(i)* no direito fundamental à dignidade da pessoa humana, *(ii)* na concretização do compromisso permanente de renovação da força normativa da proteção constitucional à intimidade (art. 5º, inciso X, da CF [Constituição Federal]/88) diante do espraiamento de novos riscos derivados do avanço tecnológico e ainda *(iii)* no reconhecimento da centralidade do *Habeas Data* enquanto instrumento de tutela material do direito à autodeterminação informativa" (BRASIL. Supremo Tribunal Federal (1. Turma). **Referendo na Medida Cautelar na Ação Direta de Inconstitucionalidade 6.389 Distrito Federal**. Voto Conjunto ADIs 6.389, 6.390, 6.393, 6.388 e 6.387. [...] Trata-se de ações diretas de inconstitucionalidade, com pedidos de medida cautelar, ajuizadas contra o inteiro teor da Medida Provisória 954, de 17 de abril de 2020, que dispõe sobre *"o compartilhamento de dados por empresas de telecomunicações prestadoras de serviço telefônico fixo comutado e de serviço móvel pessoal com a Fundação Instituto Brasileiro de Geografia e Estatística, para fins de suporte à produção estatística oficial durante a situação de emergência de saúde pública de importância internacional decorrente do coronavírus (covid19), de que trata a Lei 13.979, de 6 de fevereiro de 2020"* [...]. Requerente: Partido Socialista Brasileiro – PSB. Intimado: Presidente da República. Relatora: Ministra Rosa Weber, [2020f]. p. 20. Disponível em: https://www.conjur.com.br/dl/pandemia-reforca-necessidade-protecao.pdf. Acesso em: 11 jan. 2023, grifo do autor).

A referida decisão, que pode ser equiparada em relevância histórica à decisão do Tribunal Constitucional Alemão de 1983 a respeito do Censo,[117] ao menos no espaço pátrio, já seria de grande valia se somente alterasse a prática jurisprudencial no Brasil a respeito da proteção de dados pessoais. Entretanto, foi (muito) além ao conceder o impulso faltante à tramitação da Proposta de Emenda Constitucional 17/2019, que visava, justamente, à inserção do direito à proteção de dados pessoais no catálogo de direitos fundamentais da Constituição.[118] Tal proposta foi promulgada, tornando-se a Emenda Constitucional 115, de 10 de fevereiro de 2022.[119]

Com isso, estabeleceu-se a fundamentalidade do direito à proteção de dados pessoais ao ser positivado, no art. 5º, LXXIX, que "é assegurado, nos termos da lei, o direito à proteção dos dados pessoais, inclusive nos meios digitais"; ainda, atribuiu à União a competência para "organizar e fiscalizar a proteção e o tratamento de dados pessoais, nos termos da lei" (art. 21, XXVI), bem como legislar a respeito da "proteção e tratamento de dados pessoais" (art. 22, XXX).[120]

Nessa medida, a Constituição Federal segue o caminho aberto pela União Europeia, que, no ano 2000, positivou, como direito autônomo e independente

---

[117] MENDES, Laura Schertel; RODRIGUES JÚNIOR, Otavio Luiz; FONSECA, Gabriel Campos Soares da. O Supremo Tribunal Federal e a proteção constitucional dos dados pessoais: rumo a um direito fundamental autônomo. In: DONEDA, Danilo et al. (coord.). **Tratado de proteção de dados pessoais**. Rio de Janeiro: Forense, 2021. p. 67.

[118] BRASIL. Congresso Nacional. Senado Federal. **Proposta de emenda à Constituição nº 17, de 2019**. Proteção de dados pessoais. Acrescenta o inciso XII-A, ao art. 5º, e o inciso XXX, ao art. 22, da Constituição Federal para incluir a proteção de dados pessoais entre os direitos fundamentais do cidadão e fixar a competência privativa da União para legislar sobre a matéria. Brasília, DF: Senado Federal, [2019]. Disponível em: https://www25.senado.leg.br/web/atividade/materias/-/materia/135594. Acesso em: 11 jan. 2023.

[119] BRASIL. [Constituição (1988)]. **Emenda Constitucional nº 115, de 10 de fevereiro de 2022**. Altera a Constituição Federal para incluir a proteção de dados pessoais entre os direitos e garantias fundamentais e para fixar a competência privativa da União para legislar sobre proteção e tratamento de dados pessoais. Brasília, DF: Presidência da República, 2022. Disponível em: http://www.planalto.gov.br/ccivil_03/constituicao/Emendas/Emc/emc115.htm#:~:text=EMENDA%20CONSTITUCIONAL%20N%C2%BA%20115%2C%20DE,e%20tratamento%20de%20dados%20pessoais. Acesso em: 11 jan. 2023.

[120] BRASIL. [Constituição (1988)]. **Constituição da República Federativa do Brasil de 1988**. Brasília, DF: Presidência da República, 1988. Disponível em: http://www.planalto.gov.br/ccivil_03/constituicao/constituicao.htm. Acesso em: 11 jan. 2023.

do direito à privacidade, o direito à proteção dos dados pessoais, na Carta de Direitos da União Europeia – como já referido.[121] Contudo, é importante ressaltar que, como se pode verificar do rápido cotejo entre os dois textos, a redação brasileira foi muito mais lacônica do que a europeia, não trazendo qualquer especificação quanto ao conteúdo ou mesmo parâmetro mínimo a ser utilizado na densificação e concretização do novel direito fundamental (afinal, o único "ponto de referência" constitucional é o termo *dados pessoais*), o que torna o papel do intérprete ainda mais importante.

De qualquer forma, não resta qualquer dúvida de que (1) o direito à proteção de dados pessoais goza de fundamentalidade material e formal no atual ordenamento jurídico pátrio e (2) é autônomo e distinto em relação ao direito fundamental à privacidade, pois é ilógica a existência de dois direitos fundamentais distintos com objeto ou conteúdo idêntico.

A fundamentalidade formal faz, pois, com que o direito à proteção de dados pessoais: a) funcione como limite material ao poder de reforma constitucional (cláusula pétrea), conforme art. 60, § 4º, IV da Constituição; b) seja imediatamente aplicável e vincule diretamente o Poder Público, conforme art. 5º, § 1º da Constituição, além de vincular os particulares, de forma direta ou indireta, e; c) tenha status equivalente aos demais direitos fundamentais.[122]

A fundamentalidade material está diretamente ligada à "[...] relevância do conteúdo das posições jurídicas subjetivas".[123] Nesse ponto, é importante ressaltar que o titular dos dados pessoais passa a ser protegido,[124] pois tais dados importam em manifestações parcelares da personalidade, entendida

---

[121] [PORTUGAL]. Carta dos Direitos Fundamentais da União Europeia – 2000. **Jornal Oficial das Comunidades Europeias**, [Portugal], c364/1-c 364/22, dez./2000. Disponível em: https://www.europarl.europa.eu/charter/pdf/text_pt.pdf. Acesso em: 30 abr. 2023.

[122] SARLET, Ingo Wolfgang. Fundamentos constitucionais: o direito fundamental à proteção de dados. *In*: DONEDA, Danilo *et al.* (coord.). **Tratado de proteção de dados pessoais**. Rio de Janeiro: Forense, 2021. p. 28-29, adaptado.

[123] SARLET, Ingo Wolfgang. Fundamentos constitucionais: o direito fundamental à proteção de dados. *In*: DONEDA, Danilo *et al.* (coord.). **Tratado de proteção de dados pessoais**. Rio de Janeiro: Forense, 2021. p. 28.

[124] ALBERS, Marion. A complexidade da proteção de dados. **Revista Brasileira de Direitos Fundamentais & Justiça**, Belo Horizonte, v. 10, n. 35, p. 29, jul./dez. 2016. DOI: https://doi.org/10.30899/dfj.v10i35.93. Disponível em: http://dfj.emnuvens.com.br/dfj/article/view/93. Acesso em: 21 jan. 2023.

aqui (a personalidade humana) como as características que individualizam a pessoa, tornando-a única em sua humanidade.[125]

É importante ressaltar que os conceitos de dados e de informações, apesar de complementares, não se confundem – como supramencionado na introdução. *Dados* são sinais armazenados em suportes físicos ou digitais; *informações* são o resultado da interpretação, da extração de sentido dos dados, o que, por certo, demanda uma análise de contexto (tradução nossa)[126] e, possivelmente, de cruzamento de dados. Não obstante tal diferença, parece não haver dúvida de que a proteção prevista na LGPD abrange os dados e, também, as informações ante o disposto no art. 5º, I, da referida lei.[127]

Na visão de Laura Schertel Mendes, o bem jurídico protegido (dados pessoais) tem caráter duplo: de um lado, protege a integridade moral da pessoa e, de outro, as diversas acepções da liberdade individual.[128] Fica evidente, assim, o paralelismo entre os direitos da personalidade e o direito fundamental à proteção de dados pessoais.[129]

---

[125] Danilo Doneda destaca, assim, que o direito à proteção de dados pessoais "[...] é uma disciplina abrangente da informação pessoal" (DONEDA, Danilo Cesar Maganhoto. **Da privacidade à proteção de dados pessoais**: elementos da formação da Lei Geral de Proteção de Dados. 2. ed. São Paulo: Thomson Reuters, 2019. p. 327).

[126] VON GRAFENSTEIN, Maximilian. Refining the concept of the right to data protection in article 8 ECFR – Part II: controlling risks through (not to) article 8 ECFR against other fundamental rights. **European Data Protection Law Review-EDPL**, [*S. l.*], v. 7, issue 2, p. 190-205, 2021. DOI: https://doi.org/10.21552/edpl/2021/2/8. Disponível em: https://edpl.lexxion.eu/article/EDPL/2021/2/8. Acesso em: 15 ago. 2022.

[127] BRASIL. **Lei nº 13.709, de 14 de agosto de 2018**. Lei Geral de Proteção de Dados Pessoais (LGPD). Brasília, DF: Presidência da República, 2018. Disponível em: http://www.planalto.gov.br/ccivil_03/_ato2015-2018/2018/lei/L13709.htm. Acesso em: 15 abr. 2023.

[128] MENDES, Laura Schertel. **Privacidade, proteção de dados e defesa do consumidor**: linhas gerais de um novo direito fundamental. São Paulo: Saraiva, 2014. p. 175.

[129] A respeito do paralelismo entre direitos fundamentais e direitos da personalidade, consultar: RODRIGUES JUNIOR, Otávio Luiz. Direitos fundamentais e direitos da personalidade. *In*: TOFFOLI, José Antonio Dias (org.). **30 anos da constituição brasileira**: democracia, direitos fundamentais e instituições. Rio de Janeiro: Forense, 2018. p. 679-703.
A respeito do direito à proteção de dados pessoais como direito da personalidade, consultar: BIONI, Bruno Ricardo. **Proteção de dados pessoais**: a função e os limites do consentimento. Rio de Janeiro: Forense, 2019. p. 51-110.

Dessarte, o constituinte derivado, ao complementar o catálogo de direitos fundamentais da Carta de 1988, reconhece que a proteção de dados pessoais é essencial na conjuntura social atualmente vivenciada. Cabe ao Estado de Direito, nessa perspectiva, não só abster-se de práticas que firam tal direito (aspecto negativo), como também atuar para que a proteção de dados pessoais seja eficiente em toda a sociedade, mediante atos legislativos, administrativos e judiciais (direito à prestação em sentido amplo), o que será objeto de maior aprofundamento na sequência.

1.4 CONTEÚDO E OBJETO DO DIREITO FUNDAMENTAL À PROTEÇÃO DE DADOS PESSOAIS

A contribuição do Direito Comunitário Europeu é relevante para compreender o conteúdo e objeto do direito à proteção de dados e sua distinção com relação ao direito à privacidade, ante seu pioneirismo e a clara inspiração do constituinte derivado brasileiro, ainda que não haja absoluto consenso no além-mar a respeito de tais definições.[130]

Nos tópicos anteriores, a pesquisa discorreu sobre a necessidade de se efetivar a distinção entre o direito fundamental à proteção de dados pessoais e o direito à privacidade. Cumpre agora aprofundar tal distinção, especialmente no sentido de buscar determinar em que consiste o direito fundamental à proteção de dados pessoais.

Nesse contexto, Cláudia Quelle sustenta que proteção de dados pessoais e privacidade possuem uma relação complexa e complementar. Isso ocorre em razão de que as normas de proteção de dados regulam como é tracejada a linha fronteiriça entre o que é público e o que é privado (tradução nossa),[131] o que significa dizer que (tais normas) determinam os mecanismos pelos quais o equilíbrio dos interesses em jogo é atingido.

---

[130] A respeito disso, consultar: BRKAN, Marja. The essence of the fundamental rights to privacy and data protection: finding the way through the maze of the CJEU's constitutional reasoning. **German Law Journal**, v. 20, Special, Issue 6, p. 864-883, Sept./2019. doi:10.1017/glj.2019.66. Disponível em: https://www.cambridge.org/core/journals/german-law-journal/article/essence-of-the-fundamental-rights-to--privacy-and-data-protection-finding-the-way-through-the-maze-of-the-cjeus--constitutional-reasoning/00621C26FA14CCD55AD0B4F4AD38ED09. Acesso em: 11 ago. 2022.

[131] QUELLE, Claudia. Privacy, proceduralism and self-regulation in data protection law. **Teoria Critica della Regolazione Sociale**, [USA], p. 89-106, April 7, 2017. Disponível em: https://ssrn.com/abstract=3139901. Acesso em: 12 ago. 2022.

Aprofundando essa visão, Serge Gutwirth e Paul de Hert afirmam que o Estado Constitucional pressupõe a limitação de poder, tendo como cerne o conjunto de direitos e liberdades fundamentais. Esses direitos reconhecem o poder dos indivíduos (que passam a ter prerrogativas elementares) mediante a criação de uma fronteira com o poder do Estado. Os indivíduos obtêm, com isso, proteção contra as ingerências do Estado, o que é representado pelos direitos fundamentais de primeira dimensão. A ideia subjacente por trás desses direitos, na visão dos autores, importa em uma "ferramenta de opacidade" (tradução nossa).[132] O segundo "conjunto de ferramentas", denominado "ferramentas de transparência", corresponde aos meios legais de controle dos poderes estatais (e também não estatais) pelo povo, pelos órgãos ou pelas organizações e demais poderes, o que encaminha à concepção de canais que lançam luz sobre os atos e decisões tomados pelos detentores do poder. Assim, resumidamente, "[...] as *ferramentas de opacidade* incorporam escolhas regulatórias sobre os limites do poder [...]", enquanto, por outro lado, "[...] as *ferramentas de transparência* entram em jogo depois que essas ferramentas normativas foram feitas para ainda canalizar o exercício do poder normativamente aceito" (tradução nossa, grifo nosso).[133]

Com base em tais premissas, os autores advogam que o direito à privacidade funciona como uma ferramenta de opacidade, pois cria zonas de não interferência, de resguardo da pessoa (aspecto negativo da privacidade), ainda que não absolutas. Também desempenham (tais zonas) papel positivo, uma vez que, por fazerem parte do conjunto de direitos ligados à liberdade individual, protegem a liberdade de autodeterminação, fundamental no Estado Constitucional Democrático (tradução nossa).[134] Por outro lado, a proteção de dados

---

[132] GUTWIRTH, Serge; DE HERT, Paul. Privacy, data protection and law enforcement: opacity of the individual and transparency of power. **Direito Público**, Brasília, DF, v. 18, n. 100, passim, jul./dez. 2021. DOI: 10.11117/rdp.v18i100.6200. Disponível em: https://www.portaldeperiodicos.idp.edu.br/direitopublico/article/view/6200. Acesso em: 11 ago. 2022.

[133] "Opacity tools embody normative choices about the limits of power; transparency tools come into play after these normative choices have been made in order still to channel the normatively accepted exercise of power" (GUTWIRTH, Serge; DE HERT, Paul. Privacy, data protection and law enforcement: opacity of the individual and transparency of power. **Direito Público**, Brasília, DF, v. 18, n. 100, passim, jul./dez. 2021. DOI: 10.11117/rdp.v18i100.6200. Disponível em: https://www.portaldeperiodicos.idp.edu.br/direitopublico/article/view/6200. Acesso em: 11 ago. 2022. p. 510).

[134] GUTWIRTH, Serge; DE HERT, Paul. Privacy, data protection and law enforcement: opacity of the individual and transparency of power. **Direito Público**, Brasília, DF, v. 18, n. 100, passim, jul./dez. 2021. DOI: 10.11117/rdp.v18i100.6200. Disponível em: https://www.portaldeperiodicos.idp.edu.br/direitopublico/article/view/6200. Acesso em: 11 ago. 2022. p. 512.

pessoais é uma ferramenta de transparência, pois, ao reconhecer a relevância do tratamento de dados pessoais e permiti-lo (lógica permissiva e pragmática), regulamenta-se seu exercício e dá-se/ocorre a tentativa de conciliação de interesses muitas vezes conflitantes, tais como a privacidade, o livre fluxo de informações, a atividade estatal de vigilância e tributação, dentre outros. As leis de proteção de dados pessoais, como regra geral, é relevante mencionar, não são criadas com a finalidade de proibir o tratamento de dados (ou de tipos de dados), mas sim para regulamentar o poder decorrente do processamento de dados, o que possibilita que os titulares se oponham a práticas inadequadas (tradução nossa).[135] Tanto na regulação dos entes privados quanto dos públicos, as normas de proteção de dados "[...] confia[m] fortemente nos procedimentos, evitando limitações substantivas" (tradução nossa).[136]

Os direitos processuais, que também podem ser chamados de procedimentais, por sua vez, objetivam proteger direitos substantivos e funcionam, portanto, em um nível diferente, ao estabelecer procedimentos com vistas à proteção eficaz desses direitos (tradução nossa).[137] Os direitos substantivos importam em escolhas que limitam o poder; os direitos processuais importam em regulamentações de como o poder normativamente aceito é exercido e canalizado.

Da análise dos textos legais ligados à proteção de dados, verifica-se sua comum referência a outros direitos, o que está aliado ao estabelecimento de mecanismos vinculados aos procedimentos a serem seguidos pelos agentes de tratamento, de forma que é correto afirmar que o direito à proteção de dados pessoais é um direito "processual", enquanto o direito à privacidade é um direito "substancial" (tradução nossa).[138] Os direitos com conteúdo substancial

---

[135] GUTWIRTH, Serge; DE HERT, Paul. Privacy, data protection and law enforcement: opacity of the individual and transparency of power. **Direito Público**, Brasília, DF, v. 18, n. 100, passim, jul./dez. 2021. DOI: 10.11117/rdp.v18i100.6200. Disponível em: https://www.portaldeperiodicos.idp.edu.br/direitopublico/article/view/6200. Acesso em: 11 ago. 2022. p. 510.

[136] "[...] strong reliance on procedures, shying away from substantive limitations". QUELLE, Claudia. Privacy, proceduralism and self-regulation in data protection law. **Teoria Critica della Regolazione Sociale**, [USA], p. 89-106, April 7, 2017. Disponível em: https://ssrn.com/abstract=3139901. Acesso em: 12 ago. 2022.

[137] GOMES DE ANDRADE, Norberto Nuno. El olvido: el derecho a ser diferente... de uno mismo: una reconsideración del derecho a ser olvidado. **IDP-Revista de Internet, Derecho y Política**, Universitat Oberta de Catalunya, Barcelona, España, n. 13, p. 70, feb./2012. Disponível em: https://www.redalyc.org/articulo.oa?id=78824460007. Acesso em: 11 ago. 2022.

[138] "Para entender las diferencias subyacentes en el alcance, la naturaleza y la razón de ser entre estos tres derechos, es importante reconocer y calificar el derecho a la protección

são criados para proteger interesses socialmente relevantes por si mesmos, tais como a vida, a saúde, a identidade, a privacidade etc. Seu conteúdo, amiúde, está ligado à personalidade, ainda que possa versar, mesmo em se tratando de direitos fundamentais, sobre outros interesses, até mesmo patrimoniais, tais como o direito fundamental à propriedade privada – art. 5º, XXII, CF.[139] A proteção de dados, portanto, como direito processual, simplesmente "[...] prescreve os procedimentos e métodos para buscar os valores incorporados em outros direitos [...]" (tradução nossa).[140] É importante esclarecer que o adjetivo "processual" é usado em sentido alargado, o qual não é contido no processo judicial. Refere-se a processos sociais que se desenvolvem com vis-

---

de datos como un derecho procesal, mientras que el derecho a la privacidad y el derecho a la identidad son derechos sustantivos" (Gomes de Andrade, Norberto Nuno. El olvido: el derecho a ser diferente... de uno mismo: una reconsideración del derecho a ser olvidado. **IDP-Revista de Internet, Derecho y Política**, Universitat Oberta de Catalunya, Barcelona, España, n. 13, p. 70, feb./2012. Disponível em: https://www.redalyc.org/articulo.oa?id=78824460007. Acesso em: 11 ago. 2022. p. 70).

No mesmo sentido: GOMES DE ANDRADE, Norberto Nuno. Data protection, privacy and identity: distinguishing concepts and articulating rights. *In*: FISCHER-HÜBNER, S. *et al.* (eds.). **Privacy and identity management for life**. [USA]: Springer, 2010. (IFIP Advances in Information and Communication Technology-IFIPAICT, v. 352). p. 90-107. Disponível em: https://doi.org/10.1007/978-3-642-20769-3_8. Acesso em: 11 ago. 2022.

Antonella Galleta e Paul de Hert, em artigo escrito anteriormente ao RGPD, argumentam sob o mesmo ponto de vista, via asseveração de que a Diretiva 95/46/EC traz um importante conjunto de regras processuais, sendo que a reforma em andamento (à época – que resultou no RGPD) busca introduzir novas disposições visando "processualizar" os remédios de proteção de dados pessoais (GALETTA, Antonella; DE HERT, Paul. **The proceduralisation of data protection remedies under EU data protection law: towards a more effective and data subject-oriented remedial system?**. *In*: **Review of European Administrative Law**, [*S. l.*], Paris Legal Publishers, v. 8, issue 1, p. 125-151, June/2015. Disponível em: https://research.tilburguniversity.edu/en/publications/the-proceduralisation-of-data-protection-remedies-under-eu-data-p. Acesso em: 17 maio 2023, tradução nossa).

[139] BRASIL. [Constituição (1988)]. **Constituição da República Federativa do Brasil de 1988**. Brasília, DF: Presidência da República, 1988. Disponível em: http://www.planalto.gov.br/ccivil_03/constituicao/constituicao.htm. Acesso em: 11 jan. 2023.

[140] "[...] prescribe los procedimientos y métodos para lograr el respeto de los valores encarnados en otros derechos [...]" (GOMES DE ANDRADE, Norberto Nuno. Data protection, privacy and identity: distinguishing concepts and articulating rights. *In*: FISCHER-HÜBNER, S. *et al.* (eds.). **Privacy and identity management for life**. [USA]: Springer, 2010 (IFIP Advances in Information and Communication Technology-IFIPAICT, v. 352). p. 90-107. Disponível em: https://doi.org/10.1007/978-3-642-20769-3_8. Acesso em: 11 ago. 2022. p. 70).

tas a determinado fim. Assim, não podem ser considerados (tais processos sociais) como garantias fundamentais simplesmente, tal como o *habeas data*.

Com foco no risco, pode-se dizer que o direito à proteção de dados salvaguarda os titulares do risco que a atividade gera para o exercício dos demais direitos fundamentais (tradução nossa).[141] Paradoxalmente, isso tem levado a que o direito fundamental à proteção de dados se transforme em um direito "superfundamental", à medida em que boa parte das controvérsias no "*onlife*" são resolvidas mediante sua aplicação (tradução nossa)[142], o que importa, portanto, em uma proeminência meramente quantitativa.

Assim, via reconhecimento da importância do uso dos dados pelos agentes públicos e privados na atualidade, as leis de proteção de dados pessoais visam impor limites, garantias, freios e contrapesos àqueles que desejam explorar tal atividade, mediante a criação de mecanismos para que não ocorra mau uso dos dados, o que pode gerar danos aos mais diversos direitos fundamentais e até mesmo ao regime democrático.[143]

---

[141] VON GRAFENSTEIN, Maximilian. Refining the concept of the right to data protection in article 8 ECFR – Part III: consequences for the interpretation of the GDPR (and the Lawmaker's Room for Manoeuvre). **European Data Protection Law Review-EDPL**, [S. l.], v. 7, issue 3, p. 373-387, 2021. DOI: https://doi.org/10.21552/edpl/2021/3/6. Disponível em: https://edpl.lexxion.eu/article/edpl/2021/3/6. Acesso em: 15 ago. 2022.

[142] VON GRAFENSTEIN, Maximilian. Refining the concept of the right to data protection in article 8 ECFR – Part I: finding an appropriate object and concept of protection by re-connecting data protection law with concepts of risk regulation. **European Data Protection Law Review-EDPL**, [S. l.], v. 6, issue 4, p. 509-521, 2020. DOI: https://doi.org/10.21552/edpl/2020/4/7. Disponível em: https://edpl.lexxion.eu/article/EDPL/2020/4/7. Acesso em: 12 ago. 2022.

Em análise crítica, Nadezha Purtova assevera que é possível pensar que no futuro tudo será ou conterá dados pessoais, de forma que as leis de proteção de dados pessoais podem se tornar a "lei de tudo" (Purtova, Nadezhda. The law of everything: broad concept of personal data and future of EU data protection law. **Law, Innovation and Technology**, [S. l.], v. 10, issue 1, p. 40-81, Feb./2018. DOI: 10.1080/17579961.2018.1452176. Disponível em: https://www.tandfonline.com/doi/full/10.1080/17579961.2018.1452176. Acesso em: 17 maio 2023, tradução nossa).

[143] A respeito do caráter procedimental da proteção de dados pessoais, bem como da necessária tutela para além da pessoa individualizável, consultar: MACHADO, Diego Carvalho; MENDES, Laura Schertel. Tecnologias de perfilamento e dados agregados de geolocalização no combate à covid-19 no Brasil: uma análise dos riscos individuais e coletivos à luz da LGPD. **Revista Brasileira de Direitos Fundamentais & Justiça**, Belo Horizonte, v. 14, edição especial, n. 1, p. 105-148, nov. 2020. DOI: https://doi.org/10.30899/dfj.v0i0.1020. Disponível em: http://dfj.emnuvens.com.br/dfj/article/view/1020. Acesso em: 16 mar. 2023.

Essa definição do direito fundamental à proteção de dados se mostra particularmente interessante ao ordenamento jurídico brasileiro. Afinal, permite diferenciá-lo dos demais direitos fundamentais afins (no sentido de ligados ao seu âmbito de proteção), o que conduz a evitar equívocos em sua aplicação e é essencial para sua concretude. Ademais, pode-se concluir que a LGPD adotou a referida definição, pois, em repetidas passagens, faz referência a outros direitos fundamentais. Assim se dá, por exemplo, no art. 2º, ao estabelecer que a proteção de dados tem como fundamentos: o respeito à privacidade, a autodeterminação informativa, liberdades diversas (informação, comunicação e opinião), a intimidade, a honra, a imagem, dentre outros. Da mesma forma, no art. 17, ao tratar dos direitos dos titulares dos dados pessoais, assevera garantia aos "[...] direitos fundamentais de liberdade, de intimidade e de privacidade [...]".[144]

Uma leitura atenta do Capítulo III da LGPD, inteiramente dedicado a explicitar os "direitos do titular" de dados, leva ao entendimento de que, na verdade, são ali elencados *remédios jurídicos*, ou seja, instrumentos criados para tutela dos efetivos direitos dos titulares de dados albergados pela proteção processual.[145] Ademais, em pelo menos duas passagens, a citada lei foi explícita sobre o potencial da atividade de proteção de dados gerar riscos aos *direitos fundamentais e a liberdade civis* – arts. 5º, XVII e 50, § 2º, I, "d".[146]

Some-se a isso que o Supremo Tribunal Federal, no julgamento da Ação Direta de Inconstitucionalidade 6529/DF, adotou, ainda que de forma implícita, a noção de direito fundamental à proteção de dados ligada à ideia de procedimento com vistas à proteção de outros direitos fundamentais. De fato, no julgamento da ação em questão, que tratava do compartilhamento de dados entre os órgãos integrantes do Sistema Brasileiro de Inteligência, houve o entendimento de que o descumprimento dos "[...] rigores formais

---

[144] BRASIL. **Lei nº 13.709, de 14 de agosto de 2018**. Lei Geral de Proteção de Dados Pessoais (LGPD). Brasília, DF: Presidência da República, 2018. Disponível em: http://www.planalto.gov.br/ccivil_03/_ato2015-2018/2018/lei/L13709.htm. Acesso em: 15 abr. 2023.

[145] SOUZA, Eduardo Nunes de; SILVA, Rodrigo da Guia. Direitos do titular de dados pessoais na Lei 13.709/2018: uma abordagem sistemática. *In*: FRAZÃO, Ana; TEPEDINO, Gustavo; OLIVA, Milena Donato (coord.). **Lei Geral de Proteção de Dados Pessoais e suas repercussões no direito brasileiro**. São Paulo: Thomson Reuters Brasil, 2019. p. 264.

[146] BRASIL. **Lei nº 13.709, de 14 de agosto de 2018**. Lei Geral de Proteção de Dados Pessoais (LGPD). Brasília, DF: Presidência da República, 2018. Disponível em: http://www.planalto.gov.br/ccivil_03/_ato2015-2018/2018/lei/L13709.htm. Acesso em: 15 abr. 2023.

do direito [...]" e o desatendimento do estrito interesse público configuram abuso de direito e contrariam a finalidade legítima da disposição. Assim, deu-se interpretação conforme a Constituição e ao disposto no parágrafo único do art. 4º da Lei 9.883/1999 para estabelecer as ferramentas de transparência necessárias ao regular o intercâmbio de informações entre os órgãos.[147] Pode-

---

[147] BRASIL. Supremo Tribunal Federal (Tribunal Pleno). **Ação Direta de Inconstitucionalidade 6.529 Distrito Federal**. Ação Direta de Inconstitucionalidade. Ação parcialmente conhecida: parágrafo único do art. 4º da Lei 9.883/1999. Vedação ao abuso de direito e ao desvio de finalidade. Obrigatoriedade de motivação do ato administrativo de solicitação de dados de inteligência aos órgãos do Sistema Brasileiro de Inteligência. Necessária observância da cláusula de reserva de jurisdição. Confirmação da cautelar deferida pelo plenário. Ação julgada parcialmente procedente para dar interpretação conforme ao parágrafo único do art. 4º da Lei 9.883/1999. [...] Requerentes: Rede Sustentabilidade; Partido Socialista Brasileiro-PSB. Intimados: Presidente da República; Congresso Nacional. Am. Curiae: Associação Nacional dos Oficiais de Inteligência AOFI. Relatora: Ministra Carmen Lúcia, 11.11.2021. Disponível em: https://redir.stf.jus.br/paginadorpub/paginador.jsp?docTP=TP&docID=757870910. Acesso em: 17 maio 2023. p. 43; passim.

Extrai-se do acórdão:

"*8. Ação direta de inconstitucionalidade julgada parcialmente procedente para, confirmando-se o julgado cautelar, dar interpretação conforme ao parágrafo único do art. 4º da Lei n. 9.883/1999 estabelecendo-se que: a) os órgãos componentes do Sistema Brasileiro de Inteligência somente podem fornecer dados e conhecimentos específicos à ABIN (Agência Brasileira de Inteligência] quando comprovado o interesse público da medida, afastada qualquer possibilidade de o fornecimento desses dados atender a interesses pessoais ou privados; b) qualquer solicitação de dados deverá ser devidamente motivada para eventual controle de legalidade pelo Poder Judiciário; c) mesmo presente interesse público, os dados referentes às comunicações telefônicas ou dados sujeitos à reserva de jurisdição não podem ser compartilhados na forma do dispositivo legal, decorrente do imperativo de respeito aos direitos fundamentais; d) nas hipóteses cabíveis de fornecimento de informações e dados à ABIN, são imprescindíveis procedimento formalmente instaurado e existência de sistemas eletrônicos de segurança e registro de acesso, inclusive para efeito de responsabilização em caso de eventual omissão, desvio ou abuso*".

(BRASIL. Supremo Tribunal Federal (Tribunal Pleno). **Ação Direta de Inconstitucionalidade 6.529 Distrito Federal**. Ação Direta de Inconstitucionalidade. Ação parcialmente conhecida: parágrafo único do art. 4º da Lei n. 9.883/1999. Vedação ao abuso de direito e ao desvio de finalidade. Obrigatoriedade de motivação do ato administrativo de solicitação de dados de inteligência aos órgãos do Sistema Brasileiro de Inteligência. Necessária observância da cláusula de reserva de jurisdição. Confirmação da cautelar deferida pelo Plenário. Ação julgada parcialmente procedente para dar interpretação conforme ao parágrafo único do art. 4º da Lei 9.883/1999. [...] Requerentes: Rede Sustentabilidade; Partido Socialista Brasileiro-PSB. Intimados: Presidente da República; Congresso Nacional. Am. Curiae: Associação Nacional dos Oficiais

-se até mesmo defender que, no julgamento em questão, o Tribunal entendeu pela existência de uma divisão informacional dos Poderes como limite à transmissão de dados pessoais entre os diversos atores estatais.

Dessa maneira, é certo que o direito fundamental à proteção de dados pessoais está ligado à "forma" com que os demais direitos fundamentais passam a ser tutelados. Com isso, as leis de proteção de dados devem estabelecer procedimentos (em sentido amplo) a serem observados especialmente pelos agentes de tratamento de dados pessoais. Veja-se, nesse sentido, que a LGPD, à exemplo do RGPD, estabeleceu vários procedimentos ligados à atividade de tratamento de dados. O primeiro nível de procedimentos está ligado às hipóteses legais que possibilitam o tratamento de dados pessoais (arts. 7º, 11 e 23 da LGPD), como no caso da obtenção de consentimento. O segundo nível refere-se à observância dos "princípios" relativos ao tratamento de dados pessoais (art. 6º da LGPD). A título de exemplo, veja-se a questão da transparência, que pode ser tida como a exigência imposta aos agentes de tratamento no sentido de criar mecanismos aptos a gerar um fluxo de informação adequado aos titulares a respeito das questões relevantes sobre o tratamento de dados. O terceiro nível versa sobre os chamados direitos ARCO[148] (arts. 17 e ss. da LGPD). Nesse ponto, a visão procedimental fica evidente a partir de uma série de disposições, tais como a revisão das decisões automatizadas prevista no art. 20. O quarto nível versa sobre a gestão dos riscos criados pelo tratamento de dados pessoais (arts. 33 a 41 e 46 a 51), inclusive quanto às determinações ligadas à avaliação de impacto, à tomada

---

de Inteligência AOFI. Relatora: Ministra Carmen Lúcia, 11.11.2021. Disponível em: https://redir.stf.jus.br/paginadorpub/paginador.jsp?docTP=TP&docID=757870910. Acesso em: 17 maio 2023. p. 2-3).

[148] Direitos básicos os quais visam garantir aos cidadãos a titularidade sobre seus próprios dados pessoais, sintetizados nos chamados direitos ARCO: Acesso, Retificação, Cancelamento e Oposição. Dessa forma: "O cidadão deve ter **acesso** livre aos seus dados pessoais e deve poder obter a confirmação de que há alguma operação de tratamento de seus dados pessoais em curso; deve ter o direito de corrigir e de **retificar** seus dados pessoais que estejam incorretos ou imprecisos; tem o direito de solicitar o **cancelamento** de operações de tratamento que não sigam os parâmetros estabelecidos pela lei; e tem o direito de se **opor** a um tratamento de dados pessoais que não autorizou previamente. Além destes (sic) direitos, o cidadão pode também solicitar o bloqueio do tratamento, até que seja averiguada a sua legitimidade, ou mesmo a dissociação dos seus dados pessoais, que passariam a ser dados anônimos" (BRASIL. Ministério da Justiça e Cidadania. Direitos do titular – arts. 16 ao 21. In: **PENSANDO o direito**. Brasília, DF, c2023. Disponível em: http://pensando.mj.gov.br/dadospessoais/eixo-de-debate/direitos-do-titular/. Acesso em: 17 maio 2023, grifo nosso).

de medidas de antecipação ao dano etc. O quinto nível, que pode ser chamado de patológico, versa sobre as sanções administrativas (arts. 52 e ss) e a responsabilidade civil (arts. 42 a 45).[149]

Veja-se, portanto, que as disposições legais protetivas de dados servem como reguladoras dos processos de tomada de decisão a respeito do uso dos dados pessoais. Mediante sua aplicação, decide-se *o se, o quando e o como* da utilização dos dados pessoais.

Nessa medida, é possível manifestar acerca do "devido processo informacional", que, tomando de empréstimo as incursões do chamado *devido processo legal substancial*, garante, ao menos parcialmente, a participação e a liberdade dos titulares de dados pessoais mediante um procedimento para discussão em que os titulares de dados pessoais poderão avaliar a possibilidade de uso de seus dados, bem como a adequação do tratamento empregado pelo agente. Isso foi assentado pelo Ministro Gilmar Mendes em seu voto relativo ao referendo da medida liminar concedida na ADI 6.389, ao asseverar que o "devido processo informacional" é "[...] voltado a conferir ao indivíduo o direito de evitar exposições de seus dados sem possibilidades mínimas de controle [...]", em especial, frente "[...] a práticas de tratamento de dados capazes de sujeitar o indivíduo a julgamentos preditivos e peremptórios".[150]

Em conclusão, é correto afirmar que o direito fundamental à proteção de dados pessoais vai muito além da privacidade, pois, ao proteger a informação pessoal como um todo mediante procedimentos a serem efetivados pelos agentes de tratamento de dados pessoais, cria-se uma nova "camada" e uma nova lógica de proteção em relação aos demais direitos fundamentais

---

[149] BRASIL. **Lei nº 13.709, de 14 de agosto de 2018**. Lei Geral de Proteção de Dados Pessoais (LGPD). Brasília, DF: Presidência da República, 2018. Disponível em: http://www.planalto.gov.br/ccivil_03/_ato2015-2018/2018/lei/L13709.htm. Acesso em: 15 abr. 2023.

[150] BRASIL. Supremo Tribunal Federal (1. Turma). **Referendo na Medida Cautelar na Ação Direta de Inconstitucionalidade 6.389 Distrito Federal**. Medida cautelar em Ação Direta de Inconstitucionalidade. Referendo. Medida provisória nº 954/2020. Emergência de saúde pública de importância internacional decorrente do novo coronavírus (covid-19). Compartilhamento de dados dos usuários do serviço telefônico fixo comutado e do serviço móvel pessoal, pelas empresas prestadoras, com o Instituto Brasileiro de Geografia e Estatística. *Fumus boni juris. Periculum in mora*. Deferimento. [...]. Requerente: Partido Socialista Brasileiro-PSB. Intimado: Presidente da República. Relatora: Ministra Rosa Weber, 07.05.2020. Disponível em: https://portal.stf.jus.br/processos/detalhe.asp?incidente=5895168. Acesso em: 19 maio 2023. p. 25.

especialmente, ainda que não exclusivamente, ligados à personalidade. Isso se dá mediante o estabelecimento de condições, regras e métodos de caráter pragmático que buscam garantir o uso adequado e responsável dos dados pessoais.

1.5 ARQUÉTIPOS LEGAIS NA/DA LEI GERAL DE PROTEÇÃO DE DADOS (LEI 13.709) COMO SALVAGUARDAS CONSTITUCIONALMENTE ADEQUADAS – ESSÊNCIA DO DIREITO FUNDAMENTAL À PROTEÇÃO DE DADOS PESSOAIS

Assentada a definição do direito fundamental à proteção de dados, cumpre enfrentar a tormentosa questão da sua essência, ou seja, qual é seu núcleo fundamental inafastável. Tratando do ponto, Gabriela Zanfir sustenta que o consentimento é acessório no contexto maior de proteção de dados pessoais, de forma que o foco deve ser no desenvolvimento de "salvaguardas adequadas" independentemente da base legal do tratamento, o que considera como a nova "pedra angular" do direito à proteção de dados (tradução nossa).[151] Essas salvaguardas correspondem a prerrogativas, garantias, criadas em favor do titular dos dados pessoais a fim de que seus dados (pessoais) e os direitos substantivos em jogo possam ser protegidos de forma efetiva. Argumenta que tais garantias podem ser estruturadas em três grupos: a) os direitos dos titulares de dados – cujo cerne consiste em formas do titular controlar o processamento de seus dados, independentemente da base legal de tratamento; b) os requisitos de finalidade – pois o propósito funciona como força orientadora de toda a atividade de tratamento de dados pessoais, e; c) os mecanismos de responsabilização – sobre os quais compete aos agentes de tratamento de dados o ônus de implementar os comandos legais, bem como responder por eventuais equívocos na esfera administrativa e judicial (tradução nossa).[152]

---

[151] ZANFIR, Gabriela. Forgetting about consent: why the focus should be on "suitable safeguards" in Data Protection Law. *In*: GUTWIRTH, Serge; LEENES, Ronald; DE HERT, Paul (eds.). **Reloading data protection**. [S. l.]: Springer, Dordrecht, 2014. p. 25. Disponível em: https://doi.org/10.1007/978-94-007-7540-4_12. Acesso em: 11 ago. 2022.

[152] ZANFIR, Gabriela. Forgetting about consent: why the focus should be on "suitable safeguards" in Data Protection Law. *In*: GUTWIRTH, Serge; LEENES, Ronald; DE HERT, Paul (eds.). **Reloading data protection**. [S. l.]: Springer, Dordrecht, 2014. p. 249-255. Disponível em: https://doi.org/10.1007/978-94-007-7540-4_12. Acesso em: 11 ago. 2022.

Lorenzo Dalla Corte destaca duas particularidades do direito à proteção de dados pessoais: a primeira, relativa à sua responsividade ao desenvolvimento tecnológico da informática e à relevância que o tratamento de dados assumiu na atualidade; a segunda, referente ao fato de que sua formalização como direito autônomo se deu anteriormente na legislação ordinária para, somente após, tornar-se direito fundamental. Com base nisso, teoriza que o direito fundamental à proteção de dados pessoais importa em um direito a ter um conjunto de regras as quais se voltem a regular o processamento de dados pessoais, ecoando, com isso, na noção de procedimentalismo decorrente da teoria democrática. Conclui no sentido da natureza pragmática e *sui generis* do direito fundamental à proteção de dados pessoais, bem como na relevância do que denomina como "direito derivado" para definir sua essência (tradução nossa).[153]

Com base em tais lições, pode-se afirmar que a essência do direito fundamental à proteção de dados, no ordenamento jurídico brasileiro, corresponde à existência de salvaguardas constitucionalmente adequadas. Na falta de qualquer indicação de tais salvaguardas no texto constitucional, à exceção do *habeas data,* é correto defender que devem ser buscadas (as salvaguardas constitucionalmente adequadas) na dinâmica entre a Constituição e a LGPD, mediante o chamado círculo hermenêutico.[154] Pode-se até mesmo pensar em um "bloco de constitucionalidade", no sentido de que os "princípios" fundantes da LGPD passam a integrar o conteúdo constitucional do referido direito fundamental.[155]

---

[153] CORTE, Lorenzo Dalla. A right to a rule: on the substance and essence of the fundamental right to Personal Data Protection. *In*: HALLINAN, Dara *et al.* (eds.). **Data protection and privacy**: data protection and democracy. Oxford: Hart Publishing, 2020. passim.

[154] Na perspectiva de que, no processo de atribuição de sentido ao direito fundamental à proteção de dados, cabe ao intérprete ir da parte ao todo e do todo à parte. Consultar a respeito em: STRECK, Lenio Luiz. **Dicionário de hermenêutica**: quarenta temas fundamentais da teoria do direito à luz da crítica hermenêutica do direito. Belo Horizonte: Letramento; Casa do Direito, 2017. p. 25-31.

[155] A respeito do chamado "bloco de constitucionalidade", consultar:
COELHO, Bernardo Leôncio Moura. O bloco de constitucionalidade e a proteção à criança. **Revista de Informação Legislativa**, Senado Federal, Subsecretaria de Edições Técnicas, Brasília, DF, v. 31, n. 123, p. 259-266, jul./set. 1994. Disponível em: https://www2.senado.leg.br/bdsf/item/id/176262. Acesso em: 27 jun. 2023.
FERREIRA, Rafael Fonseca; LIMBERGER, Têmis. Um diálogo sobre a autonomia da Constituição e os direitos humanos: aproximações hermenêuticas à noção de bloco de constitucionalidade. **Revista de Investigações Constitucionais**, Núcleo

Como é sabido, a LGPD se vale, como técnica legislativa, do que nomina de "princípios jurídicos", positivados no art. 6º, caput e incisos. Isso demonstra que, ao trazer para o bojo da legislação, de forma direta e específica, referidos postulados, se está a buscar a recolocação da lei na posição preponderante de fonte do direito. De certa forma, o positivismo jurídico "confessa" sua insuficiência, "reconhece" a importância dos princípios jurídicos e "resolve" se apropriar deles a fim de, via absorção das críticas que lhe foram dirigidas (ao positivismo jurídico), transformar sua estrutura e reconquistar sua proeminência na teoria do direito. Esse movimento pode ser considerado um *contra-ataque* à crescente criação jurisprudencial do direito e, especialmente, à "discricionariedade" excessiva existente atualmente no Brasil. Contudo, a adoção de "princípios positivados" não pode afastar da aplicação ao caso (a adoção) dos princípios jurídicos (na sua acepção mais ampla), que, como ensina Lenio Luiz Streck, possuem *status* constitucional.[156]

Essa possível retomada da "dignidade da legislação",[157] o que significa dizer de maior preponderância da lei na construção do conteúdo da norma jurídica, na aplicação efetiva do direito, do ponto de vista da democracia, pode ser bem-vinda a fim de diminuir a discricionariedade que tem sido utilizada na aplicação dos princípios jurídicos.

Some-se a isso o fato de que a crescente complexidade da sociedade tem feito com que o direito se torne cada vez mais complexo e fragmentado. Com isso, são criados diplomas legais específicos a determinadas matérias, que, justamente por sua recente emergência, não possuem o caldo cultural, a historicidade institucional do direito necessários à sua adequada aplicação. Por vezes, faz-se importante mencionar, o novo diploma legislativo visa justamente romper com a tradição até então existente. Também não é incomum que, em determinadas áreas técnicas as quais o direito é chamado a disciplinar (como é o caso da proteção de dados pessoais), a evolução da técnica se dê de modo rápido e constante, de forma que a mera criação de regras "fechadas" tornaria os diplomas legislativos rapidamente obsoletos.

---

de Investigações Constitucionais, Curitiba, v. 5, n. 1, p. 317-330, jan./abr. 2018. DOI: http://dx.doi.org/10.5380/rinc.v5i1.51457. Disponível em: https://revistas.ufpr.br/rinc/article/view/51457. Acesso em: 5 set. 2022.

[156] Lenio Luiz Streck apresenta um catálogo de cinco princípios, conforme se pode verificar em sua obra *Verdade e consenso* (STRECK, Lenio Luiz. **Verdade e consenso**. 6. ed. São Paulo: Saraiva, 2017. p. 630-650).

[157] Expressão tomada livremente de empréstimo de: WALDRON, Jeremy. **A dignidade da legislação**. Tradução de Luís Carlos Borges. Revisão da tradução de Marina Appenzeller. São Paulo: Martins Fontes, 2003 (Coleção Justiça e Direito).

Tudo isso serve de resposta às críticas que a lei vem recebendo na pós-modernidade, especialmente ligadas à sua idoneidade e possibilidade de fazer frente aos grandes desafios impostos ao direito pelas sociedades atuais (tradução nossa).[158]

Nessa medida, tais "princípios positivados", se corretamente aplicados, podem permitir: a) a criação de uma racionalidade própria para determinada área de atuação do direito; b) a decisão adequada e efetiva a ser dada aos novos problemas ocasionados pela evolução social e tecnológica.

Certamente que, a partir de todo esse entendimento, importa saber que pode haver críticas quanto ao uso de preceitos indeterminados na legislação, especialmente em razão da insegurança que a linguagem intencionalmente vaga pode gerar, bem como em razão da "delegação de competência" do Legislativo ao Judiciário. Contudo, a indeterminação deliberada dos comandos legais deve ser vista, na atualidade, como uma possibilidade – e não um problema – à segurança jurídica (tradução nossa).[159]

Dito isso, é certo que o simples fato de a lei ter adotado a expressão "princípio" não o constitui como tal. Significa dizer que não é a positivação que torna algo "princípio". Os princípios, para serem considerados como tais, devem passar pelo que pode ser chamado de *teste de tempo*.[160]

---

[158] PÉREZ LUÑO, Antonio Henrique. **El desbordamiento de las fontes del derecho**. Madri: La Ley & Wolters Kluwer, 2011. p. 112.

[159] PÉREZ LUÑO, Antonio Henrique. **El desbordamiento de las fontes del derecho**. Madri: La Ley & Wolters Kluwer, 2011. passim.
No mesmo sentido:
"Os enunciados deliberadamente indeterminados, então, aparecem como alternativa. Ou, mais propriamente, como um ingrediente fundamental da segurança jurídica (possível). Daí decorre que para o regramento de temas complexos, cambiantes e sujeitos à influência de imprevisíveis combinações de fatores, como a generalidade das relações entre particulares, a estratégia normativa tendencialmente ótima deve buscar a conjugação de enunciados indeterminados vinculantes e enunciados determinados não imediatamente vinculantes (i.e.: que admitem afastamento *ab initio*)" (RAMOS, André Luiz Arnt. **Segurança jurídica e enunciados normativos deliberadamente indeterminados**: o caso da função social do contrato. Orientador: Eroulths Cortiano Junior. 2019. p. 134. Tese (Doutorado em Direito das Relações Sociais) – Setor de Ciências Jurídicas, Programa de Pós-Graduação em Direito, Universidade Federal do Paraná, Curitiba, 2019. Disponível em: https://acervodigital.ufpr.br/bitstream/handle/1884/65931/R%20-%20T%20-%20ANDRE%20LUIZ%20ARNT%20RAMOS.pdf?sequence=1&isAllowed=y. Acesso em: 16 jan. 2023).

[160] E, sobre isso, Lenio Luiz Streck reitera: "Isso precisa ficar bem claro: não é possível nomear qualquer coisa como princípio; não é possível inventar um princípio a cada momento, como se no Direito não existisse uma história institucional a impulsionar

Nesse sentido, uma lei pode *declarar* algo como princípio jurídico, mas não *constitui* algo como princípio jurídico. É possível que o legislador, mediante o reconhecimento da existência de um princípio, acabe por positivá-lo. No entanto, o princípio jurídico existia anteriormente, independentemente de sua *textura legal*. Podem (os princípios) aparecer, "[...] eventualmente, numa escrita na Constituição e na própria legislação, mas não é esta (*sic*) escrituração que garante aos princípios a condição de princípio".[161] Afinal, como ressaltado, os princípios jurídicos não se submetem às normas de reconhecimento, ao teste de *pedigree* e, à vista disso, "[...] não se encontra[m] na decisão particular de um poder legislativo ou tribunal [...]", como diz Ronald Dworkin.[162] Não há uma "mão de Midas"[163] na legislação, que transforma tudo que toca (nomina) em princípio jurídico.

Ademais, a maior parte dessas disposições também não pode ser tida como regra jurídica, pois, utilizando-se da caracterização de Ronald Dworkin, não seguem a lógica do tudo ou nada,[164] de ser simplesmente aplicável ou não aplicável a um dado fato. Funcionam muito mais em uma dimensão de peso, como no caso dos princípios jurídicos propriamente ditos.

A partir desse sentido, há de se levar em conta que, se não se pode considerar tais disposições, por si só, como princípios jurídicos (no sentido apropriado dos marcos teóricos citados) – e também a grande maioria delas

---

a formação e identificação dos princípios. Princípios utilizados de maneira *ad hoc* para solucionar pseudoproblemas não são princípios, porque, tanto quanto é correto dizer que os princípios só *são* concretamente – vale dizer, na *applicatio* –, é também correta a afirmação de que princípios não existem sem a historicidade do Direito. Se é certo que os princípios são a história institucional do Direito, eles não cabem dentro de uma concepção instantaneista de tempo; eles não podem ser 'criados' a partir de graus zeros de sentido" (STRECK, Lenio Luiz. **Verdade e consenso**. 6. ed. São Paulo: Saraiva, 2017. p. 618).

[161] STRECK, Lenio Luiz. **Verdade e consenso**. 6. ed. São Paulo: Saraiva, 2017. p. 618.
[162] DWORKIN, Ronald. **Levando os direitos a sério**. Tradução e notas de Nelson Boeira. Revisão da tradução: Silvana Vieira. São Paulo: Martins Fontes, 2002 (Justiça e Direito). p. 64.
[163] Expressão tomada livremente de empréstimo de: POSCHER, Ralf. A mão de Midas: quando conceitos se tornam jurídicos ou esvaziam o debate Hart-Dworkin. **Revista de Estudos Constitucionais, Hermenêutica e Teoria do Direito (RECHTD)**, [São Leopoldo], Unisinos, v. 10, n. 1, p. 2-13, jan./abr. 2018. DOI: 10.4013/rechtd.2018.101.01. Disponível em: http://revistas.unisinos.br/index.php/RECHTD/article/view/rechtd.2018.101.01. Acesso em: 16 jun. 2023.
[164] DWORKIN, Ronald. **Levando os direitos a sério**. Tradução e notas de Nelson Boeira. Revisão da tradução: Silvana Vieira. São Paulo: Martins Fontes, 2002 (Justiça e Direito). p. 39.

não pode ser vista como meras regras jurídicas –, qual seria então sua correta classificação? Poder-se-ia nominá-las como princípios setoriais,[165] princípios dogmáticos, subprincípios etc. Contudo, importaria em criar maiores dificuldades para a (já) muito complicada experiência brasileira a respeito dos princípios jurídicos. Assim, parece ser adequado pensar na definição de "arquétipo legal" (tradução nossa)[166] formulada por Jeremy Waldron.

Apesar das críticas que dirige ao que poderia ser considerado como "hipertrofia do poder judiciário"[167] na teoria do direito de Ronald Dworkin, Jeremy Waldron concorda com a visão daquele a respeito dos princípios e regras, porém afirma ir um pouco além. Sustenta, nesse sentido, ser possível encontrar no direito disposições legais que podem ser consideradas como um terceiro gênero, ainda que híbrido,[168] que se colocam entre as regras e os princípios, com apresentação de características de ambos, o que nomina de "'arquétipo' legal", cujo significado "[...] vai além de seu conteúdo normativo imediato [...]", por "[...] fornecer a chave para o ponto, propósito, política ou princípio (ou um dos pontos, propósitos, políticas ou princípios) de toda uma área do direito" (tradução nossa, grifo do autor).[169]

---

[165] VIGO, Rodolfo Luis. **Interpretação jurídica**: do modelo juspositivista-legalista do século XIX às novas perspectivas. Tradução de Susana Elena Dalle Mura. FLORES, Alfredo de J. (rev. e notas). São Paulo: Editora Revista dos Tribunais, 2005. p. 128.

[166] "legal archetype". WALDRON, Jeremy. **Torture and positive law**: jurisprudence for the White House. *UC Berkeley: Kadish Center for Morality, Law and Public Affairs*, Victoria University of Wellington, New Zealand, Sept. 30, 2004. Disponível em: https://escholarship.org/uc/item/23d27577. Acesso em: 1º jun. 2023. p. 47.

[167] Acerca disso, consultar: WALDRON, Jeremy. **Contra el gobierno de los jueces**: ventajas y desventajas de tomar decisiones por mayoria en el Congreso y en los tribunales. GONZÁLEZ BERTOMEU, Juan F. (coord./ed. lit.). Tradução de Leonardo García Jaramillo, Federico Jorge Gaxiola e Santiago Virgües Ruiz. Buenos Aires: Siglo XXI Editora, 2008.

[168] Consultar dados em: PLAXTON, Michael. Reflections on Waldron's archetypes. **Law & Philosophy**, [USA], v. 30, n. 1, p. 77-103, jan./2011. DOI: https://doi.org/10.1007/s10982-010-9084-8. Disponível em: https://search.ebscohost.com/login.aspx?direct=true&db=sih&AN=55511343&lang=pt-br&site=ehost-live. Acesso em: 17 jun. 2023.

[169] "When I use the term 'archetype', I mean a particular item (or ste of items) in a normative system which has a significance going beyond its immediate normative content, a significance stemming from the fact that it furnishes or sums up or makes vivid to us or seems to provide the key to the point, purpose, policy, or principle (or one of the points, purposes, policies, or principles) of a whole area of law". WALDRON, Jeremy. **Torture and positive law**: jurisprudence for the White House. *UC Berkeley: Kadish Center for Morality, Law and Public Affairs*, Victoria University

Os arquétipos legais seriam, portanto, disposições legais paradigmáticas de uma determinada área do direito, justamente pelo fato de positivar os fundamentos mais relevantes, os motivos, as razões que o legislador tomou em consideração quando da elaboração da lei, importando em "[...] um símbolo subjacente a certas áreas do direito e que serve a este como matriz" (tradução nossa).[170] E, da mesma forma que os princípios, os arquétipos legais exercem uma função em segundo plano, ou seja, direcionam a aplicação das regras jurídicas. Contudo, operam também em primeiro plano, da mesma forma que as regras jurídicas, criando diretamente direitos e obrigações. E, ao desempenharem essa função, vão além do que exigem seus próprios termos.[171]

Realmente não se pode considerar os "princípios positivados" como meras regras, não só – como defendido – por não se ajustarem à lógica do tudo ou nada, própria das regras jurídicas, dada sua textura intencionalmente aberta ou vaga, como também pela clara opção legislativa de colocá-los em

---

of Wellington, New Zealand, Sept. 30, 2004. Disponível em: https://escholarship.org/uc/item/23d27577. Acesso em: 1º jun. 2023. p. 47.

[170] "[...] un símbolo que subyace a ciertas áreas del derecho y que le sirve de matriz". GALLEGO SAADE, Javier. La teoría 'dworkiniana' del razonamiento jurídico de Jeremy Waldron: el eslabón ignorado. **Isonomía**, n. 50, p. 29, 21 feb. 2019. DOI: 10.5347/50.2019.160. Disponível em: http://www.isonomia.itam.mx/index.php/revista-cientifica/article/view/160/395. Acesso em: 25 jun. 2023.

[171] "A ideia de um arquétipo, então, é a ideia de uma regra ou disposição legal positiva que opere não apenas por sua própria conta e não se limite a uma simples relação cumulativa com outras disposições, mas também opere de maneira que expresse ou sintetize o espírito de toda uma área estruturada de doutrina, e fá--lo-á de maneira vívida, eficaz e pública, estabelecendo o significado dessa área para o empreendimento legal inteiro" (WALDRON, Jeremy. **Torture and positive law**: jurisprudence for the White House. *UC Berkeley: Kadish Center for Morality, Law and Public Affairs,* Victoria University of Wellington, New Zealand, Sept. 30, 2004. Disponível em: https://escholarship.org/uc/item/23d27577. Acesso em: 1º jun. 2023. p. 47, tradução nossa)

Texto original: "The idea of an archetype, then, is the idea of a rule or positive law provision that operates not just on its own account, and does not just stand simply in a cumulative relation to other provisions, but operates also in a way that expresses or epitomizes the spirit of a whole structured area of doctrine, and does so vividly, effectively, publicly, establishing the significance of that area for the entire legal enterprise" (WALDRON, Jeremy. **Torture and positive law**: jurisprudence for the White House. *UC Berkeley: Kadish Center for Morality, Law and Public Affairs,* Victoria University of Wellington, New Zealand, Sept. 30, 2004. Disponível em: https://escholarship.org/uc/item/23d27577. Acesso em: 1º jun. 2023. p. 47).

evidência, como emblemas ou ícones (tradução nossa)[172] de todo o corpo legislativo ao qual estão inseridos. Trazem à luz, normalmente, a força de uma dada razão, da motivação legislativa que culminou na criação da lei. Assim, as razões e as motivações do legislador e, especialmente, seus objetivos, deixam de estar implícitos e passam a ser expressamente declarados. Tornam-se padrões normativos. Portanto, a aplicação de todas as demais regras do corpo jurídico específico deve ser feita à luz daquele(s) arquétipo(s). Isso faz com que os arquétipos legais reforcem a coerência que deve existir no corpo jurídico e nas decisões administrativas e judiciais deles decorrentes.[173] Mas não só isso. A aplicação direta, em primeiro plano, também é admissível – consoante mencionado. Assim, se diante de um determinado caso concreto não houver regra específica a ser aplicada, se necessário for, poderá ocorrer aplicação direta do arquétipo legal. Afinal, não cabe a estes (aos arquétipos legais) a crítica dirigida aos princípios jurídicos – de que sua aplicação direta não é democrática.[174] Os arquétipos legais, na forma defendida por Jeremy

---

[172] PLAXTON, Michael. Reflections on Waldron's archetypes. **Law & Philosophy**, [USA], v. 30, n. 1, p. 77-103, jan./2011. DOI: https://doi.org/10.1007/s10982-010-9084-8. Disponível em: https://search.ebscohost.com/login.aspx?direct=true&db=sih&AN=55511343&lang=pt-br&site=ehost-live. Acesso em: 17 jun. 2023.

[173] A respeito da noção de coerência e sistematicidade em Jeremy Waldron, consultar: MORBACH, Gilberto. **A terceira via de Jeremy Waldron**. Orientador: Lenio Luiz Streck. 2019. p. 152 et seq. Dissertação (Mestrado em Direito Público) – Unidade Acadêmica do Vale do Rio dos Sinos, Programa de Pós-Graduação em Direito, Universidade do Vale do Rio dos Sinos, São Leopoldo, 2019. Disponível em http://www.repositorio.jesuita.org.br/bitstream/handle/UNISINOS/8965/Gilberto%20Morbach_.pdf?sequence=1&isAllowed=y. Acesso em: 1º jun. 2023.

[174] "É nesse sentido que, ao ser anti-relativista (*sic*), a hermenêutica funciona como uma blindagem contra interpretações arbitrárias e discricionariedades e/ou decisionismos por parte dos juízes. Mais do que isso, a hermenêutica será antipositivista, colocando-se como contraponto à admissão de múltiplas respostas advogadas pelos diversos positivismos (pensemos, aqui, nas críticas de Dworkin a Hart). Nesse sentido, lembro que a noção de 'positivismo' é entendida, neste texto e no restante de minhas obras, a partir de sua principal característica: a discricionariedade, que ocorre a partir da 'delegação' em favor dos juízes para a resolução dos casos difíceis (não 'abarcados' pela regra). A *holding* da discussão encontra-se nas críticas dirigidas a Herbert Hart por Ronald Dworkin, para quem o juiz não possui discricionariedade para solver os hard cases.

Insisto e permito-me repetir: *antes de tudo, trata-se de uma questão de democracia*. Por isso, deveria ser despiciendo acentuar ou lembrar que a crítica à discricionariedade judicial não é uma 'proibição de interpretar'. Ora, interpretar é dar sentido (Sinngebung). É fundir horizontes. E direito é um sistema de regras e princípios, 'comandado' por uma Constituição. Que as palavras da lei (*lato sensu*) contêm va-

Waldron (tradução nossa) [175] – e que aqui se adota – configuram-se como direito posto pelo Poder Legislativo.

É verdade que os arquétipos legais se aproximam das chamadas cláusulas gerais,[176] em razão da sua linguagem intencionalmente vaga ou aberta. Contudo, as cláusulas gerais guardam um aspecto mais voltado à ética ou a um especial modo de exercer os direitos subjetivos, enquanto aqueles revelam um caráter mais fundante, estruturante do diploma legislativo, e se aproximam, nesse aspecto, dos chamados princípios gerais do direito, das motivações do legislador, da *mens legis*. Assim, a título de exemplificação, a boa-fé objetiva, positivada em muitos diplomas legislativos (como é o caso da LGPD, conforme art. 6º, caput),[177] funciona como cláusula geral, ou seja, uma disposição legal

---

guezas e ambigüidades (*sic*) e que os princípios podem ser – e na maior parte das vezes são – mais 'abertos' em termos de possibilidades de significado, não constitui nenhuma novidade (até os setores que primam pela estandardização do direito e que praticam uma espécie de 'neopentecostalismo jurídico', já perceberam essa característica 'lingüística' (*sic*) dos textos jurídicos). O que deve ser entendido é que a aplicação desses textos (isto é, a sua transformação em normas) não depende de uma subjetividade assujeitadora (esquema sujeito-objeto), como se os sentidos a serem atribuídos fossem fruto da vontade do intérprete, como que a dar razão a Kelsen, para quem a interpretação a ser feita pelos juízes é um ato de vontade (*sic*). O 'drama' da discricionariedade aqui criticada é que esta transforma os juízes em legisladores. Isso enfraquece a autonomia do direito conquistada principalmente no paradigma do Estado Democrático de Direito. Combater a discricionariedade não significa dizer que os juízes não criam o direito (sem olvidar o relevante fato de que, no mais das vezes, a discricionariedade se transforma em arbitrariedade, soçobrando, assim, o direito produzido democraticamente). Mas não é esse tipo de criação judicial que está em causa no debate Dworkin-Hart e, tampouco, nas críticas que faço ao positivismo à luz da hermenêutica filosófica" (STRECK, Lenio Luiz. Da "justeza dos nomes" à "justeza da resposta" constitucional. **Revista dos Tribunais** [online], Thomson Reuter, Revista do Instituto dos Advogados de São Paulo, [São Paulo], v. 22/2008, p. 1-21/p. 134-154, jul./dez. 2008).

[175] WALDRON, Jeremy. **Torture and positive law:** jurisprudence for the White House. *UC Berkeley: Kadish Center for Morality, Law and Public Affairs,* Victoria University of Wellington, New Zealand, Sept. 30, 2004. Disponível em: https://escholarship.org/uc/item/23d27577. Acesso em: 1º jun. 2023. p. 47

[176] A respeito das cláusulas gerais, consultar: MARTINS-COSTA, Judith. **A boa-fé no direito privado**: sistema e tópica no processo obrigacional. São Paulo: Editora Revista dos Tribunais, 2000.

[177] BRASIL. **Lei nº 13.709, de 14 de agosto de 2018**. Lei Geral de Proteção de Dados Pessoais (LGPD). Brasília, DF: Presidência da República, 2018. Disponível em: http://www.planalto.gov.br/ccivil_03/_ato2015-2018/2018/lei/L13709.htm. Acesso em: 15 abr. 2023.

semanticamente aberta que impõe que o exercício dos direitos subjetivos seja realizado de forma ética. Não há nela caráter estruturante ou fundante, ainda que especialmente relevante. Diferentemente, no caso da presunção de vulnerabilidade do consumidor, positivada no art. 4º, I, do Código de Defesa do Consumidor,[178] fica evidente o caráter de estruturação de todo o diploma legislativo a partir de tal marco. Significa dizer, toda a proteção conferida ao consumidor pelo referido Código decorre justamente do reconhecimento de sua vulnerabilidade. Essas diferenças demonstram claramente que se pode enquadrar a vulnerabilidade do consumidor como arquétipo legal, enquanto a boa-fé deve ser vista como cláusula geral.[179]

De forma geral, a admissão dos arquétipos legais pode ser capaz de contribuir para a adequada hermenêutica jurídica. Afinal, estes, facilmente constatáveis nos textos legais, resumem, de forma paradigmática, a lógica e a função do sistema a que pertencem, por positivar os fundamentos relevantes, os motivos, as razões que o legislador tomou em consideração quando da elaboração da lei, trazendo coerência para o ramo jurídico em questão e mediando a concretização das regras e princípios jurídicos propriamente ditos, que permitem a inserção do mundo fático no direito. Assim, operando ao lado das regras e dos princípios jurídicos, numa circular colaboração na construção das normas jurídicas (círculo hermenêutico), os arquétipos podem contribuir na/para a revalorização da forma do direito, tornando mais democrático o uso dos princípios jurídicos, o que encaminha à colaboração na aplicação adequada do direito.[180]

---

[178] BRASIL. **Lei nº 8.078, de 11 de setembro de 1990.** Dispõe sobre a proteção do consumidor e dá outras providências. Brasília, DF: Presidência da República, 1990. Disponível em: http://www.planalto.gov.br/ccivil_03/leis/l8078compilado.htm. Acesso em: 15 abr. 2023.

[179] É importante ressaltar esse ponto: da mesma forma que se defendeu que o simples fato de o legislador nominar algo como princípio não o torna princípio jurídico, não se está defendendo aqui que a simples designação de algo como princípio pelo legislador vá convertê-lo, só por isso, em *arquétipo legal*. A nominação serve apenas como indício, competindo a verificação, caso a caso, acerca de ser possível o enquadramento da disposição como arquétipo legal.

[180] "Não basta dizer, pois, que o direito é concretude, e que 'cada caso é um caso', como é comum na linguagem dos juristas. Afinal, é mais do que evidente que o direito é concretude e que é feito para resolver casos particulares. O que não é evidente é que o processo interpretativo é *applicatio*, entendida no sentido da busca da coisa mesma (*Sache selbst*), isto é, do não esquecimento da diferença ontológica. O direito é parte integrante do próprio caso e uma questão de fato é sempre uma questão de direito e vice-versa. Hermenêutica não é filologia. É impossível cindir a compreensão da aplicação. Uma coisa é 'deduzir' de um *topos* ou de uma lei o caso concreto; outra

Por ser um elemento menos abstrato do que os princípios jurídicos, os arquétipos legais podem servir de bússola na adequada aplicação dos princípios e regras. Não se quer dizer aqui que estes devem determinar o sentido dos princípios jurídicos ou dos direitos fundamentais previstos na Constituição, mas sim que sua utilização pode ajudar a reduzir a discricionariedade comumente presente na prática judicial brasileira quando da "escolha" do princípio aplicável ao caso e na "escolha" do conteúdo desse princípio.

Assim, o que se propõe é que os arquétipos legais funcionem como uma *ponte de sentido* entre as regras e os princípios jurídicos, uma via de mão dupla, não linear, mas circular, o que irá contribuir, de tal forma, com a coerência e a integridade do direito, bem como com a busca pela resposta constitucionalmente adequada ao caso – a cada caso, o que é essencial à correta hermenêutica constitucional do direito à proteção de dados pessoais.

Veja-se que a LGPD trouxe, nos arts. 6º e 10, incisos que formam a "coluna vertebral" do direito à proteção de dados pessoais no direito brasileiro,[181] de modo que devem ser considerados como arquétipos legais, na forma acima contextualizada. Afinal, eles (tais incisos) sintetizam de forma paradigmática toda a lógica e função do direito à proteção de dados pessoais, mediante a concepção de uma "cartografia" de toda a tradição e estrutura da sistemática de proteção de dados pessoais e, ainda, trazem o significado do que há de mais relevante na temática. Pode-se mesmo afirmar que parcela considerável da LGPD é claramente dedutível de tais disposições legais.

É importante, ainda, ressaltar a clara inspiração do legislador brasileiro com relação ao RGPD ante a proximidade de conteúdo com tal regulamento, ainda que não haja correspondência exata,[182] sendo que tal leque (do RGPD)

é entender o direito como aplicação: na primeira hipótese, estar-se-á entificando o ser; na segunda, estar-se-á realizando a aplicação de índole hermenêutica, a partir da idéia (sic) de que o ser é sempre ser-em (*in Sein*)" (STRECK, Lenio Luiz. Bases para a compreensão da hermenêutica jurídica em tempos de superação do esquema sujeito-objeto. **Revista Seqüência**, [Santa Catarina], n. 54, p. 29-46, jul./2007. Disponível em: https://periodicos.ufsc.br/index.php/sequencia/article/download/15066/13733. Acesso em: 23 jul. 2023).

[181] BRASIL. **Lei nº 13.709, de 14 de agosto de 2018**. Lei Geral de Proteção de Dados Pessoais (LGPD). Brasília, DF: Presidência da República, 2018. Disponível em: http://www.planalto.gov.br/ccivil_03/_ato2015-2018/2018/lei/L13709.htm. Acesso em: 15 abr. 2023.

[182] Os "princípios relativos ao tratamento de dados pessoais" estão elencados no art. 5.º do RGPD (REINO UNIDO. EUR-Lex. Parlamento Europeu. Atos Legislativos. Regulamento (UE) 2016/679 do Parlamento Europeu e do Conselho de 27 de abril de 2016. Relativo à proteção das pessoas singulares no que diz respeito ao tratamento

é fruto do progressivo desenvolvimento havido no continente europeu, ao menos, desde o Convênio 108/1981 (tradução nossa).[183] Assim, conclui-se que a LGPD positiva a tradição legítima e atual a respeito do tema, por meio dos arquétipos legais contidos no citado art. 6º da mencionada lei.[184]

Da análise sistemática e teleológica dos arquétipos legais acima mencionados, é possível sistematizar quatro salvaguardas constitucionalmente adequadas que são a essência do direito fundamental à proteção de dados pessoais. São elas:

a) salvaguarda de escopo ou finalidade;
b) salvaguarda de transparência e controle;
c) salvaguarda de segurança e prevenção;
d) salvaguarda de responsabilização e prestação de contas.

A primeira salvaguarda – salvaguarda de escopo ou finalidade – veda qualquer tratamento de dados pessoais que não possua finalidade legítima (lícita e não discriminatória), com exigência, ainda, acerca da necessária correlação entre os dados utilizados e seu contexto, ou seja, que os dados possuam necessária adequação. Ademais, a finalidade deve ser específica[185]

---

de dados pessoais e à livre circulação desses dados e que revoga a Diretiva 95/46/CE (Regulamento Geral sobre a Proteção de Dados). **Jornal Oficial da União Europeia**, Bruxelas, Bélgica, p. I. 119/1-I.119-88, 2016. Disponível em: https://eur-lex.europa.eu/legal-content/PT/TXT/?uri=celex%3A32016R0679. Acesso em: 15 abr. 2023).

[183] STRASBOURG. Council of Europe. **Convention for the Protection of Individuals with regard to Automatic Processing of Personal Data**. European Treaty Series – No. 108. [...] Recognising that it is necessary to reconcile the fundamental values of the respect for privacy and the free flow of information between peoples [...]. Strasbourg, France: Council de Europe-COE, Jan./1981. Disponível em: https://rm.coe.int/1680078b37. Acesso em: 15 abr. 2023.

[184] BRASIL. **Lei nº 13.709, de 14 de agosto de 2018**. Lei Geral de Proteção de Dados Pessoais (LGPD). Brasília, DF: Presidência da República, 2018. Disponível em: http://www.planalto.gov.br/ccivil_03/_ato2015-2018/2018/lei/L13709.htm. Acesso em: 15 abr. 2023.

[185] Quanto à forma que a *big data* tem sido explorada na atualidade – que contraria o princípio da finalidade -, interessante a seguinte passagem: "Big data se distingue das formas tradicionais de processamento de dados no sentido de que os dados e seu processamento geralmente representam um negócio valioso como tal, em vez de o processamento de dados ser um efeito colateral de outras atividades. Quando os dados pessoais são processados para atingir uma determinada finalidade – como dados de clientes sendo processados para vender bens e serviços, dados de funcionários para

e, com isso, somente o mínimo de dados necessários ao escopo deve ser tratado. Da mesma forma, o uso secundário dos dados deve ser compatível com a finalidade inicial.

De fato, o arquétipo legal *finalidade*, positivado no inciso I do art. 6º da LGPD, estabelece que o tratamento de dados pessoais somente pode se dar

---

gerenciar a relação de trabalho ou informações de contato para marketing –[,] o objetivo principal do processamento (nos nossos exemplos: vendas, (*sic*) e marketing, respectivamente) serve como uma referência natural para avaliar o processamento. O tratamento é necessário e proporcionado a esta (*sic*) finalidade? Precisamos de todos esses dados para esse fim?

No contexto de *big data*, esse *benchmark* raramente existe. O processamento de *big data* é caracterizado por 'tentativa e erro', o que significa que os dados são processados na expectativa de encontrar algo interessante, não para cumprir um objetivo predeterminado. Os dados produzidos pelos ecossistemas online são geralmente heterogêneos, não estruturados e coletados com a suposição de que serão úteis no futuro. No momento do processamento, o objetivo final do processamento permanece desconhecido e, consequentemente, é impossível predeterminar se todos os dados e operações de processamento são necessários" (KARJALAINEN, Tuulia. All talk, no action? The effect of the GDPR accountability principle on the EU data protection paradigm. **European Data Protection Law Review**, [*S. l.*], v. 8, issue 1, p. 27, 2022. DOI: https://doi.org/10.21552/edpl/2022/1/6. Disponível em: https://edpl.lexxion.eu/article/edpl/2022/1/6/display/html#8. Acesso em: 1º fev. 2023, grifo do autor, tradução nossa).

Texto original: "Big data distinguishes itself from traditional forms of data processing in the sense that the data and its processing usually represent a valuable business as such, instead of data processing being a side effect of other activities. When personal data is processed to achieve a certain purpose – such as customer data being processed to sell goods and services, employee data to manage the employment relationship, or contact information for marketing – the primary purpose of processing (in our examples: sales, employment, and marketing respectively) serves as a natural benchmark against which to assess the processing. Is the processing necessary for and proportionate to this purpose? Do we need all this data for this purpose?

In the big data context, such a benchmark rarely exists. Big data processing is characterised by 'trial and error,' meaning that data is processed in anticipation of finding something interesting, not to fulfil a predetermined goal. 81 The data produced by online ecosystems is generally heterogeneous, unstructured, and collected with the assumption of it becoming useful in the future. At the time of processing, the ultimate purpose of processing remains unknown and, consequently, it is impossible to predetermine whether all the data and processing operations are necessary" (KARJALAINEN, Tuulia. All talk, no action? The effect of the GDPR accountability principle on the EU data protection paradigm. **European Data Protection Law Review**, [*S. l.*], v. 8, issue 1, p. 27, 2022. DOI: https://doi.org/10.21552/edpl/2022/1/6. Disponível em: https://edpl.lexxion.eu/article/edpl/2022/1/6/display/html#8. Acesso em: 1º fev. 2023).

"[...] para propósitos legítimos, específicos, explícitos e informados ao titular, sem possibilidade de tratamento posterior de forma incompatível com essas finalidades". Por sua vez, o arquétipo legal *adequação,* conforme o inciso II do art. 6º da LGPD, estabelece que o tratamento de dados pessoais observará "[...] as finalidades informadas ao titular, de acordo com o contexto do tratamento". Em contrapartida, o arquétipo legal *necessidade,* previsto no inciso III do art. 6º da LGPD, estabelece que o tratamento de dados pessoais deve se limitar "[...] ao mínimo necessário para a realização de suas finalidades, com abrangência dos dados pertinentes, proporcionais e não excessivos em relação [...]" ao escopo do tratamento de dados pessoais. Ademais, tem-se o arquétipo legal da *qualidade dos dados* (inciso V do art. 6º da LGPD), que garante aos titulares a correção, clareza, relevância e atualização dos dados, com vistas à necessidade e à finalidade do tratamento. Não menos importante é o arquétipo legal *não discriminação,* que afasta o tratamento de dados pessoais que tenha finalidades discriminatórias ou abusivas (inciso IX do art. 6º da LGPD).[186]

Da simples leitura dos cinco dispositivos legais, percebe-se claramente que todos gravitam sobre a finalidade do tratamento de dados. De fato, toda a atividade de tratamento de dados é realizada em razão de uma finalidade buscada pelo agente de tratamento. Essa finalidade deve, isso posto, perseguir interesses legítimos, de forma que deve haver necessária correlação com os dados utilizados e seu contexto. Ainda, deve ser específica, não se admitindo generalizações, razão pela qual somente o mínimo de dados necessários ao escopo deve ser tratado. Obviamente, a exatidão dos dados é imposição lógica. E, além disso, deve ser devidamente informada ao titular dos dados pessoais. Assim, pode-se dizer que a finalidade não só legitima o tratamento dos dados pessoais, mas, especialmente, serve de limite objetivo à atividade do agente de tratamento.

As questões atinentes à finalidade do tratamento de dados pessoais serviram de principal fundamento na citada decisão do Supremo Tribunal Federal quando do referendo da medida liminar pelo Plenário no julgamento da ADI 6389. De fato, considerou-se que a vagueza do texto da Medida Provisória 954/2020 não permitia a análise da adequação e necessidade do tratamento, em especial da compatibilidade dos dados pessoais com as fi-

---

[186] BRASIL. **Lei nº 13.709, de 14 de agosto de 2018**. Lei Geral de Proteção de Dados Pessoais (LGPD). Brasília, DF: Presidência da República, 2018. Disponível em: http://www.planalto.gov.br/ccivil_03/_ato2015-2018/2018/lei/L13709.htm. Acesso em: 15 abr. 2023.

nalidades informadas. Da mesma forma, se entendeu pela excessividade da conservação dos dados pelo Poder Público por 30 dias após o fim da situação de emergência em saúde pública ante a finalidade do tratamento de dados pessoais declarada.[187]

    Outro ponto crítico a respeito refere-se ao uso secundário dos dados pessoais. Assim, dados pessoais tratados para uma dada finalidade não podem ser reutilizados para finalidades outras incompatíveis com a inicial. Certamente se trata de disposição crítica. Isso em razão de que, no aspecto teórico, não é fácil definir o que pode ser considerado como tratamento incompatível – incompatível significa *inconciliável, incombinável, que não pode coexistir*. Obviamente, não se trata de incompatibilidade física (uma vez que esta não existiria dada a natureza dos dados pessoais), mas sim jurídica, de forma que se deve entender como tratamento que não guarde relação de proximidade com o tratamento inicial. Assim, dados pessoais coletados para fins de marketing, não podem ter como uso secundário a análise de crédito, por exemplo. A atribuição de sentido ao adjetivo em questão deve ser feita com base na boa-fé objetiva, a fim de proteger a legítima confiança do titular. No aspecto prático, a questão não apresenta menores dificuldades. Primeiro, em razão do difícil controle e fiscalização do uso secundário. Segundo, em razão de que, no geral, as finalidades previstas e informadas pelos agentes de tratamento são bastante (intencionalmente) amplas e abrangentes.[188]

A segunda salvaguarda (de transparência e controle) impõe que seja possibilitado ao titular dos dados pessoais conhecimento amplo e profundo a respeito do tratamento de seus dados pessoais, independentemente da base legal usada pelo agente, bem como a consequente possibilidade de controlar o fluxo de dados de acordo com as especificidades do tratamento de dados em questão.

---

[187] BRASIL. Supremo Tribunal Federal. 1ª Turma. **Referendo na Medida Cautelar na Ação Direta de Inconstitucionalidade 6.389 Distrito Federal**. Medida cautelar em Ação Direta de Inconstitucionalidade. Referendo. Medida provisória nº 954/2020. Emergência de saúde pública de importância internacional decorrente do novo coronavírus (covid-19). Compartilhamento de dados dos usuários do serviço telefônico fixo comutado e do serviço móvel pessoal, pelas empresas prestadoras, com o Instituto Brasileiro de Geografia e Estatística. *Fumus boni juris. Periculum in mora*. Deferimento. [...]. Requerente: Partido Socialista Brasileiro-PSB. Intimado: Presidente da República. Relatora: Ministra Rosa Weber, 2020. Disponível em: https://portal.stf.jus.br/processos/detalhe.asp?incidente=5895168. Acesso em: 19 maio 2023.

[188] A título de exemplo, consultar acerca da política de privacidade do Google, especialmente na parte "Por que o Google coleta dados" (POLÍTICA de privacidade. Por que o Google coleta dados. **Google.com**. [Brasil], c2023. Disponível em: https://policies.google.com/privacy?hl=pt-BR#whycollect. Acesso em: 27 jun. 2023).

Tal salvaguarda tem conexão com o inciso IV do art. 6º da LGPD, que traz o arquétipo legal *livre acesso*, o qual garante aos titulares de dados pessoais o conhecimento sobre a integralidade dos seus dados pessoais objeto de tratamento, incluindo a forma e a duração do tratamento, gratuita e facilitadamente. Há, aqui, evidente proximidade com o conteúdo constitucional do *Habeas Data* (CF, art. 5º, LXXII).[189] Importante ressaltar que tal dispositivo alcança todo e qualquer dado pessoal tratado, independentemente da base legal para o tratamento. Aliás, é justamente nas hipóteses legais de tratamento distintas do consentimento do titular que ele ganha maior relevância. Em continuidade, o inciso VI do art. 6º da LGPD traz o arquétipo legal *transparência*, que garante aos titulares dos dados pessoais a obtenção "[...] de informações claras, precisas e facilmente acessíveis sobre a realização do tratamento e os respectivos agentes de tratamento, observados os segredos comercial e industrial".[190]

A prerrogativa de controle a ser exercida pelo titular encontra regulamentação detalhada no art. 18 da LGPD, que estabelece os comumente chamados "direitos ARCO" (já explicitados), ou seja, *acesso* (inciso II), *retificação* (inciso III), *cancelamento* (inciso IV) e *oposição* (inciso IX). Além disso, outros direitos diretamente ligados ao controle por parte do titular correspondem ao direito à portabilidade dos dados pessoais (inciso V) e à revisão das decisões automatizadas (art. 20).[191]

A terceira salvaguarda (segurança e prevenção) exige do agente de tratamento de dados pessoais que sejam tomadas as medidas assecuratórias adequadas e proporcionais aos riscos concretos decorrentes da atividade de tratamento de dados pessoais, a fim de evitar perda, distribuição, vazamento e mau uso dos dados pessoais, bem como minimizar os riscos a que estão sujeitos os titulares de dados pessoais.

---

[189] BRASIL. [Constituição (1988)]. **Constituição da República Federativa do Brasil de 1988**. Brasília, DF: Presidência da República, 1988. Disponível em: http://www.planalto.gov.br/ccivil_03/constituicao/constituicao.htm. Acesso em: 11 jan. 2023.

[190] BRASIL. **Lei nº 13.709, de 14 de agosto de 2018**. Lei Geral de Proteção de Dados Pessoais (LGPD). Brasília, DF: Presidência da República, 2018. Disponível em: http://www.planalto.gov.br/ccivil_03/_ato2015-2018/2018/lei/L13709.htm. Acesso em: 15 abr. 2023.

[191] BRASIL. **Lei nº 13.709, de 14 de agosto de 2018**. Lei Geral de Proteção de Dados Pessoais (LGPD). Brasília, DF: Presidência da República, 2018. Disponível em: http://www.planalto.gov.br/ccivil_03/_ato2015-2018/2018/lei/L13709.htm. Acesso em: 15 abr. 2023.

O arquétipo legal *segurança* consiste, de acordo com a LGPD, na "utilização de medidas técnicas e administrativas aptas a proteger os dados pessoais de acessos não autorizados e de situações acidentais ou ilícitas de destruição, perda, alteração, comunicação ou difusão" (art. 6º, VII).[192]

Rita Peixoto Ferreira Blum, nesse contexto, aponta que: "[o]s dados organizados eletronicamente devem, portanto, estar em ambiente informacional que disponha de ferramentas adequadas e atualizadas de segurança da informação".[193] O foco desse princípio, pois, é a adoção de medidas que sejam aptas a impedir os ataques cibernéticos, realizados por *hackers* e *crackers*, e que têm causado inúmeros prejuízos em todo o mundo.[194] Trata-se, nesse caso, do risco mais visível em matéria de proteção de dados pessoais, até mesmo em razão das reiteradas falhas de segurança, como já ressaltado.

Por outro lado, o arquétipo legal *prevenção* evoca, nos termos positivados, a "adoção de medidas para prevenir a ocorrência de danos em virtude do tratamento de dados pessoais" (art. 6º, VIII).[195] Ou seja, traz para o bojo da atividade relativa ao tratamento de dados pessoais a necessidade de atuação proativa, técnica, científica e economicamente voltada à evitabilidade do dano. Cumpre aos agentes de tratamento de dados, nessa perspectiva, a efetiva averiguação dos riscos que recaem sobre sua atividade, o mapeamento dos pontos críticos e a realização das ações necessárias à mitigação dos riscos. Exige-se do agente de tratamento de dados, à vista disso, uma política factual de gestão de riscos, em sentido amplo, que vai muito além da segurança de *hardware* e *software*.[196]

---

[192] BRASIL. **Lei nº 13.709, de 14 de agosto de 2018**. Lei Geral de Proteção de Dados Pessoais (LGPD). Brasília, DF: Presidência da República, 2018. Disponível em: http://www.planalto.gov.br/ccivil_03/_ato2015-2018/2018/lei/L13709.htm. Acesso em: 15 abr. 2023.

[193] BLUM, Rita Peixoto Ferreira. **O direito à privacidade e a proteção de dados do consumidor**. São Paulo: Almedina, 2018. p. 161.

[194] Estima-se que somente um dos ataques realizados no ano de 2017, chamado de *WannaCry*, tenha gerado prejuízos superiores a US$ 8 bilhões (PARENTY, Thomas J.; DOMET, Jack J. Como avaliar riscos cibernéticos. **Harvard Business Review Brasil** (online), [Brasil], Edição Especial, RFM Editores, p. 56, abr./2020).

[195] BRASIL. **Lei nº 13.709, de 14 de agosto de 2018**. Lei Geral de Proteção de Dados Pessoais (LGPD). Brasília, DF: Presidência da República, 2018. Disponível em: http://www.planalto.gov.br/ccivil_03/_ato2015-2018/2018/lei/L13709.htm. Acesso em: 15 abr. 2023.

[196] A *prevenção* será objeto do Capítulo II (desta pesquisa), subseção 3.1 e seguintes, razão pela qual não são realizados maiores aprofundamentos neste momento.

Por fim, a quarta salvaguarda (de responsabilização e prestação de contas) impõe a responsabilização do agente de tratamento de dados pessoais, tanto na efetivação de práticas e técnicas ao correto tratamento de dados pessoais (responsabilização *ex ante)*, bem como no dever de reparar os danos causados aos titulares de dados pessoais (responsabilização *ex post)*, e, ainda, de prestar contas dos atos praticados frente aos órgãos administrativos e judiciais. Referida salvaguarda decorre do arquétipo legal *responsabilização e prestação de contas* (inciso X) que estabelece que cabe ao agente de tratamento de dados demonstrar a "[...] adoção de medidas eficazes e capazes de comprovar a observância e o cumprimento das normas de proteção de dados pessoais e, inclusive, da eficácia dessas medidas".[197]

Importante enfatizar que esse arquétipo legal se desdobra em duas facetas distintas, porém complementares. A *responsabilização* requer a imposição do dever de efetiva realização das medidas aptas ao cumprimento das normas de proteção de dados, o que importa dizer, em um reforço à concretização factual do respeito devido aos direitos dos titulares dos dados pessoais. Por ele, busca-se a materialização dos deveres impostos aos agentes de tratamento de dados pessoais, a adoção de medidas concretas de aproximação do *ser* com o *dever* ser. Note-se que a responsabilização em questão é prévia à responsabilização prevista nos arts. 42 e seguintes da LGPD.[198] Aqui se está a falar de uma "[...] responsabilidade prospectiva (*responsability* em inglês)",[199] que pode ser chamada de responsabilidade de primeira ordem, no sentido de ser responsável pela prática dos atos de proteção de dados pessoais (dever primário). A responsabilidade civil, estabelecida nos arts. 42 e seguintes da LGPD (supracitados), é pretérita (*liability* em inglês), decorrente do descumprimento do dever primário. Trata-se, esta, de uma responsabilidade de segunda ordem, portanto, e, como tal, complementar em relação à primeira.

---

[197] BRASIL. **Lei nº 13.709, de 14 de agosto de 2018.** Lei Geral de Proteção de Dados Pessoais (LGPD). Brasília, DF: Presidência da República, 2018. Disponível em: http://www.planalto.gov.br/ccivil_03/_ato2015-2018/2018/lei/L13709.htm. Acesso em: 15 abr. 2023.

[198] BRASIL. **Lei nº 13.709, de 14 de agosto de 2018.** Lei Geral de Proteção de Dados Pessoais (LGPD). Brasília, DF: Presidência da República, 2018. Disponível em: http://www.planalto.gov.br/ccivil_03/_ato2015-2018/2018/lei/L13709.htm. Acesso em: 15 abr. 2023.

[199] LOUREIRO, João Carlos. Constituição, tecnologia e risco(s): entre medo(s) e esperança(s). In: MENDES, Gilmar Ferreira; SARLET, Ingo Wolfgang; COELHO, Alexandre Zavaglia P. (coord.). **Direito, inovação e tecnologia**. São Paulo: Saraiva, 2015. p. 73.

A noção de que o agente de tratamento de dados é o responsável por cumprir os ditames legais parece, numa primeira análise, trivial. Contudo, deve-se ter em conta que, como será visto no próximo capítulo, nas gerações anteriores de leis de proteção de dados pessoais, era atribuída a "responsabilidade" pela governança dos dados pessoais aos próprios titulares. Assim, o arquétipo legal em questão importa em uma ruptura com o paradigma anteriormente dominante.

A *prestação de contas* – a segunda faceta desse arquétipo legal – conduz à efetiva demonstração das medidas tomadas em prol do cumprimento das normas de proteção de dados pessoais. Assim, não basta agir de forma oportuna e adequada, é necessário prestar contas, demonstrar – ao titular dos dados pessoais, às autoridades judiciária e administrativa – quais medidas foram tomadas e a eficiência destas.

Em alentada pesquisa, Bruno Ricardo Bioni defende que a prestação de contas é essencial para a existência de um fluxo de dados pessoais adequado. Na visão do autor, tem como função "[...] dar voz aos indivíduos afetados pelo tratamento de dados, bem como as (*sic*) entidades representativas de seus direitos".[200] Sustenta ainda que, com a adoção de tal arquétipo, a LGPD passa a deter uma *racionalidade precaucionária* (com que não se concorda, uma vez que a precaução deve ser extraída do rol taxativo de hipóteses em que se admite o tratamento de dados e do arquétipo legal finalidade[201]) de forma que, juntamente com o arquétipo legal *precaução*, faz com a que a LGPD "[...] não se satisfa[ça] apenas com a mera adoção de medidas de contenção de danos [...]", sendo necessário também cumprir o que designa como "dever de demonstração".[202]

Prossegue o autor, ainda, sustentando que a *accountability* (prestação de contas) funciona como um "[...] mecanismo de modulação do poder no campo da proteção de dados pessoais [...]",[203] serve como condição de possibilidade de codeliberação em um fórum público em que todos os interessados são chamados a discutir e a deliberar para destravar o fluxo informacional.

---

[200] BIONI, Bruno Ricardo. **Regulação e proteção de dados pessoais**: o princípio da *accountability*. Rio de Janeiro: Forense, 2022. p. 244.
[201] A questão será aprofundada no capítulo seguinte.
[202] BIONI, Bruno Ricardo. **Regulação e proteção de dados pessoais**: o princípio da *accountability*. Rio de Janeiro: Forense, 2022. p. 42.
[203] BIONI, Bruno Ricardo. **Regulação e proteção de dados pessoais**: o princípio da *accountability*. Rio de Janeiro: Forense, 2022. p. 71; passim.

Poder-se-ia argumentar, outrossim, que a autodeterminação informativa também deveria ser considerada como salvaguarda integrante da essência do direito fundamental à proteção de dados pessoais. Contudo, considerando-se a relevância desses direitos, obviamente a autodeterminação informativa do titular, ou seja, o exercício de sua autonomia privada como poder de regular as relações jurídicas, transposto para a gestão da informação pessoal e pensada em contexto liberal e "pré-internet", não parece ser suficiente para a efetiva proteção dos dados pessoais,[204] pois não se pode simplesmente deixar que as pessoas decidam sobre questões de tamanha importância,[205] cujos riscos não conseguem perceber claramente. Afinal,"[...] cumpre não perder de vista que o consentimento por si só não torna legítima qualquer intervenção na esfera pessoal".[206] Ademais, na maioria das relações jurídicas concretas há uma imensa assimetria de poder entre as partes envolvidas (o titular dos dados e o agente de tratamento de dados), resultante especialmente do déficit de transparência e da concentração de poder na área, somado aos custos decorrentes da não anuência do titular em ceder seus dados, o que faz com que a prestigiada autodeterminação informativa seja mera ficção (tradução nossa).[207]

É certo que o direito emanado de agências, regulamentos internos, contratos pode representar um grau elevado de "perversão do Direito", no sentido de que os atores envolvidos venham a se apropriar deste (direito) de forma não democrática. O contrato firmado entre as partes nesse contexto, por exemplo, pode resultar em um "contrato de dominação".[208] Além disso, "ordens jurídicas técnicas" podem importar na criação de "zonas de autarquia",[209] em que o determinismo tecnológico é mais importante do que

---

[204] Nesse sentido: ALBERS, Marion. A complexidade da proteção de dados. **Revista Brasileira de Direitos Fundamentais & Justiça**, Belo Horizonte, v. 10, n. 35, p. 19-45, jul./dez. 2016. DOI: https://doi.org/10.30899/dfj.v10i35.93. Disponível em: http://dfj.emnuvens.com.br/dfj/article/view/93. Acesso em: 21 jan. 2023.

[205] A respeito do tema, consultar: BORGES, Roxana Cardoso Brasileiro. **Disponibilidade dos direitos de personalidade e autonomia privada**. São Paulo: Saraiva, 2005.

[206] SCHREIBER, Anderson. **Direitos da personalidade**. 2. ed. São Paulo: Atlas, 2013. p. 185.

[207] HOFFMANN-RIEM, Wolfgang. **Big data**: desafíos también para el derecho. Tradução de Eduardo Knör Argote. Pamplona: Civitas: Thomson Reuters, 2018. p. 111.

[208] RODRIGUEZ, José Rodrigo. **Direito das lutas**: democracia, diversidade, multinormatividade. São Paulo: Liber Ars, 2019. p. 365.

[209] "Uma zona de autarquia se caracteriza, insisto, nas situações em que não se possa identificar nenhuma justificação racional, nenhum conjunto de regras que organize a fundamentação da decisão tomada. A zona de autarquia é formada por argumentos sob a aparência de direito, mas que, na prática, não permitem o controle da argu-

a proteção dos valores consagrados pelo direito. É justamente o que está a ocorrer em matéria de proteção de dados pessoais. O consentimento que outrora foi tido como instrumento de especial proteção ao titular de dados pessoais, na atualidade, se transformou em um instrumento de dominação, pois, em linha de princípio, basta aos agentes de tratamento de dados pessoais obter formalmente o consentimento do titular, mediante formulários extensos, complexos, intencionalmente amplos e vagos e em constante modificação, que legitimado estará o tratamento.

Soma-se a isso o fato de que, frente ao Poder Público, inúmeras situações de fornecimento de dados pessoais decorrem de lei e, portanto, não ingressam na esfera de autodeterminação informativa do titular. Da mesma forma, além do consentimento, a LGPD lista ainda mais nove bases legais para legitimar o tratamento dos dados pessoais – art. 7º da citada lei.[210]

Ademais, é importante ressaltar que parte considerável da autodeterminação informativa, exercível posteriormente à coleta dos dados pessoais, quiçá a parte mais relevante na atualidade, encontra-se devidamente protegida pela salvaguarda de transparência e controle – como já (aqui) defendido.

Tudo somado, não há dúvida de que a autodeterminação informativa vem perdendo importância paulatinamente[211], especialmente na parte pertinente à manifestação do consentimento, com ocorrência de mudança substancial na abrangência e forma de proteção dos dados pessoais, o que conduz a uma maior relevância concernentemente às obrigações decorrentes de tal atividade ligadas à redução dos riscos resultantes do tratamento de dados pessoais.

À vista do exposto, tem-se que as salvaguardas constitucionalmente adequadas – na forma acima especificada –, extraídas do art. 6º da LGPD, densificam o direito fundamental à proteção de dados pessoais e, de tal

---

mentação pela sociedade, uma vez que não possibilitam a reconstrução organizada do raciocínio que serve de fundamento para a decisão ou para as decisões tomadas" (RODRIGUEZ, José Rodrigo. **Direito das lutas**: democracia, diversidade, multinormatividade. Sao Paulo: Liber Ars, 2019. p. 51).

[210] Art. 7º da LGPD: consentimento; cumprimento de obrigação legal ou regulatória; execução de políticas públicas; realização de estudos por órgão de pesquisa; execução ou criação de contrato; exercício regular de direitos; proteção da vida; tutela da saúde; legítimo interesse; proteção do crédito (adaptado) (BRASIL. **Lei nº 13.709, de 14 de agosto de 2018**. Lei Geral de Proteção de Dados Pessoais (LGPD). Brasília, DF: Presidência da República, 2018. Disponível em: http://www.planalto.gov.br/ccivil_03/_ato2015-2018/2018/lei/L13709.htm. Acesso em: 15 abr. 2023).

[211] Isso será aprofundado no item 3.4, *infra*.

maneira, formam o núcleo duro que não pode ser afastado sob pena de ferimento ao próprio direito fundamental. Apesar de exceder ao texto escrito da Constituição, possuem (as salvaguardas) conteúdo materialmente constitucional. Referem-se, por conseguinte, a parâmetros mínimos que orientam a atribuição de sentido ao direito fundamental referido.[212] Assim, eventual diploma normativo que venha a excluir qualquer uma das referidas salvaguardas será considerado inconstitucional por ferir a essência do direito fundamental à proteção de dados pessoais.

Maria Grazia Porcedda, ao tratar da essência da proteção de dados, após grande esforço para definir *essência* e *atributos*, assevera que qualquer definição nesse sentido deve sempre ser vista como datada. Para ela, pensar o direito de forma não fixa é uma consequência direta da tentativa de acompanhar a disrupção tecnológica (tradução nossa).[213] Com base nisso, não há dúvida de que a moldura acima proposta não se propõe a ser definitiva, mas somente a contribuir, de forma parcial e temporária, na definição da essência do direito fundamental à proteção de dados pessoais.

Por fim, é importante enfatizar que não se desconhecem os desafios na concretização de tais salvaguardas. Contudo, é imperioso que a situação fática seja alterada, o que exige, dentre outras abordagens, maior sistematização e desenvolvimento e, especialmente, soluções que vão além das tradicionalmente empregadas.

1.6 DIMENSÃO SUBJETIVA E DIMENSÃO OBJETIVA DO DIREITO FUNDAMENTAL À PROTEÇÃO DE DADOS PESSOAIS

A análise dos direitos fundamentais pode-se dar sob dupla dimensão.[214] Nesse sentido, a *dimensão subjetiva* tem em conta as posições jurídicas concedidas ao titular dos dados pessoais pelo reconhecimento da existência

---

[212] COELHO, Bernardo Leôncio Moura. O bloco de constitucionalidade e a proteção à criança. **Revista de Informação Legislativa**, Senado Federal, Subsecretaria de Edições Técnicas, Brasília, DF, v. 31, n. 123, p. 263, jul./set. 1994. Senado Federal. Disponível em: https://www2.senado.leg.br/bdsf/item/id/176262. Acesso em: 27 jun. 2023.

[213] PORCEDDA, Maria Grazia. On boundaries: finding the essence of the right to the protection of personal data. *In:* LEENES, Van Brakel; DE HERT; GUTWIRTH (eds.). **Privacy and data protection: the internet of bodies**. [S. l.]: Hart Publishing, 2018. p. 1-30. p. 29. Disponível em: https://ssrn.com/abstract=3627579. Acesso em: 12 ago. 2022.

[214] Nesse âmbito, consultar: SARLET, Ingo Wolfgang. **A eficácia dos direitos fundamentais**: uma teoria geral dos direitos fundamentais na perspectiva constitucional. 11. ed. rev. e atual. Porto Alegre: Livraria do Advogado Editora, 2012. passim.

(por positivação ou por dedução) de um direito fundamental.[215] No caso, o direito fundamental à proteção de dados assume caráter preponderantemente de direito de defesa, no sentido de obstar, impedir ou fazer cessar atos que violem direitos individuais. Mas também assume aspectos positivos, como no caso de obtenção de informações, esclarecimentos, correções etc. Veja-se que a Constituição, ao dispor sobre o *habeas data* – cujas posições jurídicas ali contidas devem integrar o direito fundamental à proteção de dados –, estabelece o direito subjetivo ao conhecimento do tratamento, bem como à retificação dos dados pessoais porventura inexatos.

Trata-se, portanto, de direito subjetivo atribuído ao titular do direito individual fundamental de exigir a abstenção da lesão ao seu direito, mas também a prática de atos positivos necessários ao correto desfrute do direito fundamental. Reconhece-se, com isso, o indivíduo como pessoa e, como tal, sujeito de direitos.[216] Nesse sentido, o titular do direito fundamental tem direito a uma prestação (de dar, fazer ou não fazer) no sentido clássico, decorrente da noção de direito subjetivo e de relação jurídica, inicialmente desenvolvidos no direito civil.[217] É importante ressaltar que tal prestação confere – ou ao menos deve(ria) conferir – o direito em si, e não uma determinada forma de obtê-lo ou exercê-lo. Assim, se a pretensão versa sobre o direito à liberdade, como na hipótese de prisão ilegal, é direito subjetivo do titular obter o próprio direito, ou seja, sua liberdade, mediante uma prestação negativa (de não fazer) imposta ao Estado.

Trazendo tais lições para o objeto da pesquisa, Ingo Wolfgang Sarlet assevera que o direito fundamental à proteção de dados pessoais abarca especialmente as posições jurídicas ligadas ao exercício dos direitos ARCO – tratados no item anterior.[218] Contudo, tal aspecto está muito ligado à autodeterminação informativa, de forma que se faz necessária sua ampliação.

---

[215] SARLET, Ingo Wolfgang. **A eficácia dos direitos fundamentais**: uma teoria geral dos direitos fundamentais na perspectiva constitucional. 11. ed. rev. e atual. Porto Alegre: Livraria do Advogado Editora, 2012. passim.

[216] SARLET, Ingo Wolfgang. Teoria geral dos direitos fundamentais. *In*: SARLET, Ingo Wolfgang; MITIDIERO, Daniel; MARINONI, Luiz Guilherme. **Curso de direito constitucional**. 9. ed. São Paulo: Saraiva Educação, 2020. p. 357.

[217] BRASIL. **Lei nº 10.406, de 10 de janeiro de 2002**. Institui o Código Civil. Brasília, DF: Presidência da República, 2002. Disponível em: https://www.planalto.gov.br/ccivil_03/leis/2002/l10406compilada.htm. Acesso em: 12 ago. 2022.

[218] SARLET, Ingo Wolfgang. Direitos fundamentais em espécie. *In*: SARLET, Ingo Wolfgang; MITIDIERO, Daniel; MARINONI, Luiz Guilherme. **Curso de direito constitucional**. 9. ed. São Paulo: Saraiva Educação, 2020. p. 491.

Os titulares, por força das salvaguardas constitucionalmente adequadas (especificadas nos itens anteriores), possuem diversas outras prerrogativas a elas (às salvaguardas) inerentes. Assim, assumem posições jurídicas para exigir o cumprimento dos arquétipos legais relativos ao tratamento de dados pessoais – previstos no art. 6º da LGPD, tal como: observância da finalidade do tratamento, minimização dos dados coletados etc. –, e, especialmente, sob certas circunstâncias, exigir a tomada de medidas de antecipação a fim de que sejam reduzidos os riscos decorrentes da atividade de tratamento de dados pessoais.

Percebe-se, assim, que o alargamento do objeto e do conteúdo do direito fundamental à proteção de dados pessoais gera, como consequência, o maior número de direitos subjetivos (no sentido de distintas pretensões) que o titular poderá exercer em face do agente de tratamento de dados pessoais.

De qualquer forma, cabe registrar que tais pretensões podem ser exigidas mediante processos individuais ou coletivos, conforme expressa disposição legal constante da/na LGPD.[219]

Por outro lado, ao limitar o poder do Estado (como ocorre com todo direito fundamental), o direito fundamental à proteção de dados pessoais importa no reconhecimento de que determinadas liberdades devem ser especialmente protegidas. Afinal, trata-se de uma decisão "[...] de natureza jurídico-objetiva da Constituição, com eficácia em todo o ordenamento jurídico e que fornece diretrizes para os órgãos legislativos, judiciários e executivos".[220] Elevar um direito ao epíteto de *fundamental* importa, isso posto, em reconhecer sua especial relevância, atribuindo uma hierarquia superior aos demais direitos.

Dessarte, a *dimensão objetiva* dos direitos fundamentais exige atuação positiva do Estado, "[...] criando as condições materiais e institucionais para os exercícios desses direitos [...]",[221] bem como impondo àquele o dever de proteger os titulares perante terceiros, "[...] ideia traduzida pela doutrina alemã na fórmula

---

[219] Conforme art. 22 (BRASIL. **Lei nº 13.709, de 14 de agosto de 2018**. Lei Geral de Proteção de Dados Pessoais (LGPD). Brasília, DF: Presidência da República, 2018. Disponível em: http://www.planalto.gov.br/ccivil_03/_ato2015-2018/2018/lei/L13709.htm. Acesso em: 15 abr. 2023).

[220] SARLET, Ingo Wolfgang. Fundamentos constitucionais: o direito fundamental à proteção de dados. In: DONEDA, Danilo et al. (coord.). **Tratado de proteção de dados pessoais**. Rio de Janeiro: Forense, 2021. p. 44.

[221] CANOTILHO, José Joaquim Gomes. **Direito constitucional e teoria da constituição**. 6. ed. Coimbra: Almedina, 2002. p. 474.

Schutzpflicht" (grifo do autor).[222] Trata-se de pretensões qualitativamente distintas das pretensões anteriores. Naquelas, como dito, a pretensão tem em conta o direito em si, a prestação específica. Nestas, a pretensão volta-se aos meios para a efetivação do direito, seja em face do próprio Estado, seja em relação a terceiros. Trata-se, portanto, de uma pretensão indireta ou mediata, à medida que cria a estrutura e a organização (aspecto material) e os diplomas legais e regulamentares que pormenorizam a forma com que o direito deve(rá) ser exercido.

Surgem, com isso, os chamados deveres de proteção dos direitos fundamentais, a serem efetivados mediante ações práticas e de produção de normas voltadas à organização e ao procedimento a respeito do exercício do direito correspondente, independentemente de qualquer violação concreta, assumindo, de tal forma, um caráter claramente preventivo. Isso impõe ao Estado não somente abster-se de violar, mas também o dever de proteger e regular o bem jurídico nas relações jurídicas privadas, "[...] estendendo-se por todos os campos do direito, incluindo o direito civil".[223]

Esse aspecto assume especial relevância em se tratando do direito fundamental à proteção de dados pessoais:

a) ante o imenso desafio da efetividade de tal direito,[224] o que faz com seja necessário atos materiais para que deixe de ser um "direito dos livros" e passe a ser um "direito da práxis";

---

[222] CANOTILHO, José Joaquim Gomes. **Direito constitucional e teoria da constituição**. 6. ed. Coimbra: Almedina, 2002. p. 409.
A respeito disso, assevera Ingo Wolfgang Sarlet: "Outra importante função atribuída aos direitos fundamentais e desenvolvida com base na existência de um dever geral de efetivação atribuído ao Estado, por sua vez agregado à perspectiva objetiva dos direitos fundamentais, diz com o reconhecimento de deveres de proteção (*Schutzpflichten*) do Estado, no sentido de que a este incumbe zelar, inclusive preventivamente, pela proteção dos direitos fundamentais dos indivíduos não somente contra os poderes públicos, mas também contra agressões provindas de particulares e até mesmo de outros Estados" (SARLET, Ingo Wolfgang. **A eficácia dos dircitos fundamentais**: uma teoria geral dos direitos fundamentais na perspectiva constitucional. 11. ed. rev. e atual. Porto Alegre: Livraria do Advogado Editora, 2012. p. 148).

[223] GRIMM, Dieter. A função protetiva do Estado. Tradução de Eduardo Mendonça. *In*: SOUZA NETO, Cláudio Pereira de; SARMENTO, Daniel (coord.). **A constitucionalização do direito**: fundamentos teóricos e aplicações específicas. Rio de Janeiro: Editora Lumen Juris, 2007. p. 155.

[224] SARLET, Ingo Wolfgang. Fundamentos constitucionais: o direito fundamental à proteção de dados. *In*: DONEDA, Danilo *et al.* (coord.). **Tratado de proteção de dados pessoais**. Rio de Janeiro: Forense, 2021. p. 47.

b) pelo fato de que, como assentado anteriormente, o direito fundamental à proteção de dados é um direito essencialmente procedimental, com vistas à proteção de outros direitos fundamentais de conteúdo substantivo.

Logo, faz-se necessário regulamentá-lo de forma pormenorizada (aspecto normativo) e instrumentalizá-lo adequadamente (aspecto material).

O dever de proteção dos direitos fundamentais funciona, dessa forma, como uma vedação ao legislador ordinário no sentido de promover proteção deficiente ou ineficiente (*untermassverbot*).[225] Afinal, não seria coerente elevar um direito à categoria de (direito) fundamental – aquele que funda a ordem jurídica – e admitir sua proteção (de forma) inadequada. Portanto, trata-se de um "imperativo de tutela", no sentido de constituir como dever do Estado proteger os direitos fundamentais, inclusive mediante ações efetivas, até mesmo em face de terceiros, assegurando sua funcionalidade e efetividade, cumprindo, assim, a noção de liberdade constitucional atual.[226-227] Logo, não basta uma proteção meramente formal; é necessária uma proteção juridicamente adequada que minimize riscos e danos.[228]

Cabe ao Estado, dessa forma, harmonizar os interesses legítimos envolvidos, interferindo o mínimo possível em cada um deles, tendo como critérios relevantes "[...] a importância do direito em jogo e a probabilidade e intensidade do dano"[229] – de forma que "[...] o que há, na verdade, é um

---

[225] GRIMM, Dieter. A função protetiva do Estado. Tradução de Eduardo Mendonça. *In*: SOUZA NETO, Cláudio Pereira de; SARMENTO, Daniel (coord.). **A constitucionalização do direito**: fundamentos teóricos e aplicações específicas. Rio de Janeiro: Editora Lumen Juris, 2007. p. 161.

[226] CANARIS, Claus-Wilhelm. **Direitos fundamentais e direito privado**. Tradução de Ingo Wolfgang Sarlet e Paulo Mota Pinto. Coimbra: Almedina, 2009. p. 107.

[227] GRIMM, Dieter. A função protetiva do Estado. Tradução de Eduardo Mendonça. *In*: SOUZA NETO, Cláudio Pereira de; SARMENTO, Daniel (coord.). **A constitucionalização do direito**: fundamentos teóricos e aplicações específicas. Rio de Janeiro: Editora Lumen Juris, 2007. p. 164.

[228] HOFFMANN-RIEM, Wolfgang. Inteligência artificial como oportunidade para a regulação jurídica. **Revista Direito Público-RDP**, Porto Alegre, v. 16, n. 90, p. 26, nov./dez. 2019. Disponível em: https://www.portaldeperiodicos.idp.edu.br/direitopublico/article/view/3756. Acesso em: 1º set. 2022.

[229] GRIMM, Dieter. A função protetiva do Estado. Tradução de Eduardo Mendonça. *In*: SOUZA NETO, Cláudio Pereira de; SARMENTO, Daniel (coord.). **A constitucionalização do direito**: fundamentos teóricos e aplicações específicas. Rio de Janeiro: Editora Lumen Juris, 2007. p. 161.

direito subjetivo à existência de normas de direito privado que sejam necessárias para que aquilo que os direitos fundamentais garantam seja possível".[230] Ao contrário do que se possa imaginar em um primeiro momento, o estabelecimento de regras que indiquem com precisão o conteúdo do direito não importa em um legado do positivismo jurídico (a ser tratado no próximo tópico), mas sim uma imposição de ordem prática que busca densificar o conteúdo do direito e permite, de tal forma, seu cumprimento espontâneo e o estabelecimento de limites necessários à segurança jurídica.

Especificamente sobre o objeto da presente pesquisa, é importante lembrar que referida prestação normativa foi cumprida, ao menos em parte, com a publicação da LGPD.[231] Assim, não parece ser útil, ao menos em uma primeira análise, tecer considerações sobre a eficácia horizontal direta dos direitos fundamentais, no sentido de que os terceiros privados estariam obrigados à efetivação de seu cumprimento independentemente de lei regulamentar.

No que é cabível ao aspecto organizacional, observa-se que a própria LGPD sofreu consideráveis alterações concernentemente à criação da estrutura da Autoridade Nacional de Proteção de Dados Pessoais (ANPD), conforme se vê dos arts. 55-A a 55-M.[232] Pode-se enunciar o mesmo em relação ao Conselho Nacional de Proteção de Dados Pessoais e da Privacidade (CNPD), na forma dos arts. 58-A e 58-B.[233] A atuação efetiva desses dois órgãos é, pois, essencial à efetivação do direito fundamental à proteção de dados pessoais.

Outra função comumente atribuída pela doutrina à face objetiva dos direitos fundamentais é a chamada "função de irradiação". Voltada à criação legislativa e à aplicação do direito, leva à noção de que os direitos fundamen-

---

[230] ALEXY, Robert. **Teoria dos direitos fundamentais.** Tradução de Virgílio Afonso da Silva. São Paulo: Malheiros, 2008. p. 487.

[231] Não se olvida a necessidade de criação de outras normas de proteção de dados pessoais, em especial voltadas a regular as investigações criminais, na forma do disposto no art. 4.º, § 1.º da LGPD (BRASIL. **Lei nº 13.709, de 14 de agosto de 2018.** Lei Geral de Proteção de Dados Pessoais (LGPD). Brasília, DF: Presidência da República, 2018. Disponível em: http://www.planalto.gov.br/ccivil_03/_ato2015-2018/2018/lei/L13709.htm. Acesso em: 15 abr. 2023).

[232] Com atenção ao fato de que foi revogado pela Lei 14.460/2022 o art. 55-B (BRASIL. **Lei nº 13.709, de 14 de agosto de 2018.** Lei Geral de Proteção de Dados Pessoais (LGPD). Brasília, DF: Presidência da República, 2018. Disponível em: http://www.planalto.gov.br/ccivil_03/_ato2015-2018/2018/lei/L13709.htm. Acesso em: 15 abr. 2023).

[233] BRASIL. **Lei nº 13.709, de 14 de agosto de 2018.** Lei Geral de Proteção de Dados Pessoais (LGPD). Brasília, DF: Presidência da República, 2018. Disponível em: http://www.planalto.gov.br/ccivil_03/_ato2015-2018/2018/lei/L13709.htm. Acesso em: 15 abr. 2023.

tais conformam todos os campos do direito, ou seja, as disposições de direito público e privado devem "[...] ser compatíveis com a Declaração de Direitos".[234] Portanto, "[s]empre que a aplicação do direito civil afetasse o exercício de um direito fundamental, esse direito tinha de ser levado em consideração na interpretação daquele ramo do ordenamento jurídico".[235]

Isso importa, dessarte, em buscar a *aplicação constitucionalmente adequada* do direito fundamental, o que será objeto do próximo item.

1.7 A FUNÇÃO DE IRRADIAÇÃO DOS DIREITOS FUNDAMENTAIS E A BUSCA DA RESPOSTA CONSTITUCIONALMENTE ADEQUADA

O positivismo jurídico[236] projeta-se como a teoria jurídica dominante a partir do final do século XVIII,[237] ainda que sem se apresentar sob essa nomenclatura. A expressão *positivismo jurídico* é decorrente da locução *direito positivo* e representa uma oposição à locução *direito natural*. Este (o direito natural) é tido como um direito imutável e universal (em qualquer tempo e lugar), decorrente da influência natural ou divina, de forma que pode ser conhecido por meio da razão e, portanto, prescreve comportamentos bons ou maus por si mesmo. O direito positivo é a forma de direito mutável e local, posto pela vontade da pessoa (soberano) ou entidade competente (poder legislativo, povo etc.), de maneira que não lhe é inerente que os comportamentos prescritos ou proscritos sejam necessariamente bons ou maus.[238]

---

[234] GRIMM, Dieter. A função protetiva do Estado. Tradução de Eduardo Mendonça. *In*: SOUZA NETO, Cláudio Pereira de; SARMENTO, Daniel (coord.). **A constitucionalização do direito**: fundamentos teóricos e aplicações específicas. Rio de Janeiro: Editora Lumen Juris, 2007. p. 155.

[235] GRIMM, Dieter. A função protetiva do Estado. Tradução de Eduardo Mendonça. *In*: SOUZA NETO, Cláudio Pereira de; SARMENTO, Daniel (coord.). **A constitucionalização do direito**: fundamentos teóricos e aplicações específicas. Rio de Janeiro: Editora Lumen Juris, 2007. p. 155.

[236] Quiçá fosse adequado falar em "positivismos jurídicos" dada a diversidade de "subteorias" que podem ser tidas como positivistas. Contudo, dadas as finalidades e limites da presente pesquisa, somente se fará menção a "subtipos" na medida em que for necessário sustentar o encadeamento das ideias.

[237] STRECK, Lenio Luiz. **Dicionário de hermenêutica**: quarenta temas fundamentais da teoria do direito à luz da crítica hermenêutica do Direito. Belo Horizonte: Letramento; Casa do Direito, 2017. p. 168.

[238] BOBBIO, Norberto. **O positivismo jurídico**: lições de filosofia do direito. MORRA, Nello (comp.). Tradução e notas de Márcio Pugliese, Edson Bini e Carlos E. Rodrigues. São Paulo: Ícone, 1995. p. 15; p. 16-23.

Assim, tem-se que o positivismo jurídico se ocupa do direito posto, do direito positivado. Seu objeto de análise é somente o direito positivado. Decorre, de tal forma, do "[...] positivismo científico, para o qual só há fatos"[239] – e certamente não se pode extrair dos fatos valores. Logo, o positivismo jurídico pode ser considerado como uma teoria jurídica analítica, descritiva e explicativa que se ocupa do direito como ele é, e não como deveria ser. Trata-se de teoria que se pretende avalorativa,[240] por não confundir a análise do direito com sua crítica (tradução nossa).[241] Há um objeto a ser descrito e essa descrição nada diz a respeito de "[...] seus méritos morais".[242] Não há, assim, preocupação com seu conteúdo.[243]

Em complemento, discorre Lenio Luiz Streck: "Na tentativa de se opor as (sic) ditas abstrações jusnaturalistas, o positivismo partia daquilo que estava posto, positivado. Nesta (sic) direção aponta sua raiz etimológica, originado do latim *positivus* (*positus*: particípio passado de *ponere* – colocar, botar, + *tivus*: que designa uma relação ativa ou passiva), que se refere a algo existente de modo explícito, estabelecido e/ou aceito convencionalmente" (STRECK, Lenio Luiz. **Dicionário de hermenêutica**: quarenta temas fundamentais da teoria do direito à luz da crítica hermenêutica do Direito. Belo Horizonte: Letramento; Casa do Direito, 2017. p. 167, grifo do autor).

[239] BOBBIO, Norberto. **O positivismo jurídico:** lições de filosofia do direito. MORRA, Nello (comp.). Tradução e notas de Márcio Pugliese, Edson Bini e Carlos E. Rodrigues. São Paulo: Ícone, 1995. p. 159.

[240] Pretensão esta que não se realiza, pois, ao escolher seu objeto de estudo, se está valorando, ou seja, parte-se de uma pré-compreensão de que o direito positivo é melhor que qualquer outra forma de direito.

[241] CAMPBELL, Tom. El sentido del positivismo jurídico. **Doxa: Cuadernos de Filosofía del Derecho**, Traducción de Ángeles Ródenas. [Alicante, España], n. 25, p. 303-331, dic. 2002. DOI: https://doi.org/10.14198/DOXA2002.25.09. Disponível em: https://doxa.ua.es/article/view/2002-n25-el-sentido-del-positivismo-juridico. Acesso em: 4 jun. 2023.

[242] STRECK, Lenio Luiz. **Dicionário de hermenêutica**: quarenta temas fundamentais da teoria do direito à luz da crítica hermenêutica do Direito. Belo Horizonte: Letramento; Casa do Direito, 2017. p. 181.

[243] Noberto Bobbio elenca as caraterísticas fundamentais do positivismo jurídico da seguinte forma: a) o direito é visto como fato e não como valor; b) o direito é definido em função de sua coação; c) a legislação é a fonte proeminente do direito; d) a norma jurídica é um comando a ser obedecido; e) o ordenamento jurídico é considerado como o conjunto de normas jurídicas vigentes na sociedade; f) a interpretação deve ser mecanicista, meramente declaratória do direito; g) [por último e mais controvertido, considera-se que] a lei deve ser obedecida enquanto tal (lei é lei) (BOBBIO, Norberto. **O positivismo jurídico:** lições de filosofia do direito. MORRA, Nello (comp.). Tradução e notas de Márcio Pugliese, Edson Bini e Carlos E. Rodrigues. São Paulo: Ícone, 1995. p. 131-134, adaptado).

Apesar das diversas correntes do positivismo jurídico, o ponto comum entre elas é, justamente, a tese da separação, a qual determina que o direito "[...] deve ser definido de modo que não inclua elementos morais".[244] Portanto, o conceito e a validade do direito, para o positivismo jurídico, não guardam relação necessária com a moral.[245]

Esse modo de visualizar o direito o reduz ao material jurídico estabelecido pela autoridade legitimada para tal.[246] Entende-se, assim, que o campo do direito é unicamente o campo da lei, e esta define de forma soberana o que é o direito,[247] cabendo ao jurista unicamente descrever este último. Hans Kelsen, dentro desse âmbito, sustenta que o jurista, ao interpretar a lei, deverá somente indicar "[...] as possibilidades que se apresentam no quadro do Direito a aplicar", sendo que a "escolha" pelo juiz de uma das possíveis

---

[244] ALEXY, Robert. **Conceito e validade do direito**. Ernesto Garzón Valdés *et al.* (org.). Tradução de Gercélia Batista de Oliveira Mendes. São Paulo: Editora WMF Martins Fontes, 2009. p. 3.

[245] Cumpre esclarecer que, nesse ponto, há duas correntes do positivismo: *i)* positivismo exclusivo ou excludente, para o qual o direito é identificado independentemente de seus méritos morais; *ii)* positivismo inclusivo, em que o direito pode guardar conexão com a moral, se assim ele, o direito, estabelecer.
Ver a esse respeito em: STRECK, Lenio Luiz. **Dicionário de hermenêutica**: quarenta temas fundamentais da teoria do direito à luz da crítica hermenêutica do Direito. Belo Horizonte: Letramento; Casa do Direito, 2017. p. 181 *et seq.*
Em complemento: "Isso porque a 'Moral', diferentemente do 'Direito', não seria capaz de atribuir sentido objetivo para a conduta humana, na medida em que, conceitualmente (para os defensores desta (*sic*) postura), um juízo moral representaria apenas projeção de uma crença subjetiva para o mundo (STRECK, Lenio Luiz. **Dicionário de hermenêutica**: quarenta temas fundamentais da teoria do direito à luz da crítica hermenêutica do Direito. Belo Horizonte: Letramento; Casa do Direito, 2017. p. 181-182).

[246] STRECK, Lenio Luiz. **Dicionário de hermenêutica**: quarenta temas fundamentais da teoria do direito à luz da crítica hermenêutica do Direito. Belo Horizonte: Letramento; Casa do Direito, 2017. p. 159.

[247] Sobre isso, Luís Roberto Barroso aponta o seguinte: "O fetiche da lei e o legalismo acrítico, subprodutos do positivismo jurídico, serviram de disfarce para autoritarismos de matizes variados. A ideia de que o debate acerca da justiça se encerrava quando da positivação da norma tinha um caráter legitimador da ordem estabelecida. Qualquer ordem" (BARROSO, Luís Roberto. **Interpretação e aplicação da Constituição**: fundamentos de uma dogmática constitucional transformadora. 7. ed. São Paulo: Saraiva, 2009. p. 326).

interpretações constantes da moldura importa em um "ato de vontade", e não em um "ato de conhecimento ou intelectual".[248]

Herbert Hart, filósofo do direito e talvez o maior expoente do positivismo, entendia o ordenamento jurídico, em linhas gerais, como um conjunto composto por *regras primárias* (regras que estabelecem os direitos, deveres, obrigações, enfim, que prescrevem ou proscrevem comportamentos humanos) e por *regras secundárias* (regras que estabelecem a forma com que o direito é reconhecido e modificado).[249] Esse autor, via reconhecimento de que o sistema jurídico pode ser incompleto, ou seja, que existem espaços de "não direito", sustenta que, nesses casos, o juiz decide (pode decidir) de forma discricionária.[250]

Da análise das posições de Hans Kelsen e de Herbert Hart, supracitadas, fica clara a despreocupação do positivismo jurídico com a decisão judicial. Não há no positivismo uma teoria de decisão judicial, pois, como visto, se enuncia venturoso somente via realização de "escolhas" pelo juiz, baseadas

---

[248] KELSEN, Hans. **Teoria pura do direito**. Tradução de João Baptista Machado. 8. ed. São Paulo: WMF Martins Fontes, 2009. p. 392-397.

[249] HART, Herbert Lionel Adolphus. **O conceito de direito**. Pós-escrito organizado por Penelope A. Bulloch e Joseph Raz. Tradução de Antonio de Oliveira Sette-Câmara. São Paulo: Editora WMF Martins Fontes, 2009. p. 103-128.

[250] "O conflito direto mais contundente entre a teoria do direito exposta neste livro e a de Dworkin emana de minha afirmação de que sempre haverá, em qualquer sistema jurídico, casos não regulados juridicamente sobre os quais, em certos momentos, o direito não pode fundamentar uma decisão em nenhum sentido, mostrando-se o direito, portanto, parcialmente indeterminado ou incompleto. [...]. Assim, nesses casos não regulamentados juridicamente, o juiz ao mesmo tempo cria direito novo e aplica o direito estabelecido, o qual simultaneamente lhe outorga o poder de legislar e restringe esse poder" (HART, Herbert Lionel Adolphus. **O conceito de direito**. Pós-escrito organizado por Penelope A. Bulloch e Joseph Raz. Tradução de Antonio de Oliveira Sette-Câmara. São Paulo: Editora WMF Martins Fontes, 2009. p. 351).

Daniel Maitidiero assevera que: "No que agora interessa, partindo da percepção da '*open texture of law*' [textura aberta da norma jurídica], Hart separa duas grandes categorias de casos: os casos previstos por normas e aqueles não previstos. A necessidade de distinção entre as categorias é justificada pela circunstância de nos primeiros existir uma resposta clara e correta provida pelo Direito, ao passo que nos segundos[,] não. Nessa linha, nos casos não previstos, isto é, fora da rotina, os juízes teriam maior discricionariedade para solucioná-los. Vale dizer: inexistiria uma resposta correta previamente dada" (MITIDIERO, Daniel. A tutela dos direitos e a sua unidade: hierarquia, coerência e universalidade dos precedentes. **Revista dos Tribunais** [online], Thomson Reuters, Revista Brasileira da Advocacia, [Brasil], v. 3/2016, p. 163, out./dez. 2016, grifo do autor).

(tais "escolhas") em critérios externos ao direito, de forma que é mera ficção pensar que a norma tenha somente uma interpretação correta.[251] Isso não deixa de ser um paradoxo, pois a razão de existir do positivismo jurídico é, justamente, a busca por segurança e certeza no direito (que não se confunde com a moral), livrando-o do subjetivismo e do relativismo moral. Contudo, no momento da concretização do direito, de sua aplicação ao caso concreto, deixa/cede ao juiz a tarefa de "escolher" uma das interpretações possíveis (conforme Hans Kelsen)[252] ou, na hipótese de não haver regra aplicável ao caso, dá-se ao juiz "discricionariedade" para decidir (conforme Herbert Hart),[253] ou seja, *abre-se uma janela* para o subjetivismo entrar.[254]

Contra o positivismo como um todo e especialmente a esse modo de ver a atuação do juiz (supramencionada) que, diante dos casos não previstos em regras, deve agir com discricionariedade, via realização de "escolhas" com base em critérios exteriores ao direito, Ronald Dworkin formula seu "ataque geral" por meio de uma série de artigos que foram compilados posteriormente nos livros *Levando os direitos a sério*[255] e *Uma questão de princípio*.[256] Neles – nos artigos/livros – sustenta a inexistência de discricionariedade judicial e aponta que é possível a obtenção de uma resposta correta mesmo nos casos difíceis (*hard cases*), resposta esta que deve ser encontrada mediante o uso de

---

[251] KELSEN, Hans. **Teoria pura do direito**. Tradução de João Baptista Machado. 8. ed. São Paulo: WMF Martins Fontes, 2009. p. 396.

[252] KELSEN, Hans. **Teoria pura do direito**. Tradução de João Baptista Machado. 8. ed. São Paulo: WMF Martins Fontes, 2009.

[253] HART, Herbert Lionel Adolphus. **O conceito de direito**. Pós-escrito organizado por Penelope A. Bulloch e Joseph Raz. Tradução de Antonio de Oliveira Sette-Câmara. São Paulo: Editora WMF Martins Fontes, 2009.

[254] "Na verdade, no plano da decisão judicial, o que a CHD [Crítica Hermenêutica do Direito] tem a propor é que o positivismo jurídico, ao admitir a discricionariedade (e a possibilidade de o juiz lançar mão aos mais diversos argumentos de moralidade), acaba por aceitar[,] na prática judiciária, posturas subjetivistas do juiz, o que remonta a (*sic*) filosofia da consciência" (STRECK, Lenio Luiz. **Dicionário de hermenêutica**: quarenta temas fundamentais da teoria do direito à luz da crítica hermenêutica do Direito. Belo Horizonte: Letramento; Casa do Direito, 2017. p. 165).

[255] DWORKIN, Ronald. **Levando os direitos a sério**. Tradução e notas de Nelson Boeira. Revisão da tradução: Silvana Vieira. São Paulo: Martins Fontes, 2002 (Justiça e Direito).

[256] DWORKIN, Ronald. **Uma questão de princípio**. Tradução de Luís Carlos Borges. São Paulo: Martins Fontes, 2000.

principios jurídicos e diretrizes (políticas) de uma determinada comunidade política.[257-258]

Assim, há o depreendimento de que Ronald Dworkin se opõe à ideia de que o ordenamento jurídico é composto unicamente por regras e, portanto, incompleto, defendendo a existência de princípios jurídicos,[259] os quais correspondem a critérios lógico-argumentativos criados pela doutrina e pela jurisprudência no cotidiano do direito e que não decorrem da regra de reconhecimento de Herbert Hart (supracitado).[260] Os princípios, de tal forma, funcionam como "um padrão a ser observado", por uma "[...] exigência de justiça ou equidade ou alguma outra dimensão da moralidade".[261] São

---

[257] MITIDIERO, Daniel. A tutela dos direitos e a sua unidade: hierarquia, coerência e universalidade dos precedentes. **Revista dos Tribunais** [online], Thomson Reuters, Revista Brasileira da Advocacia, [Brasil], v. 3/2016, p. 163, out./dez. 2016.

[258] Sobre a posição de Dworkin em relação à discricionariedade judicial ao decidir, Lenio Luiz Streck apresenta o seguinte posicionamento: "Dworkin entende que teoria positivista é pobre e não reflete as cores do que uma sociedade democrática chama de Direito. Ou seja, que é possível pensar outra teoria jurídica mais atraente para os ideais de democracia da sociedade. Imagina, então, que a noção que parece tão clara aos positivistas de que o magistrado tem discricionariedade para decidir os casos difíceis é uma incoerência, quando contraposta ao ideal democrático" (STRECK, Lenio Luiz. O que ainda podemos aprender com a literatura sobre os princípios jurídicos e suas condições de aplicação? **Revista dos Tribunais** [online], Thomson Reuters, Revista de Processo, [Brasil], v. 258/2016, p. 5, ago./2016).

[259] "Logo, o objetivo central de Dworkin[,] quando promove seu primeiro estudo sobre os princípios[,] é contrapor a tradição do positivismo jurídico, em especial H. L. A. Hart, com sua redução do sistema jurídico apenas ao universo das regras e, assim, combater a tese da existência de lacunas no Ordenamento Jurídico e a possibilidade de o Judiciário agir discricionariamente para completá-las através da criação de normas jurídicas para casos concretos. Assim, separa o ordenamento jurídico em três espécies: regras, princípios e diretrizes políticas, a partir de critérios lógico-argumentativos – e não estruturais[,] como fará Alexy. [...] Ora, uma vez que Dworkin reconhece a existência de princípios que podem prover soluções para os litígios, ele nega uma das teses básicas do positivismo jurídico, que diz respeito à existência de lacunas normativas que autorizam o magistrado a agir discricionariamente ao criar uma norma, (sic) e aplicá-la retroativamente" (STRECK, Lenio Luiz. O que ainda podemos aprender com a literatura sobre os princípios jurídicos e suas condições de aplicação? **Revista dos Tribunais** [online], Thomson Reuters, Revista de Processo, [Brasil], v. 258/2016, p. 6, ago./2016).

[260] HART, Herbert Lionel Adolphus. **O conceito de direito**. Pós-escrito organizado por Penelope A. Bulloch e Joseph Raz. Tradução de Antonio de Oliveira Sette-Câmara. São Paulo: Editora WMF Martins Fontes, 2009.

[261] DWORKIN, Ronald. **Levando os direitos a sério**. Tradução e notas de Nelson Boeira. Revisão da tradução: Silvana Vieira. São Paulo: Martins Fontes, 2002 (Justiça e Direito). p. 36.

decorrentes da atividade jurídica cotidiana, da lida dos advogados e juízes com as questões jurídicas mais complexas.[262]

Portanto, ao contrário das regras que valem pelo seu *pedigree* autoritativo,[263] ou seja, pela sua origem e autoridade, em razão de um critério formal (regra de reconhecimento), os princípios valem por seu conteúdo,[264] ou seja, "[...] em razão de sua razoabilidade e justiça".[265]

Além da distinção quanto à origem, Ronald Dworkin defende que os princípios jurídicos se diferenciam das regras por uma questão de natureza lógica, no sentido da orientação que oferecem. Assim, "as regras são aplicadas à maneira do tudo-ou-nada (*sic*)",[266] ou seja, aplicam-se diretamente aos fatos em questão ou simplesmente não se aplicam. Não há meio-termo. Por outro lado, os princípios jurídicos possuem uma "dimensão de peso e importância",[267] os quais devem ser valorados pelo aplicador diante das circunstâncias do caso concreto.

Logo, não haveria espaço para a discricionariedade, pois as decisões judiciais devem observar as regras e os princípios jurídicos aplicáveis ao caso. E, não havendo regra jurídica aplicável, não ocorre um espaço de não direito, mas sim um espaço em que a decisão judicial deverá ser baseada em

---

[262] "A origem desses princípios enquanto princípios jurídicos não se encontra na decisão particular de um poder legislativo ou tribunal, mas na compreensão do que é apropriado, desenvolvida pelos membros da profissão e pelo público ao longo do tempo" (DWORKIN, Ronald. **Levando os direitos a sério**. Tradução e notas de Nelson Boeira. Revisão da tradução: Silvana Vieira. São Paulo: Martins Fontes, 2002 (Justiça e Direito). p. 64).

[263] MACEDO JÚNIOR, Ronaldo Porto. **Do xadrez à cortesia**: Dworkin e a teoria do direito contemporânea. São Paulo: Saraiva, 2013. p. 165.

[264] LOPES FILHO, Juraci Mourão; LOBO, Júlio Cesar Matias; CIDRÃO, Taís Vasconcelos. O positivismo jurídico foi superado no neoconstitucionalismo? **Revista de Estudos Constitucionais, Hermenêutica e Teoria do Direito** (RECHTD), São Leopoldo, UNISINOS, v. 10, n. 3, p. 354, set./dez. 2018. DOI: 10.4013/rechtd.2018.103.11. Disponível em: http://www.revistas.unisinos.br/index.php/RECHTD/article/view/rechtd.2018.103.11. Acesso em: 4 jun. 2023.

[265] MACEDO JÚNIOR, Ronaldo Porto. **Do xadrez à cortesia**: Dworkin e a teoria do direito contemporânea. São Paulo: Saraiva, 2013. p. 164.

[266] DWORKIN, Ronald. **Levando os direitos a sério**. Tradução e notas de Nelson Boeira. Revisão da tradução: Silvana Vieira. São Paulo: Martins Fontes, 2002 (Justiça e Direito). p. 39.

[267] DWORKIN, Ronald. **Levando os direitos a sério**. Tradução e notas de Nelson Boeira. Revisão da tradução: Silvana Vieira. São Paulo: Martins Fontes, 2002 (Justiça e Direito). p. 42.

princípios jurídicos. A decisão judicial, nessa perspectiva, deve apresentar a resposta correta ao caso, à luz da coerência[268] e integridade do direito. Afinal, "[a] integridade exige que as normas públicas da comunidade sejam criadas e vistas, na medida do possível, de modo a expressar um sistema único e coerente de justiça e equidade na correta proporção".[269]

A crítica feita por Ronald Dworkin abalou profundamente o positivismo jurídico. O próprio Herbert Hart reconheceu, então, que sua teoria deu pouca importância aos princípios jurídicos.[270] A partir de então se tornou comum falar em princípios jurídicos e na sua normatividade. Assim: "[o] que há de singular na dogmática jurídica da quadra histórica atual é o reconhecimento de sua *normatividade*" (grifo do autor).[271] Lenio Luiz Streck assevera, de tal forma, que, "[...] para um princípio ser jurídico, tem de ser igualmente deontológico. Deve funcionar no código lícito-ilícito. Se não for assim, não passa de mera retórica".[272] O direito passa, portanto, a ser visto como um sistema composto por regras e princípios.[273]

---

[268] "De fato, uma boa parte da argumentação fundada em princípios pode ser considerada simplesmente como uma instância de busca de um ideal de coerência do sistema jurídico" (MICHELON, Claudio. Principles and coherence in legal reasoning (Princípios e coerência na argumentação jurídica). University of Edinburgh – School of Law. **Working Paper Series 2009/08**, p. 5, 2009, 31 Mar. DOI: http://dx.doi.org/10.2139/ssrn.1371140. Disponível em: https://ssrn.com/abstract=1371140. Acesso em: 16 abr. 2023). Obs.: texto em português.

[269] DWORKIN, Ronald. **O império do direito**. Tradução de Jefferson Luiz Camargo. São Paulo: Martins Fontes, 1999. p. 264.

[270] "Mas gostaria agora de admitir que, em meu livro, eu realmente falei muito pouco sobre o tópico da decisão judicial concreta e sobre o raciocínio jurídico e, especialmente, sobre os argumentos derivados daquilo que meus críticos denominam princípios jurídicos. Admito agora, como um defeito deste livro, que a questão dos princípios só é abordada de passagem" (HART, Herbert Lionel Adolphus. **O conceito de direito**. Pós-escrito organizado por Penelope A. Bulloch e Joseph Raz. Tradução de Antonio de Oliveira Sette-Câmara. São Paulo: Editora WMF Martins Fontes, 2009. p. 335).

[271] BARROSO, Luís Roberto. **Interpretação e aplicação da Constituição**: fundamentos de uma dogmática constitucional transformadora. 7. ed. São Paulo: Saraiva, 2009. p. 329.

[272] STRECK, Lenio Luiz. As várias faces da discricionariedade no Direito Civil brasileiro: o "reaparecimento" do movimento do direito livre em *Terrae Brasilis*. **Revista dos Tribunais** [online], Thomson Reuters, Revista de Direito Civil Contemporâneo, [Brasil], v. 8/2016, p. 7, jul./set. 2016.

[273] "O uso de princípios na aplicação do Direito no Brasil veio se tornando práxis comum desde a Constituição de 1988. Todos os ramos do Direito, lidos a partir do Texto Maior, passaram a ser compreendidos de uma perspectiva que vai além das regras jurídicas, mas que abarca também princípios, tidos igualmente como normas. Sendo assim, ao longo da tradição do positivismo jurídico, a teoria do direito saiu de

É importante ressaltar este ponto: os princípios referidos por Ronald Dworkin – citado por Lenio Luiz Streck – não equivalem aos chamados princípios gerais do direito, que são meros postulados estruturantes, geralmente decorrentes da razão humana, despidos de normatividade e que funcionam como "[...] axiomas de justiça necessários a partir dos quais se realiza a dedução [...]",[274] em um modelo abstrato, no campo da teorização. Na verdade, o conteúdo dos princípios jurídicos está muito mais ligado ao caso concreto e serve de "[...] valor de construção puramente pragmático, restringindo sua 'lógica' à intepretação objetiva dos problemas" (tradução nossa, grifo do autor).[275] Nesse contexto, "[...] se caracterizam por instituir o mundo prático do Direito [...]",[276] permitindo que este se aproxime da realidade e não ocorra uma revolta dos fatos contra ele (contra o direito); são – os princípios – elementos fundantes do sentido e da normatividade do direito e "[...] direcionam a decisão judicial para o sentido mais coerente com o todo de nossas práticas jurídicas num espaço democrático".[277]

---

um estágio no qual negava-se completamente a normatividade dos princípios – por entende-los (*sic*) como expressão de um Direito Natural – para uma fase no qual se usou falar em *princípios gerais do Direito*; até a perspectiva do pós-positivismo quando nos depararmos com a ideia de que princípios são *espécies* do *gênero* norma jurídica, juntamente com as regras (e as *diretrizes políticas*, como afirma Dworkin)" (STRECK, Lenio Luiz. O que ainda podemos aprender com a literatura sobre os princípios jurídicos e suas condições de aplicação? **Revista dos Tribunais** [online], Thomson Reuters, Revista de Processo, [Brasil], v. 258/2016, p. 4, ago./2016).

[274] OLIVEIRA, Rafael Tomaz de. **O conceito de princípio entre a otimização e a resposta correta**: aproximações sobre o problema da fundamentação e da discricionariedade das decisões judiciais a partir da fenomenologia hermenêutica. Orientador: Lenio Luiz Streck. 2007. p. 33. Dissertação (Mestrado em Direito) – Programa de Pós-Graduação em Direito, Faculdade de Direito, Universidade do Vale do Rio dos Sinos, São Leopoldo, 2007. Disponível em: http://www.repositorio.jesuita.org.br/bitstream/handle/UNISINOS/2413/conceito%20de%20principio.pdf?sequence=1&isAllowed=y. Acesso em: 16 jun. 2023.

[275] "[...] valor de construcción puramente pragmático, restringiendo su 'lógica' a la interpretación objetiva de los problemas". ESSER, Josef. **Principio y norma en la elaboración jurisprudencial del derecho privado**. Traducción del alemán por Eduardo Valentí Fiol. Barcelona: Bosch, 1961. p. 62, grifo do autor.

[276] STRECK, Lenio Luiz. **Dicionário de hermenêutica**: quarenta temas fundamentais da teoria do direito à luz da crítica hermenêutica do Direito. Belo Horizonte: Letramento; Casa do Direito, 2017. p. 242.

[277] STRECK, Lenio Luiz. **Dicionário de hermenêutica**: quarenta temas fundamentais da teoria do direito à luz da crítica hermenêutica do Direito. Belo Horizonte: Letramento; Casa do Direito, 2017. p. 243.

Como mencionado, a normatividade dos princípios jurídicos é uma condição que lhe é inerente. Se não há normatividade, não se está a tratar de princípio jurídico. Contudo, é preciso deixar claro que essa normatividade se dá mediante mútua coordenação entre princípios jurídicos, arquétipos legais e regras jurídicas. Para Lenio Luiz Streck, nesse sentido, a concretização dos princípios ou a aplicação principiológica se dá sempre por meio de uma regra, pois "[...] todo princípio encontra sua realização em uma regra [...]",[278] a fim de que ele não se afaste do Estado Democrático de Direito,[279] bem como não há regra sem princípio que a institua.[280] Logo, os princípios funcionam como normas de fechamento do sistema, e não como normas de abertura.[281] E, talvez nesse ponto venha ocorrendo o grande erro da doutrina e jurisprudência brasileiras[282] que, com base em uma interpretação equivocada da doutrina de Robert Alexy – ao sustentar que os princípios jurídicos são "mandamentos de otimização"[283] e que operam "no âmbito da abertura do direito positivo"[284] –, têm sido "[...] usadas para as tarefas mais diversas, solicitando delas mais do que podem oferecer, sendo abusadas como panaceia universal para resolver todas as linhagens de perguntas, e, dessa forma, sejam processadas do modo mais contraditório" (tradução nossa).[285] Ocorre, dessa forma, um verdadeiro fascínio doutrinário e uma prática judicial confusa,[286] sendo os princípios jurídicos utilizados para não

---

[278] STRECK, Lenio Luiz. **Verdade e consenso**. 6. ed. São Paulo: Saraiva, 2017. p. 618.
[279] STRECK, Lenio Luiz. **Verdade e consenso**. 6. ed. São Paulo: Saraiva, 2017. p. 596.
[280] STRECK, Lenio Luiz. **Verdade e consenso**. 6. ed. São Paulo: Saraiva, 2017. p. 593.
[281] STRECK, Lenio Luiz. **Verdade e consenso**. 6. ed. São Paulo: Saraiva, 2017. p. 600 *et seq*.
[282] Sobre isso, consultar: TORRANO, Bruno. **Pragmatismo no direito**: e a urgência de um "pós-pós-positivismo" no Brasil. Rio de Janeiro: Lumen Juris, 2018. p. 86 *et seq*.
[283] ALEXY, Robert. **Conceito e validade do direito**. Ernesto Garzón Valdés *et al.* (org.). Tradução de Gercélia Batista de Oliveira Mendes. São Paulo: Editora WMF Martins Fontes, 2009. p. 85.
[284] ALEXY, Robert. **Conceito e validade do direito**. Ernesto Garzón Valdés *et al.* (org.). Tradução de Gercélia Batista de Oliveira Mendes. São Paulo: Editora WMF Martins Fontes, 2009. p. 84.
[285] "[...] sean usados para las tareas más diversas, se les pida más do que puedan dar, se abuse de ellos como panacea universal para resolver todo linaje de cuestiones, y se les enjuice del modo más contradictorio". ESSER, Josef. **Principio y norma en la elaboración jurisprudencial del derecho privado**. Traducción del alemán por Eduardo Valentí Fiol. Barcelona: Bosch, 1961. p. 3.
[286] NEVES, Marcelo. **Entre Hidra e Hércules**: princípios e regras constitucionais como diferença paradoxal do sistema jurídico. 3. ed. São Paulo: Editora WMF Martins Fontes, 2019. p. 171-220.

aplicar regras claras e objetivas, em atitudes que demonstram verdadeiro desdém com o Estado Democrático de Direito.[287]

E isso está ligado, em grande medida, pelo fato de que falta à teoria de Ronald Dworkin uma intepretação mais sistemática da Constituição, conforme alertado por Antonio Enrique Pérez Luño (tradução nossa).[288]

Portanto, o que era para ser a solução do problema acabou se tornando um problema ainda maior, pois, com isso, não só os *hard cases*, os espaços de não direito, passaram a ser julgados com discricionariedade, mas também, ao menos hipoteticamente, todos os casos. E isso é potencializado com uma crescente *inflação principiológica*, denominada por Lenio Luiz Streck de "pamprincipiologismo".[289]

Como ressalta Claudio Michelon, a solução para tal problema passa por uma valorização da forma do direito, com resgate da autoridade da legislação, o que significa dizer, a efetivação do resgate de seu *status* como fonte primária

---

[287] Nesse sentido: "Ironicamente, um conceito que foi originalmente elaborado como uma forma de estabelecer critérios de racionalidade que limitam a discricionariedade judicial é mais comumente associado no Brasil a um instrumento que permite ao juiz mais liberdade em relação à lei e ao direito posto. De fato, os princípios são muitas vezes utilizados por tribunais e doutrinadores como uma forma de eliminar dificuldades postas por regras complexas e/ou que destoam da concepção de justiça do juiz ou escritor" (MICHELON, Claudio. Principles and coherence in legal reasoning (Princípios e coerência na argumentação jurídica). University of Edinburgh – School of Law. **Working Paper Series 2009/08**, p. 1, 2009, 31 Mar. DOI: http://dx.doi.org/10.2139/ssrn.1371140. Disponível em: https://ssrn.com/abstract=1371140. Acesso em: 16 abr. 2023. OBS: Texto em português).

[288] PÉREZ LUÑO, Antonio Henrique. **El desbordamiento de las fuentes del derecho**. Madrid: La Ley, 2011. p. 32-44.

[289] "Em linha gerais, o *pamprincipiologismo* é um subproduto das teorias axiologistas que redundaram naquilo que vem sendo chamado de neoconstitucionalismo e que acaba por fragilizar as efetivas conquistas que formaram o caldo de cultura que possibilitou a consagração da Constituição brasileira de 1988. Esse *pamprincipiologismo* faz com que – a pretexto de se estar aplicando princípios constitucionais – haja uma proliferação incontrolada de enunciados para resolver determinados problemas concretos, muitas vezes ao alvedrio da própria legalidade constitucional" (STRECK, Lenio Luiz. **Dicionário de hermenêutica**: quarenta temas fundamentais da teoria do direito à luz da crítica hermenêutica do Direito. Belo Horizonte: Letramento; Casa do Direito, 2017. p. 150, grifo do autor).

de aplicação, bem como identificação das formas aceitáveis de utilização dos princípios na argumentação jurídica.[290]

Todo esse excurso a respeito do positivismo, que vem a desaguar no atual pós-positivismo, demonstra um caminho que vai da forma ao conteúdo do direito. De fato, se no positivismo a preocupação era com a forma do direito, com os questionamentos formulados por Ronald Dworkin, a questão foca-se no conteúdo do direito.[291] Contudo, da forma vaga com que o referido autor trata, inexistem critérios ou limites a serem observados pelos princípios jurídicos, o que pode levar a graves equívocos. Assim, é necessário pensar em fundamentos ligados à validade do conteúdo do direito.

E é justamente isso que pode ser extraído do pensamento de Lenio Luiz Streck, que, a grosso modo – correndo risco de serem apresentadas simplificações redutoras –, indica duas principais linhas: i) um reduzidíssimo catálogo de princípios jurídicos elevado ao *status* constitucional;[292] ii) a aplicação dos princípios em segundo plano, ou seja, por intermédio das disposições jurídicas positivadas em lei (arquétipos legais e regras). Com isso, há a verificação de que o conteúdo dos direitos é fundamentado – e também delimitado – pela Constituição. Dela emana a substância dos direitos e, por essa razão, todo o direito derivado a ela deve obediência, inclusive as próprias decisões judiciais. Referido autor resume em cinco padrões "fundantes da decisão jurídica" o que considera, pois, como "resposta adequada à Constituição", complementando, com isso, a teoria de Ronald Dworkin: a) "preservação da autonomia do direito"; b) superação da discricionariedade judicial mediante o "controle hermenêutico da interpretação constitucional"; c) "respeito à coerência e integridade do direito"; d) "dever fundamental de

---

[290] MICHELON, Claudio. Principles and coherence in legal reasoning (Princípios e coerência na argumentação jurídica). University of Edinburgh – School of Law. **Working Paper Series 2009/08**, p. 1, 2009, 31 Mar. DOI: http://dx.doi.org/10.2139/ssrn.1371140. Disponível em: https://ssrn.com/abstract=1371140. Acesso em: 16 abr. 2023. passim. Obs.: texto em português.

[291] Trata-se, aqui, de uma constatação obtida por intermédio de análise efetuada sobre a visão de direito apontada por Ronald Dworkin – ler mais acerca disso em:
DWORKIN, Ronald. **Uma questão de princípio**. Tradução de Luís Carlos Borges. São Paulo: Martins Fontes, 2000.
DWORKIN, Ronald. **Levando os direitos a sério**. Tradução e notas de Nelson Boeira. Revisão da tradução: Silvana Vieira. São Paulo: Martins Fontes, 2002 (Justiça e Direito).

[292] Lenio Luiz Streck apresenta um catálogo de cinco princípios, conforme se pode verificar em sua obra *Verdade e consenso* (STRECK, Lenio Luiz. **Verdade e consenso**. 6. ed. São Paulo: Saraiva, 2017. p. 630-650).

justificar as decisões"; e) existência de um "direito fundamental à resposta constitucionalmente adequada".[293]

De fato, a busca pela resposta constitucionalmente adequada pressupõe, justamente, que o direito não seja medido pela moral, que é relativista e dá margem à discricionariedade. Além disso, deve-se entender que as normas constitucionais irradiam seus efeitos para todos os quadrantes do direito, de forma que a hermenêutica constitucional deve funcionar como uma "instância crítica", incentivando novos arranjos e gramáticas, não permitindo, com isso, a cristalização em "[...] um sistema de categorias fechadas e estáticas [...]", mas sim na formação de "[...] um processo dinâmico baseado em alternativas práticas e em um pensamento de possibilidades [...]".[294]

Com isso, deve-se enxergar o direito sob sua melhor luz, que é justamente a luz da hermenêutica constitucional. Essa irradiação constitucional, em especial dos direitos fundamentais, gera o que vem sendo chamado de "constitucionalização do direito", que importa justamente no fato de que os princípios e demais normas constitucionais, em especial, de direitos fundamentais, atraem e condicionam todo o direito, bem como possuem aplicabilidade direta e imediata nas relações privadas.[295]

A partir desse contexto, especialmente após a promulgação da Constituição de 1988, floresceu um movimento doutrinário (e também jurisprudencial) que pode ser denominado de "direito civil-constitucional". Sob forte influência da doutrina italiana, em especial de Pietro Perlingieri,[296] são

---

[293] STRECK, Lenio Luiz. **Dicionário de hermenêutica**: quarenta temas fundamentais da teoria do direito à luz da crítica hermenêutica do Direito. Belo Horizonte: Letramento; Casa do Direito, 2017. p. 259.

[294] PÉREZ LUÑO, Antonio Enrique. **Perspectivas e tendências atuais do Estado Constitucional**. Tradução de José Luis Bolzan de Morais e Valéria Ribas do Nascimento. Porto Alegre: Livraria do Advogado Editora, 2012. p. 55.

[295] Isso não é isento de críticas – Consultar a respeito em: RODRIGUES JUNIOR, Otávio Luiz. **Direito civil contemporâneo**: estatuto epistemológico, constituição e direitos fundamentais. 2. ed. Rio de Janeiro: Forense, 2019.
A presente pesquisa não se aprofunda relativamente nesse ponto pelo fato de que tal discussão resta superada em sede de proteção de dados pessoais, ante a vigência da LGPD.

[296] Dentre muitas obras, destaca-se em língua portuguesa:
PERLINGIERI, Pietro. **Perfis do direito civil**: introdução ao direito civil constitucional. Tradução de Maria Cristina de Cicco. 3. ed. Rio de Janeiro: Renovar, 2002.
PERLINGIERI, Pietro. **O direito civil na legalidade constitucional**. Tradução de Maria Cristina de Cicco. Rio de Janeiro: Renovar, 2008.

seminais as obras de Gustavo Tepedino,[297] Luiz Edson Fachin,[298] Maria Celina Bodin de Moraes,[299] Paulo Luiz Netto Lôbo,[300] dentre outros, a respeito da temática, que tinha como contexto histórico o fato de que se encontrava em vigor o Código Civil de 1916, cuja visão liberal/burguesa contrastava com o Estado Social criado pela Constituição de 1988.

Especificamente no que pertine à responsabilidade civil, com fundamento no princípio constitucional da solidariedade (art. 3º, I), na dignidade da pessoa humana como fundamento da República (art. 1º, III) e na admissibilidade constitucional do dano moral (art. 5º, V e X),[301] passou-se a defender uma releitura geral do instituto[302] a fim de que fossem ampliadas as hipóteses indenizatórias, mediante a relativização dos requisitos da obrigação de reparar, pois a responsabilidade civil dos tempos modernos, claramente ligada aos valores do Estado e do direito liberal,[303] era marcada pela ideia de que somente considerava-se *ato ilícito* o ato culposo e danoso,[304] de forma que a

---

[297] Em especial: TEPEDINO, Gustavo. **Temas de direito civil**. 2. ed. Rio de Janeiro: Renovar, 2001.

[298] Ver, por todas: FACHIN, Luiz Edson. **Teoria crítica do direito civil.** Rio de Janeiro: Renovar, 2000.

[299] Dentre outras: MORAES, Maria Celina Bodin de. A caminho de um direito civil constitucional. **Revista de direito civil**. São Paulo, v. 17, n. 65, p. 21-32, jul./set. 1993.

[300] A respeito: NETTO LÔBO, Paulo Luiz. Direito Civil. São Paulo: Saraiva, 2011. v. 2: Obrigações.

[301] BRASIL. [Constituição (1988)]. **Constituição da República Federativa do Brasil de 1988**. Brasília, DF: Presidência da República, 1988. Disponível em: http://www.planalto.gov.br/ccivil_03/constituicao/constituicao.htm. Acesso em: 11 jan. 2023.

[302] Ver a respeito em: MORAES, Maria Celina Bodin. A constitucionalização do direito e seus efeitos sobre a responsabilidade civil. **Revista Direito, Estado e Sociedade-DES**, v. 9, n. 29, p. 245, jul./dez. 2006. DOI: 10.17808/des.29.295. Disponível em: https://revistades.jur.puc-rio.br/index.php/revistades/article/view/295. Acesso em 26 out. 2022.

[303] MARINONI, Luiz Guilherme. **Tutela específica**: arts. 461, CPC e 84, CDC. São Paulo: Editora Revista dos Tribunais, 2000. p. 20.

[304] "A culpa é, inegavelmente, a categoria nuclear da responsabilidade civil concebida pelos juristas da Modernidade. A ideologia liberal e individualista, então dominante, impunha a construção de um sistema de responsabilidade que se fundasse no mau uso da liberdade individual, justificado, des[s]a forma, a concessão de um amplo espaço à atuação dos particulares. Responsabilidade e liberdade passam, assim, a ser noções intimamente vinculadas, uma servindo de fundamento a (*sic*) outra" (SCHREIBER, Anderson. **Novos paradigmas da responsabilidade civil**: da erosão dos filtros da reparação à diluição dos danos. São Paulo: Atlas, 2007. p. 12).
A questão será aprofundada no último capítulo da pesquisa.

culpa e, consequentemente, a responsabilidade civil subjetiva funcionariam como "o penhor da liberdade".[305]

Paradoxalmente, em um primeiro momento, as chamadas funções da responsabilidade civil (reparatória, preventiva e sancionatória), mantêm-se quase que intocadas na doutrina. Assim, a função principal, primeira e efetivamente relevante, é a reparatória, que resta reforçada pela evolução suscintamente narrada acima. As demais são relegadas a um longínquo segundo plano. Especificamente quanto à função preventiva, fica restrita quase que exclusivamente a um estado de arrependimento e futuro mais cauteloso por parte do ofensor.[306] Essa forma de enfrentar o problema fica evidente na teorização dos denominados danos punitivos.

Assim, tem-se um modelo quase que exclusivamente reativo, que apenas se ocupa com o ferimento do direito posteriormente à sua ocorrência, pois, somente com a lesão efetivada, é que se desencadeia a resposta jurídica. Portanto, a responsabilidade civil funciona, nesse sentido, como norma de fechamento, operando residualmente,[307] fortemente ligada a bens de natureza econômica.

De forma manifesta, observa-se que tal modelo não é adequado a fazer frente aos desafios impostos à efetividade do direito na atualidade, afinal muitos dos novos riscos, bem como os existentes anteriormente, os quais foram potencializados pelas novas tecnologias, mostram-se complexos demais para serem tratados a partir de uma abordagem convencional do direito.[308]

---

[305] USTÁRROZ, Daniel. **Responsabilidade civil por ato lícito**. São Paulo: Atlas, 2014. p. 88.

[306] Nesse sentido: "A imposição do gravame ressarcitório sobre um causador do dano potencial procura, de fato, ao agir de tal modo, que ele ache mais econômico adotar medidas que evite que seja chamado a ressarcir as vítimas potenciais da sua atividade. Essa visão economicista, mesmo que não se adapte a todas as situações, bem corresponde à realidade da grandíssima maioria de casos que recaiam no âmbito do ilícito" (MONATERI, Pier Giuseppe. Natureza e finalidades da responsabilidade civil. **Revista de direito do consumidor**. Tradução de Flávio Tartuce e Giuliana Giannessi. São Paulo, v. 112, ano 26, p. 81, jul./ago. 2017).

[307] MONATERI, Pier Giuseppe. Natureza e finalidades da responsabilidade civil. **Revista de direito do consumidor**. Tradução de Flávio Tartuce e Giuliana Giannessi. São Paulo, v. 112, ano 26, p. 59-91, jul./ago. 2017.

[308] Na segunda metade do século XX, o Congresso dos Estados Unidos entendeu pela incapacidade do sistema de responsabilidade civil em fornecer respostas eficazes às crescentes ameaças produzidas pelas novas tecnologias à saúde e segurança públicas e ao meio ambiente – conforme: HEIJDEN, Jeroen van Der. Risk governance and risk-based regulation: a review of the international academic literature. **SSRN Electronic**

Diante desse quadro fático, passa-se a desenvolver técnicas e instrumentos voltados à prevenção dos danos. Especificamente no campo civil, esboça-se o que se chama de "responsabilidade civil preventiva", especialmente na pesquisa acadêmica.[309] Problematiza-se a evitabilidade do dano, via consideração de que a tutela dos direitos mediante a reparação "[...] se mostra não raro aquém da eficácia possível [...]", de forma que se faz necessário "[...] admitir formas de os impedir [os danos], impondo contraestímulos à liberdade de acção orientados pelo objectivo de uma eficaz prevenção da sua produção ou verificação [...]".[310]

De fato, duas são as premissas inafastáveis que se deve considerar para pensar a questão: a) a impossibilidade de reparação dos danos efetivados em face da pessoa em relação aos direitos personalíssimos (vida, saúde, honra, imagem, identidade, privacidade etc.);[311] b) o benefício social, econômico,

---

Journal, State of The Art In Regulatory Governance Research Paper 2019.02, School of Government, Victoria University of Wellington, Wellington, p. 7, June 2019. Disponível em: https://ssrn.com/abstract=3406998 or http://dx.doi.org/10.2139/ssrn.3406998. Acesso em: 31 jan. 2023.

[309] Consultar a respeito em:
VENTURI, Thaís Goveia Pascoaloto. **A construção da responsabilidade civil preventiva no direito civil contemporâneo**. Orientador: Eroulths Cortiano Júnior. 2012. 338 p. Tese (Doutorado em Direito das Relações Sociais) – Faculdade de Direito, Setor de Ciências Jurídicas, Programa de Pós-Graduação, Universidade Federal do Paraná, Curitiba, 2012. Disponível em: https://acervodigital.ufpr.br/bitstream/handle/1884/28243/R%20-%20T%20-%20THAIS%20GOVEIA%20PASCOALOTO%20VENTURI.pdf?sequence=1&isAllowed=y. Acesso em: 30 abr. 2023.
FERREIRA, Keila Pacheco. **Responsabilidade civil preventiva**: função, pressupostos e aplicabilidade. Orientadora: Teresa Ancona Lopez. 2014. 263 p. Tese (Doutorado em Direito) – Faculdade de Direito, Universidade de São Paulo, São Paulo, 2014. Disponível em: https://www.teses.usp.br/teses/disponiveis/2/2131/tde-27102016-092601/pt br.php. Acesso em: 30 abr. 2023.

[310] CASTANHEIRA NEVES, Antônio. Pessoa, direito e responsabilidade. *In*: CASTANHEIRA NEVES, Antônio. **Digesta**: escritos acerca do direito, do pensamento jurídico, da sua metodologia e outros. Coimbra, Portugal: Coimbra Editora, 2008. v. 1, p. 134. Obs.: grafia conforme texto original – Português europeu.

[311] A respeito da irreparabilidade do dano à privacidade, Maximilian von Grafenstein assevera que: "[...] quando outra pessoa recupera informações sobre um indivíduo coletadas de dados pessoais processados, exatamente nesse momento essa pessoa *realmente* obtém uma visão sobre a vida privada do indivíduo o que pode prejudicar seu direito à privacidade (supondo que essa visão exceda um certo 'limiar de relevância' do ponto de vista normativo, como à luz do art. 7 ECFR [The Electronic Code of Federal Regulations]). Esse dano é irreparável porque é

ambiental e jurídico de antecipar-se ao dano (tradução nossa).[312] A doutrina voltada à temática dos direitos humanos tem, então, defendido a adoção de mecanismos de prevenção e de reparação a fim de que os agentes econômicos respeitem tais direitos.[313]

---

impossível deletar aquela informação da memória da pessoa" (von Grafenstein, Maximilian. Refining the concept of the right to data protection in article 8 ECFR – Part II: controlling risks through (not to) article 8 ECFR against other fundamental rights. **European Data Protection Law Review-EDPL**, [S. l.], v. 7, issue 2, p. 192, 2021. DOI: https://doi.org/10.21552/edpl/2021/2/8. Disponível em: https://edpl.lexxion.eu/article/EDPL/2021/2/8. Acesso em: 15 ago. 2022. Tradução nossa, grifo do autor).

Texto original: "[...] that when another person retrieves information about an individual gathered from processed personal data, in exactly this moment this person *actually* gets insight into the individual's private life what may harm her right to privacy (supposed that this insight exceeds a certain "threshold of relevance" from a normative viewpoint, such as in the light of Article 7 ECFR). This harm is irreparable because it is impossible to delete that information from the person's memory" (von Grafenstein, Maximilian. Refining the concept of the right to data protection in article 8 ECFR – Part II: controlling risks through (not to) article 8 ECFR against other fundamental rights. **European Data Protection Law Review-EDPL**, [S. l.], v. 7, issue 2, p. 192, 2021. DOI: https://doi.org/10.21552/edpl/2021/2/8. Disponível em: https://edpl.lexxion.eu/article/EDPL/2021/2/8. Acesso em: 15 ago. 2022).

[312] RAMOS MARTÍNEZ, María Florencia. El principio precautorio como fuente de responsabilidad estatal frente a los derechos fundamentales. **A&C – Revista de Direito Administrativo & Constitucional**, Belo Horizonte, ano 17, n. 70, p. 46, out./dez. 2017. DOI: 10.21056/aec.v17i70.845. Disponível em: http://www.revistaaec.com/index.php/revistaaec/article/view/845/699. Acesso em: 20 jan. 2023.

[313] Consultar a respeito em:
RUGGIE, John Gerard; NELSON, Tamaryn. Human rights and the OECD guidelines for multinational enterprises: normative innovations and implementation challenges. **Brown Journal of World Affairs**, [S. l.], v. XXII, issue I, p. 99-107, Fall/Winter 2015.
DELMAS-MARTY, Mireille. **Résister, responsabiliser, anticiper ou comment humaniser la mondialisation**. Paris: Éditions du Seuil, janv. 2013.
EWALD, François. The return of Descartes's malicious demon: an outline of a philosophy of precaution. *In:* BAKER, Tom; Simon, Jonathan (ed.). **Embracing risk**: the changing culture of insurance and responsibility. Chicago: The University of Chicago Press, 2002. p. 273-301. Disponível em: https://doi.org/10.7208/chicago/9780226035178.003.0011. Acesso em: 17 jan. 2023.
Na literatura nacional:
ENGELMANN, Wilson. Nanotecnologia e direitos humanos. **Cadernos de Dereito Actual**, [España], n. 9, Número Ordinário, p. 441-487, 2018. Disponível em: http://www.cadernosdedereitoactual.es/ojs/index.php/cadernos/article/view/325. Acesso em: 22 jan. 2023.

Nesse ponto, cumpre asseverar que, ao lado da impossibilidade do retorno ao *status quo ante*, a reparação (no geral, mera compensação) de danos em matéria de tratamento de dados pessoais tem se mostrado extremamente complexa e, na maioria das vezes, infrutífera. Fabiano Menke, nesse sentido, analisa criticamente a decisão proferida pelo Poder Judiciário de Goslar, Alemanha, no chamado "Caso de Goslar". Por meio dele, um advogado buscou reparação, com fulcro no art. 82 do RGPD,[314] em virtude de ter recebido um e-mail não solicitado, o que importou, como reconhecido, em tratamento irregular de dados pessoais. Contudo, entendeu-se que o recebimento de um único e-mail não importava em dano indenizável, o que gerou o que o autor chamou de "reserva de bagatela". Tal decisão foi anulada pelo Tribunal Constitucional Alemão via reclamação constitucional, ante a invasão de competência do Tribunal de Justiça da União Europeia, a quem cabe interpretar o art. 82 do RGPD.[315]

Anota ainda o autor, citando pesquisa alemã, que 34 casos foram julgados na Alemanha entre 2019 e 2021, versando sobre reparação fundada no art. 82 do RGPD. Destes, 29 foram julgados improcedentes (85%) e 5 procedentes (15%), com indenizações variando entre 920 e 4.000 euros. Já na jurisdição trabalhista, 5 casos foram julgados procedentes e 1 improcedente, com indenizações variando entre 500 e 5.000 euros. Conclui ressaltando que, não havendo dados irrelevantes, também não deve haver danos irrelevantes.[316]

No mesmo sentido, Danielle Keats Cidra e Daniel Solove realizam contundente crítica aos Tribunais norte-americanos no sentido de que a exigência da prova do dano tem impedido significativamente a aplicação das disposições legais de proteção à privacidade e proteção de dados pessoais. Asseveram,

---

[314] REINO UNIDO. EUR-Lex. Parlamento Europeu. Atos Legislativos. Regulamento (UE) 2016/679 do Parlamento Europeu e do Conselho de 27 de abril de 2016. Relativo à proteção das pessoas singulares no que diz respeito ao tratamento de dados pessoais e à livre circulação desses dados e que revoga a Diretiva 95/46/CE (Regulamento Geral sobre a Proteção de Dados). **Jornal Oficial da União Europeia**, Bruxelas, Bélgica, p. I, 119/1-I 119-88, 2016. Disponível em: https://eur-lex.europa.eu/legal-content/PT/TXT/?uri=celex%3A32016R0679. Acesso em: 15 abr. 2023.

[315] MENKE, Fabiano. Os tribunais alemães e a regra de responsabilidade civil do Regulamento Geral de Proteção de Dados. *In:* MENKE, Fabiano (coord.). **Lei geral de proteção de dados**: subsídios teóricos à aplicação prática. Indaiatuba/SP: Editora Fórum, 2022. p. 1-9.

[316] MENKE, Fabiano. Os tribunais alemães e a regra de responsabilidade civil do Regulamento Geral de Proteção de Dados. *In:* MENKE, Fabiano (coord.). **Lei geral de proteção de dados**: subsídios teóricos à aplicação prática. Indaiatuba/SP: Editora Fórum, 2022. p. 1-9.

ainda, que as decisões judiciais, no geral, são inconsistentes e incoerentes no que pertine aos princípios orientadores da verificação da ocorrência do dano,[317] especialmente em razão de que os danos tendem a ser intangíveis, futuros e difusos (tradução nossa).[318]

E, nesse sentido, no dia 04.05.2023, o Tribunal de Justiça da União Europeia, no julgamento do processo C-300/21, oriundo do Supremo Tribunal da Áustria, versando justamente sobre a configuração do dano moral em casos envolvendo a aplicação do art. 82 do RGPD, fixou a tese de que "[...] a simples violação das disposições deste regulamento não é suficiente para conferir direito de indemnização".[319] Ao lado disso, assentou-se ainda que a referida disposição legal afasta "[...] uma norma ou prática nacional que subordina a indemnização de um dano material, na acepção dessa disposição, à condição de o dano sofrido pelo titular dos dados atingir um certo grau de gravidade".[320] Portanto, restou fundamentado que, na atribuição de sentido ao art. 82 do RGPD, deve-se entender pela necessidade de produção da prova do dano, não sendo admissível

---

[317] Consultar: CITRON, Danielle Keats; SOLOVE, Daniel J. Privacy harms. **Boston University Law Review**, [Boston, USA], GWU Legal Studies Research Paper No. 2021-11. GWU Law School Public Law. v. 102, p. 793-863, February 9, 2021. DOI: http://dx.doi.org/10.2139/ssrn.3782222. Disponível em: https://ssrn.com/abstract=3782222. Acesso em: 27 jun. 2023.

[318] SOLOVE, Daniel J.; CITRON, Danielle Keats. Risk and anxiety: a theory of data-breach harms (December 14, 2016). 96 **Texas Law Review**, [USA], GWU Law School Public Law Research Paper No. 2017-2. GWU Legal Studies Research Paper No. 2017-2. University of Maryland. v. 96, p. 737-786, Dec. 14, 2016. DOI: http://dx.doi.org/10.2139/ssrn.2885638. Disponível em: https://ssrn.com/abstract=2885638. Acesso em: 27 jun. 2023.

[319] Grafia conforme texto original.

[320] EUROPA. Tribunal de Justiça. 3ª Secção. **Acórdão do Tribunal de Justiça no processo C-300/21**. «Reenvio prejudicial — Proteção das pessoas singulares no que diz respeito ao tratamento de dados pessoais — Regulamento (UE) 2016/679 — Artigo 82.o, n.o 1 — Direito de indemnização do dano causado pelo tratamento de dados efetuado em violação deste regulamento — Condições do direito de indemnização — Insuficiência de uma simples violação do referido regulamento — Necessidade de um dano causado pela referida violação — Reparação de um dano imaterial resultante desse tratamento — Incompatibilidade de uma norma nacional que subordina a indemnização desse dano à superação de um limiar de gravidade — Regras para a fixação da indemnização pelos juízes nacionais». ECLI:EU:C:2023:370. Pedido de decisão prejudicial: Oberster Gerichtshof (Supremo Tribunal de Justiça, Áustria). Decisão de 15.04.2021. Decisão contra: Österreichische Post AG. [Europa]: Infocuria Jurisprudência, 04.05.2023. Disponível em: https://curia.europa.eu/juris/document/document.jsf?mode=DOC&pageIndex=0&docid=273284&part=1&doclang=PT&text=&dir=&occ=first&cid=2002085. Acesso em: 22 maio 2023.

o chamado dano *in re ipsa*. Contudo não há necessidade de que tal dano seja grave. É necessário dano, ainda que qualquer dano.

A questão da ocorrência (e sua prova) de dano efetivo – em âmbito nacional – também foi objeto de decisão proferida pelo Superior Tribunal de Justiça. Em julgamento, no dia 07.03.2023, do Agravo em Recurso Especial AREsp 2.130.619-SP, a Segunda Turma, nos termos do voto do Relator Ministro Francisco Falcão, entendeu que "[o] vazamento de dados pessoais, a despeito de se tratar de falha indesejável no tratamento de dados de pessoa natural por pessoa jurídica, não tem o condão, por si só, de gerar dano moral indenizável". Ainda, assentou-se que "[...] dano moral não é presumido, sendo necessário que o titular dos dados comprove eventual dano decorrente da exposição dessas informações".[321]

No caso, foram vazados os seguintes dados pessoais do autor da demanda: nome; número da cédula de identidade pessoal (RG); gênero; data de nascimento; idade; telefone fixo; telefone celular (e); endereço – além de dados relativos ao contrato de fornecimento de energia elétrica celebrado com a ré, como: carga instalada; consumo estimado; tipo de instalação e leitura de consumo. Na fundamentação, entendeu-se que "[d]iferente seria se, de fato, estivéssemos diante de vazamento de dados sensíveis, que dizem respeito à intimidade (*sic*) da pessoa natural".[322] A análise realizada desconsiderou a complexidade que a questão de proteção de dados pessoais desperta. Primeiro, por não haver qualquer menção ao fato de que a jurisprudência do

---

[321] BRASIL. Superior Tribunal de Justiça (2. Turma). **Agravo em Recurso Especial 2.130.619-SP (2022/0152262-2)**. Processual civil e administrativo. Indenização por dano moral. Vazamento de dados pessoais. Dados comuns e sensíveis. Dano moral presumido. Impossibilidade. Necessidade de comprovação do dano. [...] Agravante: Eletropaulo Metropolitana Eletricidade de São Paulo S.A. Agravado: Maria Edite de Souza. Relator: Ministro Francisco Falcão, 07.03.2023. p. 1; p. 4. Disponível em: https://processo.stj.jus.br/processo/julgamento/eletronico/documento/mediado/?documento_tipo=integra&documento_sequencial=178204788&registro_numero=202201522622&peticao_numero=&publicacao_data=20230310&formato=PDF. Acesso em: 27 jun. 2023.

[322] BRASIL. Superior Tribunal de Justiça (2. Turma). **Agravo em Recurso Especial 2.130.619-SP (2022/0152262-2)**. Processual civil e administrativo. Indenização por dano moral. Vazamento de dados pessoais. Dados comuns e sensíveis. Dano moral presumido. Impossibilidade. Necessidade de comprovação do dano. [...] Agravante: Eletropaulo Metropolitana Eletricidade de São Paulo S.A. Agravado: Maria Edite de Souza. Relator: Ministro Francisco Falcão, 07.03.2023. p. 1; p. 4. Disponível em: https://processo.stj.jus.br/processo/julgamento/eletronico/documento/mediado/?documento_tipo=integra&documento_sequencial=178204788&registro_numero=202201522622&peticao_numero=&publicacao_data=20230310&formato=PDF. Acesso em: 27 jun. 2023. p. 11.

próprio Superior Tribunal de Justiça é recorrente no sentido de que o dano moral se configura *in re ipsa* nas hipóteses de inserção indevida em bancos de dados de crédito sobre consumo, o que se trata de dado pessoal não sensível. Pode-se dizer o mesmo em relação ao direito à imagem, também dado pessoal, ao menos em tese, não sensível. Segundo, por desconsiderar que inexistem dados pessoais sem relevância, como decidiu o Supremo Tribunal Federal ao referendar a liminar no julgamento da ADI 6787.[323] Terceiro, por não fazer qualquer incursão a respeito do "efeito mosaico" (tradução nossa)[324] do vazamento de dados pessoais. E, finalmente, quarto, por não considerar a ansiedade e, consequentemente, abalo emocional do titular de dados pessoais que fica em estado de permanente iminência de que seus dados pessoais sejam indevidamente utilizados.

Assim, o que se percebe é que os Tribunais na Europa, nos Estados Unidos e no Brasil caminham no sentido de exigir prova efetiva do dano decorrente da atividade de tratamento de dados pessoais para dar ensejo à reparação, o que acaba por fazer com que a maioria das ações judiciais sejam julgadas impro-

---

[323] BRASIL. Supremo Tribunal Federal. **Medida Cautelar na Ação Direta de Inconstitucionalidade 6.387 Distrito Federal**. Medida Cautelar de Urgência. [...] Cuida-se de pedido de medida cautelar em ação direta de inconstitucionalidade proposta pelo Conselho Federal da Ordem dos Advogados do Brasil – CFOAB contra o inteiro teor da Medida Provisória 954, de 17 de abril de 2020 [...]. Requerente: Conselho Federal da Ordem dos Advogados do Brasil - CFOAB. Intimado: Presidente da República. Relatora: Ministra Rosa Weber, 24.04.2020. p. 1-13. Disponível em: http://www.stf.jus.br/arquivo/cms/noticiaNoticiaStf/anexo/ADI6387MC.pdf. Acesso em: 11 jan. 2023.

[324] Expressão utilizada por Daniel J. Solove no sentido de que um conjunto de pequenos dados pessoais pode dizer muito sobre o titular dos dados. Consultar a respeito em: SOLOVE, Daniel J. Privacy self-management and the consent dilemma. **Harvard Law Review**, GWU Legal Studies Research Paper No. 2012-141, GWU Law School Public Law Research Paper No. 2012-141, [S. l.], v. 126, p. 1890, 2013. Disponível em: https://ssrn.com/abstract=2171018. Acesso em: 14 out. 2022.

Contudo, muito anteriormente, Fulgencio Madrid Conesa discorre acerca da **Teoria do Mosaico**, por meio da qual dados isolados e que, segundo informa, não podem ser considerados pessoais por não se identificarem com o titular, em conexão com outros dados isolados, podem vir a servir para identificar o titular dos dados – isso em comparação a pequenos pedaços que compõem um mosaico. Explicita que, ao se efetivar a reunião de pequenas peças (dados, no caso) – à primeira mão insignificantes – e, então, estruturá-los de maneira ordenada, o que pode ocorrer é que a informação (figura do mosaico) pode vir a ganhar total sentido (MADRID CONESA, Fulgencio. **Derecho a la intimidad, informática y estado de derecho**. Valencia: Universidad de Valencia, 1984. p. 45, tradução nossa).

cedentes e, no limite, que as disposições legais de proteção de dados pessoais não sejam respeitadas, não redundando em qualquer resposta estatal.

Dessarte, em sede de proteção de dados pessoais, é ainda mais justificável que seja buscada a efetiva prevenção dos danos, restando à reparação o caráter de *ultima ratio*. A racionalidade, portanto, deixa de ser a da reparação do dano (uma violação a direito que deve ser corrigida) e passa a ser a da antecipação (lesão que deve ser evitada). Não se trata de mero aspecto psicológico em relação ao ofensor, como ocorre na função reparatória da responsabilidade civil clássica, mas sim de verdadeiro dever jurídico de impedir ou evitar a ocorrência de danos futuros.[325] Afinal, o mero dever de reparar, ainda que reflexamente, funciona como um mecanismo de "[...] preservação da propriedade privada[,] e não como uma forma de promoção da pessoa".[326] Logo, é necessário pensar em uma gramática legal que tenha como inspiração e razão de ser a evitabilidade do dano, deixando a reparação como último recurso.

Nessa esteira e considerando a tradição do direito civil de tratar, no campo da "responsabilidade civil", somente (d)a função reparatória com foco na conduta do ofensor e sua punição, cumpre investigar a mudança de paradigma da responsabilidade civil para o direito de danos.[327] A transposição

---

[325] "A superação do paradigma da responsabilidade exclusiva pelo passado e a preocupação com a responsabilidade pelo futuro está na base da construção da responsabilidade civil preventiva, fundamentando-a na medida em que cria renovadas perspectivas de atuação do sistema jurídico, não mais apenas para indenizar danos produzidos por comportamentos pretéritos, mas sobretudo medidas para evitar ou conter práticas passíveis de produzir danos ou fundado risco de danos sociais ou individuais graves e irreversíveis" (VENTURI, Thaís Goveia Pascoaloto. **A construção da responsabilidade civil preventiva no direito civil contemporâneo**. Orientador: Eroulths Cortiano Júnior. 2012. p. 151-152. Tese (Doutorado em Direito das Relações Sociais) – Faculdade de Direito, Setor de Ciências Jurídicas, Programa de Pós-Graduação, Universidade Federal do Paraná, Curitiba, 2012. Disponível em: https://acervodigital.ufpr.br/bitstream/handle/1884/28243/R%20-%20T%20-%20THAIS%20GOVEIA%20PASCOALOTO%20VENTURI.pdf?sequence=1&isAllowed=y. Acesso em: 30 abr. 2023).

[326] CATALAN, Marcos. **A morte da culpa na responsabilidade contratual**. São Paulo: Editora Revista dos Tribunais, 2013. p. 26.

[327] "A constitucionalização do direito dos danos impôs, como se viu, a releitura da própria função primordial da responsabilidade civil. O foco que tradicionalmente recaía sobre a pessoa do causador do dano, que por seu ato reprovável deveria ser punido, deslocou-se no sentido da tutela especial garantida à vítima do dano injusto, que merece ser reparada. A punição do agente pelo dano causado, preocupação pertinente ao direito penal, perde a importância no âmbito cível para a reparação da vítima pelos danos sofridos" (MORAES, Maria Celina Bodin. A constitucionalização do direito e seus

pressupõe, isso posto, pensar o dano como centro da disciplina, como sugere a própria denominação.[328] Disso decorrem duas consequências claras: a primeira relativa à necessidade de se voltar a atenção à prevenção e à precaução do dano, e não somente à sua reparação (como ressaltado), densificando e concretizando deveres de cuidado, precaução e prevenção, o que vai muito além da mera abstenção da prática ilícita (art. 12 do Código Civil);[329] como segunda consequência, tem-se que a imputação dos danos deve basear-se na "reparação da vítima [..] lesada",[330] o que importa no abandono da ideia de punição do ofensor, própria do direito penal.[331]

Dessa forma, o direito de danos pode desempenhar um papel bastante relevante na concretização do direito fundamental à proteção de dados pessoais, pois a abordagem do direito meramente *ex post* não é capaz de fazer frente aos riscos atuais como um todo, especialmente em matéria de proteção de dados pessoais, que possui especificidades que não podem ser desprezadas. Quadra asseverar ainda que esse referencial teórico (direito de danos) se mostra estrategicamente adequado à busca da hermenêutica constitucionalmente adequada do direito à proteção de dados pessoais, pois, além do que já foi ressaltado, da análise da LGPD,[332] percebe-se claramente que sua estruturação foi marcada por uma forte perspectiva preventiva que é complementada pelo estabelecimento de um "sistema próprio" de reparação de danos.

---

efeitos sobre a responsabilidade civil. **Revista Direito, Estado e Sociedade-DES**, v. 9, n. 29, p. 245, jul./dez. 2006. DOI: 10.17808/des.29.295. Disponível em: https://revistades.jur.puc-rio.br/index.php/revistades/article/view/295. Acesso em: 26 out. 2022).

[328] Conforme assinala Marcos Catalan, é "[...] sobre o dano [...] [que a disciplina] deve ser pensada" (CATALAN, Marcos. **A morte da culpa na responsabilidade contratual**. 2. ed. Indaiatuba, SP: Editora Foco, 2019. p. 119).

[329] BRASIL. **Lei nº 10.406, de 10 de janeiro de 2002**. Institui o Código Civil. Brasília, DF: Presidência da República, 2002. Disponível em: https://www.planalto.gov.br/ccivil_03/leis/2002/l10406compilada.htm. Acesso em: 12 ago. 2022.

[330] MORAES, Maria Celina Bodin de. Risco, solidariedade e responsabilidade objetiva. **Revista dos Tribunais**, São Paulo, v. 95, n. 854/2006, p. 11-37, dez./2006. p. 19.

[331] Alvino Lima sintetiza (ess)a ideia da seguinte forma: "O fim a atingir é exterior, objetivo, de simples reparação, e não interior e subjetivo, como na imposição da pena" (LIMA, Alvino. **Culpa e risco**. 2. ed. rev. e atual. pelo Prof. Ovídio Rocha Barros Sandoval. São Paulo: Editora Revista dos Tribunais, 1998. p. 115).

[332] BRASIL. **Lei nº 13.709, de 14 de agosto de 2018**. Lei Geral de Proteção de Dados Pessoais (LGPD). Brasília, DF: Presidência da República, 2018. Disponível em: http://www.planalto.gov.br/ccivil_03/_ato2015-2018/2018/lei/L13709.htm. Acesso em: 15 abr. 2023.

Não obstante a crescente adesão ao modelo teórico do direito de danos,[333] a análise detida demonstra que, usualmente, é realizada uma mera "justaposição" entre prevenção-reparação, sem que haja uma problematização acerca das interações sobre esses dois horizontes. Ora, não há dúvida de que esses horizontes se entrecruzam (ou mesmo se fundem em alguma medida), especialmente quando se pensa no concreto risco da atividade gerada e nas medidas de mitigação e seus reflexos na produção (ou não) do dano e na determinação dos fatores de imputação.

---

[333] Consultar a respeito, dentre outros:

MOSSET ITURRASPE, Jorge, **Responsabilidad por daños**. Buenos Aires: Rubinzal-Culzoni, 1999. Tomo V: El daño moral.

FERNÁNDEZ MADERO, Jaime, **Derecho de daños**: nuevos aspectos doctrinarios y jurisprudenciales. Buenos Aires: La Ley, 2002.

VIEIRA, Patrícia Ribeiro Serra. **A responsabilidade civil objetiva no direito de danos**. Rio de Janeiro: Forense, 2004.

LEONARDO, Rodrigo Xavier. Responsabilidade civil contratual e extracontratual. *In*: NERY JR. Nelson; NERY, Rosa Maria de Andrade. **Doutrinas essenciais**: responsabilidade civil. São Paulo: Ed. RT, 2010. v. I: Teoria geral.

BARROSO, Lucas Abreu; FROTA, Pablo Malheiros da Cunha. A obrigação de reparar por danos resultantes da liberação do fornecimento e da comercialização de medicamentos. *In*: BARROSO, Lucas Abreu. **A realização do direito civil**: entre normas jurídicas e práticas sociais. Curitiba: Juruá, 2011.

FROTA, Pablo Malheiros da Cunha. **Responsabilidade por danos**: imputação e nexo de causalidade. Curitiba: Juruá, 2014.

G. COSSARI, Maximiliano N. La necesidad de prevención de daños ante los límites del régimen clásico de reparación argentino. **Revista de Derecho**, segunda época, [*S. l.*], año 9, n. 10, p. 13-40, dic./2014.

BÜRGER, Marcelo Luiz Francisco de Macedo; CORRÊA, Rafael. Responsabilidade preventiva: elogio e crítica à inserção da prevenção na espacialidade da responsabilidade civil. **Revista Fórum de Direito Civil-RFDC**, Belo Horizonte, ano 4, n. 10, p. 35-60, set./dez. 2015.

RAMOS MARTÍNEZ, María Florencia. El principio precautorio como fuente de responsabilidad estatal frente a los derechos fundamentales. **A&C – Revista de Direito Administrativo & Constitucional**, Belo Horizonte, ano 17, n. 70, p. 45-63, out./dez. 2017. DOI: 10.21056/aec.v17i70.845. Disponível em: http://www.revistaaec.com/index.php/revistaaec/article/view/845/699. Acesso em: 20 jan. 2023.

VIEIRA, Andrey Bruno Cavalcante; EHRHARDT JUNIOR, Marcos. O direito de danos e a função preventiva: desafios de sua efetivação a partir da tutela inibitória em casos de colisão de direitos fundamentais. **Revista IBERC**, Minas Gerais, v. 2, n. 2, p. 01-30, mai./ago. 2019.

MASCITTI, Matías. La función preventiva de los daños causados por la robótica y los sistemas autónomos. **Direitos Fundamentais & Justiça**, Belo Horizonte, número especial, año 16, p. 15-54, out./2022.

É interessante observar que, na visão de Pier Giuseppe Monateri, a principal função da responsabilidade civil é a de organização por meio do direito privado, uma vez que, por tal instituto se decide a quem cabe o custo provocado (externalidades) por uma determinada atividade[334] e, acrescente-se, o custo de evitar o dano. Esse ponto fica ainda mais evidente sob o modelo teórico do direito de danos, em que se faz necessário desenvolver uma organização (ou mesmo coordenação) satisfatória entre, de um lado, em que figura o binômio risco-prevenção, e, de outro, (o binômio) dano-reparação. Contudo, deve-se entender a função de determinado instituto jurídico no sentido que lhe dá Norberto Bobbio, como sendo a prestação que o instituto cumpre – ou faz cumprir – em favor de algo maior.[335]

Assim, relacionando tal ponto com o objeto da pesquisa, pode-se definir que a função do direito de danos em matéria de proteção de dados pessoais é contribuir, sem afastar outras possibilidades, com a concretização do referido direito fundamental, o que é efetuado mediante a organização e a interação entre os horizontes preventivo e reparatório.

Com base nesse referencial teórico, a partir do próximo capítulo passa-se a investigar se – e em que medida – a análise interdependente dos horizontes preventivo e reparatório, baseada no risco gerado pela atividade de tratamento de dados pessoais em sua concretude, pode contribuir para a obtenção de uma hermenêutica adequada à concretização do direito à proteção de dados pessoais. Investigar-se-á, justamente, a complementariedade entre as "duas faces" ou, se for preferível, a "fusão de horizontes" preventivo e reparatório como contribuição à concretização do direito fundamental à proteção de dados pessoais.

Isso tudo tendo em conta que os dados pessoais, como extensão da personalidade (ou ao menos como sua representação), merecem proteção adequada, compatível com sua superioridade hierárquica substancial (fundamentalidade formal e material), em face aos interesses meramente econômicos dos agentes de tratamento.

---

[334] MONATERI, Pier Giuseppe. Natureza e finalidades da responsabilidade civil. **Revista de direito do consumidor**. Tradução de Flávio Tartuce e Giuliana Giannessi. São Paulo, v. 112, ano 26, p. 81, jul./ago. 2017. São Paulo: Revista dos Tribunais.

[335] BOBBIO, Norberto. **Da estrutura à função**: novos estudos de teoria do direito. Barueri, SP: Manole, 2007. passim.

2

RISCOS, PRECAUÇÃO E PREVENÇÃO NO TRATAMENTO DE DADOS PESSOAIS

> "'É uma estupidez não ter esperança', pensou. 'Além disso, acho que é um pecado perder a esperança. Mas não devo pensar em pecados. Já tenho problemas demais para começar a pensar em pecados. Para dizer a verdade, também não compreendo bem o que são os pecados'"[1] (grifo do autor).

Definido o conteúdo do direito fundamental à proteção de dados pessoais, em especial sua essência e as consequentes salvaguardas como seu núcleo inafastável, cabe agora, dado o recorte da pesquisa, precisar o que foi denominado "salvaguarda de segurança e prevenção" como essencial à concretização do direito fundamental à proteção de dados pessoais, bem como demais questões que a complementam nesse sentido.

Para tanto, este capítulo se concentrará nos riscos decorrentes da atividade de tratamento de dados pessoais que recaem sobre o titular para, a partir de então, analisar com profundidade a sistemática de prevenção prevista na LGPD sob sua melhor luz, inclusive no que se refere ao concreto risco da atividade de tratamento de dados pessoais, o que redunda, de tal forma, em uma abordagem baseada em riscos.

2.1 SOCIEDADE DE RISCO

A temática do risco vem ganhando importância ímpar, não só no campo das ciências, como também na prática cotidiana, moldando o comportamento

---

[1] HEMINGWAY, Ernest. **O velho e o mar**. Tradução de Fernando de Castro Ferro. 87. ed. Rio de Janeiro: Bertrand Brasil, 2015. p. 104.

social. A existência humana sempre foi acompanhada por adversidades. A vida dos povos primitivos era extremamente perigosa. Contudo, cada vez menos, as adversidades podem ser atribuídas à natureza, ao acaso, aos deuses e, cada vez mais, aos próprios homens, ou seja, ao desenvolvimento e uso da técnica nos diversos campos de ação (e conhecimento) humanos. Enfim, boa parte das adversidades existentes na conjuntura atual é atribuível a decisões humanas, decorrentes do expressivo aumento do poder da humanidade de alterar a natureza.[2]

Niklas Luhmann distingue risco de perigo justamente tendo em conta as decisões humanas. Assim, na sua visão, os riscos correspondem às possibilidades de danos decorrentes de decisões humanas, enquanto os perigos correspondem às possibilidades de danos naqueles acontecimentos em que não há decisões humanas (tradução nossa).[3] Isso permite diferenciar os eventos indesejados, ligados aos riscos, dos eventos inesperados, relativos aos perigos.

O risco, portanto, como algo relacionado ao futuro, "[...] tem seu sentido constituído e desenvolvido a partir da aplicação dinâmica da distinção construtivista probabilidade/improbabilidade". Logo, se coloca como um "[...] processo de *racionalização de incertezas* inerentes a qualquer reflexão acerca do futuro [...] em processos de tomada de decisão imersos em contextos de *racionalidade limitada* [...]" (grifo do autor).[4] Independentemente da concepção de risco adotada,[5] um elemento é comum, sendo fruto da evolução da sociedade ao relativizar a visão fatalista de mundo. Esse elemento é justamente a diferenciação entre realidade e possibilidade, o que importa dizer, a

---

[2] Nesse sentido: DUPUY, Jean-Pierre. **O tempo das catástrofes**: quando o impossível é uma certeza. Tradução de Lília Ledon da Silva. São Paulo: É Realizações Editora, 2011. p. 18.

[3] LUHMANN, Niklas. **Sociología del riesgo**. México: Ed. Universidad Iberoamericana, 2006. passim.

[4] CARVALHO, Delton Winter de. **Desastres ambientais e sua regulação jurídica**: deveres de prevenção, resposta e compensação ambiental. 2. ed. São Paulo: Thomson Reuters Brasil, 2020. p. 106.

[5] De forma bastante resumida, pode-se dizer que, em termos teóricos, a abordagem dos riscos é efetuada mediante a consideração do risco como questão objetiva (realidades físicas normalmente mensuráveis) ou como construção social (esquemas mentais produzidos na sociedade). Entretanto, a maioria dos pesquisados enxerga o risco como algo híbrido entre essas duas visões. Consultar a respeito em: FRADE, Catarina. O direito face ao risco. **Revista Crítica de Ciências Sociais**, Portugal, v. 86, número não temático, p. 53-72, set./2009. Disponível em: https://www.researchgate.net/publication/272436907. Acesso em: 22 maio 2023.

constatação de que as ações sociais (no sentido de atos humanos individuais ou coletivos) presentes podem gerar danos futuros.[6]

A concepção contemporânea do risco como algo estimável e controlável tem início na Itália do século XII, no momento em que os comerciantes passam a perceber a necessidade de controlar os ganhos e perdas futuras em relação às mercadorias negociadas (tradução nossa).[7] Percebe-se, com isso, a dupla semântica do risco: como oportunidade[8] e como possibilidade de evento adverso, esta última objeto das chamadas teorias do risco. Essa ideia rudimentar é/foi aprimorada por aproximadamente 600 anos e, no Iluminismo,[9] com os desenvolvimentos ocorridos, especialmente na teoria da probabilidade e na matemática, a noção de que o risco pode ser controlado passa a ser objeto de governança pública (tradução nossa).[10]

Com a industrialização, ocorrida especialmente na segunda metade do século XX, a sociedade passou, de forma exponencial, a produzir risco. De fato, a vida em sociedade, com a urbanização, com a criação de novos pro-

---

[6] FRADE, Catarina. O direito face ao risco. **Revista Crítica de Ciências Sociais**, Portugal, v. 86, número não temático, p. 53-72, set./2009. Disponível em: https://www.researchgate.net/publication/272436907. Acesso em: 22 maio 2023. passim.

[7] HEIJDEN, Jeroen van Der. Risk governance and risk-based regulation: a review of the international academic literature. **SSRN Electronic Journal**, State of The Art In Regulatory Governance Research Paper 2019.02, School of Government, Victoria University of Wellington, Wellington, p. 6, June 2019. Disponível em: https://ssrn.com/abstract=3406998. Acesso em: 31 jan. 2023.

[8] Conforme Catarina Frade, o substantivo *risco* é decorrente do italiano *risicare*, que significa literalmente *ousar*, o que remete a uma opção ante a possibilidade de obter maiores benefícios, pelo simples fato de correr riscos, de arriscar-se (FRADE, Catarina. O direito face ao risco. **Revista Crítica de Ciências Sociais**, Portugal, v. 86, número não temático, passim, set./2009. Disponível em: https://www.researchgate.net/publication/272436907. Acesso em: 22 maio 2023).

[9] Nas palavras de Peter L. Bernstein: "A ideia revolucionária que define a fronteira entre os tempos modernos e o passado é o domínio do risco: a noção de que o futuro é mais do que um capricho dos deuses e de que homens e mulheres não são passivos ante a natureza. Até os seres humanos descobrirem como transpor essa fronteira, o futuro era um espelho do passado ou o domínio obscuro dos oráculos e adivinhos que detinham o monopólio sobre o conhecimento dos eventos previstos" (BERNSTEIN, Peter L. **Desafio aos deuses:** a fascinante história do risco. Tradução de Ivo Korytowski. Rio de Janeiro: Alta Books, 2018. p. 1).

[10] HEIJDEN, Jeroen van Der. Risk governance and risk-based regulation: a review of the international academic literature. **SSRN Electronic Journal**, State of The Art In Regulatory Governance Research Paper 2019.02, School of Government, Victoria University of Wellington, Wellington, p. 6, June 2019. Disponível em: https://ssrn.com/abstract=3406998. Acesso em: 31 jan. 2023.

dutos e serviços, com a expansão da agricultura, com o desenvolvimento dos transportes e comunicações importou em maior segurança, saúde, confortos e facilidades, mas, paradoxalmente, também no aumento considerável dos riscos.[11] Os esforços, nesse contexto, para subjugar a natureza ao invés de ser subjugado por ela, acarreta(ra)m novos riscos cujo controle é bastante complexo.

Dá-se, dessa maneira, o que Ulrich Beck denomina de "modernização reflexiva", ou seja, o processo de modernização converte-se "[...] a si mesmo em tema e problema".[12] A vida torna-se uma contínua vivência sujeita a riscos, como efeitos colaterais latentes do processo de modernização. Importam em subprodutos, externalidades negativas, do desenvolvimento econômico e social. E tais riscos vão desde um acontecimento individual, como um acidente de trânsito decorrente de uma falha de segurança de um pneu, por exemplo, até riscos globais, como mudanças climáticas, catástrofes com energia nuclear, pandemias etc. Nessa perspectiva, a sociedade de risco se coloca (se destaca) justamente pelo fato de que os riscos são globais, ultrapassam gerações e afetam indistintamente (ainda que em graus diversos) pessoas com classes, culturas e cidadanias variadas,[13] o que acaba por gerar dúvidas a respeito da capacidade social de controlá-los (os riscos). Os riscos, é importante mencionar, não são apenas tecnológicos, como apresentado nos exemplos acima, mas também sociais, como o aumento da criminalidade (diretamente ligada à urbanização) e o sedentarismo/obesidade (diretamente ligados à mudança na forma de trabalhar e à adoção de estilos de vida pouco saudáveis).

Via de consequência, se inicialmente as pessoas e sociedades consideravam o risco como destino, algo "gravado em pedra", que não poderia ser influenciado, a percepção de que o risco passa/passou a ser produto humano leva, necessariamente, a "[...] pensar sobre um futuro factível e, portanto,

---

[11] "Na modernidade tardia, a produção social de *riqueza* é acompanhada sistematicamente pela produção social de *riscos*" (BECK, Ulrich. **Sociedade de risco**: rumo a uma outra modernidade. Tradução de Sebastião Nascimento. São Paulo: Editora 34, 2011. p. 23, grifo do autor).

[12] BECK, Ulrich. **Sociedade de risco**: rumo a uma outra modernidade. Tradução de Sebastião Nascimento. São Paulo: Editora 34, 2011. p. 24.

[13] BECK, Ulrich. **Sociedade de risco**: rumo a uma outra modernidade. Tradução de Sebastião Nascimento. São Paulo: Editora 34, 2011. p. 23. passim.

mutável [...]" (tradução nossa).[14] Nessa medida, o risco, associado a possível evitabilidade do dano, aumenta a noção de responsabilidade.[15]

Assim, a "[...] semântica do risco [e da sua captura e controle] assume uma atualidade e uma importância particulares nas linguagens da técnica, da economia e das ciências naturais, assim como na linguagem da política".[16] Afinal, com a constatação de que a inovação tecnológica gera novos riscos, que o próprio desenvolvimento científico pode não dar conta de controlar e que, em última análise, podem (tais riscos) acarretar até mesmo a extinção da vida no planeta, inicialmente, a filosofia[17] e, posteriormente, o direito passaram a se preocupar com as futuras gerações – ou simplesmente com o futuro –, buscando antecipar-se aos danos que pudessem vir a ocorrer.

Trata-se, por conseguinte, de grande evolução na área jurídica, em especial no direito privado. É importante ressaltar que, sob certo sentido, inicialmente, o direito privado é bastante "fatalista" ao regular os efeitos dos chamados casos fortuitos ou de força maior, ou seja, acontecimentos ligados à natureza ou ao acaso, cujos efeitos não havia como evitar ou impedir.[18] Já, em um segundo momento, o direito privado passa a regrar o risco de uma forma *ex post,* ou seja, posteriormente à sua consumação em dano. Assim ocorre na chamada responsabilidade civil objetiva em que o dever de reparar o dano desloca-se do campo da culpa e se ancora nas diversas teorias do

---

[14] HEIJDEN, Jeroen van Der. Risk governance and risk-based regulation: a review of the international academic literature. **SSRN Electronic Journal**, State of The Art In Regulatory Governance Research Paper 2019.02, School of Government, Victoria University of Wellington, Wellington, p. 6, June 2019. Disponível em: https://ssrn.com/abstract=3406998. Acesso em: 31 jan. 2023.
Texto original: "[...] of thinking about a makeable and thus changeable future [...]". HEIJDEN, Jeroen van Der. Risk governance and risk-based regulation: a review of the international academic literature. **SSRN Electronic Journal**, State of The Art In Regulatory Governance Research Paper 2019.02, School of Government, Victoria University of Wellington, Wellington, p. 6, June 2019. Disponível em: https://ssrn.com/abstract=3406998. Acesso em: 31 jan. 2023. p. 6.

[15] Nesse sentido: TARTUCE, Flávio. **Responsabilidade civil objetiva e risco**: a teoria do risco concorrente. Rio de Janeiro: Forense; São Paulo: Método, 2011. p. 120.

[16] BECK, Ulrich. **Sociedade de risco mundial**: em busca da segurança perdida. Tradução de Marian Toldy e Teresa Toldy. Lisboa: Edições 70, 2016. p. 25.

[17] Consultar, especialmente: JONAS, Hans. **O princípio responsabilidade**: ensaio de uma ética para a civilização tecnológica. Rio de Janeiro: PUC-Rio, 2006.

[18] Vide a respeito o art. 393 do Código Civil (BRASIL. **Lei nº 10.406, de 10 de janeiro de 2002**. Institui o Código Civil. Brasília, DF: Presidência da República, 2002. Disponível em: https://www.planalto.gov.br/ccivil_03/leis/2002/l10406compilada.htm. Acesso em: 12 ago. 2022).

risco.[19] Em um terceiro momento – ainda em processo de desenvolvimento –, o direito privado passa a ter uma atuação orientada pelo risco, em que se buscam medidas de intervenção antecipatória sobre este, a fim de reduzi-lo ou mesmo eliminá-lo. O direito, pois, tenta intervir no processo do risco a fim de evitar que seus efeitos adversos venham a se tornar efetivos (danos concretos).[20]

Portanto, o direito passa a refletir um processo social que apresenta três fases cumulativas: primeira, a *percepção* de que o progresso gera benefícios, mas também riscos; segunda, a *crença* (ou aspiração) de que tais riscos podem ser controlados pelo conhecimento; terceira, a *constatação* de que é necessário agir para evitar a concretização dos riscos, ou seja, a colocação da crença em prática. Nessa medida, a omissão não é uma opção. Esse refinamento do direito, isso posto, é essencialmente benéfico do ponto de vista social. Contudo, paradoxalmente, gera riscos à liberdade individual, uma vez que se vale de intervenções ligadas à imposição e à normalização de padrões de conduta considerados adequados ou aceitáveis (tradução nossa).[21]

2.2 RISCOS DECORRENTES DO TRATAMENTO DE DADOS PESSOAIS

A sociedade de risco é uma realidade a qual é também percebida na atividade de tratamento de dados pessoais. Tal atividade trouxe consigo uma série de benefícios sociais, especialmente nas áreas de políticas públicas, comunicação e serviços. E, como consequência indesejada, (trouxe

---

[19] Ver a respeito: TARTUCE, Flávio. **Responsabilidade civil**. 4. ed. Rio de Janeiro: Forense, 2022. p. 386-388.

[20] FRADE, Catarina. O direito face ao risco. **Revista Crítica de Ciências Sociais**, Portugal, v. 86, número não temático, p. 53-72, set./2009. Disponível em: https://www.researchgate.net/publication/272436907._Acesso em: 22 maio 2023.

[21] HEIJDEN, Jeroen van Der. Risk governance and risk-based regulation: a review of the international academic literature. **SSRN Electronic Journal**, State of The Art In Regulatory Governance Research Paper 2019.02, School of Government, Victoria University of Wellington, Wellington, p. 8, June 2019. Disponível em: https://ssrn.com/abstract=3406998. Acesso em: 31 jan. 2023.
Ver, ainda, a respeito em: TARTUCE, Flávio. **Responsabilidade civil objetiva e risco**: a teoria do risco concorrente. Rio de Janeiro: Forense; São Paulo: Método, 2011. p. 120.

outrossim) inúmeros novos riscos, bem como a potencialização de riscos anteriormente existentes.[22]

O Relatório de Riscos Globais de 2023, apresentado pelo Fórum Econômico Mundial, baseado na Pesquisa Global de Percepção de Riscos, realizada pelo mesmo órgão e que reúne a opinião sobre o risco de mais de 1.200 especialistas, aloca o "[c]rime cibernético generalizado e [a] insegurança cibernética" entre os 10 principais riscos, tanto em curto prazo – 2 anos – como em longo prazo – 10 anos (tradução nossa).[23] Em que pese a nomenclatura utilizada, que enfatiza o aspecto penal, o relatório é bastante claro ao estabelecer que a privacidade (utilizada em sentido amplo, o que abrange, portanto, os dados pessoais) encontra-se em perigo não somente pelo uso doloso dos dados pessoais, mas porém (e também) pela proliferação de instrumentos de coletas de dados pessoais e tecnologias de inteligência artificial diretamente dependentes de dados pessoais os quais geram conjuntos maiores de dados e análises mais sofisticadas, o que aumenta o risco de uso indevido de dados pessoais por meio de mecanismos aparentemente legítimos. Ressalta ainda que tais tecnologias podem abrir novos caminhos para formas diversas de controle sobre a autonomia individual, motivadas por razões de segurança pública, desenvolvimento econômico e melhores resultados na área da saúde (tradução nossa).[24]

O Relatório ressalta que há a tendência de que, na próxima década, as pessoas sejam visadas e monitoradas por um número crescente de agentes

---

[22] "É comum às atividades associadas à tecnologia da informação e sua multifacetada e crescente utilização para uma série de finalidades, a identificação de novos riscos. Estes (*sic*) novos riscos tanto se apresentam em razão de situações novas criadas pela tecnologia – ou seja, que pressupõe sua existência – quanto a (*sic*) potencialização de riscos de dano já existentes, mas que o incremento tecnológico aumenta a possibilidade de ocorrência ou sua extensão" (MIRAGEM, Bruno. A Lei Geral de Proteção de Dados (Lei 13.709/2018) e o direito do consumidor. **Revista dos Tribunais** [online], Thomson Reuters, [São Paulo], v. 1009/2019, p. 1-41, nov. 2019. Disponível em: http://www.rtonline.com.br/. Acesso em: 15 abr. 2023).

[23] "Widespread cybercrime and cyber insecurity". THE GLOBAL Risks Report 2023. **World Economic Forum**, Cologny/Geneva Switzerland, 18. ed., p. 4; p. 6, January 2023. Disponível em: https://www3.weforum.org/docs/WEF_Global_Risks_Report_2023.pdf. Acesso em: 17 jan. 2023.

[24] HEIJDEN, Jeroen van Der. Risk governance and risk-based regulation: a review of the international academic literature. **SSRN Electronic Journal**, State of The Art In Regulatory Governance Research Paper 2019.02, School of Government, Victoria University of Wellington, Wellington, p. 6, June 2019. Disponível em: https://ssrn.com/abstract=3406998. Acesso em: 31 jan. 2023. p. 43.

dos setores público e privado e em um grau ainda não visto, de forma que a experiência cotidiana das pessoas será registrada e mercantilizada de forma passiva, difundida e persistente, o que será aprimorado pelo metaverso, especialmente em relação a dados até então difíceis de serem coletados, como expressões faciais, marcha, inflexões vocais, ondas cerebrais etc. (tradução nossa).[25]

O Relatório alerta também para o fato de que há uma crescente pressão por uma política de dados abertos de fontes dos setores público e privado, a fim de alimentar a inovação para maior produtividade econômica, permitir o desenvolvimento de usos socialmente benéficos e enfrentar a crescente concentração de dados nas mãos de um pequeno número de agentes (tradução nossa).[26] Isso pode servir como condição de possibilidade para a implementação de inovações amplas e difusas, mas também pode levar à expansão dos riscos, justamente por possibilitar violações em uma escala muito maior.

Prossegue fazendo especial menção aos riscos ligados aos dados pessoais sensíveis. Assevera que pesquisas dão conta de que bancos de dados biológicos e sequenciamento de DNA estão expostos a ataques, bem como que dados de saúde, em geral, são governados de forma inconsistente e que as consequências potenciais de apropriação indevida em larga escala de tais dados são amplamente desconhecidas, mas podem permitir a criação de armas biológicas especialmente direcionadas a determinada(s) etnia(s) ou pessoas que compartilham de determinadas predisposições genéticas (tradução nossa).[27]

De fato, governos, sociedades, organismos coletivos e pessoas dependem cada dia mais da tecnologia digital e dos dados pessoais para gerenciar praticamente tudo, desde serviços públicos, anúncios aos consumidores, até compras em supermercados. Especificamente em relação às pessoas, o uso (no sentido de cessão) dos dados pessoais é imprescindível para a maioria das atividades cotidianas, não só no trabalho, como no lazer e até mesmo para o exercício da cidadania e dos direitos fundamentais, em especial os

---

[25] THE GLOBAL Risks Report 2023. **World Economic Forum**, Cologny/Geneva Switzerland, 18. ed., p. 43, January 2023. Disponível em: https://www3.weforum.org/docs/WEF_Global_Risks_Report_2023.pdf. Acesso em: 17 jan. 2023.

[26] THE GLOBAL Risks Report 2023. **World Economic Forum**, Cologny/Geneva Switzerland, 18. ed., p. 44-45, January 2023. Disponível em: https://www3.weforum.org/docs/WEF_Global_Risks_Report_2023.pdf. Acesso em: 17 jan. 2023.

[27] THE GLOBAL Risks Report 2023. **World Economic Forum**, Cologny/Geneva Switzerland, 18. ed., p. 45, January 2023. Disponível em: https://www3.weforum.org/docs/WEF_Global_Risks_Report_2023.pdf. Acesso em: 17 jan. 2023.

sociais, como a saúde. E à medida que a sociedade "migra" cada vez mais para o "mundo *onlife*",[28] os riscos aos dados pessoais não só aumentam em número (no sentido de maior exposição ao risco) como também em relevância (exposição a riscos mais graves).

É importante ressaltar que as pessoas, em geral, negligenciam os riscos concernentes aos (seus) dados pessoais. Nas palavras de Ulrich Beck – tratando da liberdade e do risco digital, mas que pode ser aplicada à generalidade da matéria –, há "[...] disparidade entre a realidade percebida e a realidade efetiva [...]",[29] o que se deve à complexidade[30] e à invisibilidade próprias das tecnologias digitais.[31] Nessa medida, os instrumentos de coleta e tratamento de dados pessoais nos meios digitais, na maior parte das vezes, passam despercebidos pelo titular. Mesmo aqueles que possuem algum conhecimento a respeito da coleta de dados pessoais, em geral, desconhecem a extensão da coleta e as infinitas potencialidades de uso – e consequentemente de riscos – a que os dados estão sujeitos. Isso redunda em uma vulnerabilidade agravada do titular de dados pessoais, pois, além da vulnerabilidade técnica, fática, econômica e jurídica, ele sequer percebe os riscos a que está sujeito em sua esfera pessoal/sociocultural,[32] de forma que a adoção de medidas com a finalidade de mitigar o(s) risco(s), por parte do titular, são escassas e, não raro, ineficientes.

---

[28] Acerca disso, ver item 2.1 – *Transformação digital, sociedade e direito* – supra.

[29] Acrescenta ainda que: "Nesse sentido, nossa consciência do risco digital global é extremamente frágil, porque, ao contrário de outros riscos globais, esse risco não se concentra numa catástrofe que seja física e real no espaço e no tempo, nem resulta dela ou se refere a ela. Em vez disso – e de maneira inesperada – ele interfere com algo que damos como certo – isto é, nossa capacidade de controlar as informações pessoais. Mas, se é assim, a mera visibilidade da questão provoca resistência" (BECK, Ulrich. **A metamorfose do mundo**: novos conceitos para uma nova realidade. Tradução de Maria Luiza X. de A. Borges. Rio de Janeiro: Zahar, 2018. p. 185).

[30] ALBERS, Marion. A complexidade da proteção de dados. **Revista Brasileira de Direitos Fundamentais & Justiça**, Belo Horizonte, v. 10, n. 35, passim, jul./dez. 2016. DOI: https://doi.org/10.30899/dfj.v10i35.93. Disponível em: http://dfj.emnuvens.com.br/dfj/article/view/93. Acesso em: 21 jan. 2023.

[31] Os dados em geral, assim como as informações, são, nas palavras de Byung-Chul Han, "não-coisas", pois "[a] digitalização descoisifica e desencorpora o mundo [...]", o que o faz "[...] cada vez mais incompreensível, mais nublado, mais fantasmagórico" (HAN, Byung-Chul. **Não-coisas:** reviravoltas do mundo da vida. Tradução de Rafael Rodrigues Garcia. Petrópolis, RJ: Vozes, 2022. p. 12).

[32] Ainda que sob outra perspectiva, Bruno Ricardo Bioni refere-se à hipervulnerabilidade do titular (BIONI, Bruno Ricardo. **Proteção de dados pessoais**: a função e os limites do consentimento. Rio de Janeiro: Forense, 2019. p. 160-169).

Some-se a isso que as características inerentes ao ambiente digital são extremamente relevantes ao desenvolvimento humano e social, mas também funciona como campo aberto para o cometimento de uma série infindável de ilícitos, nas mais diversas formas.[33]

Considerando que restou assentado no Capítulo I do presente livro que o direito à proteção de dados pessoais tem natureza de direito processual ou adjetivo, no sentido de que possui caráter instrumental visando à proteção de direitos materiais, bem como os objetivos e limites da pesquisa, é relevante discorrer, dessarte, ainda que não se trata, aqui, de pretensão de completude sobre os principais direitos sujeitos a riscos em decorrência da atividade de tratamento de dados pessoais.[34]

Assim, do ponto de vista dos direitos possíveis de serem desrespeitados (dimensão material ou substancial), certamente o mais grave de todos seja o risco de lesão à liberdade individual.[35] De fato, pela primeira vez na história da humanidade, é possível vigiar todas as pessoas, o tempo todo e em todos os lugares. Variadas são as justificativas para vigiar os cidadãos:

---

[33] Ana Frazão, ao tratar dos riscos para os direitos da personalidade decorrentes das plataformas digitais, ressalta que a falta de transparência mormente presente nas ferramentas de tratamento, especialmente ligadas à inteligência artificial, acentua grandemente os riscos. Assevera que o próprio código está em constante mutação, de forma que não se sabe ao certo porque erram ou mesmo porque acertam, transformando-se "[...] em verdadeiros oráculos do nosso tempo" (FRAZÃO, Ana. Plataformas digitais, *big data* e riscos para os direitos de personalidade. *In*: MENEZES, Joyceane; TEPEDINO, Gustavo (coord.). **Autonomia privada, liberdade existencial e direitos fundamentais**. Belo Horizonte: Fórum, 2019. p. 342).

[34] É importante ressaltar que, dada a onipresença do aparato digital, é possível pensar em riscos próprios desse meio, mas que somente de forma indireta poderiam afetar o titular dos dados pessoais. Assim, dados pessoais podem possibilitar ofensa à vida ou à integridade física do titular, à medida em que sejam utilizados pelo agressor para localizar a vítima (titular dos dados pessoais). Enfim, as opções são infindáveis, de forma que somente serão abordados aqui os riscos mais diretamente ligados ao tratamento de dados pessoais.

[35] A respeito dos riscos à liberdade, consultar: CATALAN, Marcos. A difusão de sistemas de videovigilância na urbe contemporânea: um estudo inspirado em Argos Panoptes, cérebros eletrônicos e suas conexões com a liberdade e igualdade. **Revista Faculdade de Direito-UFMG**, Belo Horizonte, n. 75, p. 303-321, jul./dez. 2019. DOI: 10.12818/P.0304-2340.2019v75p303. Disponível em: https://revista.direito.ufmg.br/index.php/revista/article/view/2040. Acesso em: 30 abr. 2023.

evitar atos terroristas, reduzir a criminalidade, controlar epidemias,[36] verificar o efetivo cumprimento de penas ou de medidas restritivas de direitos, direcionar produtos e serviços etc. E essa vigilância é realizada não somente pelos Estados, mas também por entes privados, mormente por interesses econômicos[37] – como já ressaltado –, o que pode redundar não somente na restrição do direito de ir e vir, na liberdade de reunião etc., como também nas próprias escolhas existenciais (aspectos positivo e substancial da liberdade).

De fato, a *dataveillance*[38] (vigilância de dados) pode ser usada para interferir na autonomia das pessoas – entendida aqui como liberdade de autodeterminação individual –,[39] mediante a criação de perfis e utilização de técnicas de filtragem,[40] de artimanhas de induzimento ou sugestionamento que se valem até mesmo de desinformação, o que pode influenciar e modificar o comportamento e levar as pessoas a fazer escolhas que não fariam normal-

---

[36] A respeito do uso de dados pessoais na pandemia do COVID-19, consultar: MODESTO, Jéssica Andrade; EHRHARDT JUNIOR, Marcos. Danos colaterais em tempos de pandemia: preocupações quanto ao uso dos dados pessoais no combate a (sic) COVID-19. **Redes**: Revista Eletrônica Direito e Sociedade, Canoas, v. 8, n. 2, p. 143-161, ago. 2020. DOI http://dx.doi.org/10.18316/REDES.v8i2.6770. Disponível em: https://revistas.unilasalle.edu.br/index.php/redes/article/download/6770/pdf. Acesso em: 15 abr. 2023.

[37] A respeito disso, consultar: ZUBOFF, Shoshana. **The age of surveillance capitalism**: the fight for a human future at the new frontier of power. New York: PublicAffairs, 2019.

[38] Sobre isso, consultar: GUARDIA, Andrés Felipe Thiago Selingardi. **De *surveillance* a *dataveillance***: enfoque a partir da noção jurídica de tratamento de dados. São Paulo: Revista dos Tribunais, v. 1012/2020, p. 135-151, fev./2020.

[39] Nas palavras de Fabiano Menke, "[u]ma das preocupações fundamentais do instituto da proteção de dados é a de que o indivíduo não seja manipulado por informações que seus interlocutores (sejam eles entes estatais ou privados) tenham sobre a sua pessoa sem que ele saiba disso. Nesses casos de conhecimento prévio das informações sobre a outra parte, o detentor da informação invariavelmente se coloca numa posição privilegiada. Ele atalha os caminhos. Tem poder de manipulação e direcionamento" (MENKE, Fabiano. A proteção de dados e o novo direito fundamental à garantia da confidencialidade e da integridade dos sistemas técnico-informacionais no direito alemão. *In*: MENDES, Gilmar Ferreira; SARLET, Ingo Wolfgang; COELHO, Alexandre Zavaglia P. (coord.). **Direito, inovação e tecnologia**. São Paulo: Saraiva, 2015. v. 1 (Série Direito, Inovação e Tecnologia). p. 211).

[40] Consultar a respeito em: PARISER, Eli. **O filtro invisível**: o que a internet está escondendo de você. Rio de Janeiro: Zahar, 2012.

mente, o que coloca em risco a própria democracia.[41] Com efeito, conhecer as fragilidades de uma pessoa pode ser utilizado de diversas formas, em especial para induzi-la a fazer algo que normalmente não faria.[42]

Shoshana Zuboff assevera, nesse sentido, que, no atual estágio do desenvolvimento tecnológico, em que se obteve uma considerável computação onipresente, o que se busca agora é poder de ação, ou seja, intervenção, ação e controle ubíquos, à medida em que a análise das ações em tempo real permite agir em tempo real.[43] De fato, a tecnologia atingiu um desenvolvimento tal que se tornou possível saber exatamente o que determinada pessoa está fazendo, em que local e de que forma. Com isso, de maneira quase que imediata, é possível instigá-la a praticar determinado ato, por exemplo, adquirir uma determinada mercadoria em um estabelecimento comercial próximo.

Parte-se da ideia de que a pessoa tem mentalidade frágil e falha, de forma que os agentes de tratamento de dados pessoais, especialmente no âmbito de mercado, se valem de incentivos, recompensas aleatórias,[44] para encorajar e desencorajar comportamentos dos titulares de dados pessoais de acordo com

---

[41] Nesse sentido: SILVEIRA, Sérgio Amadeu da. **Democracia e os códigos invisíveis**: como os algoritmos estão modulando comportamentos e escolhas políticas. São Paulo: Edições Sesc, 2019.

Consultar, ainda, dados referentes na revista online *Valor Econômico*, a partir de reportagem sob o título: "Por que a verdade vem perdendo relevância" e com o seguinte *lead*: "Mentiras e boatos abastecem o motor da economia digital, influenciam eleições e abalam a democracia, em um cenário onde fatos perdem relevância" (GREENHALGH, Laura. Por que a verdade vem perdendo relevância. **Valor Econômico** [online]. Globo.com. São Paulo, 28 fev. 2020. Disponível em: https://valor.globo.com/eu-e/noticia/2020/02/28/por-que-a-verdade-vem-perdendo-relevancia.ghtml. Acesso em: 28 fev. 2023).

[42] Nesse sentido: FRAZÃO, Ana. Fundamentos da proteção dos dados pessoais: noções introdutórias para a compreensão da Lei Geral de Proteção de Dados. *In*: FRAZÃO, Ana; TEPEDINO, Gustavo; OLIVA, Milena Donato (coord.). **Lei Geral de Proteção de Dados Pessoais e suas repercussões no direito brasileiro**. São Paulo: Thomson Reuters Brasil: Revista dos Tribunais, 2019. p. 37.

[43] ZUBOFF, Shoshana. **A era do capitalismo de vigilância**: a luta por um futuro humano na nova fronteira do poder. Tradução de George Schlesinger. 1. ed. Rio de Janeiro: Intrínseca, 2020. p. 336.

[44] VÉLIZ, Carissa. **Privacidade é poder**: por que e como você deveria retomar o controle de seus dados. Tradução de Samuel Oliveira. São Paulo: Editora Contracorrente, 2021. p. 83.

seus interesses econômicos.[45] Sob esse ângulo, "vulnerabilidade vale ouro",[46] de forma que os dados pessoais dos titulares são usados contra eles próprios,[47] amiúde com a finalidade de gerar ganhos econômicos aos agentes privados.

De tal forma, mais do que prever comportamentos, o tratamento de dados pessoais, mediante o uso de diversas técnicas de inteligência artificial, tem o poder de modificar comportamentos e, com isso, garantir a obtenção dos resultados pretendidos.[48] Afinal, quanto mais alguém sabe sobre determinada pessoa, maior é a capacidade de prever seus movimentos e de influenciá-los, o que importa em um poder gigantesco.[49]

É evidente, por conseguinte, o paradoxo vivenciado pelos titulares de dados pessoais, uma vez que as novas ferramentas digitais concedem "[...] um pouco de liberdade, mas isso só se dá ao preço de uma escravidão maior".[50]

---

[45] ZUBOFF, Shoshana. **A era do capitalismo de vigilância:** a luta por um futuro humano na nova fronteira do poder. Tradução de George Schlesinger. 1. ed. Rio de Janeiro: Intrínseca, 2020. p. 337.

[46] O'NEIL, Cathy. **Algoritmos de destruição em massa**: como o *big data* aumenta a desigualdade e ameaça a democracia. Tradução de Rafael Abraham. Santo André, SP: Editora Rua do Sabão, 2020. p. 115.

[47] "Nessa fase do imperativo de predição, os capitalistas de vigilância declaram seu direito de modificar o comportamento alheio para obter lucros por meio de métodos que contornam a consciência humana, os direitos de escolha individuais e todo o complexo de processos autorreguladores que podem ser resumidos com termos como *autonomia* e *autodeterminação*" (ZUBOFF, Shoshana. **A era do capitalismo de vigilância:** a luta por um futuro humano na nova fronteira do poder. Tradução de George Schlesinger. Rio de Janeiro: Intrínseca, 2020. p. 342, grifo do autor).

[48] ZUBOFF, Shoshana. **A era do capitalismo de vigilância:** a luta por um futuro humano na nova fronteira do poder. Tradução de George Schlesinger. Rio de Janeiro: Intrínseca, 2020. p. 341.

[49] VÉLIZ, Carissa. **Privacidade é poder**: por que e como você deveria retomar o controle de seus dados. Tradução de Samuel Oliveira. São Paulo: Editora Contracorrente, 2021. p. 83.

Assevera a autora: "O poder das empresas de tecnologia é constituído, por um lado, pelo controle exclusivo de nossos dados e, por outro, pela capacidade de prever cada movimento nosso, o que, por sua vez, lhes dá oportunidade de influenciar nosso comportamento e vender essa influência a outros – incluindo governos" (VÉLIZ, Carissa. **Privacidade é poder**: por que e como você deveria retomar o controle de seus dados. Tradução de Samuel Oliveira. São Paulo: Editora Contracorrente, 2021. p. 85).

[50] MOROZOV, Evgeny. **Big tech**: a ascensão dos dados e a morte da política. Tradução de Claudio Marcondes. São Paulo: Ubu Editora, 2018. p. 171.

Assim, a liberdade individual é posta em risco de forma considerável, já que as pessoas, além de vigiadas (o que, por si só, já é bastante prejudicial), são induzidas, instigadas ou mesmo convencidas a realizar atos que normalmente não fariam, desconhecendo as estratégias usadas para tanto. Isso é feito, em geral, com a finalidade de obter ganhos econômicos diretos – como já mencionado –, mas também pode ser utilizado para os mais diversos fins, inclusive políticos. E, considerando a velocidade e a multiplicidade de pessoas potencialmente atingidas, os riscos vão muito além da esfera individual.

Ao lado do direito de liberdade, é bastante factível a ocorrência de riscos relacionados ao direito à igualdade. Efetivamente, a utilização de dados pessoais, privados ou públicos, descontextualizados ou combinados de forma específica, pode levar a situações de discriminação, como a não admissão de um funcionário por razões implausíveis, a negativa de contratação de plano de saúde em razão do perfil do consumidor etc.

Algoritmos[51] servem, em grande medida, à vista disso, para classificar e discriminar, no sentido literal da palavra. Contudo, como toda criação humana, os códigos reproduzem, de alguma maneira, a visão de mundo dos programadores. E essa visão de mundo, de forma direta ou indireta, pode redundar em discriminações não admissíveis, ferindo, justamente, o princípio da igualdade (isso sem falar das hipóteses em que o agente de tratamento de dados pessoais age dolosamente).

Tem sido comum, a título de exemplificação, a ocorrência de casos em que os algoritmos realizam discriminações ilícitas e abusivas, ainda que não desejadas. Até há pouco tempo, o motor de pesquisa do Google, quando os usuários digitavam "garotas negras", mostravam resultados majoritariamente pornográficos e estereotipados. Algoritmos de recrutamento de pessoal rebaixavam claramente mulheres, e mecanismos de detecção de abuso infantil consideravam desproporcionalmente os mais pobres e davam maiores pontuações nas avaliações de risco de reincidência para pessoas negras (tradução nossa).[52]

---

[51] Pode-se dizer, em síntese, que algoritmos, para a temática da pesquisa, são regras técnicas em linguagem digital processável por máquina. Algoritmos "simples" contém regras fixas. Já algoritmos de inteligência artificial aprendem com os dados que analisam, a fim de adaptar-se e melhorar seu desempenho. Consultar a respeito em: HOFFMANN-RIEM, Wolfgang. **Teoria geral do direito digital**: transformação digital: desafios para o direito. Tradução de Italo Fuhrmann. Rio de Janeiro: Forense, 2021. p. 11-16.

[52] D'IGNAZIO, Catherine. The urgency of moving from bias to power. **European Data Protection Law Review**, [S. l.], v. 8, issue 4, p. 451, 2022. DOI: https://doi.org/10.21552/

Não é por outra razão que a própria LGPD traz, entre seus arquétipos legais, o (arquétipo) da "não discriminação", consistente na "[...] impossibilidade de realização do tratamento para fins discriminatórios ilícitos ou abusivos" (art. 6º, IX).[53] Nesse aspecto, são bastante relevantes os chamados dados sensíveis, especialmente os ligados à etnia, religião, opinião política, saúde ou vida sexual, genética ou biométrica (art. 5º, II, da LGPD).[54]

É importante ressaltar que o § 5º do art. 11 da LGPD, com redação dada pela Lei 13.853/2019, veda o uso, pelas operadoras de planos de saúde, de dados pessoais ligados à saúde do titular para fins de seleção de riscos na contratação e exclusão de beneficiários.[55] Essa disposição deixa claro que a finalidade do tratamento de dados pessoais é condição de possibilidade para

---

edpl/2022/4/4. Disponível em: https://edpl.lexxion.eu/article/edpl/2022/4/4/display/html. Acesso em: 1º fev. 2023.

[53] BRASIL. **Lei nº 13.709, de 14 de agosto de 2018**. Lei Geral de Proteção de Dados Pessoais (LGPD). Brasília, DF: Presidência da República, 2018. Disponível em: http://www.planalto.gov.br/ccivil_03/_ato2015-2018/2018/lei/L13709.htm. Acesso em: 15 abr. 2023.

"A proibição da discriminação injusta tem protagonismo no tratamento de dados pessoais. Afinal, a utilidade essencial do tratamento de dados é justamente segmentar, personalizar, especializar dados pessoais; portanto discriminar, assim entendida a noção como separação, diferenciação. É preciso atentar aos exatos termos da proibição presente na lei, que compreende a proibição à discriminação ilícita ou abusiva. Ilícita será a discriminação baseada em critérios que a lei proíbe a utilização para fins de diferenciação. Neste (sic) caso, é a Constituição da República quem proíbe preconceitos de origem, raça, sexo, cor, idade e quaisquer outras formas de discriminação (art. 3º, IV). Da mesma forma, estabelece que 'ninguém será privado de direitos por motivo de crença religiosa ou de convicção filosófica ou política' (art. 5º, VIII). Além destes (sic) critérios, pode haver discriminação ilícita ou abusiva em razão de critérios que não estejam em acordo com a finalidade para a qual se realize determinada diferenciação. Assim, por exemplo, a recusa de fornecimento de produto ou serviço a quaisquer pessoas em razão de sua orientação sexual" (MIRAGEM, Bruno. A Lei Geral de Proteção de Dados (Lei 13.709/2018) e o direito do consumidor. **Revista dos Tribunais**, [São Paulo], v. 1009/2019, p. 1-41, nov. 2019. Disponível em: http://www.rtonline.com.br/. Acesso em: 15 abr. 2023).

[54] BRASIL. **Lei nº 13.709, de 14 de agosto de 2018**. Lei Geral de Proteção de Dados Pessoais (LGPD). Brasília, DF: Presidência da República, 2018. Disponível em: http://www.planalto.gov.br/ccivil_03/_ato2015-2018/2018/lei/L13709.htm. Acesso em: 15 abr. 2023.

[55] BRASIL. **Lei nº 13.709, de 14 de agosto de 2018**. Lei Geral de Proteção de Dados Pessoais (LGPD). Brasília, DF: Presidência da República, 2018. Disponível em: http://www.planalto.gov.br/ccivil_03/_ato2015-2018/2018/lei/L13709.htm. Acesso em: 15 abr. 2023.

averiguar a ilicitude ou abusividade da discriminação. De fato, é a finalidade do tratamento dos dados pessoais que, em muitos casos, vai estabelecer a admissibilidade da discriminação. Assim, o tratamento de dados pessoais, tais como sexo ou idade dos titulares, por exemplo, por si só não possui qualquer ilicitude. Pelo contrário, é possível que sejam usados até mesmo para implementação de políticas públicas voltadas à correção de desigualdades existentes na sociedade. Contudo, se a finalidade for selecionar candidatos a postos de trabalho, haverá discriminação ilícita ou abusiva, salvo se demonstrado que o trabalho a ser exercido é contraindicado para mulheres e/ou idosos em razão de padrões objetiva e eticamente aceitos. Com isso, ganha especial relevo a criação de mecanismos, especialmente técnicos, que evitem – ou ao menos reduzam – a possibilidade de desvio de finalidade dos dados pessoais coletados.

Ademais, os avanços tecnológicos, especialmente ligados à inteligência artificial, têm criado a chamada "sociedade da predição" (tradução nossa).[56] Nela se dá, de forma crescente, a tomada de decisões relevantes na vida das pessoas (contratações, demissões, concessão de crédito etc.) com base em previsões sobre o futuro, decorrentes de perfilizações, inferências e estatísticas. Muitas são, pois, as questões relevantes ao direito decorrentes de seu uso, redundando, via de regra, em questões de discriminação.[57]

A primeira questão – e, possivelmente, mais relevante – é o que Hideyuki Matsumi e Daniel Solove denominam de "efeito fossilização" (tradução nossa),[58] já que o uso da tecnologia pode contribuir para solidificar ainda mais as desigualdades existentes. Afirmam, ainda, que se vivencia uma corrida para desenvolver e aplicar técnicas ligadas a fatos futuros, especialmente ligados às pessoas. Com a crescente utilização das técnicas de predição, que

---

[56] MATSUMI, Hideyuki; Solove, Daniel J. The prediction society: algorithms and the problems of forecasting the future. **Paper to My Library**, SSRN, [S. l.], passim, 19 maio 2023. DOI: http://dx.doi.org/10.2139/ssrn.4453869. Disponível em: https://ssrn.com/abstract=4453869. Acesso em: 27 jun. 2023.

[57] É importante deixar claro que inferências, predições, relativas à pessoa determinada ou determinável, são dados pessoais diante do disposto nos arts. 5º, I e 12, § 2º, ambos da LGPD, de forma que devem receber igual proteção (BRASIL. **Lei nº 13.709, de 14 de agosto de 2018**. Lei Geral de Proteção de Dados Pessoais (LGPD). Brasília, DF: Presidência da República, 2018. Disponível em: http://www.planalto.gov.br/ccivil_03/_ato2015-2018/2018/lei/L13709.htm. Acesso em: 15 abr. 2023).

[58] "The Fossilization Problem". MATSUMI, Hideyuki; Solove, Daniel J. The prediction society: algorithms and the problems of forecasting the future. **Paper to My Library**, SSRN, [S. l.], p. 23-26, 19 maio 2023. DOI: http://dx.doi.org/10.2139/ssrn.4453869. Disponível em: https://ssrn.com/abstract=4453869. Acesso em: 27 jun. 2023.

projetam o passado no futuro, "[...] é esperado que os pobres permaneçam pobres para sempre [...]", razão pela qual "[...] são tratados de acordo com isso [...]", uma vez que lhe são "[...] negadas oportunidades, são detidos com maior frequência, (sic) e extorquidos por serviços e empréstimos".[59] Isso é extremamente danoso, pois impede que as pessoas desenvolvam sua personalidade, evoluam e atinjam todas as suas potencialidades. E o inverso também ocorre. Logo, presume-se que as pessoas abastadas e poderosas assim permanecerão, de forma que são mantidos os privilégios. Com isso, as desigualdades econômicas, sociais, culturais tendem a ser mantidas, ou até mesmo podem ser intensificadas.[60]

A segunda questão envolve a "verificabilidade" da predição. À medida em que a predição envolve um evento futuro teoricamente provável, é praticamente impossível dizer que ele seja certo ou errado. Assim, se um algoritmo de predição infere que um determinado funcionário tem 80% de chance de subtrair valores de seu empregador e, em razão disso, é procedida a demissão, não há como o empregado demonstrar que os dados que alimentaram o sistema estão equivocados, que os parâmetros estão errados, ou que ele está inserido na margem de 20%. Isso é especialmente problemático pelo fato de que as leis de proteção de dados, inclusive a LGPD, partem de uma lógica de dados correta/incorreta, portanto, totalmente inadequada para previsões futuras (tradução nossa).[61]

Em terceiro lugar, as predições, em muitos casos, funcionam como "profecias autorrealizáveis", uma vez que, ao determinar um papel a uma pessoa, tudo conspira para que tal papel seja desempenhado, até mesmo pelo fato de tais papéis terem sido sugestionados. Os autores citam diversas pesquisas que dão conta de que previsões acabam influenciando a forma com que os envolvidos agem. Assim, predições de desempenho escolar ruins sobre certos alunos, especialmente de determinada etnia, influenciam negativamente os

---

[59] O'NEIL, Cathy. **Algoritmos de destruição em massa**: como o *big data* aumenta a desigualdade e ameaça a democracia. Tradução de Rafael Abraham. Santo André, SP: Editora Rua do Sabão, 2020. p. 241.

[60] A título de exemplo, a negativa de financiamento para viabilizar um pequeno negócio a uma pessoa cultural e economicamente modesta, por considerar que no futuro ela se tornará mau pagadora, importa em negar a ela a chance de cursar o ensino superior, fazendo com que permaneça na mesma situação.

[61] MATSUMI, Hideyuki; Solove, Daniel J. The prediction society: algorithms and the problems of forecasting the future. **Paper to My Library**, SSRN, [S. l.], passim, 19 maio 2023. DOI: http://dx.doi.org/10.2139/ssrn.4453869. Disponível em: https://ssrn.com/abstract=4453869. Acesso em: 27 jun. 2023.

professores, fazendo com que seja praticamente impossível sua evolução (dos alunos). Contrariamente, quando são grandes as expectativas, o desempenho é consideravelmente melhor (tradução nossa).[62] Assim, o poder das pessoas de determinar seu futuro acaba sendo ainda relativizado.

Na verdade, as predições, na maioria das vezes, são generalizações e estereótipos grosseiros (ou, ao menos, deles se valem), as quais deveriam ser permitidas legalmente somente em questões de parco risco aos direitos individuais – tais como selecionar consumidores que vão receber determinado material publicitário por terem maiores chances de adquirir produtos ou serviços oferecidos, uma vez que aquilo que é essencialmente humano é invisível aos "olhos" das máquinas, como fica claro a partir do poema de W. H. Auden (tradução nossa)[63] – que serve de epígrafe à presente pesquisa. Logo, o uso de predições em relação a direitos ligados à personalidade fere o princípio da dignidade da pessoa humana, uma vez que reduz a pessoa a um objeto ao negar-lhe a autodeterminação. Não obstante isso, paradoxalmente, no extremo, podem contribuir para moldar a forma como as pessoas pensam e decidem suas vidas, posto que geram uma espécie de "arrogância algorítmica" (tradução nossa),[64] no sentido de que quanto mais usada mais os beneficiados nela acreditam, a ponto de tornar-se incontestável até mesmo pelos prejudicados, os quais são induzidos a se conformar.

É certo que, sob certo sentido, as pessoas sempre se utilizaram de predições, especialmente baseadas na intuição, de forma que as predições atuais são mais objetivas e, portando, (mais) corretas. Contudo, (também) é certo que as predições intuitivas não são usadas de forma sistemática e difundida, como as ligadas à inteligência artificial, tampouco são consideradas verdades absolutas. Logo, o risco de (ocorrência de) discriminação decorrente das predições anteriores é bastante reduzido frente aos riscos atuais.

---

[62] "The Self-Fulfilling Prophecy Problem". MATSUMI, Hideyuki; Solove, Daniel J. The prediction society: algorithms and the problems of forecasting the future. **Paper to My Library**, SSRN, [S. l.], p. 29-31, 19 maio 2023. DOI: http://dx.doi.org/10.2139/ssrn.4453869. Disponível em: https://ssrn.com/abstract=4453869. Acesso em: 27 jun. 2023.

[63] AUDEN. W. H. The unknown citizen. **Poets.org**. New York, Academy of American Poets, c2023. Disponível em: https://poets.org/poem/unknown-citizen. Acesso em: 20 jul. 2023.

[64] "[…] arrogance with algorithmic prediction […]". MATSUMI, Hideyuki; Solove, Daniel J. The prediction society: algorithms and the problems of forecasting the future. **Paper to My Library**, SSRN, [S. l.], p. 34, 19 maio 2023. DOI: http://dx.doi.org/10.2139/ssrn.4453869. Disponível em: https://ssrn.com/abstract=4453869. Acesso em: 27 jun. 2023.

E, não obstante o evidente risco, a LGPD não dispõe de ferramentas adequadas especificamente voltadas à questão. O direito à revisão das decisões automatizadas (art. 20, caput), presente em tal legislação,[65] é manifestamente insuficiente nesse âmbito, uma vez que não estabelece restrições ao seu uso, tampouco instrumentos outros os quais visem à correção dos resultados obtidos, de forma que é bastante factível que a revisão seja meramente *pro forma*.

Por outro lado, também é certo o risco ao direito à identidade pessoal, em que se protegem os dados que qualificam a pessoa na sua individualidade, tais como o nome, a imagem, a voz, bem como a verdade biográfica.[66] A lesão à identidade pessoal ocorre, conforme Ricardo Luis Lorenzetti, pela desfiguração, o que pode ser entendido como uma falsa luz lançada ao olhar público. Pode se dar mediante: a) atribuição de características à pessoa que não lhe são próprias, ou sua distorção; b) omissão de características que, pela sua importância, são essenciais para a definição da personalidade; c) atribuição da paternidade de ações ou fatos de forma equivocada ou inverídica; d) desconhecimento de ações próprias.[67]

Nesse ponto é bastante relevante o debate que vem sendo travado em relação ao denominado direito ao esquecimento, visto por parte da doutrina como verdadeiro direito fundamental implícito.[68] Na sua essência, visa à

---

[65] BRASIL. **Lei nº 13.709, de 14 de agosto de 2018**. Lei Geral de Proteção de Dados Pessoais (LGPD). Brasília, DF: Presidência da República, 2018. Disponível em: http://www.planalto.gov.br/ccivil_03/_ato2015-2018/2018/lei/L13709.htm. Acesso em: 15 abr. 2023.

[66] "O denominado *tsunami digital* pode ser considerado desde outros pontos de vista, começando pela identidade. Nesta (*sic*) perspectiva, o direito de acesso aos dados representa um aliado forte, em termos de proteção jurídica, que permite manter o controle sobre as próprias informações, seja qual for o sujeito que as gestiona, o local em que se encontrem e as modalidades de sua utilização. Direito fundamental à construção da identidade, pois confere poder para cancelamento nos seguintes casos: dados falsos, ilegitimamente recolhidos, conservados muito além do tempo previsto, os inexatos ou para completação" (LIMBERGER, Têmis. Mutações da privacidade e a proteção de dados pessoais. *In*: RUARO, Regina Linden; PIÑAR MAÑAS, José Luís; MOLINARO, Carlos Alberto (org.). **Privacidade e proteção de dados pessoais na sociedade digital**. Porto Alegre, RS: Editora Fi, 2017. p. 155, grifo do autor).

[67] LORENZETTI, Ricardo Luis. **Fundamentos do direito privado**. Tradução de Vera Maria Jacob de Fradera. São Paulo: Editora Revista dos Tribunais, 1998. p. 484, adaptado.

[68] MARTINS, Guilherme Magalhães. O direito ao esquecimento como direito fundamental. **Civilistica.com**, Revista Eletrônica de Direito Civil, Rio de Janeiro, a. 10, n. 3, p. 1-70, 2021. Disponível em: http://civilistica.com/o-direito-ao-esquecimento--como-direito/. Acesso em: 17 jan. 2023.

definição de situações em que seria exigível, pelo titular, o apagamento de dados sobre sua pessoa que, de alguma forma, possam dificultar ou mesmo impedir o livre desenvolvimento da personalidade. Independentemente dos limites e possibilidades de tal direito – que escapam do objeto da pesquisa –, é certo que está diretamente ligado ao direito à identidade, no sentido de sua autoconstrução, pois a divulgação de fatos passados sobre determinada pessoa pode negar-lhe a possibilidade de "[...] evoluir ao acorrentá-lo ao seu próprio passado".[69] Assim, ligado ao direito à identidade, o direito ao esquecimento deve ser tido como o direito de ser diferente de si mesmo (tradução nossa),[70] no sentido de ser diferente de uma versão anterior e, portanto, menos evoluída, da pessoa (na versão atual).

Além disso, a evolução tecnológica tem tornado relativamente fácil criar as chamadas *deepfakes*. Trata-se de uma técnica que se vale da inteligência artificial para sintetizar imagens ou sons de uma dada pessoa, de forma que é possível utilizar a imagem das pessoas para fazer vídeos executando ações por ela nunca praticadas, ou utilizar sua voz para criar falas nunca ditas. Assim, pode-se não só atribuir paternidade falsa de determinadas ações com as mais diversas finalidades, mas até mesmo "dar vida" a pessoas já falecidas,[71] inclusive para fins meramente comerciais.[72] Em tais situações são criados riscos não só para o titular dos dados pessoais (imagem e/ou voz) utilizados

---

[69] MARTINS, Guilherme Magalhães. O direito ao esquecimento como direito fundamental. **Civilistica.com**, Revista Eletrônica de Direito Civil, Rio de Janeiro, a. 10, n. 3, p. 2, 2021. Disponível em: http://civilistica.com/o-direito-ao-esquecimento-como-direito/. Acesso em: 17 jan. 2023.

[70] GOMES DE ANDRADE, Norberto Nuno. El olvido: el derecho a ser diferente... de uno mismo: una reconsideración del derecho a ser olvidado. **IDP-Revista de Internet, Derecho y Política**, Universitat Oberta de Catalunya, Barcelona, España, n. 13, passim, feb/2012. Disponível em: https://www.redalyc.org/articulo.oa?id=78824460007. Acesso em: 11 ago. 2022.

[71] Nesse caso, fala-se especificamente em *deadbots*, ou seja, robôs que emulam pessoas mortas. Nesse sentido, inúmeras são as indagações éticas a respeito, como pode-se ver em: SUÁREZ-GONZALO, Sara. 'Deadbots' can speak for you after your death. Is that ethical? **The Conversation**. [UK], May 9, 2022. Disponível em: https://theconversation.com/deadbots-can-speak-for-you-after-your-death-is-that-ethical-182076. Acesso em: 17 jan. 2023. Tradução nossa.

[72] Isso foi recentemente usado na publicidade de uma marca de veículos que colocou uma artista falecida há mais de 30 anos para cantar com sua filha na mensagem publicitária. Ver em: BRAUN, Julia. Conar analisa anúncio da Volks com Elis Regina: os dilemas de usar inteligência artificial para recriar pessoas mortas. **BBC News Brasil**. Da BBC Brasil em Londres, 5 jul. 2023. Disponível em: https://www.bbc.com/portuguese/articles/cx9p9x01y84o. Acesso em: 17 jan. 2023.

na mensagem, mas também ao(s) destinatário(s) da mensagem e mesmo a terceiros, os quais podem ser levados a acreditar na veracidade do conteúdo apresentado/exibido e, em razão disso, praticar atos em seu próprio prejuízo ou de terceiros.

Obviamente, a privacidade propriamente dita também pode ser posta em risco em razão do tratamento de dados pessoais, mediante o uso, com ou sem divulgação, de informações sobre as quais o titular possui legítima expectativa de sigilo, tais como: comunicações pessoais, movimentações bancárias, fatos da vida privada etc. Muitas são as práticas atuais que trazem tais potencialidades, por exemplo, monitoramento de conteúdo de e-mails,[73] uso de georreferenciamento de forma inadequada etc. Assume especial relevância, nesse sentido, os assistentes pessoais que, valendo-se especialmente de comandos por voz, permanecessem o tempo todo captando os sons produzidos, de forma que podem vir a captar e a processar tudo que é dito.[74] Outra questão sensível na atualidade que aqui pode ser citada, refere-se à chamada *internet das coisas* (IoT), bem como as "casas inteligentes" e "cidades inteligentes", uma vez que se valem dos mais diversos sensores e câmeras para captar todos os fatos relevantes, fazendo com que, com isso, ocorra um monitoramento passivo, difundido e continuo.[75]

Por fim, também é certo que o tratamento de dados pessoais apresenta risco de lesão ao patrimônio, no sentido econômico, do titular. Afinal, os dados podem ser usados para um *sem número* de golpes e fraudes, como amiúde é divulgado.[76]

---

[73] É interessante ressaltar que, até 2017, o Google utilizava sistematicamente do conteúdo das mensagens digitais para personalização de anúncios, o que gerou processo administrativo junto ao Ministério da Justiça. Ver a respeito em: FEITOSA JR., Alessandro. Ministério da Justiça quer multar Google por ler e-mails do Gmail, mas órgão está meio atrasado. *In*: **GIZ_BR-UOL.com**. [*S. l.*], 8 fev. 2019. Disponível em: https://gizmodo.uol.com.br/justica-multa-google-ler-gmail/. Acesso em: 17 jan. 2023.

[74] Consultar a respeito em: SEU CELULAR está realmente te espionando? **BBC News Brasil**. [Brasil], 22 abr. 2019. Disponível em: https://www.bbc.com/portuguese/geral-47993946. Acesso em: 17 jan. 2023.

[75] Sobre *Internet das coisas* (IoT), ler o artigo *Internet das Coisas: da teoria à prática* (SANTOS, Bruno P. *et al*. **Internet das coisas**: da teoria à prática. Departamento de Ciência da Computação. Universidade Federal de Minas Gerais. Belo Horizonte: UFMG, [2023?]. Disponível em: https://homepages.dcc.ufmg.br/~mmvieira/cc/papers/internet-das-coisas.pdf. Acesso em: 17 jan. 2023).

[76] A título de exemplo: MATSUURA, Sérgio. Mercado ilegal de crédito é alimentado pela venda on-line de cartões. **O Globo** [online]. [Brasil], 8 jun. 2015. Disponível

Ao lado do aspecto individual, a atividade de tratamento de dados pessoais (também) gera riscos sociais (difusos ou coletivos), pois a má administração de dados pessoais pode comprometer a segurança nacional, bem como corromper a democracia[77] e aprofundar a desconfiança entre sociedades, empresas, pessoas e governos, o que pode encaminhar a um desgaste na coesão social. O chamado caso Facebook/Cambridge Analytica, exemplificativamente, demonstra o elevado risco de danos sociais (no sentido coletivo) que o tratamento de dados pessoais pode gerar. No caso, os dados pessoais foram usados para atingir os titulares mediante o uso de "[...] propagandas políticas que correspondiam à sua tendência psicológica".[78] O microdirecionamento (como se deu quando da ocorrência do caso supracitado), dentre outros efeitos negativos, impede o debate público e torna obscuros o programa político e o perfil dos candidatos, pois, ao individuar as mensagens, cria realidades paralelas na esfera pública.[79] Assim, por exemplo, determinado candidato pode produzir mensagens de conteúdo distinto a respeito da necessidade de preservação ambiental (contra e a favor) e enviá-las de acordo com o perfil do eleitor, de forma que aqueles favoráveis à preservação receberão mensagens nesse sentido, enquanto aqueles que forem contrários também receberão mensagens com o conteúdo que lhes agrada. Some-se a isso a possibilidade de o conteúdo ser deliberadamente inverídico, como no caso das *fake news*.

Quadra asseverar que um mesmo fato pode gerar riscos frente aos diversos direitos (aqui) referidos, o que não retira a utilidade da esquematização

---

em: https://oglobo.globo.com/economia/mercado-ilegal-de-credito-alimentado-pela-venda-on-line-de-cartoes-16376307. Acesso em: 15 abr. 2023.

[77] VÉLIZ, Carissa. **Privacidade é poder**: por que e como você deveria retomar o controle de seus dados. Tradução de Samuel Oliveira. São Paulo: Editora Contracorrente, 2021. p. 137.

[78] VÉLIZ, Carissa. **Privacidade é poder**: por que e como você deveria retomar o controle de seus dados. Tradução de Samuel Oliveira. São Paulo: Editora Contracorrente, 2021. p. 143.

[79] VÉLIZ, Carissa. **Privacidade é poder**: por que e como você deveria retomar o controle de seus dados. Tradução de Samuel Oliveira. São Paulo: Editora Contracorrente, 2021. p. 152.
Ainda nesse sentido, Giuliano da Empoli assevera que: "Se, no passado, o jogo político consistia em divulgar uma mensagem que unificava, hoje se trata de desunir da maneira mais explosiva. Para conquistar uma maioria, não se deve mais convergir para o centro, mas adicionar os extremos" (DA EMPOLI, Giuliano. **Os engenheiros do caos**. Tradução de Arnaldo Bloch. São Paulo: Vestígio, 2020. p. 163).

proposta, especialmente para fins de permitir melhor investigação dos riscos envolvidos e sua necessária prevenção.

Do ponto de vista das práticas de coleta propriamente ditas (dimensão procedimental),[80] tem-se que o tratamento dos dados pessoais pode ser lícito ou ilícito. O tratamento é lícito quando ocorre de acordo com as autorizações legais existentes, disciplinadas por intermédio dos arts. 7º a 10 da LGPD,[81] bem como com o cumprimento de todas as demais regulamentações pertinentes. Será ilícito (antijurídico) o tratamento nas demais situações, o que remete a um amplo leque de possibilidades, desde a extração ilícita (de dados) – como no caso de *hackers* e *crackers* –, até mesmo desvio de finalidade, exercício inadmissível das posições jurídicas, descumprimento dos princípios, arquétipos e regras atinentes à matéria etc., o que será aprofundado no terceiro capítulo.

2.3 FUNDAMENTAÇÃO CONSTITUCIONAL DOS DEVERES DE PRECAUÇÃO E PREVENÇÃO

François Ewald, em instigante "esboço" sobre a "filosofia da precaução", demonstra as mudanças de paradigma ligadas às obrigações das sociedades com a segurança de seus membros (tradução nossa).[82] Na sua visão, o século XIX viveu sob o domínio do "paradigma da responsabilidade", com ocorrência de uma transformação fundamental e com o advento de um "paradigma de precaução" (tradução nossa).[83]

---

[80] SCHREIBER, Anderson. **Direitos da personalidade**. 2. ed. São Paulo: Atlas, 2013. p. 138.

[81] BRASIL. **Lei nº 13.709, de 14 de agosto de 2018**. Lei Geral de Proteção de Dados Pessoais (LGPD). Brasília, DF: Presidência da República, 2018. Disponível em: http://www.planalto.gov.br/ccivil_03/_ato2015-2018/2018/lei/L13709.htm. Acesso em: 15 abr. 2023.

[82] EWALD, François. The return of Descartes's malicious demon: an outline of a philosophy of precaution. *In:* BAKER, Tom; SIMON, Jonathan (ed.). **Embracing risk**: the changing culture of insurance and responsibility. Chicago: The University of Chicago Press, 2002. p. 273-301. Disponível em: https://doi.org/10.7208/chicago/9780226035178.003.0011. Acesso em: 17 jan. 2023.

[83] "paradigm of responsibility" e "precautionary paradigm" (EWALD, François. The return of Descartes's malicious demon: an outline of a philosophy of precaution. *In:* BAKER, Tom; SIMON, Jonathan (ed.). **Embracing risk**: the changing culture of insurance and responsibility. Chicago: The University of Chicago Press, 2002. p. 273. Disponível em: https://doi.org/10.7208/chicago/9780226035178.003.0011. Acesso em: 17 jan. 2023.

Para o autor, o paradigma da responsabilidade, ancorado na filosofia liberal, impõe a responsabilidade de cada pessoa pelo próprio destino, pois a cada um compete satisfazer suas necessidades, não sendo admissível transferir para outro(s) os infortúnios que lhe acometem (tradução nossa).[84] Nesse quadro, os deveres legais em relação aos demais podem ser resumidos como: *não prejudique os outros*. Assim, há uma espécie de economia de direitos e deveres, fazendo com que o papel das obrigações morais seja muito maior do que o do direito (como no caso da caridade, por exemplo).

A ideia inicial da responsabilidade enfoca, pois, no sentido de que cada um é responsável por si, sendo que somente é admissível atribuir a terceiros os males que recaem sobre a pessoa quando a conduta do terceiro for culposa. O paradigma da responsabilidade tem a virtude de tornar as pessoas providentes e prudentes, especialmente para consigo mesmas. A culpa funciona, dessa forma, como o único fundamento de atribuição de responsabilidade e assume as funções de sancionar, prevenir e compensar, como também de integrar ética, direito e política. E, desse modo, ocorre ao contrário do que designa hoje; quando foi cunhado, o termo responsabilidade significava justamente um princípio geral de não culpabilização (tradução nossa),[85] somente afastado na hipótese de culpa provada.

Dadas as contestações recebidas, prossegue o autor, especialmente em relação aos acidentes de trabalho, o mecanismo da responsabilidade, pelo menos em relação a certos eventos, foi reformado e substituído, no final do século XIX, por um modelo baseado na solidariedade, que não se funda na culpa, mas sim no risco. A racionalidade, então, divorcia causalidade de atribuição, de forma que ocorre uma mudança na alocação legal dos danos, passando a responsabilização a ser baseada mais em distribuição do que em causa. Afinal, a ideia do risco está diretamente relacionada com análises baseadas em estatísticas e probabilidades ligadas a uma atividade (tradução

---

[84] EWALD, François. The return of Descartes's malicious demon: an outline of a philosophy of precaution. *In:* BAKER, Tom; SIMON, Jonathan (ed.). **Embracing risk**: the changing culture of insurance and responsibility. Chicago: The University of Chicago Press, 2002. passim. Disponível em: https://doi.org/10.7208/chicago/9780226035178.003.0011. Acesso em: 17 jan. 2023.

[85] EWALD, François. The return of Descartes's malicious demon: an outline of a philosophy of precaution. *In:* BAKER, Tom; SIMON, Jonathan (ed.). **Embracing risk**: the changing culture of insurance and responsibility. Chicago: The University of Chicago Press, 2002. p. 276. Disponível em: https://doi.org/10.7208/chicago/9780226035178.003.0011. Acesso em: 17 jan. 2023.

nossa),[86] de forma que é justo que seja atribuído ao criador do risco os danos decorrentes. Cabe à sociedade, de tal maneira, repartir o custo, de forma que se passa de uma perspectiva individualista para uma perspectiva holística e solidarista.

Além da compensação dos danos, o paradigma da solidariedade passa a impor uma perspectiva de prevenção. Uma prevenção diferente do paradigma da responsabilidade, ligada à providência e à prudência individuais (muito atreladas às noções de destino, acaso, infortúnio, perigo), mas que, naquele momento, passou a basear-se em um sistema técnico em que os erros são considerados mais organizacionais do que individuais e que a boa vontade cede lugar ao saber científico, pois a prevenção pressupõe a ciência, o entendimento possível e o controle técnico sobre os riscos criados, visando até mesmo a mensuração objetiva do risco e sua mitigação, com redução da probabilidade de danos (tradução nossa).[87] "A prevenção é uma atitude que, por princípio, se assenta na confiança na ciência e seu *know-how*", logo "[p]ressupõe o ajustamento do saber e do poder, um controle sempre possível do poder pelo conhecimento" (tradução nossa).[88] Em resumo, a prevenção impõe uma abordagem racional sobre um mal que a ciência pode objetivar e medir.

Prossegue o autor dizendo que o paradigma da solidariedade pode estar sendo superado na atualidade, especialmente por conta de três grandes questões correspondentes aos principais problemas de segurança contemporâneos: a) os acidentes médicos; b) as ameaças globais ao meio ambiente,

---

[86] EWALD, François. The return of Descartes's malicious demon: an outline of a philosophy of precaution. *In:* BAKER, Tom; SIMON, Jonathan (ed.). **Embracing risk**: the changing culture of insurance and responsibility. Chicago: The University of Chicago Press, 2002. p. 278. Disponível em: https://doi.org/10.7208/chicago/9780226035178.003.0011. Acesso em: 17 jan. 2023.

[87] EWALD, François. The return of Descartes's malicious demon: an outline of a philosophy of precaution. *In:* BAKER, Tom; SIMON, Jonathan (ed.). **Embracing risk**: the changing culture of insurance and responsibility. Chicago: The University of Chicago Press, 2002. p. 282. Disponível em: https://doi.org/10.7208/chicago/9780226035178.003.0011. Acesso em: 17 jan. 2023.

[88] "Prevention is an attitude which, by principle, relies on trust in Science and its know-how. It presupposes the adjustment of knowledge and power, an ever-possible control of power by knowledge" (EWALD, François. The return of Descartes's malicious demon: an outline of a philosophy of precaution. *In:* BAKER, Tom; SIMON, Jonathan (ed.). **Embracing risk**: the changing culture of insurance and responsibility. Chicago: The University of Chicago Press, 2002. p. 282. Disponível em: https://doi.org/10.7208/chicago/9780226035178.003.0011. Acesso em: 17 jan. 2023).

e; c) a responsabilização dos fabricantes pelos produtos cujos defeitos não eram conhecidos no momento da fabricação em razão das limitações do conhecimento científico – risco do desenvolvimento (tradução nossa).[89] Conjuntamente, essas questões impõem um paradigma de precaução, que vai além da mera prevenção, pois deve ter em consideração não somente os riscos conhecidos, mas também os inespecíficos, incertos e desconhecidos. Assim, a ausência de certeza científica, tendo em conta o estado do conhecimento, não admite o adiamento da adoção de medidas efetivas e proporcionais para prevenir danos graves e irreversíveis. O princípio da precaução pressupõe, dessa forma, o uso ativo da dúvida, o que não diz respeito exatamente a uma causa desconhecida, mas a uma causa provável ou suspeita (tradução nossa),[90] tendo em conta o conhecimento científico que passa a valer mais pelas dúvidas que suscita do que pelas certezas que traz. A incerteza deixa de ser uma desculpa para não agir e passa a ser um motivo para maior prevenção.

A precaução diferencia-se, então, da providência, pelo fato de que esta última se vale de uma visão individualista, enquanto a primeira volta-se a ameaças coletivas. Da mesma forma, a precaução afasta-se da prevenção pelo fato de que não está ligada propriamente ao solidarismo.[91]

---

[89] EWALD, François. The return of Descartes's malicious demon: an outline of a philosophy of precaution. *In:* BAKER, Tom; SIMON, Jonathan (ed.). **Embracing risk**: the changing culture of insurance and responsibility. Chicago: The University of Chicago Press, 2002. p. 283. Disponível em: https://doi.org/10.7208/chicago/9780226035178.003.0011. Acesso em: 17 jan. 2023. Adaptado.

[90] EWALD, François. The return of Descartes's malicious demon: an outline of a philosophy of precaution. *In:* BAKER, Tom; SIMON, Jonathan (ed.). **Embracing risk**: the changing culture of insurance and responsibility. Chicago: The University of Chicago Press, 2002. p. 282. Disponível em: https://doi.org/10.7208/chicago/9780226035178.003.0011. Acesso em: 17 jan. 2023.

[91] "O quadro da precaução ecoa condições ontológicas e epistemológicas que não são nem as que viram surgir a providência, nem as que pressupõem a prevenção. A precaução não é o resultado de uma ontologia individualista como a providência. As ameaças que ela envolve são coletivas. Implica motivações que não são regionais, mas internacionais. E não pertence ao sonho preventivo contemporâneo do solidarismo" (EWALD, François. The return of Descartes's malicious demon: an outline of a philosophy of precaution. *In:* BAKER, Tom; SIMON, Jonathan (ed.). **Embracing risk**: the changing culture of insurance and responsibility. Chicago: The University of Chicago Press, 2002. p. 293. Disponível em: https://doi.org/10.7208/chicago/9780226035178.003.0011. Acesso em: 17 jan. 2023).
Texto original: "The precautionary framework echoes ontological and epistemological conditions that are neither those that saw the emergence of providence, nor those which presuppose prevention. Precaution is not the result of an individualistic ontology such as providence. The threats that it involves are collective. It implies

A partir do paradigma da prevenção, percebe-se claramente a inclinação social na adoção de práticas ou procedimentos que, numa análise prospectiva, podem impedir a ocorrência de fatos indesejáveis, o que importa dizer, na necessidade de criar e aplicar medidas para evitar incidentes no futuro.

Essas mudanças também foram sentidas em todos os campos jurídicos, até mesmo no direito privado. Louis Josserand, ainda no ano de 1936, em obra seminal a respeito da evolução da responsabilidade civil, reconhecia que a principal causa da necessária mudança na área correspondia ao "[...] caráter cada vez mais perigoso da vida contemporânea".[92] Assevera que se vivia anteriormente na idade da imobilidade, em que os utensílios eram inofensivos e os acidentes raros, o que fazia com que as pessoas se sentissem em segurança. Com a criação de novas tecnologias, as pessoas passam a se movimentar sem cessar. São desenvolvidos novos utensílios de poder "terrível", cujas forças e essência não são minimamente conhecidas pelas pessoas em geral, o que faz aumentar o número de acidentes, os quais, muitas vezes, são de causa aparentemente desconhecida. A segurança então existente se esvai, "[e], então, acontece muito naturalmente que, desprovidos de segurança material, aspiramos de mais a mais à segurança jurídica".[93] Assim, o entorno, o ambiente, por passar a conter cada vez mais risco, passa a exigir da sociedade cada vez mais meios para mitigá-lo ou para obter a reparação dos prejuízos causados.

---

motivations that are not regional, but international. And it does not belong to the contemporary preventive dream of solidarism" (Ewald, François. The return of Descartes's malicious demon: an outline of a philosophy of precaution. *In:* BAKER, Tom; Simon, Jonathan (ed.). **Embracing risk**: the changing culture of insurance and responsibility. Chicago: The University of Chicago Press, 2002. p. 293. Disponível em: https://doi.org/10.7208/chicago/9780226035178.003.0011. Acesso em: 17 jan. 2023).

[92] JOSSERAND, Louis. A evolução da responsabilidade civil. **Revista Forense**, Rio de Janeiro, v. 86, p. 52-63. Rio de Janeiro: Editora Forense, 1941 (Obs.: obra traduzida para o português em 1941 por Raul Lima).

[93] JOSSERAND, Louis. A evoluçao da responsabilidade civil. **Revista Forense**, Rio de Janeiro, v. 86, p. 53. Rio de Janeiro: Editora Forense, 1941 (obs.: obra traduzida para o português em 1941 por Raul Lima).

Acrescenta ainda: "Há, em nosso espírito e nos nossos nervos, um movimento de defesa espontâneo, uma reação instintiva; quanto mais o homem está em perigo, tanto mais experimenta a necessidade de ser protegido pelo legislador ou pelo juiz, de poder identificar um responsável; o desdobramento da responsabilidade é assim função da insegurança e a fórmula *viver perigosamente* atrai fatalmente uma outra que lhe constitue a réplica e a sanção: *responder pelos nossos atos*" (JOSSERAND, Louis. A evolução da responsabilidade civil. **Revista Forense**, Rio de Janeiro, v. 86, p. 53. Rio de Janeiro: Editora Forense, 1941 (obs.: obra traduzida para o português em 1941 por Raul Lima) grifo do autor). OBS.: grafia conforme texto original.

A referida evolução, operada especialmente por meio da atividade doutrinária e jurisprudencial frente a um quadro legal praticamente imóvel,[94] se deu em relação aos três pilares da responsabilidade civil: ação ou omissão culposa, dano e nexo de causalidade. Quanto ao primeiro, o sentido da evolução é marcado, preliminarmente, pelo afrouxamento na prova da culpa, passando por presunções de culpa até chegar à responsabilidade independentemente de culpa (pelo risco ou objetiva), naquelas áreas em que era injusta a sistemática legal. Em relação ao dano, há uma evolução no seu sentido – de aspecto exclusivamente patrimonial à lesão de um bem jurídico protegido –, o que permite o aumento significativo da esfera indenizável, especialmente com conexão ao ferimento de direitos da personalidade. O nexo de causalidade, por sua vez, é relativizado e passam a ser utilizadas teorias mais tendentes à indenização, tal como a causalidade relativa. Ocorre, com isso, uma redução dos "filtros"[95] da reparação civil.

Ao lado da resposta jurídica *ex post facto* descrita no parágrafo anterior, a mudança mais importante se dá no "tempo do Direito"[96] operada frente aos crescentes riscos. O direito, que se ocupava essencialmente em punir o ilícito, ou seja, possuía uma racionalidade *ex post,* uma função repressiva, de desencorajamento, valendo-se quase que exclusivamente de comandos negativos (proibições) complementados por sanções, passa a se ater mais diretamente com a proteção efetiva dos bens jurídicos tutelados, especialmente – mas não somente – por meio de técnicas de encorajamento, que buscam provocar o exercício de atos conformes, ou seja, passa a contar com uma racionalidade *ex ante*, preventiva, anterior à ocorrência do dano. Com isso se passa a pensar, ao lado do modelo repressivo, em um modelo jurídico protetivo.[97]

Veja-se que a mudança não se dá na *mens legis* em si – afinal a preocupação de proteger o bem jurídico sempre existiu. A mudança se dá na

---

[94] JOSSERAND, Louis. A evolução da responsabilidade civil. **Revista Forense**, Rio de Janeiro, v. 86, p. 63, Editora Forense, 1941.

[95] Como já ressaltado, a expressão é aqui utilizada no sentido que lhe dá Anderson Schreiber, ou seja, como "[...] óbices capazes de promover a seleção das demandas de ressarcimento que deveriam merecer acolhida jurisdicional" (SCHREIBER, Anderson. **Novos paradigmas da responsabilidade civil**: da erosão dos filtros da reparação à diluição dos danos. São Paulo: Atlas, 2007. p. 11).

[96] Consultar a respeito: OST, François. **O tempo do direito**. Tradução de Élcio Fernandes. Bauru, SP: Edusc, 2005. p. 187 *et seq.*

[97] Assim transcreve: BOBBIO, Norberto. **Da estrutura à função**: novos estudos de teoria do direito. Barueri, SP: Manole, 2007. passim.

"metodologia", na forma de abordagem para tanto. No caso do sistema *ex post*, o direito entra em ação no momento em que já ocorreu o dano, o que se dá por meio da realização de uma análise retrospectiva para verificar o descumprimento de um dever de conduta e, consequentemente, aplicar a sanção correspondente. No caso do enfrentamento *ex ante*, o direito se ocupa(rá) justamente das medidas técnicas e organizacionais, dos procedimentos etc. necessários para prevenir a ocorrência do evento danoso, tais como tornar ilícito um evento anterior à ocorrência do dano que poderia causá-lo, ou até mesmo via incentivo da adoção de deveres objetivos de cuidado que podem obstar a ocorrência do evento danoso. A abordagem é deslocada, pois, do dano para o risco. A lógica subjacente não é do dano que necessita ser reparado, mas do dano que deve/pode ser evitado, ou do risco a ser reduzido o máximo possível. Se anteriormente o direito via uma série de eventos danosos a serem reparados, passa agora a ver uma série de riscos a serem evitados, pois a prevenção decorre de uma visão causal, com efetivação da construção de uma relação entre um futuro possível indesejado e os fatores do presente que podem (não é necessária certeza, mas mera possibilidade) contribuir para ele (futuro indesejado). Nessa medida, diferentes problemas surgirão, diferentes soluções serão possíveis e diferentes intervenções – dos agentes privados e mesmo do Estado – serão admitidas.

Teresa Ancona Lopez assevera, nesse sentido, que os aspectos preventivo e precautório sempre existiram, ainda que de forma intuitiva e empírica. Contudo, com a mudança dos tipos de perigos, exige-se que hoje a precaução seja "[...] racional, científica, tecnológica e jurídica".[98] Na verdade, somente é possível falar em precaução e prevenção sob as luzes da ciência e do racionalismo, como assentado com base nas lições de François Ewald, supramencionado.[99] Logo, quando se fala de medidas de antecipação intuitivas, se está a falar da prudência, que se assenta na responsabilidade individual e na mera repetição de comportamentos anteriores.

A expansão do "olhar preventivo" produz, segundo Rik Peeters, um novo modelo de Estado, que denomina de "Estado preventivo", o qual tem como

---

[98] LOPEZ, Teresa Ancona. **Princípio da precaução e evolução da responsabilidade civil**. São Paulo: Quartier Latin, 2010. p. 96-97.
[99] EWALD, François. The return of Descartes's malicious demon: an outline of a philosophy of precaution. *In*: BAKER, Tom; SIMON, Jonathan (ed.). **Embracing risk**: the changing culture of insurance and responsibility. Chicago: The University of Chicago Press, 2002. p. 273-301. Disponível em: https://doi.org/10.7208/chicago/9780226035178.003.0011. Acesso em: 17 jan. 2023.

objetivo impedir que os cidadãos causem danos evitáveis a si próprios ou aos demais (cidadãos). Difere do "Estado individual" ante a clara motivação social e ativa e, também, do "Estado do bem-estar" em que se busca criar compensações pelos infortúnios sociais ocorridos. E a atuação do "Estado preventivo" não encontra justificativa na responsabilidade ou na culpa, nem mesmo na vitimização individual e solidariedade coletiva, mas na necessidade de que as pessoas se comportem de forma responsável, o que é efetuado mediante o uso de técnicas e instrumentos para influenciar o ambiente de vida dos cidadãos e instigar sua capacidade de avaliar possíveis riscos e consequências de suas ações (tradução nossa).[100] Essas intervenções preventivas são exercidas, de um lado, com vistas à proteção da população em relação a danos que ocorrem fora do seu campo de ação individual e, de outro, no fato de que o Estado foi criado para servir à sociedade (tradução nossa).[101]

Prossegue o autor sustentando que o "Estado preventivo" pode ser uma resposta aos efeitos negativos do progresso, na medida que a sociedade atual produz novos tipos de riscos que afastam as formas tradicionais de controle, o que exige a criação de novas abordagens e estratégias de ação (tradução nossa).[102] A atuação estatal passa a conter novas atividades, ligadas à identificação dos riscos e ao estabelecimento de mecanismos de sua gestão, e, nesse âmbito, ganham espaço as correlações estatísticas entre acontecimentos no presente e possíveis danos no futuro. O Estado de prevenção enfatiza a regulação sobre a coerção e se vale da noção de responsabilidade como sendo a capacidade dos indivíduos de avaliar as consequências de suas ações, bem como de prestar contas, o que redunda na solidariedade em relação à sociedade como um todo (tradução nossa).[103]

Nesse contexto de surgimento de novos problemas sociais, a prevenção passa a ser a resposta lógica para o direito (ainda que não se abandone totalmente o modelo *ex post*), de forma que várias disposições passam a ser criadas nesse sentido, até mesmo de forma ampla e abrangente – tal como, de forma pioneira, na Alemanha da década de 1970, em que foi positivado

---

[100] PEETERS, Rik. **The preventive gaze**: how prevention transforms our understanding of the state. Haia: Eleven International Publishing, 2013. p. 372.

[101] PEETERS, Rik. **The preventive gaze**: how prevention transforms our understanding of the state. Haia: Eleven International Publishing, 2013. p. 374-375.

[102] PEETERS, Rik. **The preventive gaze**: how prevention transforms our understanding of the state. Haia: Eleven International Publishing, 2013. p. 385.

[103] PEETERS, Rik. **The preventive gaze**: how prevention transforms our understanding of the state. Haia: Eleven International Publishing, 2013. p. 394; p. 413.

o princípio da prevenção/precaução[104] (*Vorsorgeprinzip*)[105] em matéria de direito ambiental.[106]

Seguindo os passos germânicos, o princípio da prevenção/precaução é amplamente aceito no direito ambiental brasileiro, especialmente diante do art. 225 da Constituição Federal (CF),[107] da legislação infraconstitucional e de tratados internacionais dos quais o Brasil é signatário.[108] Esclarece, nessa perspectiva, Celso Antonio Pacheco Fiorillo que "[...] a prevenção é preceito fundamental, uma vez que os danos ambientais são irreversíveis e irreparáveis".[109]

---

[104] Há considerável divergência doutrinária a respeito do assunto. Para muitos doutrinadores, *prevenção* e *precaução* são sinônimos. Para outros, a *prevenção* refere-se a riscos conhecidos, enquanto a *precaução* tem em conta riscos desconhecidos. Outros ainda entendem que a *prevenção* se relaciona ao perigo, enquanto a *precaução* ao risco em si. Consultar a respeito em: LOPEZ, Teresa Ancona. **Princípio da precaução e evolução da responsabilidade civil**. São Paulo: Quartier Latin, 2010. p. 90-113.

[105] MACHADO, Paulo Affonso Leme. **Direito ambiental brasileiro**. 21. ed. São Paulo: Malheiros, 2013. p. 98.

[106] Keila Pacheco Ferreira assim explicita o termo *Vorsorgen*: "Do exame da palavra em sua língua originária, depreende-se que o termo *Vorsorge* expressa preocupação com cuidar do futuro (prefixo *vor* – indica antecedência, conjugado a *Sorge* – significa preocupação, apreensão, cuidado, solicitude). O verbo *Vorsorgen* significa, portanto, preocupar e cuidar de algo com antecedência. Isso denota um avanço em relação a uma noção simplificada de atuação preventiva, pois inclui um aspecto temporal prospectivo, além da percepção de uma gestão responsável" (FERREIRA, Keila Pacheco. **Responsabilidade civil preventiva**: função, pressupostos e aplicabilidade. Orientadora: Teresa Ancona Lopez. 2014. p. 83. Tese (Doutorado em Direito) – Faculdade de Direito, Universidade de São Paulo, São Paulo, 2014. Disponível em: https://www.teses.usp.br/teses/disponiveis/2/2131/tde-27102016-092601/pt-br.php. Acesso em: 30 abr. 2023).

[107] BRASIL. [Constituição (1988)]. **Constituição da República Federativa do Brasil de 1988**. Brasília, DF: Presidência da República, 1988. Disponível em: http://www.planalto.gov.br/ccivil_03/constituicao/Constituicao.htm. Acesso em: 11 jan. 2023.

[108] Como é o caso da Convenção sobre Diversidade Biológica, que foi assinada pelo governo brasileiro, no Rio de Janeiro, em 05.06.1992, ratificada pelo Decreto. 2.519, de 16 de março de 1998 (BRASIL. **Decreto nº 2.519, de 16 de março de 1998**. Promulga a Convenção sobre Diversidade Biológica, assinada no Rio de Janeiro, em 05 de junho de 1992. Brasília, DF: Presidência da República, 1998. Disponível em: http://www.planalto.gov.br/ccivil_03/decreto/d2519.htm, Acesso em: 15 abr. 2023).

[109] Prossegue o autor afirmando que, "[d]iante da impotência do sistema jurídico, incapaz de restabelecer, em igualdade de condições, uma situação idêntica à anterior, adota-se o princípio da prevenção do dano ao meio ambiente como sustentáculo do direito ambiental, consubstanciando como seu *objetivo fundamental*" (FIORILLO, Celso Antonio Pacheco. **Curso de direito ambiental brasileiro**. 10. ed. São Paulo: Saraiva, 2009. p. 54, grifo do autor).

De fato, a primazia da indenização (no sentido de tornar indene, sem dano) somente faz algum sentido em se tratando de bens de conteúdo meramente econômico. Um objeto quebrado pode ser reparado ou substituído. O objeto e o conserto, como regra geral, possuem conteúdo econômico direto. Logo, um objeto igual, o equivalente em dinheiro ao objeto ou mesmo seu conserto, nesse sentido, tornam indene a vítima. Diferentemente se dá com os demais bens que não possuem conteúdo econômico direto, como no caso dos bens ambientais. Afinal, um ecossistema, uma floresta ou mesmo um animal nativo não possuem conteúdo econômico direto, já que sua existência não é traduzível em equivalente pecuniário. Logo, o dano ambiental é irreversível, já que não é possível tornar o bem ambiental indene mediante uma prestação específica ou pelo equivalente pecuniário. Somente é possível pensar, portanto, em ações compensatórias ao dano quando efetivado. Contudo, mediante o princípio em questão, impõe-se a atuação (seja mediante ação, seja mediante omissão) com a finalidade de evitar a ocorrência do dano.

Essa racionalidade de atuação prévia, inicialmente desenvolvida no direito ambiental em razão da irreparabilidade e irreversibilidade do dano, como ressaltado, passa então a ser um paradigma de reinterpretação das diversas áreas do direito em que o dano pode ser qualificado como irreparável ou irreversível. Contudo, deve-se ir além para impor o dever de prevenção a todos aqueles que criam riscos a outrem.[110] Isso é fundamentado à medida em que se passa a ter consciência dos possíveis danos futuros e da identificação de seus eventos determinantes, o que acaba por gerar um dever de evitar o dano.

Bem demonstra esse fluxo expansivo da prevenção no ordenamento jurídico o entendimento de que a noção de sustentabilidade – desenvolvida inicialmente no direito ambiental, como sendo um direito ao futuro e especialmente ligado às gerações futuras[111] de ver garantidas condições ambientais

---

[110] Nas palavras de Ana Mafalda Castanheira Neves de Miranda Barbosa, "[...] deve-se entender que o princípio se dirige a todos aqueles que tenham o poder de desencadear uma actividade suscetível de constituir um risco para outrem". OBS.: grafia da palavra "actividade" conforme edição original de Coimbra, Portugal (BARBOSA, Ana Mafalda Castanheira Neves de Miranda. **Liberdade *vs*. Responsabilidade**: a precaução como fundamento da imputação delitual? Coimbra: Almedina, 2006. p. 337).

[111] No chamado "Caso Neubauer", julgado em 2021, o Tribunal Constitucional Alemão reconheceu que a solidariedade intergeracional deve ser ampliada para abranger também a solidariedade intrageracional, o que significa dizer que, no conceito de gerações futuras, devem ser incluídas as gerações atuais e suas perspectivas de futuro. Consultar a respeito em: SARLET, Ingo Wolfgang; WEDY, Gabriel; FENSTERSEIFER, Tiago. O 'caso Neubauer e outros v. Alemanha' e os direitos fundamentais.

adequadas – deve ser ampliada para incluir a multidimensionalidade do bem-estar humano, com abrangência do "[...] desenvolvimento social, econômico, ambiental e ético-jurídico [...]", com vistas à obtenção de "[...] condições favoráveis para o bem-estar das gerações presentes e futuras".[112] Com isso, é possível sustentar que, em todas as questões diretamente ligadas à existência e ao bem-estar da presente e das futuras gerações, a sustentabilidade deve ser uma busca contínua, o que impõe, sem afastar outros aspectos relevantes, a evitabilidade de danos à pessoa.

Como exemplo, o Código de Defesa do Consumidor estabelece como direito básico do consumidor "a efetiva *prevenção* e reparação de danos patrimoniais e morais, individuais, coletivos e difusos" – art. 6º, VI (grifo nosso).[113] Essa expansão é de todo justificável, pois os riscos decorrentes das relações de consumo podem lesar a vida e a saúde do consumidor e, normalmente, se dão de forma difusa, atingindo um número considerável de indivíduos e, muitas vezes, caracterizam-se como irreversíveis e irreparáveis (ou ao menos de difícil reparação). Por outro lado, não se pode pensar que bastaria ao fornecedor indenizar eventuais consumidores lesados por produtos ou serviços inseguros sem que lhe fosse exigida atuação preventiva.

Assim, a atuação de todo aquele que causa risco para outrem deve ser pautada por ações técnicas adequadas à mitigação dos riscos, indo (mesmo) além da atuação mínima, pois se faz necessário desenvolver uma visão pessi-

---

Conjur – Consultor Jurídico. Boletim de notícias. [S. l.], 08 out. 2021. Disponível em: https://www.conjur.com.br/2021-out-08/direitos-fundamentais-neubauer-outros-alemanha-direitos-fundamentais. Acesso em: 15 abr. 2023).
Ver, também, a palestra intitulada *O caso Neubauer et al. v. Alemanha: o papel das futuras gerações na litigância climática* apresentada na VI Conferência CDEA 2021 (CARVALHO, Delton Winter; ROSA, Rafaela Santos Martins da; DUQUE, Marcelo Schenk. **O caso Neubauer et al. v. Alemanha: o papel das futuras gerações na litigância climática**. VI Conferência CDEA 2021. [S. l.; s, n.], 06 jul. 2021. 1 vídeo (1 h 16 min 22 s). Publicado pelo canal Centro de Estudos Europeus e Alemães CDEA. Disponível em: https://www.youtube.com/watch?v=IZlbQ4JVmBQ&t=3297s. Acesso em: 15 abr. 2023).

[112] FREITAS, Juarez. **Sustentabilidade**: direito ao futuro. 4. ed. Belo Horizonte: Fórum, 2019. p. 55.

[113] BRASIL. **Lei nº 8.078, de 11 de setembro de 1990**. Dispõe sobre a proteção do consumidor e dá outras providências. Brasília, DF: Presidência da República, 1990. Disponível em: http://www.planalto.gov.br/ccivil_03/leis/l8078compilado.htm. Acesso em: 15 abr. 2023.

mista, ou seja, do pior cenário provável.[114] E, com base nisso, é imperioso que se atue, de forma efetiva, em face das atividades potencialmente causadoras de danos, mediante o controle dos fatores concretos de geração de riscos.[115]

Ainda que se possa discutir a adequação da definição de "Estado preventivo", bem como se o Brasil pode ser enquadrado nessa moldura teórica, não há dúvida de que a atuação preventiva estatal encontra assento na normatividade constitucional pátria atual. Isso decorre, além da mencionada sustentabilidade multidimensional, especialmente pela centralidade da pessoa humana na Constituição da República de 1988[116] e da necessária concretização dos direitos fundamentais, o que exige uma atitude positiva e preventiva do poder estatal.[117]

---

[114] Segundo Hans Jonas, "[...] é necessário dar mais ouvidos à profecia da desgraça do que à profecia da salvação" (JONAS, Hans. **O princípio responsabilidade**: ensaio de uma ética para a civilização tecnológica. Rio de Janeiro: PUC-Rio, 2006. p. 77).

[115] FROTA, Pablo Malheiros da Cunha. **Imputação sem nexo causal e a responsabilidade por danos**. Orientador: Luiz Edson Fachin. 2013. p. 211. Tese (Doutorado em Direito) – Faculdade de Direito, Setor de Ciências Jurídicas, Programa de Pós-Graduação em Direito, Universidade Federal do Paraná, Curitiba, 2013. Disponível em: https://www.acervodigital.ufpr.br/bitstream/handle/1884/31777/R%20-%20T%20-%20PABLO%20MALHEIROS%20DA%20CUNHA%20FROTA.pdf?sequence=1&isAllowed=y. Acesso em: 30 abr. 2023.

[116] BRASIL. [Constituição (1988)]. **Constituição da República Federativa do Brasil de 1988**. Brasília, DF: Presidência da República, 1988. Disponível em: http://www.planalto.gov.br/ccivil_03/constituicao/constituicao.htm. Acesso em: 11 jan. 2023.

[117] O Supremo Tribunal tem entendimento pacífico quanto à aplicação dos princípios constitucionais da prevenção e da precaução, para além da seara ambiental, quando envolver risco à vida e à saúde. Vide nesse sentido:
BRASIL. Supremo Tribunal Federal (Tribunal Pleno). **Medida Cautelar na Ação Direta de Inconstitucionalidade 6.421 Distrito Federal**. Direito administrativo. Ações diretas de inconstitucionalidade. Responsabilidade civil e administrativa de agentes públicos. Atos relacionados à pandemia de covid-19. Medida provisória nº 966/2020. Deferimento parcial da cautelar. [...] Requerente: Rede Sustentabilidade. Intimado: Presidente da República. Relator: Ministro Roberto Barroso, 21.05.2020. p. 1-140. Disponível em: https://redir.stf.jus.br/paginadorpub/paginador.jsp?docTP=TP&docID=754359227. Acesso em: 15 abr. 2023.
BRASIL. Supremo Tribunal Federal (Tribunal Pleno). **Referendo em Tutela Provisória Incidental na Arguição de Descumprimento de Preceito Fundamental 709 Distrito Federal**. Direitos fundamentais. Povos indígenas. Arguição de descumprimento de preceito fundamental. Tutela provisória incidental. Conflitos violentos, presença de invasores, garimpo ilegal e contágio por covid-19 nas TIs Yanomami e Munduruku. [...] Requerentes: Articulação dos Povos Indígenas do Brasil (APIB); Partido Socialista Brasileiro – PSB; Partido Socialismo e Liberdade (P-SOL) *et al.*

Ao lado disso, o princípio da solidariedade, previsto no art. 3º, I, da Constituição Federal de 1988, tem importância ímpar. Longe do sentido de caridade, a solidariedade impõe a necessária visão de que o agir de qualquer pessoa atinge os demais membros da comunidade,[118] de forma que cabe a todos agir de forma preventiva, ou seja, analisar os eventuais impactos de sua ação e tomar medidas adequadas para evitar que ocorram danos aos demais.

Os danos em matéria de proteção de dados pessoais, no geral ligados a direitos da personalidade, como se pode constatar da análise dos riscos rea-

---

Requeridos: União; Fundação Nacional do Índio – FUNAI *et al. Am. Curiae*: Fórum de Presidentes de Conselhos Distritais de Saúde Indígena – FPCONDISI. Relator: Ministro Roberto Barroso, 21.06.2021. p. 1-24. Disponível em: https://jurisprudencia.stf.jus.br/pages/search/sjur451507/false. Acesso em: 15 abr. 2023.

BRASIL. Supremo Tribunal Federal (Tribunal Pleno). **Referendo na Medida Cautelar na Arguição de Descumprimento de Preceito Fundamental 709 Distrito Federal**. Direitos fundamentais. Povos indígenas. Arguição de descumprimento de preceito fundamental. Tutela do direito à vida e à saúde face à pandemia da covid-19. Cautelares parcialmente deferidas. [...] Requerentes: Articulação dos Povos Indígenas do Brasil (APIB); Partido Socialista Brasileiro – PSB; Partido Socialismo e Liberdade (P-SOL) *et al*. Intimados: União; Fundação Nacional do Índio – FUNAI. *Am. Curiae*: Conselho Indigenista Missionário – CIMI; Conectas Direitos Humanos – Associação Direitos Humanos em Rede *et al*. Relator: Ministro Roberto Barroso, 05.08.2020. p. 1-194. Disponível em: https://jurisprudencia.stf.jus.br/pages/search/sjur433338/false. Acesso em: 15 abr. 2023.

BRASIL. Supremo Tribunal Federal (Tribunal Pleno). **Referendo Décima Sexta em Tutela Provisória Incindental na Arguição de Descumprimento de Preceito Fundamental 754 Distrito Federal**. Tutela de urgência em arguição de descumprimento de preceito fundamental. Concessão monocrática parcial. Emergência de saúde pública decorrente da covid-19. [...] Atos do Poder Público que podem, em tese, agravar a disseminação do novo cotronavírus (*sic*) conhecimento do pedido. Atuação da Suprema Corte em defesa dos direitos fundamentais da vida e da saúde de crianças e adolescentes. Comprovação científica acerca da eficácia e segurança das vacinas. Registro na Anvisa. Constitucionalidade da vacinação obrigatória. Sanções indiretas. Competência de todos [os] entes federativos, [...] Princípios da prevenção e precaução. Abstenção de atos que visem desestimular a imunização. Necessidade de esclarecimento sobre o entendimento do STF. Desvirtuamento do canal de denúncias 'disque 100'. Medida cautelar referendada pelo plenário. [...] Requerente: Rede Sustentabilidade. Requerido: Presidente da República. *Am Cruiae*: Sindicato dos Médicos no Estado do Paraná. Relator: Ministro Ricardo Lewandowski, 21.03.2022. p. 1-72. Disponível em: https://jurisprudencia.stf.jus.br/pages/search/sjur464895/false. Acesso em: 15 abr. 2023.

[118] Consultar, nesse sentido: USTÁRROZ, Daniel. **Responsabilidade civil por ato lícito**. São Paulo: Atlas, 2014. p. 11-56.

lizada no item anterior, são irreparáveis e irreversíveis. Acrescenta-se ainda a peculiaridade de que, uma vez que se sabe uma determinada informação sobre uma pessoa, não é possível voltar atrás. Nessa medida, a atuação preventiva do agente de tratamento de dados pessoais é decorrência do texto constitucional. O que se observa é que a ética utilitarista, inspirada unicamente nas inovações tecnológicas e seu determinismo, que se volta somente ao interesse financeiro, tem dominado a atividade de tratamento de dados até o momento. Contudo, é imperioso que os agentes de tratamento de dados pessoais ajam de forma a reduzir efetivamente os riscos decorrentes da (sua) atividade, de forma a contribuir para a realização do Estado Democrático de Direito centrado na pessoa e na sua dignidade.

2.4 DO PROTAGONISMO DO CONSENTIMENTO AO PROTAGONISMO DO RISCO

Tem sido comum a adoção pela literatura brasileira[119] da visão "geracional" das leis de proteção de dados pessoais realizada por Viktor Mayer-Schönberger no cenário Europeu.[120] Essa visão tem foco nas subsequentes "reações legais" frente ao desenvolvimento das tecnologias usadas no tratamento de dados pessoais e, apesar de ter sido publicada em 1997, é bastante útil para compreender os "fluxos e refluxos" da proteção de dados pessoais.

A chamada primeira geração de leis de proteção de dados pessoais, cujo marco temporal situa-se na primeira metade da década de 1970, tem como nota característica a exigência de autorização para o funcionamento dos bancos de dados e do controle posterior pelos órgãos públicos. Construída a partir das cinzas da Segunda Grande Guerra, tinha em conta os poucos e grandes bancos de dados especialmente concentrados na esfera estatal. De fato, à medida em que eram poucos os bancos de dados pessoais, a abordagem legislativa era apta à proteção mediante a concessão de "licenças autorizativas"

---

[119] Nesse sentido, dentre outros:
MENDES, Laura Schertel. **Privacidade, proteção de dados e defesa do consumidor**: linhas gerais de um novo direito fundamental. São Paulo: Saraiva, 2014. p. 37-44.
DONEDA, Danilo Cesar Maganhoto. **Da privacidade à proteção de dados pessoais**: elementos da formação da Lei Geral de Proteção de Dados. 2. ed. São Paulo: Thomson Reuters, 2019. p. 174-189.
BIONI, Bruno Ricardo. **Proteção de dados pessoais**: a função e os limites do consentimento. Rio de Janeiro: Forense, 2019. p. 113-117.
[120] MAYER-SCHÖNBERGER, Viktor. General development of data protection in Europe. In: AGRE, Philip; ROTENBERG, Marc (org.). **Technology and privacy**: the new landscape. Cambridge: MIT Press, 1997. p. 219-242.

e a fiscalização das condições exigidas para tanto. Ao lado disso, princípios abstratos e amplos condicionados pela informática completavam o conteúdo de tais leis.[121]

Com a crescente disseminação do uso da informática e, consequentemente, dos bancos de dados entre os entes privados (até mesmo difundidos entre a população com o uso do "computador pessoal"), tornou-se inviável a exigência de autorização de funcionamento e controle efetivo do Poder Público sobre eles. Com isso, a segunda geração de leis, presentes a partir da segunda metade da década de 1970, centra-se na criação de ferramentas para que o titular pudesse identificar o uso de suas informações e, então, tomar as medidas adequadas.[122] Transfere-se, portanto, ao titular a responsabilidade pela proteção dos próprios dados pessoais,[123] cujo ápice se dá com a manifestação do consentimento para a coleta desses dados, ainda que fossem admissíveis outros controles posteriores. Assim, ante a clara impossibilidade do Poder Público de fiscalizar todos os agentes de tratamento de dados, empodera-se o titular dos dados a fim de que, no uso de sua autonomia, identifique as ocasiões em que lhe parece adequado a cessão dos dados pessoais e seu posterior controle, mediante mecanismos para que ele possa identificar o mau uso e buscar, por conseguinte, o remédio jurídico correspondente.[124]

Na terceira geração de leis de proteção de dados, identificável a partir da década de 1980, o protagonismo do titular é aumentado[125] mediante o incremento de mecanismos que, considerando o contexto da extração de dados, buscam permitir o efetivo exercício da liberdade em ceder os dados pessoais, bem como sua participação efetiva nas fases posteriores à coleta.[126] Toma-se em consideração as situações em que se dá o consentimento, em

---

[121] DONEDA, Danilo Cesar Maganhoto. **Da privacidade à proteção de dados pessoais**: elementos da formação da Lei Geral de Proteção de Dados. 2. ed. São Paulo: Thomson Reuters, 2019. p. 176.

[122] DONEDA, Danilo Cesar Maganhoto. **Da privacidade à proteção de dados pessoais**: elementos da formação da Lei Geral de Proteção de Dados. 2. ed. São Paulo: Thomson Reuters, 2019. p. 177.

[123] BIONI, Bruno Ricardo. **Proteção de dados pessoais**: a função e os limites do consentimento. Rio de Janeiro: Forense, 2019. p. 115.

[124] DONEDA, Danilo Cesar Maganhoto. **Da privacidade à proteção de dados pessoais**: elementos da formação da Lei Geral de Proteção de Dados. 2. ed. São Paulo: Thomson Reuters, 2019. p. 177.

[125] BIONI, Bruno Ricardo. **Proteção de dados pessoais**: a função e os limites do consentimento. Rio de Janeiro: Forense, 2019. p. 115

[126] MENDES, Laura Schertel. **Privacidade, proteção de dados e defesa do consumidor**: linhas gerais de um novo direito fundamental. São Paulo: Saraiva, 2014. p. 42.

especial da ocorrência de condicionantes que cerceiam a autodeterminação informativa.[127] Ocorre, com isso, um mero aprimoramento da geração anterior, seja com a consideração do contexto, seja com o incremento do ferramental jurídico ofertado ao titular.

A quarta geração de leis, a partir do reconhecimento das deficiências de centrar a proteção de dados na autodeterminação individual ante a desigualdade do poder de barganha, busca fortalecer, de um lado, ainda mais a posição das pessoas frente aos agentes de tratamento de dados e, de outro, proibir o tratamento de certos dados pessoais para determinadas finalidades. Além disso, essa geração de leis de proteção de dados tem como notas características a busca de regulamentações setoriais de proteção de dados pessoais, bem como a criação de autoridades independentes de proteção de dados, cujo melhor exemplo é a Diretiva 95/46/CE (1995) da União Europeia (tradução nossa).[128]

Com base na análise realizada, Viktor Mayer-Schönberger assevera que a evolução legal demonstra os dois temas subjacentes à proteção de dados, quais sejam: a pretensão de moldar e instrumentalizar as tecnologias e a questão relacionada a vincular a proteção de dados pessoais a valores individuais mais profundos. Assim, reflete acerca da busca honesta em oferecer proteção efetiva à pessoa (tradução nossa).[129]

A análise desperta o debate sobre a (in)capacidade de a autodeterminação informativa servir de pedra fundamental na proteção de dados pessoais. O próprio Viktor Mayer-Schönberger, ao tratar da segunda geração de leis, admite que, ante os custos sociais e econômicos decorrentes da não autorização pelo titular do uso de seus dados, a proteção de dados pessoais somente alcançaria os eremitas (tradução nossa).[130]

---

[127] DONEDA, Danilo Cesar Maganhoto. **Da privacidade à proteção de dados pessoais**: elementos da formação da Lei Geral de Proteção de Dados. 2. ed. São Paulo: Thomson Reuters, 2019. p. 178.

[128] MAYER-SCHÖNBERGER, Viktor. General development of data protection in Europe. In: AGRE, Philip; ROTENBERG, Marc (org.). **Technology and privacy:** the new landscape. Cambridge: MIT Press, 1997. p. 232-233.

[129] MAYER-SCHÖNBERGER, Viktor. General development of data protection in Europe. In: AGRE, Philip; ROTENBERG, Marc (org.). **Technology and privacy:** the new landscape. Cambridge: MIT Press, 1997. p. 233.

[130] MAYER-SCHÖNBERGER, Viktor. General development of data protection in Europe. In: AGRE, Philip; ROTENBERG, Marc (org.). **Technology and privacy:** the new landscape. Cambridge: MIT Press, 1997. p. 228.

É importante asseverar que, com exceção da primeira, todas as demais gerações buscam aumentar o protagonismo do consentimento e seu controle (uma mudança meramente "quantitativa"), considerando-o, portanto, como o principal mecanismo de proteção aos dados dos titulares. A tão cara e revolucionária (para a época) noção de autodeterminação informativa tem seu foco exatamente nesse ponto. Porém, a análise demonstra que tal foco não tem sido bem-sucedido, de forma que deve ser repensado. Daniel Solove, em alentado estudo sobre o que denomina de "dilema do consentimento", aponta algumas questões (acerca do mencionado) que forjam uma nova direção (tradução nossa).[131]

Sustenta, inicialmente, que o paradigma da "autogestão da privacidade" não pode servir sozinho de peça central para um regime regulatório que busca ser minimamente efetivo ante os "problemas cognitivos" que as pessoas possuem. Com base em estudos empíricos, demonstra que os titulares não estão engajados no gerenciamento da privacidade. Eles não leem as políticas de privacidade, seja pela sua complexidade, seja pelo fato de que as consequências são muito abstratas e distantes. Ademais, a maioria dos usuários não tem experiência suficiente, tampouco visão de longo prazo para avaliar e concordar com certos usos de seus dados, de forma que os entregam em troca de benefícios ínfimos.[132]

Ao lado das questões subjetivas dos titulares de dados, há problemas estruturais na autogestão da privacidade, na sua visão. O primeiro deles refere-se à escala. Na atualidade, mesmo que cada agente de tratamento de dados fornecesse informações claras a respeito do uso dos dados pessoais, seria impossível o gerenciamento de tais informações para uma pessoa racional realizar ante a existência de uma infinidade de agentes de tratamento a que a maioria das pessoas se encontram sujeitas, bem como à constante e onipresente coleta realizada. Assim, o tempo dispendido para analisar todos os novos termos

---

[131] No sentido de que o consentimento é, ao mesmo tempo, tão problemático, mas também tão relevante. Consultar: SOLOVE, Daniel J. Privacy self-management and the consent dilemma. **Harvard Law Review**, [S. l.], GWU Legal Studies Research Paper No. 2012-141, GWU Law School Public Law Research Paper No. 2012-141, [S. l.], v. 126, p. 1880-1903, 2013. Disponível em: https://ssrn.com/abstract=2171018. Acesso em: 14 out. 2022.

[132] SOLOVE, Daniel J. Privacy self-management and the consent dilemma. **Harvard Law Review**, [S. l.], GWU Legal Studies Research Paper No. 2012-141, GWU Law School Public Law Research Paper No. 2012-141, [S. l.], v. 126, p. 1886, 2013. Disponível em: https://ssrn.com/abstract=2171018. Acesso em: 14 out. 2022.

de consentimento seria imenso (tradução nossa).[133] Além disso, importaria em uma verdadeira "tarefa de Sísifo" (aqui, retomando expressão provinda da mitologia grega, a qual remete a todo tipo de situação ou trabalho que se caracteriza como inútil e/ou interminável), pois a experiência demonstra que "a política de privacidade" dos agentes de tratamento é constantemente alterada.

O segundo problema refere-se à agregação. Dados que, separadamente, não apresentam risco para o titular por dizerem muito pouco sobre sua personalidade, agregados, no futuro e com o uso de inteligência artificial, podem permitir a dedução de informações extensas sobre o titular, muito além do que ele gostaria de ter revelado, o que pode ser denominado de "efeito mosaico" (tradução nossa).[134]

Ademais, a autogestão da privacidade e da proteção de dados ignora a relevância coletiva que tais bens jurídicos possuem ao focar exclusivamente no indivíduo (tradução nossa).[135]

Com base nisso, Solove defende que a privacidade (termo usado em sentido amplo) deve ir além da autogestão, sem abandoná-la, uma vez que um ordenamento que não a prevê será claramente problemático. Sustenta acerca da necessidade de uma abordagem mais sutil n(d)o consentimento, até mesmo mediante o uso de "empurrões" (*nudges*) que levem a escolhas mais adequadas, em um misto de proteção e autogestão. Por fim, ressalta a necessidade de que a legislação passe a atentar sobre a substância dos dados pessoais, com abandono de uma possível neutralidade, o que importa em

---

[133] SOLOVE, Daniel J. Privacy self-management and the consent dilemma. **Harvard Law Review**, [S. l.], GWU Legal Studies Research Paper No. 2012-141, GWU Law School Public Law Research Paper No. 2012-141, [S. l.], v. 126, passim, 2013. Disponível em: https://ssrn.com/abstract=2171018. Acesso em: 14 out. 2022.

[134] Assim, "[...] pequenos pedaços de dados inócuos podem dizer muito em combinação" (SOLOVE, Daniel J. Privacy self-management and the consent dilemma. **Harvard Law Review**, [S. l.], GWU Legal Studies Research Paper No. 2012-141, GWU Law School Public Law Research Paper No. 2012-141, [S. l.], v. 126, p. 1890, 2013. Disponível em: https://ssrn.com/abstract=2171018. Acesso em: 14 out. 2022. Tradução nossa).
Texto original: "[...] little bits of innocuous data can say a lot in combination" (SOLOVE, Daniel J. Privacy self-management and the consent dilemma. **Harvard Law Review**, [S. l.], GWU Legal Studies Research Paper No. 2012-141, GWU Law School Public Law Research Paper No. 2012-141, [S. l.], v. 126, p. 1890, 2013. Disponível em: https://ssrn.com/abstract=2171018. Acesso em: 14 out. 2022).

[135] SOLOVE, Daniel J. Privacy self-management and the consent dilemma. **Harvard Law Review**, [S. l.], GWU Legal Studies Research Paper No. 2012-141, GWU Law School Public Law Research Paper No. 2012-141, [S. l.], v. 126, p. 1893, 2013. Disponível em: https://ssrn.com/abstract=2171018. Acesso em: 14 out. 2022.

dizer que, em determinadas circunstâncias, a lei deve regulamentar práticas particularmente problemáticas e, até mesmo, proibir determinados tratamentos de dados pessoais tendo em conta os dados usados e as finalidades buscadas (tradução nossa).[136]

Essa abordagem é reafirmada pelo autor em escrito especificamente dedicado à temática. Nele, defende que, na grande maioria das vezes, o consentimento é algo fictício, sendo necessária, portanto, uma nova abordagem que deve reconhecer as limitações do consentimento para melhor tutelar o titular dos dados pessoais. Assim, o consentimento, na sua visão, deve ser (um consentimento) "obscuro", que deve autorizar o tratamento de dados pessoais de forma bastante limitada e altamente restrita (tradução nossa).[137] Logo, as disposições legais de proteção de dados pessoais, sob seu ponto de vista, devem ir além do consentimento, atentando-se principalmente para a "estrutura e [o] poder", bem como para garantir a segurança (tradução nossa).[138]

De fato, na atualidade, em que o tratamento de dados pessoais é impessoal, quase imperceptível e onipresente, o consentimento é manifestamente insuficiente para fazer frente aos riscos existentes. Isso não significa que deva ser desconsiderado, mas que deve ser repensada sua relevância a fim de que não seja exigido para além das suas possibilidades.

Alessandro Mantelero, ao criticar a regulamentação individual da proteção de dados, assevera que tal visão não é adequada ao que chama de "sociedade algorítmica" (tradução nossa),[139] na qual o principal alvo de

---

[136] SOLOVE, Daniel J. Privacy self-management and the consent dilemma. **Harvard Law Review**, [S. l.], GWU Legal Studies Research Paper No. 2012-141, GWU Law School Public Law Research Paper No. 2012-141, [S. l.], v. 126, passim. Disponível em: https://ssrn.com/abstract=2171018. Acesso em: 14 out. 2022.

[137] SOLOVE, Daniel J. Murky consent: an approach to the fictions of consent in privacy law. **Boston University Law Review**, [S. l.], GWU Legal Studies Research Paper No. 2023-23, GWU Law School Public Law Research Paper No. 2023-23, p. 43, January 22, 2023 (Forthcoming 2024). DOI: http://dx.doi.org/10.2139/ssrn.4333743. Disponível em: https://ssrn.com/abstract=4333743. Acesso em: 27 jun. 2023.

[138] SOLOVE, Daniel J. Murky consent: an approach to the fictions of consent in privacy law. **Boston University Law Review**, [S. l.], GWU Legal Studies Research Paper No. 2023-23, GWU Law School Public Law Research Paper No. 2023-23, p. 50, January 22, 2023 (Forthcoming 2024). DOI: http://dx.doi.org/10.2139/ssrn.4333743. Disponível em: https://ssrn.com/abstract=4333743. Acesso em: 27 jun. 2023.

[139] "Società algoritmica" (MANTELERO, Alessandro. Responsabilità e rischio nel Reg. EU 2016/679. **Le nuove leggi civili commentate**, Revista Bimestrale, [S. l.], anno XL, n. 1/2017, Cedam: XX, p. 146, 2017. Disponível em: https://www.academia.edu/34660169/Responsabilit%C3%A0_e_rischio_nel_Reg_UE_2016_679. Acesso em: 14 out. 2022.

investigação realizada pelos agentes de tratamento de dados são os "[...] comportamentos coletivos de grupos com geometria variável".[140] Aduz, com isso, que com o advento da computação em nuvem, do *big data* e da inteligência artificial, ocorre um novo processo de centralização em favor de um reduzido número de empresas e, consequentemente, o distanciamento das formas de tratamento de dados pessoais da esfera individual, o que se aproxima do cenário tecnológico que serviu de pano de fundo para as leis de proteção de dados pessoais de primeira geração (tradução nossa).[141]

De fato, com base nas lições acima, é necessário repensar o papel do consentimento, reconhecendo seus limites e insuficiências, e, com isso, buscar desenvolver formas de regulamentação mais adequadas ao atual quadro social e tecnológico. À vista disso, ocorre uma sofisticação das disposições legais, que deixam de atribuir papel fundamental ao consentimento como sendo a última instância na proteção de dados pessoais. Reconhece-se que este não legitima amplamente a atividade de tratamento de dados pessoais, tampouco, por si só, importa em efetiva proteção ao titular de dados. Com essa relativização do papel do consentimento, evita-se que haja uma intromissão excessiva na esfera de autodeterminação do titular, ao mesmo tempo que se criam outras ferramentas de proteção mais eficazes e que não tenham como foco único a proteção individual. Com isso, as leis de proteção de dados, para serem eficazes na atualidade, devem atentar-se aos riscos da atividade de tratamento, mediante a criação de uma proteção proporcional aos riscos envolvidos (tradução nossa).[142]

E nesse sentido, é possível sustentar que o RGPD e a LGPD, esta última especialmente em uma atribuição de sentido constitucionalmente orientada, importam em uma nova geração de leis que, reconhecendo a limitação do

---

[140] "comportamenti collettivi di gruppi a geometria variabile". (MANTELERO, Alessandro. Responsabilità e rischio nel Reg. EU 2016/679. **Le nuove leggi civili commentate**, Revista Bimestrale, [S. l.], anno XL, n. 1/2017, Cedam: XX, p. 146, 2017. Disponível em: https://www.academia.edu/34660169/Responsabilit%C3%A0_e_rischio_nel_Reg_UE_2016_679. Acesso em: 14 out. 2022).

[141] MANTELERO, Alessandro. Responsabilità e rischio nel Reg. EU 2016/679. **Le nuove leggi civili commentate**, Revista Bimestrale, [S. l.], anno XL, n. 1/2017, Cedam: XX, p. 150, 2017. Disponível em: https://www.academia.edu/34660169/Responsabilit%C3%A0_e_rischio_nel_Reg_UE_2016_679. Acesso em: 14 out. 2022.

[142] SOLOVE, Daniel J. Data is what data does: regulating based on harm and risk instead of sensitive data. **Northwestern University Law Review**, [S. l.], GWU Legal Studies Research Paper No. 2023-22, GWU Law School Public Law Research Paper No. 2023-22, p. 1-51, January 11, 2023 (Forthcoming 2024). DOI: http://dx.doi.org/10.2139/ssrn.4322198. Disponível em: https://ssrn.com/abstract=4322198. Acesso em: 27 jun. 2023.

consentimento como meio de tutela dos dados pessoais, acabaram por adotar estratégias regulatórias baseadas no risco da atividade de tratamento de dados pessoais. Assim, ao lado (talvez o correto seria acima) do consentimento, são criados deveres impostos aos agentes de tratamento de dados pessoais com a finalidade de reduzir os riscos criados aos titulares pela atividade de tratamento.

Ocorre, portanto, uma mudança qualitativa com essas novas leis. A partir do reconhecimento de que o consentimento, ainda que aperfeiçoado e instrumentalizado, não dá conta de proteger, de forma efetiva, o titular, adota-se uma abordagem paralela que vem a ser somada à abordagem baseada no consentimento. Contudo, não se trata de uma abordagem meramente acessória, mas que se mostra mais relevante, atual e apta, pois, ao invés de abordar os riscos de forma indireta, o que era efetuado por intermédio do consentimento, o enfrentamento passa a ser direto, impondo-se ao agente de tratamento a responsabilidade de adotar medidas efetivas de redução dos riscos.

E, nessa medida, é possível afirmar que duas são as principais características dessa nova geração de leis: primeira, uma abordagem essencialmente *ex ante*, o que significa dizer, uma extensa regulamentação de deveres de cuidado, segurança, proteção, prevenção e precaução (doravante simplesmente deveres de prevenção em sentido amplo) em face do agente de tratamento de dados, bem como no desenvolvimento de ferramentas para tanto, o que importa em uma tutela mais centrada na coletividade; segunda, a consideração do concreto risco da atividade de tratamento de dados pessoais para densificar referidos deveres, o que será objeto de desenvolvimento nos itens que seguem.

2.5 O RISCO E O CARÁTER PREVENTIVO (EM SENTIDO AMPLO) DA LGPD

Em se tratando da atividade de tratamento de dados pessoais, em especial no meio digital,[143] os danos à liberdade, à igualdade, à identidade pessoal, à privacidade e a outros direitos fundamentais geralmente são irreparáveis e irreversíveis, podendo até mesmo atingir um número extenso de pessoas ou uma sociedade inteira.

---

[143] Segundo Ana Frazão, "[...] as características inerentes 'ao meio digital' – entre elas a velocidade das transformações tecnológicas, a capacidade de propagação de informações e a dificuldade na contenção do fluxo de dados –, associadas à expansão da coleta e do tratamento, implicam desafios à lógica repressiva" (FRAZÃO, Ana; OLIVA, Milena Donato; ABILIO, Viviane da Silveira. *Compliance* de dados pessoais. *In*: FRAZÃO, Ana; TEPEDINO, Gustavo; OLIVA, Milena Donato (coord.). **Lei Geral de Proteção de Dados Pessoais e suas repercussões no direito brasileiro**. São Paulo: Thomson Reuters Brasil: Revista dos Tribunais, 2019. p. 681).

Por outro lado, considerando a complexidade e a invisibilidade do tratamento de dados pessoais (tradução nossa),[144] mesmo a compensação econômica pelo dano moral (imaterial) ligada ao tratamento inadequado dos dados pessoais é de difícil obtenção, pois, além do que foi ressaltado no primeiro capítulo do livro, sob o ponto de vista da causalidade, ocorre que: a) não raras vezes os danos são decorrentes de causas e agentes diversos (amiúde desconhecidos), tal como no chamado "efeito mosaico";[145] b) é comum que o dano somente venha a ocorrer (ou ao menos ser percebido pela vítima) muito tempo após o tratamento dos dados pessoais.

Diante disso, a efetividade do direito fundamental à proteção de dados pessoais demanda atuação preventiva, antecipada, voltada à minimização dos riscos e, portanto, da probabilidade de danos. O legislador brasileiro, claramente inspirado no seu equivalente europeu, percebeu tal necessidade – como ressaltado anteriormente –, razão pela qual adotou-a (a atuação preventiva) como principal instrumento de proteção, tecendo considerável regulamentação a respeito.

Nesse sentido, quadra observar que o *novo* Regulamento Geral de Proteção de Dados – RGPD (UE) 2016/679 usa o substantivo "risco" 74 vezes, sendo 50 vezes nos "Considerandos" e 24 vezes nas disposições regulamentares propriamente ditas.[146] E, da sua análise, percebe-se que foi adotada uma abordagem baseada no risco, o que vai muito além de uma mera abordagem baseada em danos, pois impõe, justamente, a necessidade de prevenção, ou seja, de atuação *ex ante*. Isso se dá, especialmente, em razão do estabelecimento da chamada responsabilidade proativa (art. 5.2 e art. 24), que impõe

---

[144] COSTA, Luiz. Privacy and the precautionary principle. **Computer Law & Security Review**, v. 28, Issue 1, p. 18, 2012. DOI: https://doi.org/10.1016/j.clsr.2011.11.004. Disponível em: https://www.sciencedirect.com/science/article/pii/S0267364911001804. Acesso em: 2 fev. 2023.

[145] Consultar a respeito em: SOLOVE, Daniel J. Privacy self-management and the consent dilemma. **Harvard Law Review**, [S. l.], GWU Legal Studies Research Paper No. 2012-141, GWU Law School Public Law Research Paper No. 2012-141, [S. l.], v. 126, p. 1890, 2013. Disponível em: https://ssrn.com/abstract=2171018. Acesso em: 14 out. 2022.

[146] REINO UNIDO. EUR-Lex. Parlamento Europeu. Atos Legislativos. Regulamento (UE) 2016/679 do Parlamento Europeu e do Conselho de 27 de abril de 2016. Relativo à proteção das pessoas singulares no que diz respeito ao tratamento de dados pessoais e à livre circulação desses dados e que revoga a Diretiva 95/46/CE (Regulamento Geral sobre a Proteção de Dados). **Jornal Oficial da União Europeia**, Bruxelas, Bélgica, p. I. 119/1-I.119-88, 2016. Disponível em: https://eur-lex.europa.eu/legal-content/PT/TXT/?uri=celex%3A32016R0679. Acesso em: 15 abr. 2023.

a responsabilidade do agente de tratamento de dados de comprovar que a atividade está em conformidade com o RGPD.[147]

De fato, o art. 5.2 (da mencionada legislação internacional) positiva o chamado princípio da responsabilidade, pelo qual o agente de tratamento de dados é responsável pelo cumprimento do disposto no contido no art. 5.1 (princípios relacionados ao tratamento de dados) e deve ter meios para comprovar tal cumprimento. Em complemento, o art. 24.1 estabelece que, tendo em conta os riscos que a atividade de tratamento de dados pessoais gera, é dever do agente aplicar as medidas técnicas e organizativas que forem adequadas para assegurar e poder comprovar que o tratamento realizado está de acordo com as disposições do RGPD. O conteúdo desse princípio é justamente voltado a impor ao agente de tratamento de dados a adoção de medidas concretas e aptas ao cumprimento dos demais princípios.[148-149]

Fica claro, a partir da disposição legal, a necessidade de tomada de medidas concretas, adequadas e proporcionais aos riscos gerados, com vistas à evitabilidade do dano, bem como à adoção de técnicas aptas a comprovar efetivamente que assim agiu.[150]

---

[147] Nesse sentido: LIMBERGER, Têmis. Transparência e acesso aos dados e informações: o caso do 'Facebook': um estudo comparado entre o RGPD Europeu e o marco civil da internet no Brasil. In: STRECK, Lenio Luiz; ROCHA, Leonel Severo; ENGELMAN, Wilson (org.). **Constituição, sistemas sociais e hermenêutica**: anuário do Programa de Pós-Graduação em Direito da Unisinos: mestrado e doutorado: n. 14. São Leopoldo: Karywa: Unisinos, 2018. p. 218. Disponível em: https://editorakarywa.files.wordpress.com/2018/08/anuc3a1rio-ppg-direito.pdf. Acesso em: 15 abr. 2023.

[148] REINO UNIDO. EUR-Lex. Parlamento Europeu. Atos Legislativos. Regulamento (UE) 2016/679 do Parlamento Europeu e do Conselho de 27 de abril de 2016. Relativo à proteção das pessoas singulares no que diz respeito ao tratamento de dados pessoais e à livre circulação desses dados e que revoga a Diretiva 95/46/CE (Regulamento Geral sobre a Proteção de Dados). **Jornal Oficial da União Europeia**, Bruxelas, Bélgica, p. I. 119/1-I.119-88, 2016. Disponível em: https://eur-lex.europa.eu/legal-content/PT/TXT/?uri=celex%3A32016R0679. Acesso em: 15 abr. 2023.

[149] LOPES, Teresa Vale. Responsabilidade e governação das empresas no âmbito do novo Regulamento sobre a Proteção de Dados. In: PEREIRA COUTINHO, Francisco; CANTO MONIZ, Graça (coord.). **Anuário da Proteção de Dados 2018**. Lisboa, Portugal: CEDIS, mar./2018. p. 51-52.

[150] Explana, de tal forma, Teresa Vale Lopes: "Nesta sede, cumpre salientar que a obrigação de demonstrar o cumprimento das regras de proteção de dados é suscetível de influenciar um comportamento mais pró-ativo por parte dos responsáveis pelo tratamento, não só no que respeita à implementação de medidas eficazes de proteção de dados nos seus processos de negócio, como também no que concerne à adoção de mecanismos que permitem (sic) a avaliação das referidas medidas antes da

Soma-se a isso o disposto no art. 31 do RGPD que estabelece o dever de cooperação entre os agentes de tratamento e a autoridade de controle de tratamento de dados pessoais, fazendo com que seja possível a rápida e pronta fiscalização e correção dos ilícitos, visando à não ocorrência de danos.[151]

Por outro lado, o disposto no art. 25 do mesmo Regulamento estabelece a necessidade de que o tratamento de dados seja baseado na proteção de dados pessoais desde a sua concepção e por defeito (*data protection by design* e *data protection by default*).[152] Ou seja, desde o momento da definição do tratamento e das ferramentas, passando pela própria execução deste, e mesmo após o fim do tratamento, cabe ao responsável a adoção das medidas técnicas e organizativas necessárias a proteger os direitos dos titulares dos dados pessoais.[153]

---

necessidade de ocorrência de incidentes" (LOPES, Teresa Vale. Responsabilidade e governação das empresas no âmbito do novo Regulamento sobre a Proteção de Dados. *In*: PEREIRA COUTINHO, Francisco; CANTO MONIZ, Graça (coord.). **Anuário da Proteção de Dados 2018**. Lisboa, Portugal: CEDIS, mar./2018. p. 54).

[151] REINO UNIDO. EUR-Lex. Parlamento Europeu. Atos Legislativos. Regulamento (UE) 2016/679 do Parlamento Europeu e do Conselho de 27 de abril de 2016. Relativo à proteção das pessoas singulares no que diz respeito ao tratamento de dados pessoais e à livre circulação desses dados e que revoga a Diretiva 95/46/CE (Regulamento Geral sobre a Proteção de Dados). **Jornal Oficial da União Europeia**, Bruxelas, Bélgica, p. I. 119/1-I.119-88, 2016. Disponível em: https://eur-lex.europa.eu/legal-content/PT/TXT/?uri=celex%3A32016R0679. Acesso em: 15 abr. 2023.

[152] REINO UNIDO. EUR-Lex. Parlamento Europeu. Atos Legislativos. Regulamento (UE) 2016/679 do Parlamento Europeu e do Conselho de 27 de abril de 2016. Relativo à proteção das pessoas singulares no que diz respeito ao tratamento de dados pessoais e à livre circulação desses dados e que revoga a Diretiva 95/46/CE (Regulamento Geral sobre a Proteção de Dados). **Jornal Oficial da União Europeia**, Bruxelas, Bélgica, p. I. 119/48, 2016. Disponível em: https://eur-lex.europa.eu/legal-content/PT/TXT/?uri=celex%3A32016R0679. Acesso em: 15 abr. 2023.

[153] O *Considerando 78* do RGPD, de tal forma, estabelece que "[t]ais medidas podem incluir a minimização do tratamento de dados pessoais, a pseudonimização de dados pessoais o mais cedo possível, a transparência no que toca às funções e ao tratamento de dados pessoais, a possibilidade de o titular dos dados controlar o tratamento de dados e a possibilidade de o responsável pelo tratamento criar e melhorar medidas de segurança" (REINO UNIDO. EUR-Lex. Parlamento Europeu. Atos Legislativos. Regulamento (UE) 2016/679 do Parlamento Europeu e do Conselho de 27 de abril de 2016. Relativo à proteção das pessoas singulares no que diz respeito ao tratamento de dados pessoais e à livre circulação desses dados e que revoga a Diretiva 95/46/CE (Regulamento Geral sobre a Proteção de Dados). **Jornal Oficial da União Europeia**, Bruxelas, Bélgica, p. I. 119/15, 2016. Disponível em: https://eur-lex.europa.eu/legal--content/PT/TXT/?uri=celex%3A32016R0679. Acesso em: 15 abr. 2023).

É importante ainda ressaltar que o RGPD exige a adoção das técnicas mais avançadas na proteção dos dados pessoais desde a concepção do tratamento, fazendo com que os danos potenciais sejam minimizados e o direito dos titulares protegido.[154]

Outro instrumento importante de prevenção de danos constante do RGPD é a avaliação de impacto sobre a proteção de dados, estabelecida pelo art. 35, que trouxe amplo detalhamento, com apresentação de cláusula geral das situações em que é legalmente obrigatória a realização da avaliação formal, bem como rol exemplificativo de situações a esse respeito. Assim, quando o tratamento se vale de novas tecnologias e, por conta da sua natureza, âmbito, contexto, finalidade, possa vir a causar elevado risco aos direitos dos titulares dos dados pessoais, é dever do agente proceder à avaliação prévia formal dos possíveis impactos decorrentes, a fim de que seja possível a tomada de medidas adequadas para fazer frente aos riscos e assegurar a proteção dos dados pessoais (art. 35.7, "d"). Caso tal avaliação demonstre a existência de um elevado risco aos direitos dos titulares de dados, será necessária a consulta prévia à autoridade de controle (art. 36.1). Soma-se a isso ainda: (i) a criação da figura do encarregado da proteção de dados (art. 37), cuja principal função é o controle de conformidade da atividade de tratamento de dados com o RGPD (art. 39.1, "b"); (ii) a previsão de criação de códigos de conduta (art. 40); e (iii) o estabelecimento de procedimentos de certificação de conformidade (art. 42).[155]

---

[154] Para Teresa Vale Lopes, significa que "[...] o legislador europeu visou assegurar que a proteção de dados representa um componente fundamental na concepção e manutenção dos sistemas de informação e no *modus operandi* de cada organização". Isso permite que potenciais questões que podem causar danos aos titulares dos dados pessoais "[...] sejam identificadas numa fase inicial e menos dispendiosa dos projetos e a uma crescente conscientização de temas de privacidade e proteção de dados nas próprias organizações" (LOPES, Teresa Vale. Responsabilidade e governação das empresas no âmbito do novo Regulamento sobre a Proteção de Dados. In: PEREIRA COUTINHO, Francisco; CANTO MONIZ, Graça (coord.). **Anuário da Proteção de Dados 2018**. Lisboa, Portugal: CEDIS, mar./2018. p. 57, grifo do autor). OBS.: grafia conforme texto original.

[155] REINO UNIDO. EUR-Lex. Parlamento Europeu. Atos Legislativos. Regulamento (UE) 2016/679 do Parlamento Europeu e do Conselho de 27 de abril de 2016. Relativo à proteção das pessoas singulares no que diz respeito ao tratamento de dados pessoais e à livre circulação desses dados e que revoga a Diretiva 95/46/CE (Regulamento Geral sobre a Proteção de Dados). **Jornal Oficial da União Europeia**, Bruxelas, Bélgica, passim, 2016. Disponível em: https://eur-lex.europa.eu/legal-content/PT/TXT/?uri=celex%3A32016R0679. Acesso em: 15 abr. 2023.

Da mesma forma que o RGPD, a LGPD, em âmbito nacional, tem forte caráter preventivo em sentido amplo, conforme se denota de praticamente todo o seu texto. Apesar de "somente" utilizar o substantivo "risco" 11 vezes, é possível defender que a abordagem preventiva é questão tratada com mais alta relevância do que no RGPD, especialmente em razão do arquétipo legal prevenção (art. 6º, VIII),[156] ausente do Regulamento comunitário.

Antes de aprofundar o ponto aqui discutido, é importante esclarecer que prevenção e precaução são conceitos próximos, porém não equivalentes. A proximidade reside, justamente, no fato de que ambos são baseados na responsabilidade e visam à ação antecipada ao dano. A diferença, contudo, refere-se ao fato de que a prevenção se volta contra a exposição a ameaça(s) de dano(s) conhecido(s), certo(s), determinado(s), enquanto a precaução mira a mera possibilidade de sofrer danos ou perdas (tradução nossa),[157] ou seja, riscos inespecíficos, potenciais ou incertos.

Dessarte, o agir preventivo deve ser exigido não somente com relação aos riscos conhecidos, como também no que se refere aos riscos não conhecidos, abrangendo, assim, um conteúdo de precaução, pois este pode ser compreendido como uma extensão dos métodos de prevenção aplicados a riscos incertos. Assim, é adequado pensar em prevenção em sentido amplo, o que abrange também a precaução, nos moldes originais germânicos decorrentes do *vorsorgeprinzip*[158] – anteriormente analisado. Afinal, ambos (prevenção e precaução) visam, justamente, impedir o dano, ou ao menos reduzir sua extensão e gravidade.[159] Ademais, pensar de forma contrária importaria em incentivar estratégias empresariais voltadas a não identificar os riscos tecnológicos de maneira antecipada.

---

[156] BRASIL. **Lei nº 13.709, de 14 de agosto de 2018**. Lei Geral de Proteção de Dados Pessoais (LGPD). Brasília, DF: Presidência da República, 2018. Disponível em: http://www.planalto.gov.br/ccivil_03/_ato2015-2018/2018/lei/L13709.htm. Acesso em: 15 abr. 2023.

[157] COSTA, Luiz. Privacy and the precautionary principle. **Computer Law & Security Review**, [*S. l.*], v. 28, Issue 1, p. 14-24, 2012. DOI: https://doi.org/10.1016/j.clsr.2011.11.004. Disponível em: https://www.sciencedirect.com/science/article/pii/S0267364911001804. Acesso em: 2 fev. 2023.

[158] MACHADO, Paulo Affonso Leme. **Direito ambiental brasileiro**. 21. ed. São Paulo: Malheiros, 2013. p. 98.

[159] WEDY, Gabriel de Jesus Tedesco. Os elementos constitutivos do princípio da precaução e a sua diferenciação com o princípio da prevenção. **Revista de Doutrina da 4ª Região**, Porto Alegre, n. 68, out. 2015. Disponível em: https://revistadoutrina.trf4.jus.br/artigos/edicao068/Gabriel_Wedy.html. Acesso em: 1º fev. 2023. passim (obs.: artigo não paginado).

Dito isso, destaca-se a adoção da precaução na LGPD com a imposição de base legal para o tratamento de dados pessoais,[160] uma vez que aposta contra riscos inespecíficos ou incertos. De fato, a atividade de tratamento de dados gera ameaças a direitos personalíssimos dos titulares, o que levou a proteção a ser alçada como direito fundamental. Contudo, anteriormente à coleta dos dados pessoais, as ameaças são incertas, indeterminadas, não passíveis de especificação, sendo, de tal forma, amplas e gerais. Nessa medida, o estabelecimento de um "paradigma" de legalidade, no sentido de que somente é admissível o tratamento de dados pessoais nas estritas hipóteses especificadas em lei, visa justamente afastar a ameaça indefinida, ou seja, incerta quanto à existência ou extensão dos riscos. Portanto, antes que os riscos da coleta de dados pessoais se tornem plenamente aparentes, o legislador entendeu por bem antecipar-se, o que se deu com a criação de um rol exaustivo de hipóteses em que é admissível a recolha e tratamento dos dados pessoais.

O fato de a LGPD ser mais restrita quanto às hipóteses de tratamento de dados pessoais sensíveis[161] em relação aos dados "não sensíveis", em que o risco potencial é maior, bem demonstra o caráter precautelar que o "paradigma de legalidade" exerce.

Não é objeto do presente livro discorrer a respeito das (pelo menos) 10 hipóteses legais autorizativas do tratamento de dados pessoais,[162] o que vem sendo um dos pontos de maior atenção das pesquisas realizadas a respeito da LGPD. Contudo, quadra observar que o amplo rol estabelecido deve ser objeto de aplicação crítica e restritiva a fim de que o aspecto precautório seja preservado.

Por outro lado, também é possível extrair caráter precaucioso dos arquétipos legais finalidade e necessidade (art. 6º, I e III, da LGPD),[163] pois,

---

[160] Conforme arts. 7º, 11 e 23 da LGPD (BRASIL. **Lei nº 13.709, de 14 de agosto de 2018**. Lei Geral de Proteção de Dados Pessoais (LGPD). Brasília, DF: Presidência da República, 2018. Disponível em: http://www.planalto.gov.br/ccivil_03/_ato2015-2018/2018/lei/L13709.htm. Acesso em: 15 abr. 2023).

[161] Conforme art. 11 da LGPD (BRASIL. **Lei nº 13.709, de 14 de agosto de 2018**. Lei Geral de Proteção de Dados Pessoais (LGPD). Brasília, DF: Presidência da República, 2018. Disponível em: http://www.planalto.gov.br/ccivil_03/_ato2015-2018/2018/lei/L13709.htm. Acesso em: 15 abr. 2023).

[162] MENDES, Laura Schertel. Lei geral de proteção de dados pessoais: um modelo de aplicação de três níveis. *In*: SOUZA, Carlos Affonso; MAGRANI, Eduardo; SILVA, Priscila (coords.). **Lei Geral de Proteção de Dados** - Caderno Especial. São Paulo: Revista dos Tribunais, 2019, p. 47.

[163] BRASIL. **Lei nº 13.709, de 14 de agosto de 2018**. Lei Geral de Proteção de Dados Pessoais (LGPD). Brasília, DF: Presidência da República, 2018. Disponível em: http://www.planalto.gov.br/ccivil_03/_ato2015-2018/2018/lei/L13709.htm. Acesso em: 15 abr. 2023.

ao exigir que a coleta de dados se dê ao mínimo possível ante a finalidade perseguida, minimizado resta o espectro de riscos incertos aos titulares. Como mencionado no primeiro capítulo ao se tratar acerca da salvaguarda de escopo ou finalidade, esta limita, atrai e condiciona todo o tratamento. Assim, com a designação da finalidade do tratamento, cria-se uma relação com os dados pessoais, verdadeiro liame do qual são extraíveis os riscos pertinentes. E essa visão deve direcionar o uso secundário dos dados pessoais que, como já afirmado, deve ser compatível com a finalidade inicial.

Ainda, o caráter precaucioso inspira à anonimização e à eliminação dos dados pessoais. Afinal, uma vez anonimizados ou eliminados, todos os imagináveis riscos do tratamento restam, em linha de princípio, extintos. Há que se ressaltar, especificamente em relação à anonimização, que esta deve ser irreversível para que se possa assim entender.

No aspecto preventivo propriamente dito, a LGPD cria todo um sistema voltado à efetiva evitabilidade de danos, especialmente em razão da cláusula geral da boa-fé objetiva (art. 6º, caput) e dos três arquétipos legais elencados (a partir dos incisos) em seu art. 6º, quais sejam: a) segurança (inciso VII); b) prevenção (inciso VIII) e; c) responsabilização e prestação de contas (inciso X).[164]

A cláusula geral da boa-fé (art. 6º, caput),[165] na sua vertente objetiva, cria/gera deveres de conduta aos integrantes da relação jurídica, não previstos em lei ou em contrato, de forma que os envolvidos devem agir de acordo com padrões de conduta baseados na lealdade, probidade, honestidade, cooperação e legítima expectativa (função ativa).[166] Assim, os agentes de tratamento de dados pessoais devem atuar conforme bitolas éticas, o que cria deveres de cuidado para com o outro integrante da relação jurídica, bem como estimula a necessidade de práticas por parte do agente de tratamento de dados relativamente à proteção da legítima expectativa do titular.[167] Por outro

---

[164] BRASIL. **Lei nº 13.709, de 14 de agosto de 2018**. Lei Geral de Proteção de Dados Pessoais (LGPD). Brasília, DF: Presidência da República, 2018. Disponível em: http://www.planalto.gov.br/ccivil_03/_ato2015-2018/2018/lei/L13709.htm. Acesso em: 15 abr. 2023.

[165] BRASIL. **Lei nº 13.709, de 14 de agosto de 2018**. Lei Geral de Proteção de Dados Pessoais (LGPD). Brasília, DF: Presidência da República, 2018. Disponível em: http://www.planalto.gov.br/ccivil_03/_ato2015-2018/2018/lei/L13709.htm. Acesso em: 15 abr. 2023.

[166] BUSSATTA, Eduardo Luiz. **Resolução dos contratos e teoria do adimplemento substancial**. 2. ed. São Paulo: Saraiva, 2007. p. 72-82.

[167] Bruno Miragem traz a seguinte explicação acerca do tratamento de dados, no âmbito da LGPD, no que se refere à exigência da boa-fé: "No caso do tratamento de dados

lado, a boa-fé veda o exercício abusivo das posições jurídicas e impede que o agente de tratamento de dados pratique atos que, apesar de formalmente lícitos, impliquem em um exercício desproporcional e contrário à legítima expectativa e confiança depositada pelo titular de dados (função defensiva).[168]

Trata-se de importante disposição, especialmente por conferir flexibilidade à LGPD, o que permite sua adequação, mesmo diante da evolução tecnológica.[169]

Assim, impõe-se aos agentes de tratamento de dados pessoais a observância da ética solidarista e da alteridade em todas as etapas do tratamento. Não basta, portanto, o cumprimento formal das disposições legais previstas na LGPD. A atividade de tratamento de dados pessoais deve ser pautada, dessarte, na lealdade, honestidade e probidade, de acordo com o caso concreto e tendo em conta os riscos envolvidos, respeitando sempre a legítima expectativa do titular dos dados.

Apesar de a boa-fé objetiva ser vinculante a todas as etapas de tratamento de dados pessoais, suas principais aplicações estão ligadas ao uso adequado e ético dos dados pelos agentes de tratamento, especialmente no que toca à utilização de inteligência artificial, criação de perfis, estratégias publicitárias etc., bem como ao fornecimento do consentimento para o tratamento dos dados pessoais.

---

pessoais, a boa-fé fundamenta a tutela das legítimas expectativas do titular dos dados frente ao controlador (art. 10, II, da LGPD), o que se delineia, sempre a partir das circunstâncias concretas em que se deu o consentimento, a finalidade de uso e tratamento dos dados que foi indicada na ocasião e o modo como foram compreendidas as informações prévias oferecidas. A tutela da confiança do consumidor, neste (*sic*) caso, abrange tanto a crença nas informações prestadas quanto de que aquele que tenha acesso aos seus dados, por força do consentimento dado, não se comporte de modo contraditório a elas e respeite a vinculação à finalidade de utilização informada originalmente" (MIRAGEM, Bruno. A Lei Geral de Proteção de Dados (Lei 13.709/2018) e o direito do consumidor. **Revista dos Tribunais**, [São Paulo], v. 1009/2019, p. 1-41, nov. 2019. Disponível em: http://www.rtonline.com.br/. Acesso em: 15 abr. 2023).

[168] BUSSATTA, Eduardo Luiz. **Resolução dos contratos e teoria do adimplemento substancial**. 2. ed. São Paulo: Saraiva, 2007. p. 82-86.

[169] "Com a edição de conceitos abertos como o da boa-fé, a ordem jurídica atribui ao juiz [como também à autoridade administrativa] a tarefa de adequar a aplicação judicial [e administrativa] às modificações sociais, uma vez que os limites dos fatos previstos pelas aludidas cláusulas gerais são fugidios, móveis; de nenhum modo fixos" (SILVA, Clóvis Veríssimo do Couto e. O princípio da boa-fé no direito brasileiro e português. *In*: FRADERA, Vera Maria Jacob (org.). **O direito privado brasileiro na visão de Clóvis do Couto e Silva**. Porto Alegre: Livraria do Advogado, 1997. p. 39).

A experiência jurídica brasileira acumulada sobre a boa-fé objetiva,[170] especialmente em razão das disposições contidas no Código de Defesa do Consumidor e no Código Civil de 2002, se adequadamente utilizada em matéria de proteção de dados pessoais, tem o potencial de modificar inúmeras práticas na área. Isso em razão de que, ao contrário da grande maioria das disposições da LGPD, que versam sobre os dados pessoais em si, a cláusula geral da boa-fé versa, mais diretamente, sobre as relações entre o titular e o agente de tratamento. Trata-se de uma abordagem relacional, em que, deixando um pouco de lado a natureza dos dados pessoais tratados, mira no comportamento e na(s) expectativa(s) dos sujeitos envolvidos. Permite, com isso, uma abertura para o contexto em que o tratamento é realizado. Isso tem sido chamado de "virada relacional" na proteção de dados pessoais (tradução nossa)[171] e abre um grande campo para se concentrar na vulnerabilidade do titular de dados frente aos grandes agentes de tratamento de dados pessoais e seu gigantesco poder. Afinal, a vantagem da abordagem relacional é que ela é sensível às assimetrias de poder, em que os grandes agentes de tratamento de dados controlam o que os titulares veem,[172] o que podem clicar e ainda

---

[170] No sentido da doutrina e da jurisprudência inspirados pelas obras de Clóvis Veríssimo do Couto e Silva e Judith Martins-Costa, especialmente:
SILVA, Clóvis Veríssimo do Couto e. O princípio da boa-fé no direito brasileiro e português. *In*: FRADERA, Vera Maria Jacob (org.). **O direito privado brasileiro na visão de Clóvis do Couto e Silva**. Porto Alegre: Livraria do Advogado, 1997. p. 33-58.
MARTINS-COSTA, Judith. **A boa-fé no direito privado**: sistema e tópica no processo obrigacional. São Paulo: Editora Revista dos Tribunais, 2000.

[171] RICHARDS, Neil; HARTZOG, Woodrow. A Relational Turn for Data Protection? **European Data Protection Law Review**, [S. l.], v. 6, issue 4, p. 492-497, 2020. DOI: https://doi.org/10.21552/edpl/2020/4/5. Disponível em: https://edpl.lexxion.eu/article/edpl/2020/4/5/display/html#3. Acesso em: 1º fev. 2023.

[172] A respeito do controle de comportamentos via intermediários da informação, consultar: HOFFMANN-RIEM, Wolfgang. **Teoria geral do direito digital**: transformação digital: desafios para o direito. Tradução de Italo Fuhrmann. Rio de Janeiro: Forense, 2021. p. 62-65.
A respeito do poder das plataformas de controlar o fluxo de informações (*Gatekeeper*), consultar: LYNSKEY, Orla. Grappling with "Data Power": normative nudges from data protection and privacy. **Theoretical Inquiries in Law**, v. 20, issue 1, p. 189-220, 2019. Disponível em: https://www7.tau.ac.il/ojs/index.php/til/article/view/1613/1714. Acesso em: 9 fev. 2023.
No mesmo sentido: RICHARDS, Neil; HARTZOG, Woodrow. A relational turn for data protection? **European Data Protection Law Review**, [S. l.], v. 6, issue 4, p. 492-497, 2020. DOI: https://doi.org/10.21552/edpl/2020/4/5. Disponível em: https://edpl.lexxion.eu/article/edpl/2020/4/5/display/html#3. Acesso em: 1º fev. 2023.

escolhem o tipo de informação que querem "extrair" dos titulares, tudo com a finalidade de prever e influenciar seus comportamentos e obter maiores ganhos (tradução nossa).[173]

Ora, nas relações em que o titular dos dados se mostra mais vulnerável, a boa-fé impõe, entre outras condutas, o dever de agir com lealdade, que abrange até mesmo o dever de promover os melhores interesses do titular, ou seja, em verdadeira proibição de projetar e utilizar ferramentas digitais que processem dados pessoais de maneira que conflite com os melhores interesses do titular.[174] Assim, pode levar até mesmo a um "direito a inferências razoáveis" de acordo com o caso concreto, que se baseia, ao lado da possibilidade de contestação posterior pelo titular, no controle *ex ante* do uso dos dados pessoais pelo agente de tratamento, o que pressupõe: primeiro, se é aceitável a utilização de uma determinada base de dados para a inferência específica buscada; segundo, se a inferência buscada é relevante e aceitável para o propósito do processamento; e, terceiro, se os dados e métodos utilizados são precisos e confiáveis.[175]

Com isso, é possível defender que os deveres dos agentes de tratamento de dados pessoais aumentam de forma proporcional ao poder existente na concreta relação jurídica estabelecida com o titular de dados (tradução nossa),[176] com admissão até mesmo de proibições substantivas sobre tipos de dados e espécies de tratamento que contrariem o dever de lealdade.

Por sua vez, o arquétipo legal *segurança* consiste, de acordo com a LGPD, na "[...] utilização de medidas técnicas e administrativas aptas a proteger os dados pessoais de acessos não autorizados e de situações acidentais ou ilícitas

---

[173] RICHARDS, Neil; HARTZOG, Woodrow. A relational turn for data protection? **European Data Protection Law Review**, [*S. l.*], v. 6, issue 4, p. 494, 2020. DOI: https://doi.org/10.21552/edpl/2020/4/5. Disponível em: https://edpl.lexxion.eu/article/edpl/2020/4/5/display/html#3. Acesso em: 1º fev. 2023.

[174] Para uma análise bastante detida a respeito, consultar: RICHARDS, Neil; HARTZOG, Woodrow. A duty of loyalty for privacy law. **Washington University Law Review**, v. 961, 61 p., 2021. DOI: http://dx.doi.org/10.2139/ssrn.3642217. Disponível em: https://ssrn.com/abstract=3642217. Acesso em: 1º fev. 2023.

[175] Consultar a respeito em: WACHTER, Sandra; MITTELSTADT, Brent. A right to reasonable inferences: re-thinking data protection law in the age of big data and AI. **Columbia Business Law Review**, [*S. l.*], issue 2, 130 p., Jun. 2019, 25. Disponível em: https://ssrn.com/abstract=3248829. Acesso em: 13 jan. 2023.

[176] RICHARDS, Neil; HARTZOG, Woodrow. A relational turn for data protection? **European Data Protection Law Review**, [*S. l.*], v. 6, issue 4, p. 495, 2020. DOI: https://doi.org/10.21552/edpl/2020/4/5. Disponível em: https://edpl.lexxion.eu/article/edpl/2020/4/5/display/html#3. Acesso em: 1º fev. 2023.

de destruição, perda, alteração, comunicação ou difusão" (art. 6º, VII).[177] É importante deixar claro que o dispositivo em questão adota uma visão de "segurança" no sentido instrumental, e não como valor em si mesmo, o que vem ao encontro do entendimento do Tribunal de Justiça da União Europeia no sentido de que a segurança da informação é um componente essencial da proteção das pessoas em relação ao tratamento de dados pessoais. Deve ser adotada, portanto, a noção de cibersegurança, consistente no conjunto de medidas necessárias para proteger a rede e os sistemas de informação, os utilizadores desses sistemas e quaisquer pessoas envolvidas em ameaças cibernéticas.[178] Nessa medida, proteção de dados pessoais e cibersegurança são conceitos indissociáveis,[179] na medida que este último é um dos mais importantes mecanismos do primeiro.

O arquétipo legal *prevenção* propriamente dito, estabelece, como ressaltado no primeiro capítulo, a "[...] adoção de medidas para prevenir a ocorrência de danos em virtude do tratamento de dados pessoais" (art. 6º, VIII).[180] Prevenção é, essencialmente, antecipação. Parte da perspectiva de um futuro indesejável e busca os meios de obstá-lo; pressupõe uma abordagem orientada para o problema (tradução nossa).[181] Com isso, a prevenção exige não só a utilização de instrumentos tecnológicos aptos para tanto, mas a criação de toda uma cultura organizacional voltada à redução de riscos, até

---

[177] BRASIL. **Lei nº 13.709, de 14 de agosto de 2018**. Lei Geral de Proteção de Dados Pessoais (LGPD). Brasília, DF: Presidência da República, 2018. Disponível em: http://www.planalto.gov.br/ccivil_03/_ato2015-2018/2018/lei/L13709.htm. Acesso em: 15 abr. 2023.

[178] A respeito do assunto, consultar: CHIARA, Pier Giorgio. The balance between security, privacy and data protection in IoT Data Sharing. **European Data Protection Law Review**, [S. l.], v. 7, issue 1, p. 18-30, 2021. DOI: https://doi.org/10.21552/edpl/2021/1/6. Disponível em: https://edpl.lexxion.eu/article/edpl/2021/1/6/display/html. Acesso em: 1º fev. 2023.

[179] ALVES, Diogo Lopes. O papel fundamental da cibersegurança na proteção de dados pessoais. *In*: PEREIRA COUTINHO, Francisco; CANTO MONIZ, Graça (coord.). **Anuário da Proteção de Dados 2021**. Lisboa: CEDIS, 2021. p. 122. Disponível em: https://protecaodedadosue.cedis.fd.unl.pt/anuario-edicao-2021/. Acesso em: 29 fev. 2023.

[180] BRASIL, obra citada, 2018.

[181] PEETERS, Rik. **The preventive gaze**: how prevention transforms our understanding of the state. Haia: Eleven International Publishing, 2013. p. 355.

mesmo em razão de que o fator humano é extremamente relevante na criação e potencialização dos riscos (tradução nossa).[182]

Na prática, a prevenção se desenrola como verdadeiro processo (conjunto de atos voltados a um fim). Inicialmente (primeira fase), cabe ao agente de tratamento de dados pessoais, uma vez que objetive desenvolver uma atividade específica nesse campo, avaliar os riscos aos titulares de dados decorrentes da atividade. Não se trata de uma avaliação formal, como a referida no art. 5º, XVII e exigida na forma do art. 10, § 3º, ambos da LGPD,[183] mas é importante que seja documentada para fins de prestação de contas. Trata-se de uma avaliação objetiva em que são buscadas as causas possíveis de eventuais efeitos adversos aos titulares. Uma vez mapeados os riscos existentes, cabe então planejar (segunda fase), de forma sistêmica, os instrumentos e práticas adequados à redução dos riscos ao máximo possível. Na terceira fase, tais instrumentos e práticas são implementados e executados. Na quarta fase, ocorre o monitoramento das intervenções realizadas e são colhidos os resultados de todo o procedimento, com avaliação de sua eficácia e a resiliência da(s) estratégia(s) utilizada(s), a fim de realimentar todo o procedimento, ou seja, com o objetivo de que sejam identificados os riscos (novos ou que não foram identificados inicialmente), os instrumentos e técnicas mais adequados à sua mitigação (considerados até mesmo os desenvolvimentos tecnológicos ocorridos no entremeio), a implementação etc., de forma contínua enquanto perdurar a atividade de tratamento de dados pessoais (circularidade).

Nesse processo, faz-se necessária a combinação, de um lado, de um "olhar pessimista" (tradução nossa)[184] sobre os riscos existentes e, de outro, a crença na busca incessante pelos instrumentos aptos a evitar a concretização dos resultados adversos.

---

[182] SOLOVE, Daniel J. Data is what data does: regulating based on harm and risk instead of sensitive data. **Northwestern University Law Review**, [s. l.], GWU Legal Studies Research Paper No. 2023-22, GWU Law School Public Law Research Paper No. 2023-22, p. 1-51, January 11, 2023 (Forthcoming 2024). DOI: http://dx.doi.org/10.2139/ssrn.4322198. Disponível em: https://ssrn.com/abstract=4322198. Acesso em: 27 jun. 2023.

[183] BRASIL. **Lei nº 13.709, de 14 de agosto de 2018**. Lei Geral de Proteção de Dados Pessoais (LGPD). Brasília, DF: Presidência da República, 2018. Disponível em: http://www.planalto.gov.br/ccivil_03/_ato2015-2018/2018/lei/L13709.htm. Acesso em: 15 abr. 2023.

[184] PEETERS, Rik. **The preventive gaze**: how prevention transforms our understanding of the state. Haia: Eleven International Publishing, 2013. p. 33.

Para que seja eficaz, é relevante que a estratégia de abordagem adotada pelo agente de tratamento de dados pessoais seja adequada à atividade de tratamento de dados desempenhada na sua concretude. Fala-se, à vista disso, no cânone da proximidade, no sentido de que a identificação dos riscos e a estratégia interventiva devem estar o mais próximo possível da atividade, de forma que ela possa ser "personalizada" (tradução nossa).[185]

Ao lado disso, tem-se o cânone da coordenação, pelo qual se faz necessária a abordagem dos riscos da forma mais abrangente possível e com cooperação entre os agentes envolvidos. Isso em razão de que as intervenções isoladas raramente são suficientemente eficazes (tradução nossa).[186]

Por fim, o cânone da pontualidade, pelo qual a identificação dos riscos e a implementação das intervenções devem ser iniciadas o mais cedo possível, o que pressupõe uma capacidade objetiva, científica, e, especialmente, antecipatória para identificar os riscos, bem como uma capacidade técnica e organizacional para intervir sobre os riscos identificados (tradução nossa).[187]

Soma-se a isso que, como ressaltado, o arquétipo legal *responsabilização e prestação de contas* exige do agente a adoção de medidas eficazes à observância e ao cumprimento das normas de proteção de dados pessoais e sua demonstração (art. 6º, X da LGPD).[188]

Há aqui grande aproximação com a chamada responsabilidade proativa estabelecida pela RGPD.[189] Assim, o agente de tratamento de dados é o responsável por agir de forma a proteger os interesses do titular dos dados

---

[185] PEETERS, Rik. **The preventive gaze**: how prevention transforms our understanding of the state. Haia: Eleven International Publishing, 2013. p. 361.
[186] PEETERS, Rik. **The preventive gaze**: how prevention transforms our understanding of the state. Haia: Eleven International Publishing, 2013. p. 361-362.
[187] PEETERS, Rik. **The preventive gaze**: how prevention transforms our understanding of the state. Haia: Eleven International Publishing, 2013. p. 362.
[188] BRASIL. **Lei nº 13.709, de 14 de agosto de 2018**. Lei Geral de Proteção de Dados Pessoais (LGPD). Brasília, DF: Presidência da República, 2018. Disponível em: http://www.planalto.gov.br/ccivil_03/_ato2015-2018/2018/lei/L13709.htm. Acesso em: 15 abr. 2023.
[189] REINO UNIDO. EUR-Lex. Parlamento Europeu. Atos Legislativos. Regulamento (UE) 2016/679 do Parlamento Europeu e do Conselho de 27 de abril de 2016. Relativo à proteção das pessoas singulares no que diz respeito ao tratamento de dados pessoais e à livre circulação desses dados e que revoga a Diretiva 95/46/CE (Regulamento Geral sobre a Proteção de Dados). **Jornal Oficial da União Europeia**, Bruxelas, Bélgica, p. I. 119/47, 2016. Disponível em: https://eur-lex.europa.eu/legal-content/PT/TXT/?uri=celex%3A32016R0679. Acesso em: 15 abr. 2023.

pessoais, via adoção das medidas aptas e eficazes voltadas contra os riscos envolvidos, podendo ser instado a prestar contas de todos os atos praticados.

Dito isso, é certo que a conjugação da cláusula geral da boa-fé objetiva com os arquétipos legais *segurança, prevenção, responsabilização e prestação de contas* não deixa dúvidas quanto ao caráter estruturalmente preventivo da LGPD, o que redunda na imposição do dever de obstar a ocorrência de danos aos titulares. Pode-se até mesmo admitir certa sobreposição da incidência (ou mesmo redundância) das citadas disposições legais.[190] Contudo, isso gera um reforço no dever jurídico no sentido de evitar a ocorrência de danos, mediante a prática dos atos adequados para tanto.

Com base nisso, é correto afirmar que se exige a tomada de medidas de antecipação, visando à correção prioritariamente na origem. A utilização de técnicas, novas ou não, na atividade de tratamento de dados pessoais deve valer-se, então, como característica precípua, de pesquisas, técnicas e investimentos necessários para que não sobrevenham danos aos titulares. Aos agentes de tratamento, nesse sentido, é imposto um especial dever de diligência, o que indica a necessidade de pensar nos interesses dos titulares dos dados pessoais e da sociedade, e não meramente nos seus (dos agentes de tratamento) interesses individuais.[191]

E a técnica legislativa adotada pela LGPD é adequada para tanto, especialmente por valer-se de arquétipos legais, que permitem, diante de sua amplitude semântica e vagueza conceitual, o estabelecimento de procedimentos flexíveis de regulação, o que é imprescindível em matéria de dados pessoais. Afinal, trata-se de campo em que a tecnologia avança a passos larguíssimos, tornando rapidamente obsoletas regulações mais minudentes. A análise comparativa entre o RGPD e a LGPD demonstra que a LGPD possui algumas

---

[190] "Os princípios da segurança, da prevenção e da responsabilidade, ou da prestação de contas, também são bastante próximos. Isso porque o primeiro visa a evitar situações ilícitas, ao passo que o segundo pretende evitar danos à pessoa por causa do tratamento inadequado dos dados pessoais. Não obstante, o ilícito e o dano são conceitos clássicos da responsabilidade civil. Com efeito, não é espantoso que a concretização desses princípios na lei ocorra, muitas vezes, por um mesmo dispositivo" (OLIVEIRA, Marco Aurélio Bellizze; LOPES, Isabela Maria Pereira. Os princípios norteadores da proteção de dados pessoais no Brasil e sua otimização pela Lei 13.709/2018. *In*: FRAZÃO, Ana; TEPEDINO, Gustavo; OLIVA, Milena Donato (coord.). **Lei Geral de Proteção de Dados Pessoais e suas repercussões no direito brasileiro**. São Paulo: Thomson Reuters Brasil, 2019. p. 77).

[191] Relativamente aos interesses individuais, leia-se: ENGELMANN, Wilson. Os desafios jurídicos da aplicação do princípio da precaução. **Revista dos Tribunais**, [*S. l.*], *São Paulo*, v. 981, ano 106, p. 387-491, jul./2017.

deficiências relativamente às regras ligadas aos arquétipos legais estudados. Contudo, a adequada hermenêutica, à luz dos princípios constitucionais e dos citados postulados (arquétipos legais), a ser efetuada pela doutrina, autoridades administrativa e judicial, poderá contribuir com a correção das deficiências e na obtenção de um nível equivalente de proteção – até mesmo em razão de que, como defendido no capítulo inicial da presente pesquisa, referidos arquétipos legais formam o núcleo essencial do direito fundamental à proteção de dados pessoais por meio das salvaguardas constitucionalmente adequadas, especialmente, no ponto em questão, de segurança, de prevenção e de responsabilização e prestação de contas.

Importante ressaltar que a LGPD, ao exigir que as medidas empregadas pelos agentes de tratamento de dados sejam "aptas" (art. 6º, VII) e "eficazes" (art. 6º, X), não deixa dúvida de que não se está exigindo somente diligência ou empenho dos referidos atentes. Exige-se, na verdade, a obtenção da efetiva proteção dos titulares em relação aos riscos gerados pela atividade de tratamento de dados pessoais.

2.6 FERRAMENTAS ESPECÍFICAS DE PREVENÇÃO (*LATO SENSU*) NA LGPD

Ao lado dos arquétipos legais, a LGPD traz vários instrumentos específicos ligados à segurança e à prevenção. Pode-se até mesmo enunciar que parte considerável desse diploma legislativo é deduzida desses postulados, o que reafirma o conteúdo fundante dos arquétipos legais, na forma defendida. Sob certo sentido, os arquétipos legais positivam os resultados almejados, enquanto o restante da lei projeta alguns dos caminhos a serem percorridos para alcançar os resultados.

Nesse sentido, a LGPD dedica um capítulo inteiro (Capítulo VII) à segurança e às boas práticas. Especificamente em relação à segurança,[192]

---

[192] "O capítulo de segurança da informação é um pilar fundamental da Lei e traz pelo menos três inovações importantes para o ordenamento jurídico brasileiro quanto às obrigações dos agentes de tratamento. Primeiramente, ela exige a adoção por todos que tratam dados de medidas que garantam a integridade, a confidencialidade e a disponibilidade dos dados sob tratamento. Em segundo lugar, em caso de incidente de segurança, como o vazamento de dados, surge a obrigação para o controlador de comunicar a autoridade de proteção de dados, que pode determinar, conforme o caso, a adoção de medidas para mitigar os efeitos do incidente ou a ampla divulgação para a sociedade (art. 48). Em terceiro lugar, há no referido capítulo uma obrigação que se enquadra no conceito de *Privacy by Design*, conforme se extrai do art. 46, § 2º [...]" (MENDES, Laura Schertel; DONEDA, Danilo. Reflexões iniciais sobre a

estabelece o art. 46 que devem ser adotadas as medidas aptas para proteger os dados pessoais "[...] de acessos não autorizados e de situações acidentais ou ilícitas de destruição, perda, alteração, comunicação ou qualquer forma de tratamento inadequado ou ilícito".[193] O art. 47, por sua vez, estabelece que os agentes de tratamento obrigam-se a garantir a segurança da informação relativa a dados pessoais mesmo após o término do tratamento dos dados.[194]

Referidas disposições legais estão em sintonia com o arquétipo legal segurança e não deixam dúvida de que os deveres de segurança devem ser exaustivos e, acima de tudo, eficientes. Afinal, o texto legal é explícito ao estabelecer que as medidas técnicas e organizacionais devem ser *aptas* ao fim a que se destinam. O legislador, dessa forma, reconhece que os problemas de segurança da informação têm ocorrido com frequência, em especial em que terceiros obtêm acesso ilícito, e, assim, exige dos agentes de tratamento a tomada de medidas técnicas e organizacionais efetivas.

É importante observar que o dispositivo em questão vai além da mera *segurança* de dados pessoais e, de tal forma, abrange também a *proteção* de dados pessoais, isso em razão de que a parte final do caput do art. 46 exige que as medidas adotadas devem ser aptas para evitar "[...] qualquer forma de tratamento inadequado ou ilícito". Em reforço, o § 1º do mencionado artigo estabelece que os padrões técnicos a serem dispostos pela autoridade administrativa deverá abranger "[...] os princípios previstos no caput do

---

nova Lei Geral de Proteção de Dados. **Revista de Direito do Consumidor**, [S. l.], v. 120/2018, São Paulo: Revista dos Tribunais [online], Thomson Reuters, p. 469-483/p. 1-13, nov./dez. 2018. Disponível em: http://www.rtonline.com.br/. Acesso em: 15 abr. 2023).

[193] BRASIL. **Lei nº 13.709, de 14 de agosto de 2018**. Lei Geral de Proteção de Dados Pessoais (LGPD). Brasília, DF: Presidência da República, 2018. Disponível em: http://www.planalto.gov.br/ccivil_03/_ato2015-2018/2018/lei/L13709.htm. Acesso em: 15 abr. 2023.

[194] BRASIL. **Lei nº 13.709, de 14 de agosto de 2018**. Lei Geral de Proteção de Dados Pessoais (LGPD). Brasília, DF: Presidência da República, 2018. Disponível em: http://www.planalto.gov.br/ccivil_03/_ato2015-2018/2018/lei/L13709.htm. Acesso em: 15 abr. 2023.

Consultar ainda: SILVA, Joseane Suzart Lopes da. A proteção de dados pessoais dos consumidores e a Lei 13.709/2018: em busca da efetividade dos direitos à privacidade, intimidade e autodeterminação. **Revista de Direito do Consumidor**, [S. l.], v. 121/2019, p. 367-418, jan./fev. 2019.

art. 6º desta Lei".[195] É sabido que a *segurança* de dados pessoais se centra, especialmente, na proteção da confidencialidade, buscando afastar acessos não autorizados. A *proteção* de dados pessoais é conceito mais amplo, que abrange todo e qualquer tratamento inadequado, até mesmo as inadequações decorrentes das assimetrias de poder informacional ligadas ao uso de tecnologias da informação (tradução nossa).[196] Assim, o escopo da disposição legal, apesar de estar inserido na seção relativa a segurança e sigilo de dados, abrange também a proteção de dados pessoais.

De toda forma, compete ao agente de tratamento de dados pessoais valer-se das medidas técnicas disponíveis para obter a segurança e a proteção de dados pessoais, tais como: criptografia, minimização da coleta de dados, anonimização etc. Ressalta-se que a inteligência artificial é uma importante ferramenta para tanto, podendo ser usada, dentre outras possibilidades, para: (i) detecção de anomalias, como as decorrentes de atividades maliciosas ou tentativas de acesso não autorizado; (ii) classificação de dados pessoais, o que permite identificar o nível de confidencialidade e sensibilidade, a fim de aplicar medidas de segurança adequadas, tais como restrições de acesso ou criptografia; (iii) identificação de ameaças, tais como ataques de *malwares*, e alerta aos responsáveis para que atuem rapidamente; (iv) análise do comportamento dos usuários e identificação de atos suspeitos ou anormais.[197]

Agrega-se a isso a questão relativa a que, decorrente da salvaguarda constitucionalmente adequada referente à segurança e à prevenção, é de grande relevância a exigência de proteção (não somente segurança, como

---

[195] BRASIL. **Lei nº 13.709, de 14 de agosto de 2018**. Lei Geral de Proteção de Dados Pessoais (LGPD). Brasília, DF: Presidência da República, 2018. Disponível em: http://www.planalto.gov.br/ccivil_03/_ato2015-2018/2018/lei/L13709.htm. Acesso em: 15 abr. 2023.

[196] VON GRAFENSTEIN, Max; JAKOBI, Timo; STEVENS, Gunnar. Effective data protection by design through interdisciplinary research methods: the example of effective purpose specification by applying user-Centred UX-design methods. **Computer Law & Security Review**, [S. l.], v. 46, p. 2, 2022. DOI: https://doi.org/10.1016/j.clsr.2022.105722. Disponível em: https://www.sciencedirect.com/science/article/pii/S026736492200067X. Acesso em: 28 mar. 2023.

[197] Consultar a respeito em: ALSHAMMARI, Amirah; ALDRIBI, Abdulaziz. Apply machine learning techniques to detect malicious network traffic in cloud computing. **Journal of Big Data**, [S. l.], v. 8, n. 90, p. 1-24, 2021. DOI: https://doi.org/10.1186/s40537-021-00475-1. Disponível em: https://journalofbigdata.springeropen.com/articles/10.1186/s40537-021-00475-1. Acesso em: 28 mar. 2023.

ressaltado) de dados pessoais desde a concepção[198] (*data protection by design* ou *privacy by design*), prevista no art. 46, § 2º, da LGPD.[199] A ideia de que a proteção de dados deve integrar a "arquitetura" ou "desenho" da operação de tratamento de dados – ou seja, todas as técnicas e ferramentas (software, hardware etc.) utilizadas na atividade de tratamento de dados pessoais desde o projeto inicial – é quase tão antiga quanto a própria ideia de proteção de dados pessoais. Contudo, durante muito tempo seu uso ficou restrito à mera segurança de dados pessoais (tradução nossa),[200] o que ocasionou em atraso de seu desenvolvimento mais amplo.

Tal exigência é especialmente importante, uma vez que prevê que a proteção de dados deve ser tomada em consideração em todas as fases do tratamento, desde a concepção dos sistemas, como também durante seu desenvolvimento, aplicação e avaliação.[201] Assim, o titular dos dados pessoais deve ser colocado no centro da formulação técnica e administrativa da atividade de tratamento de dados pessoais a fim de que seus direitos fundamentais e não

---

[198] A respeito da relevância da proteção por meio do *design*, consultar: HOHENDORFF, Raquel Von. A contribuição do *safe by design* na estruturação autorregulatória da gestão dos riscos nanotecnológicos: lidando com a improbabilidade da comunicação inter-sistêmica (*sic*) entre o direito e a ciência em busca de mecanismos para concretar os objetivos de sustentabilidade do milênio. Orientador: Wilson Engelmann. 2018. 478 p. Tese (Doutorado em Direito) – Programa de Pós-Graduação em Direito, Universidade do Vale do Rio dos Sinos-UNISINOS, São Leopoldo, RS, 2018. Disponível em: http://www.repositorio.jesuita.org.br/handle/UNISINOS/7055?show=full. Acesso em: 27 jun. 2023.

[199] BRASIL. **Lei nº 13.709, de 14 de agosto de 2018**. Lei Geral de Proteção de Dados Pessoais (LGPD). Brasília, DF: Presidência da República, 2018. Disponível em: http://www.planalto.gov.br/ccivil_03/_ato2015-2018/2018/lei/L13709.htm. Acesso em: 15 abr. 2023.

[200] VON GRAFENSTEIN, Max; JAKOBI, Timo; STEVENS, Gunnar. Effective data protection by design through interdisciplinary research methods: the example of effective purpose specification by applying user-Centred UX-design methods. **Computer Law & Security Review**, [*S. l.*], v. 46, p. 2, 2022. DOI: https://doi.org/10.1016/j.clsr.2022.105722. Disponível em: https://www.sciencedirect.com/science/article/pii/S0267364922000672X). Acesso em: 28 mar. 2023.

[201] "Conforme proposto por Ann Cavoukian, os objetivos da metodologia são atingidos a partir de sete princípios fundamentais: (i) proatividade e prevenção; (ii) privacidade por padrão; (iii) privacidade incorporada ao design; (iv) funcionalidade integral; (v) segurança em todo o ciclo de vida da informação; (vi) transparência e (vii) respeito à privacidade do usuário" (SOUZA, Carlos Affonso Pereira de. Segurança e sigilo dos dados pessoais: primeiras impressões à luz da Lei 13.709/2018. *In*: FRAZÃO, Ana; TEPEDINO, Gustavo; OLIVA, Milena Donato (coord.). **Lei Geral de Proteção de Dados Pessoais e suas repercussões no direito brasileiro**. São Paulo: Thomson Reuters Brasil, 2019. p. 428).

fundamentais sejam efetivamente respeitados mediante a "construção de uma arquitetura" pensada com tal finalidade. Na prática, a arquitetura do sistema de tratamento de dados é especialmente relevante à proteção na medida em que sua eficácia tende a ser muito superior do que outras estratégias.[202]

Numa primeira leitura, pode-se imaginar que a LGPD não foi tão exigente quanto o RGPD, que traz exigência detalhada acerca da proteção de dados desde a concepção, o que pode ser observado no *Considerando* 78 e no art. 25 dessa legislação.[203] Contudo, a interpretação do art. 46, § 2º, da LGPD[204] deve ser efetuada à luz dos arquétipos legais da *segurança* e *prevenção*, de forma que, disso não há dúvida, tem-se verdadeiro dever jurídico nesse sentido, sem o qual a atividade de tratamento de dados é considerada irregular.[205]

No que toca especificamente à prevenção, o art. 32 (da LGPD) trata da publicação de relatórios de impacto voltados à proteção de dados pessoais que poderão ser exigidos, a critério da autoridade nacional, do Poder Público. Por sua vez, o art. 38 prevê também a possibilidade de a autoridade de proteção de dados determinar ao controlador a elaboração do relatório de impacto direcionado à proteção de dados pessoais. O mesmo está previsto na hipótese de tratamento de dados fundamentado no interesse do agente (art. 10, § 3º).[206] Trata-se de importante medida, pois a elaboração do relatório de impacto permite que sejam inventariados, de forma prévia, formal

---

[202] Consultar a respeito em: HOFFMANN-RIEM, Wolfgang. **Teoria geral do direito digital**: transformação digital: desafios para o direito. Tradução de Italo Fuhrmann. Rio de Janeiro: Forense, 2021. p. 69-70.

[203] REINO UNIDO. EUR-Lex. Parlamento Europeu. Atos Legislativos. Regulamento (UE) 2016/679 do Parlamento Europeu e do Conselho de 27 de abril de 2016. Relativo à proteção das pessoas singulares no que diz respeito ao tratamento de dados pessoais e à livre circulação desses dados e que revoga a Diretiva 95/46/CE (Regulamento Geral sobre a Proteção de Dados). **Jornal Oficial da União Europeia**, Bruxelas, Bélgica, p. I. 119/15, 2016. Disponível em: https://eur-lex.europa.eu/legal-content/PT/TXT/PDF/?uri=CELEX:32016R0679&from=PT. Acesso em: 15 abr. 2023.

[204] BRASIL. **Lei nº 13.709, de 14 de agosto de 2018**. Lei Geral de Proteção de Dados Pessoais (LGPD). Brasília, DF: Presidência da República, 2018. Disponível em: http://www.planalto.gov.br/ccivil_03/_ato2015-2018/2018/lei/L13709.htm. Acesso em: 15 abr. 2023.

[205] Isso é assim pois o agente de tratamento de dados pessoais está adstrito a "[...] aplicar as técnicas mais avançadas, a fim de garantir que esteja em condições de cumprir suas obrigações legais e contratuais em matéria de proteção de dados" (TEFFÉ, Chiara Spadaccini de. **Dados pessoais sensíveis**: qualificação, tratamento e boas práticas. Indaiatuba, SP: Editora Foco, 2023. p. 210).

[206] BRASIL. **Lei nº 13.709, de 14 de agosto de 2018**. Lei Geral de Proteção de Dados Pessoais (LGPD). Brasília, DF: Presidência da República, 2018. Disponível em: http://www.planalto.gov.br/ccivil_03/_ato2015-2018/2018/lei/L13709.htm. Acesso em: 15 abr. 2023.

e sistemática, os pontos críticos da atividade a ser desenvolvida. Contudo, as referidas disposições são passíveis de críticas, pois deixam a critério da autoridade nacional de proteção de dados decidir sobre as hipóteses em que será exigível a apresentação do dito relatório. O RGPD, nessa perspectiva, é mais adequado, pois estabelece critérios relativamente claros e hipóteses em que a avaliação deve ser exigida.

O art. 49, por sua vez, estabelece a necessidade de que os sistemas de tratamento de dados pessoais sejam estruturados para atender aos requisitos de segurança, boas práticas e demais obrigações decorrentes da lei. Também o art. 50 estabelece que as boas práticas terão por finalidade a "[...] mitigação de riscos e outros aspectos relacionados ao tratamento de dados pessoais".[207] Entretanto, o legislador não tornou obrigatória a adoção de regras/códigos de boas práticas e governança, mas somente autorizou sua criação.

Merece especial atenção o disposto no § 2º do art. 50, que estabelece que o controlador – ao aplicar os arquétipos legais segurança e prevenção, tendo em conta a estrutura, a escala, o volume e a sensibilidade dos dados tratados, bem como a probabilidade e a gravidade dos danos aos titulares – poderá "implementar programa de governança em privacidade" (inciso I), com requisitos mínimos de adequação, bem como "[...] demonstrar, [quando pertinente e especialmente mediante pedido da autoridade nacional,] a efetividade de seu programa de governança em privacidade [...]" (inciso II).[208] Apesar de a interpretação textual levar ao entendimento de que se trata de faculdade do controlador a criação de programa de governança, a interpretação sistemática do dispositivo relacionado com os arquétipos legais referidos parece não deixar dúvida acerca da necessidade de sua criação quando as circunstâncias de fato (grau de risco, número de pessoas atingidas etc.) assim o exigirem.

Com relação ao arquétipo legal da *responsabilização e da prestação de contas*, tem-se especialmente o relatório de impacto – analisado anteriormente – e a obrigação de prestação de contas (*accountability*), o que significa dizer, a necessidade de o operador demonstrar as medidas tomadas para minimizar os riscos, bem como sua eficácia, o que redunda em um grande reforço à prevenção.

---

[207] BRASIL. **Lei nº 13.709, de 14 de agosto de 2018**. Lei Geral de Proteção de Dados Pessoais (LGPD). Brasília, DF: Presidência da República, 2018. Disponível em: http://www.planalto.gov.br/ccivil_03/_ato2015-2018/2018/lei/L13709.htm. Acesso em: 15 abr. 2023.

[208] BRASIL. **Lei nº 13.709, de 14 de agosto de 2018**. Lei Geral de Proteção de Dados Pessoais (LGPD). Brasília, DF: Presidência da República, 2018. Disponível em: http://www.planalto.gov.br/ccivil_03/_ato2015-2018/2018/lei/L13709.htm. Acesso em: 15 abr. 2023.

Nesse cenário legal, avulta a importância dos programas de conformidade (*compliance*), que operam como auxiliares na criação de condutas e rotinas de acordo com os padrões legalmente exigíveis.[209] No planejamento e desenvolvimento de tais programas, dever-se-á ter em conta as particularidades de cada atividade de tratamento realizada, a fim de que se possa traduzir as exigências legais às práticas concretas.[210] Assim, como primeira medida para desenvolver o programa de conformidade, faz-se necessário o mapeamento do fluxo de dados e a identificação dos riscos ligados a cada etapa de tratamento.[211] O objeto central do programa de conformidade é, dessa maneira, o risco, de forma que se deve buscar um "estado dinâmico de conformidade",[212] o que significa dizer, a contínua e constante análise dos riscos envolvidos e a tomada de medidas efetivas para reduzi-los.

Relevante também a figura do encarregado de proteção de dados, como canal de comunicação entre o agente de tratamento e as autoridades administrativas e com relação aos titulares de dados pessoais, na forma dos arts. 5º, VIII, e 41 da LGPD.[213]

---

[209] FRAZÃO, Ana; OLIVA, Milena Donato; ABILIO, Viviane da Silveira. *Compliance* de dados pessoais. In: FRAZÃO, Ana; TEPEDINO, Gustavo; OLIVA, Milena Donato (coord.). **Lei Geral de Proteção de Dados Pessoais e suas repercussões no direito brasileiro**. São Paulo: Thomson Reuters Brasil: Revista dos Tribunais, 2019. p. 682.

[210] TEFFÉ, Chiara Spadaccini de. **Dados pessoais sensíveis**: qualificação, tratamento e boas práticas. Indaiatuba, SP: Editora Foco, 2023. p. 207.

[211] FRAZÃO, Ana. Propósitos, desafios e parâmetros gerais dos programas de *compliance*. In: VILLAS BÔAS, Ricardo leva; FRAZÃO, Ana (coord.). **Compliance e política de proteção de dados**. São Paulo: Thomson Reuters Brasil, 2021. p. 51.
Discorrendo sobre a metodologia da avaliação do risco, tem-se algumas etapas fundamentais: "1) conhecer a empresa; 2) conhecer seu ambiente legal e suas obrigações de *compliance*; 3) realizar entrevistas e análises de documentos; 4) fazer testes e checagens dos dados levantados; 5) identificar riscos e fatores de riscos; 6) realizar avaliação de probabilidade; 7) desenvolver matriz de risco; 8) realizar monitoramento. A avaliação de riscos conecta-se com o sistema de gestão de *compliance* de maneira essencial, dado que tanto o escopo quanto o projeto de implantação do sistema de gestão de *compliance* são construídos a partir da avaliação de riscos" (FRAZÃO, Ana. Propósitos, desafios e parâmetros gerais dos programas de *compliance*. In: VILLAS BÔAS, Ricardo leva; FRAZÃO, Ana (coord.). **Compliance e política de proteção de dados**. São Paulo: Thomson Reuters Brasil, 2021. p. 225).

[212] SAAVEDRA, Giovani Agostini. Compliance de dados. In: DONEDA, Danilo; SARLET, Ingo Wolfgang; MENDES, Laura Schertel; RODRIGUES JÚNIOR, OTÁVIO LUIZ (coord.). **Tratado de proteção de dados pessoais**. Rio de Janeiro, Forense, 2021. p. 729.

[213] BRASIL. **Lei nº 13.709, de 14 de agosto de 2018**. Lei Geral de Proteção de Dados Pessoais (LGPD). Brasília, DF: Presidência da República, 2018. Disponível em: http://www.planalto.gov.br/ccivil_03/_ato2015-2018/2018/lei/L13709.htm. Acesso em: 15 abr. 2023.

Por fim, não se pode esquecer a clara orientação à mitigação do dano decorrente do vazamento de dados que possui a notificação tratada no art. 48 da LGPD.[214] De fato, uma vez que o titular dos dados pessoais toma conhecimento do vazamento de seus dados, torna-se possível, a ele, mitigar os danos mediante cautelas que, na ausência de ciência, não tomaria, por exemplo, na ocorrência de troca de senhas.

É certo que, na efetivação do dever de prevenção, a atuação da Autoridade Nacional de Proteção de Dados, instituída pelo art. 55-A da LGPD, é de importância ímpar, pois a ela compete zelar pela proteção dos dados pessoais, editar normas e procedimentos sobre a proteção desses dados, deliberar administrativamente sobre a interpretação da própria lei, requisitar informações a respeito de tratamento de dados pessoais, fiscalizar e aplicar sanções, dentre outras aplicações (art. 55-J).[215] Contudo, parece correto afirmar que a extensão dos postulados normativos em questão não se resume aos instrumentos deles dedutíveis, expressamente previstos na LGPD, tampouco naquilo que a autoridade administrativa estabelecer em complementação. Caberá à doutrina e à jurisprudência, de tal forma, densificar e concretizar tais deveres, a fim de que sejam aprimoradas boas práticas e tecnologias de tratamento de dados pessoais seguras e éticas, de acordo com a legítima expectativa, o que evitará, na medida do possível, que ocorram lesões aos direitos personalíssimos e não personalíssimos dos titulares.

Os dados pessoais merecem, dessarte, proteção adequada, compatível com sua superioridade hierárquica substancial em relação aos interesses meramente econômicos dos agentes de tratamento. Portanto, a aplicação das regras ligadas à proteção de dados pessoais deve ser balizada pelos arquétipos legais, previstos nos incisos do art. 6º da LGPD, com base na cláusula geral da boa-fé objetiva (art. 6º, caput, da LGPD),[216] à luz do direito fundamental à proteção de dados pessoais, com suas correspondentes salvaguardas constitucionalmente adequadas.

Isso redunda na criação de inúmeros deveres de antecipação ao dano relativamente ao agente de tratamento de dados pessoais, cuja nota caracte-

---

[214] BRASIL. **Lei nº 13.709, de 14 de agosto de 2018**. Lei Geral de Proteção de Dados Pessoais (LGPD). Brasília, DF: Presidência da República, 2018. Disponível em: http://www.planalto.gov.br/ccivil_03/_ato2015-2018/2018/lei/L13709.htm. Acesso em: 15 abr. 2023.

[215] BRASIL. **Lei nº 13.709, de 14 de agosto de 2018**. Lei Geral de Proteção de Dados Pessoais (LGPD). Brasília, DF: Presidência da República, 2018. Disponível em: http://www.planalto.gov.br/ccivil_03/_ato2015-2018/2018/lei/L13709.htm. Acesso em: 15 abr. 2023.

[216] BRASIL. **Lei nº 13.709, de 14 de agosto de 2018**. Lei Geral de Proteção de Dados Pessoais (LGPD). Brasília, DF: Presidência da República, 2018. Disponível em: http://www.planalto.gov.br/ccivil_03/_ato2015-2018/2018/lei/L13709.htm. Acesso em: 15 abr. 2023.

rística é sua eficácia. Assim, não basta uma gestão formal dos riscos; a gestão deve ser efetiva e eficiente – como se verá no próximo item.

2.7 A ABORDAGEM BASEADA EM RISCO E OS DEVERES DE PREVENÇÃO (*LATO SENSU*) NA LGPD: A NECESSÁRIA CORRESPONDÊNCIA ENTRE O GRAU DE RISCO E A EXTENSÃO DOS DEVERES RESPECTIVOS

Há uma longa tradição no direito europeu no sentido de entender as normas de proteção de dados pessoais como reguladora de riscos. Apesar disso, a menção explícita realizada pelo RGPD[217] lançou maior luz sobre o tema (tradução nossa).[218]

---

[217] Dentre outros pontos, destaca-se que o Considerando 75 do RGPD tem a seguinte redação: "O risco para os direitos e liberdades das pessoas singulares, *cuja probabilidade e gravidade podem ser variáveis*, poderá resultar de operações de tratamento de dados pessoais suscetíveis de causar danos físicos, materiais ou imateriais, em especial quando o tratamento possa dar origem à discriminação, à usurpação ou roubo da identidade, a perdas financeiras, prejuízos para a reputação, perdas de confidencialidade de dados pessoais protegidos por sigilo profissional, à inversão não autorizada da pseudonimização, ou a quaisquer outros prejuízos importantes de natureza económica ou social; quando os titulares dos dados possam ficar privados dos seus direitos e liberdades ou impedidos do exercício do controlo sobre os respetivos dados pessoais; quando forem tratados dados pessoais que revelem a origem racial ou étnica, as opiniões políticas, as convicções religiosas ou filosóficas e a filiação sindical, bem como dados genéticos ou dados relativos à saúde ou à vida sexual ou a condenações penais e infrações ou medidas de segurança conexas; quando forem avaliados aspetos de natureza pessoal, em particular análises ou previsões de aspetos que digam respeito ao desempenho no trabalho, à situação económica, à saúde, às preferências ou interesses pessoais, à fiabilidade ou comportamento e à localização ou às deslocações das pessoas, a fim de definir ou fazer uso de perfis; quando forem tratados dados relativos a pessoas singulares vulneráveis, em particular crianças; ou quando o tratamento incidir sobre uma grande quantidade de dados pessoais e afetar um grande número de titulares de dados" (REINO UNIDO. EUR-Lex. Parlamento Europeu. Atos Legislativos. Regulamento (UE) 2016/679 do Parlamento Europeu e do Conselho de 27 de abril de 2016. Relativo à proteção das pessoas singulares no que diz respeito ao tratamento de dados pessoais e à livre circulação desses dados e que revoga a Diretiva 95/46/CE (Regulamento Geral sobre a Proteção de Dados). **Jornal Oficial da União Europeia**. Bruxelas, Bélgica, p. L. 119/15, 2016. Disponível em: https://eur-lex.europa.eu/legal-content/PT/TXT/PDF/?uri=CELEX:32016R0679&from=PT. Acesso em: 15 abr. 2023, grifo nosso). OBS.: grafia conforme tradução do documento original.

[218] VON GRAFENSTEIN, Maximilian. Refining the concept of the right to data protection in article 8 ECFR - Part II: controlling risks through (not to) article 8 ECFR against other fundamental rights. **European Data Protection Law Review-EDPL**,

A chamada abordagem baseada no risco foi introduzida no RGPD com a finalidade de ampliar a proteção ao titular dos dados pessoais (tradução nossa),[219] funcionando como um dos pilares do referido diploma legal comunitário (tradução nossa).[220] Estabelece a obrigação do agente de tratamento de dados de levar em consideração os riscos decorrentes da atividade de tratamento de dados aos direitos do titular para adequadamente cumprir o Regulamento. Assim, a responsabilidade prevista nos arts. 5º e 24 importa em uma expressão da abordagem baseada em risco que aumenta a obrigação do agente de tratamento no sentido de cumprimento do RGPD e de demonstrá-lo.[221]

Como mencionado anteriormente, trata-se de uma aspiração para controlar eventos futuros baseada na crença moderna de que os riscos podem ser antecipados e controlados com a adoção de formas e mecanismos racionais, objetivos e transparentes (tradução nossa).[222]

A abordagem baseada no risco permite a escalabilidade das obrigações de proteção de dados e, especialmente em casos de alto risco (tradução nossa),[223]

[s. l.], v. 7, issue 2, p. 190-205, 2021. DOI: https://doi.org/10.21552/edpl/2021/2/8. Disponível em: https://edpl.lexxion.eu/article/EDPL/2021/2/8. Acesso em: 15 ago. 2022.

[219] QUELLE, Claudia. The 'risk revolution' in EU data protection law: we can't have our cake and eat it, too. *In*: LEENES, R.; VAN BRAKEL, R.; GUTWIRTH, S.; DE HERT, P. (eds.). **Data protection and privacy**: the age of intelligent machines (Hart Publishing, Forthcoming). Tilburg Law School Research Paper No. 17, p. 2, July 11, 2017. Disponível em: https://ssrn.com/abstract=3000382. Acesso em: 31 jan. 2023.

[220] KARJALAINEN, Tuulia. All talk, no action? The effect of the GDPR accountability principle on the EU data protection paradigm. **European Data Protection Law Review**, [S. l.], v. 8, issue 1, p. 23, 2022. DOI: https://doi.org/10.21552/edpl/2022/1/6. Disponível em: https://edpl.lexxion.eu/article/edpl/2022/1/6/display/html#8. Acesso em: 1º fev. 2023.

[221] KARJALAINEN, Tuulia. All talk, no action? The effect of the GDPR accountability principle on the EU data protection paradigm. **European Data Protection Law Review**, [S. l.], v. 8, issue 1, p. 23, 2022. DOI: https://doi.org/10.21552/edpl/2022/1/6. Disponível em: https://edpl.lexxion.eu/article/edpl/2022/1/6/display/html#8. Acesso em: 1º fev. 2023.

[222] HEIJDEN, Jeroen van Der. Risk governance and risk based regulation: a review of the international academic literature. **SSRN Electronic Journal**, State of The Art In Regulatory Governance Research Paper 2019.02, School of Government, Victoria University of Wellington, Wellington, p. 6, June 2019. Disponível em: https://ssrn.com/abstract=3406998 or http://dx.doi.org/10.2139/ssrn.3406998. Acesso em: 31 jan. 2023.

[223] KARJALAINEN, Tuulia. All talk, no action? The effect of the GDPR accountability principle on the EU data protection paradigm. **European Data Protection Law Review**, [S. l.], v. 8, issue 1, passim, 2022. DOI: https://doi.org/10.21552/edpl/2022/1/6. Disponível em: https://edpl.lexxion.eu/article/edpl/2022/1/6/display/html#8. Acesso em: 1º fev. 2023.

impõe deveres mais extensos aos agentes de tratamento de dados pessoais. Ao contrário do que se pode pensar, não altera os direitos e deveres das partes envolvidas, uma vez que tem em mira o ajuste fino da proteção estabelecida pelo legislador em um nível abstrato-geral para os riscos reais do caso concreto – ajuste este que deve ser realizado pelo controlador (tradução nossa).[224]

Assim, não há discricionariedade no cumprimento da exigência legal de mitigação dos riscos, mas sim o dever legal imposto ao controlador de buscar os melhores métodos, rotinas, instrumentos, de acordo com o caso concreto. Afinal, o risco não é algo estático, que pode ser reduzido, classificado, mitigado ou afastado com disposições legais e intervenções fáticas estáveis e gerais, ainda mais em área tão dinâmica como a (área) da atividade de tratamento de dados pessoais.

Nesse contexto de avaliação e mitigação de risco, duas variáveis se impõem: a) probabilidade e b) gravidade. Logo, entre os riscos de baixa probabilidade e de baixa gravidade e os riscos de alta probabilidade e de alta gravidade, há uma infinidade de graus de risco que devem ser aferidos no caso concreto para calibrar os deveres de antecipação ao dano impostos aos controladores (tradução nossa).[225]

Soma-se a isso o fato de que as leis de proteção de dados são leis transversais, que regulam a atividade de tratamento de dados pessoais nos mais diferentes setores da economia, independentemente do porte do agente econômico.[226] Assim, da multinacional do setor bancário ao microempresário que produz artesanato com madeira, há um abismo de tipos e graus de riscos aos dados pessoais. O mesmo pode ser dito em relação ao Poder Público. Entre a União Federal e o Município de Serra da Saudade, em Minas Gerais, com seus 833 habitantes,[227] há uma diferença muito grande de volume, natureza,

---

[224] VON GRAFENSTEIN, Max. Book Review. **European Data Protection Law Review**, [S. l.], v. 8, issue 4, passim, 2022. DOI: https://doi.org/10.21552/edpl/2022/4/16. Disponível em: https://edpl.lexxion.eu/article/EDPL/2022/4/16. Acesso em: 1º fev. 2023.

[225] QUELLE, Claudia. The 'risk revolution' in EU data protection law: we can't have our cake and eat it, too. In: LEENES, R.; VAN BRAKEL, R.; GUTWIRTH, S.; DE HERT, P. (eds.). **Data protection and privacy**: the age of intelligent machines (Hart Publishing, Forthcoming). Tilburg Law School Research Paper No. 17, p. 20, July 11, 2017. Disponível em: https://ssrn.com/abstract=3000382. Acesso em: 31 jan. 2023.

[226] BIONI, Bruno Ricardo. **Regulação e proteção de dados pessoais**: o princípio da *accountability*. Rio de Janeiro: Forense, 2022. p. 84.

[227] Segundo o Censo de 2022, consultar: PILAR, Ana Flávia. Censo 2022: saiba como é a vida na menor cidade do Brasil. In: O GLOBO. Rio de Janeiro, 29 jun. 2023.

estrutura, ferramentas, tudo isso relacionado ao tratamento de dados pessoais dos cidadãos, de forma que não é possível pensar em soluções homogêneas.[228]

A LGPD, da mesma forma que o RGPD, reconhece que há um espectro amplo de risco no tratamento de dados pessoais, que varia de acordo com uma série de fatores relevantes (tipos de dados, escala de tratamento, natureza do tratamento, escopo, finalidade, tecnologia envolvida etc.), e que isso deve ser observado na imposição de deveres (ou na extensão destes) aos agentes de tratamento. Isso decorre, em última análise, da compatibilização dos princípios constitucionais da solidariedade, isonomia material e livre iniciativa, bem como da imposição constitucional de proteção eficiente ou adequada dos direitos fundamentais envolvidos.

Veja-se que o art. 44 da LGPD estabelece que o tratamento de dados será considerado "[...] irregular quando deixar de observar a legislação ou quando não fornecer a segurança que o titular dele pode esperar [...]", tendo em conta "[...] o resultado e os riscos que razoavelmente dele se esperam" (inciso II). O art. 46, que trata do dever de segurança dos agentes de tratamento de dados, estabelece que, caso a autoridade nacional estipule/constitua padrões técnicos mínimos, deverá considerar, para tanto, "[...] a natureza das informações tratadas, as características específicas do tratamento e o estado atual da tecnologia, especialmente no caso de dados pessoais sensíveis [...]" (§ 1º). Ao tratar das boas práticas, o § 1º do art. 50, determina que deverão ser levados em consideração, para tal, "[...] a natureza, o escopo, a finalidade e a probabilidade e a gravidade dos riscos e dos benefícios decorrentes de tratamento de dados do titular". Da mesma forma, o § 2º institui que, na aplicação dos princípios da segurança e da prevenção, deverão, pelo controlador, ser "[...] observados a estrutura, a

---

Disponível em: https://oglobo.globo.com/economia/noticia/2023/06/censo-2022--saiba-como-e-a-vida-na-menor-cidade-do-brasil.ghtml. Acesso em: 3 jul. 2023.

[228] Nesse contexto, Daniel Solove é bastante enfático ao defender que a proteção conferida pelas leis de proteção de dados pessoais deve ser proporcional ao risco existente, o que importa em uma proteção mais rigorosa com base no risco de dano decorrente de determinados tipos de tratamento. Assevera ainda, como demonstra o título do escrito, que os "dados são o que fazem", de forma que os dados pessoais não são protegidos por si mesmos, mas sim em razão dos riscos que geram, o que significa dizer, a proteção se dá para prevenir ou reparar danos (SOLOVE, Daniel J. Data is what data does: regulating based on harm and risk instead of sensitive data. **Northwestern University Law Review**, [S. l.], GWU Legal Studies Research Paper No. 2023-22, GWU Law School Public Law Research Paper No. 2023-22, p. 44, January 11, 2023 (Forthcoming 2024). DOI: http://dx.doi.org/10.2139/ssrn.4322198. Disponível em: https://ssrn.com/abstract=4322198. Acesso em: 27 jun. 2023).

escala e o volume de suas operações, bem como a sensibilidade dos dados tratados e a probabilidade e a gravidade dos danos para os titulares dos dados [...]", e a implementação de programas de governança deve ser "[...] adaptad[a] à estrutura, à escala e ao volume de suas operações, bem como à sensibilidade dos dados tratados" (inciso I, "c").[229]

É importante insistir neste ponto: os arquétipos legais citados trazem "objetivos" a serem alcançados. Ao lado deles, os instrumentos trazidos pela LGPD – tratados *supra* – buscam apresentar caminhos a serem seguidos na busca dos objetivos. Contudo, somente diante da concreta atividade de tratamento de dados é que será possível verificar as medidas específicas a serem tomadas para a adequada mitigação dos riscos.

Portanto, dúvida não há que a extensão dos deveres de antecipação ao dano por parte do(s) agente(s) de tratamento de dados pessoais deve ser adequado ao grau de risco gerado[230] pela atividade de tratamento de dados pessoais na sua concretude, bem como deve levar em conta o escopo, a finalidade do tratamento e o tipo de dados pessoais tratados. Portanto, no caso de tratamento de dados pessoais em que o risco possa ser considerado de pequena probabilidade e baixa gravidade, tal como aquele realizado pelo advogado em relação aos dados pessoais de seus clientes para a defesa em juízo – como nome, endereço, telefone, profissão –, não serão cabíveis as mesmas medidas preventivas que devem ser impostas a uma plataforma que trata dos dados sensíveis e privados de milhões de usuários mediante o uso de inteligência artificial e *big data* com o único fim de obter lucro, no qual o risco é altíssimo. Não se pode equiparar o advogado com o Google.

---

[229] BRASIL. **Lei nº 13.709, de 14 de agosto de 2018**. Lei Geral de Proteção de Dados Pessoais (LGPD). Brasília, DF: Presidência da República, 2018. Disponível em: http://www.planalto.gov.br/ccivil_03/_ato2015-2018/2018/lei/L13709.htm. Acesso em: 15 abr. 2023.

[230] A Autoridade Nacional de Proteção de Dados, ao regulamentar a aplicação da LGPD aos agentes de tratamento de pequeno porte, acabou por reconhecer que as atividades de tratamento de dados pessoais apresentam diversos graus de risco, como se vê do art. 4º. Nesse sentido, consultar: BRASIL. Resolução CD/ANPD n.º 2, de 27 de janeiro de 2022. Aprova o Regulamento de aplicação da Lei nº 13.709, de 14 de agosto de 2018, Lei Geral de Proteção de Dados Pessoais (LGPD), para agentes de tratamento de pequeno porte. **Diário Oficial da União**: seção 1, Brasília, DF, Edição 20, 28 jan. 2022. Disponível em: https://www.in.gov.br/en/web/dou/-/resolucao-cd/anpd-n-2-de-27-de-janeiro-de-2022-376562019#:~:text=Aprova%20o%20Regulamento%20de%20aplica%C3%A7%C3%A3o,nas%20compet%C3%AAncias%20previstas%20no%20art. Acesso em: 10 mar. 2023.

Em resumo: quanto maior o risco criado, maior a extensão dos deveres de antecipação e evitação do dano.

Para mensurar o(s) risco(s) que atividades de tratamento de dados pessoais gera(m) para o titular, pode-se pensar em pelo menos quatro aspectos [não exaustivos] a serem utilizados para avaliar o risco nas atividades de tratamento de dados pessoais. É importante ressaltar que a identificação dos critérios não tem a intenção de buscar uma abordagem estanque e cartesiana, até mesmo em razão de que eles devem ser usados em conjunto na concreta avaliação de risco, bem como podem apresentar zonas de sobreposição.

O primeiro é o aspecto objetivo, que toma em conta o(s) dado(s) pessoal(is) *per si* que são objeto do tratamento. Assim, o foco se dá nos adjetivos dos dados pessoais tratados: se são sensíveis ou não sensíveis; se são dados de conhecimento público ou que versem sobre a intimidade ou a privacidade do titular; se são variáveis ou invariáveis;[231] se são aptos a gerar estigmatização e/ou discriminação etc.

O segundo aspecto é o finalístico, em que é analisado o equilíbrio entre os meios e os fins. Nesse ponto deve ser analisado o escopo do tratamento de dados pessoais e sua adequação com as técnicas e os dados utilizados para tanto. Afinal, um risco pode ser aceitável ou inaceitável a depender da finalidade do tratamento. Há uma espécie de relação "custo-benefício", que tem como parâmetro os interesses do titular. Por exemplo, a utilização de dados pessoais de saúde é imprescindível para o adequado diagnóstico e tratamento médico; no entanto, para avaliar os riscos da contratação de planos de saúde é inadmissível (art. 11, § 5º da LGPD).[232] Da mesma forma, se pode pensar com relação ao tratamento de dados pessoais consistente na coleta e uso das expressões faciais para fins de segurança pública, mas não para fins exclusivamente econômicos, como no caso de *microtargeting*.

O terceiro aspecto é o contextual, em que é analisado todo o contexto do tratamento de dados pessoais que escapa dos dois parâmetros anteriores, com

---

[231] Apesar de não ser comum essa classificação a respeito dos dados pessoais, não há dúvida de sua importância. Afinal, dados variáveis, tais como, número de telefone, endereço, local de trabalho, podem, sob dadas circunstâncias, causarem menores riscos do que dados pessoais invariáveis, tais como, os dados biométricos, justamente em decorrência da possibilidade de os primeiros serem alteráveis.

[232] BRASIL. **Lei nº 13.709, de 14 de agosto de 2018**. Lei Geral de Proteção de Dados Pessoais (LGPD). Brasília, DF: Presidência da República, 2018. Disponível em: http://www.planalto.gov.br/ccivil_03/_ato2015-2018/2018/lei/L13709.htm. Acesso em: 15 abr. 2023.

inclusão, ainda que não se limite, da base legal para tratamento,[233] da forma com que os dados pessoais foram obtidos e os contextos sociais relevantes no momento do tratamento. Incluem-se nesse parâmetro: a estrutura, a escala e o volume das operações de tratamento, as caraterísticas específicas deste e o estado atual da tecnologia, bem como as estatísticas sobre a probabilidade e a gravidade dos danos para os titulares dos dados pessoais. Especialmente relevante nesse aspecto refere-se ao fato de o tratamento de dados pessoais ser meramente acessório à atividade desenvolvida (empresário que mantém os dados de identificação e contato de seus clientes, por exemplo), ou se a atividade de tratamento de dados pessoais é a atividade principal ou, ao menos, "insumo" da atividade principal.[234]

Conforme Helen Nissembaum, o fluxo de informações necessita de integridade contextual, o que significa dizer que referidos fluxos devem ser apropriados em conformidade com informações contextuais. Assim, é necessária a observância de normas informacionais contextuais ligadas ao fluxo de informações. Sustenta que cinco parâmetros devem ser utilizados para definir as normas relevantes à integridade contextual, quais sejam: assunto, remetente, destinatário, tipo de informação e princípio da transmissão (tradução nossa).[235] Ainda que sua dimensão seja mais ampla do que o aqui defendido, a contribuição é relevante para deixar claro que os riscos decorrentes do tratamento de dados pessoais são altamente contextuais e que qualquer análise que se proponha a soluções efetivas não pode desprezá-la.

Por fim, o quarto aspecto é o relacional, em que o foco é a assimetria de poder existente entre o agente de tratamento de dados e o titular (tradução

---

[233] A LGPD reconhece que a base legal utilizada para legitimar o tratamento de dados pessoais pode refletir em maior risco ao titular. Isso se infere das exigências legais previstas no art. 10 referentemente ao tratamento de dados pessoais baseado no legítimo interesse do controlador (BRASIL. **Lei nº 13.709, de 14 de agosto de 2018**. Lei Geral de Proteção de Dados Pessoais (LGPD). Brasília, DF: Presidência da República, 2018. Disponível em: http://www.planalto.gov.br/ccivil_03/_ato2015-2018/2018/lei/L13709.htm. Acesso em: 15 abr. 2023).

[234] O que Helen Nissenbaum denomina de "indústrias da informação" (NISSENBAUM, Helen. Contextual integrity up and down the data food chain. **Theoretical Inquiries in Law**, [S. l.]. v. 20, p. 221-256, 2019. Disponível em: https://www7.tau.ac.il/ojs/index.php/til/article/view/1614. Acesso em: 28 jun. 2023. Tradução nossa).

[235] NISSENBAUM, Helen. Contextual integrity up and down the data food chain. **Theoretical Inquiries in Law**, [S. l.]. v. 20, p. 221-256, 2019. Disponível em: https://www7.tau.ac.il/ojs/index.php/til/article/view/1614. Acesso em: 28 jun. 2023.

nossa),[236] tendo em conta aqui, especialmente, o grau de vulnerabilidade[237] do titular na concreta relação jurídica. Assim, de um lado deve-se ter em consideração os fatores de vulnerabilidade do titular, tal como idade,[238] sexo, etnia etc., e, de outro, o poder dos agentes de tratamento. Quanto a este último ponto, de certa forma, a avaliação encontra-se bastante próxima ao parâmetro anterior, em especial no que se refere à escala, volume e tecnologia utilizada. Pode-se até mesmo dizer que se trata de uma inferência deduzida, em parte, desses indicativos. E isso, inclusive, em razão de que, quanto mais dados e mais disruptiva é a tecnologia, mais poder.

É sabido que os agentes de tratamento de dados pessoais públicos e privados são "incentivados" a criar maiores riscos aos titulares de dados pessoais em busca de maiores lucros[239] e eficiência, de forma que as

---

[236] VAN DE WAERDT, Peter J. Information asymmetries: recognizing the limits of the GDPR on the data-driven market. **Computer Law & Security Review**, [S. l.], v. 38, p. 1-18, 2020. DOI: https://doi.org/10.1016/j.clsr.2020.105436. Disponível em: https://www.sciencedirect.com/science/article/pii/S0267364920300418. Acesso em: 28 mar. 2023.

[237] A respeito da definição de vulnerabilidade, consultar: BARBOZA, Heloisa Helena; ALMEIDA, Vitor. A tutela das vulnerabilidades na legalidade constitucional. *In:* TEPEDINO, Gustavo; TEIXEIRA, Ana Carolina Brochado; ALMEIDA, Vitor (coord.). **Da dogmática à efetividade do direito civil**: anais do Congresso Internacional de Direito Civil Constitucional: IV Congresso do IBDCivil. 2. ed. Belo Horizonte: Fórum, 2019. p. 41-55.
Especificamente em relação à vulnerabilidade na internet, consultar: SANTOS, Deborah Pereira Pinto dos. Vulnerabilidade existencial na internet. *In:* TEPEDINO, Gustavo; TEIXEIRA, Ana Carolina Brochado; ALMEIDA, Vitor (coord.). **Da dogmática à efetividade do direito civil**: anais do Congresso Internacional de Direito Civil Constitucional: IV Congresso do IBDCivil. 2. ed. Belo Horizonte: Fórum, 2019. p. 57-71.

[238] Ao dedicar tratamento diferenciando aos dados pessoais de crianças e adolescentes (art. 14), até mesmo do que deve ser realizado "[...] em seu melhor interesse [...]", a LGPD reconhece a relevância do tratamento relacional (BRASIL. **Lei nº 13.709, de 14 de agosto de 2018**. Lei Geral de Proteção de Dados Pessoais (LGPD). Brasília, DF: Presidência da República, 2018. Disponível em: http://www.planalto.gov.br/ccivil_03/_ato2015-2018/2018/lei/L13709.htm. Acesso em: 15 abr. 2023).

[239] "A conexão direta entre processamento de dados e lucro cria um incentivo importante para as plataformas continuarem processando dados e um desafio para a aplicação da proteção de dados se o processamento lucrativo não estiver em conformidade com a lei" (KARJALAINEN, Tuulia. The battle of power: enforcing data protection law against companies holding data power. **Computer Law & Security Review**, [S. l.], v. 47, p. 4, 2022. DOI: https://doi.org/10.1016/j.clsr.2022.105742. Disponível em: https://www.sciencedirect.com/science/article/pii/S0267364922000851. Acesso em: 28 mar. 2023. p. 4, tradução nossa).

principais ameaças aos titulares de dados pessoais não são mais externas, decorrentes de ataques de *hackers*, por exemplo, mas causadas pelos próprios agentes de tratamento e seus modelos de negócios,[240] ou mesmo pelos próprios governos. O caso Facebook / Cambridge Analytica, supracitado, bem demonstrou como o poder acumulado na(pela) busca do lucro pode, até mesmo, abalar a democracia. Outros casos ligados ao mesmo agente de tratamento de dados pessoais não deixam dúvida de que bens jurídicos fundamentais, como a vida e a integridade física de comunidades inteiras,[241] são colocadas em risco, ainda que indiretamente, pela concentração de poder na área.

Orla Lynskey, nesse sentido, assevera que o poder exercido pelos agentes de tratamento de dados pessoais que ocupam posições estratégicas no ecossistema digital vai muito além do poder econômico, gerando efeitos sociais mais amplos, e, no caso, consiste em um "poder de dados" decorrente do controle exercido sobre os fluxos de dados e que envolve principalmente o poder de perfilar os titulares de dados e de influenciar decisivamente em sua (do titular de dados) opinião. Considera, ainda, versando sobre o direito europeu, que a legislação ligada ao tratamento de dados pessoais não impõe responsabilidades adicionais a tais agentes, contudo fornece uma indicação

---

Texto original: "The direct connection between data processing and profit creates an important incentive for the platforms to continue data processing, and a challenge for data protection enforcement if the lucrative processing does not comply with the law" (KARJALAINEN, Tuulia. The battle of power: enforcing data protection law against companies holding data power. **Computer Law & Security Review**, [S. l.], v. 47, p. 4, 2022. DOI: https://doi.org/10.1016/j.clsr.2022.105742. Disponível em: https://www.sciencedirect.com/science/article/pii/S0267364922000851. Acesso em: 28 mar. 2023. p. 4).

[240] KARJALAINEN, Tuulia. All talk, no action? The effect of the GDPR accountability principle on the EU data protection paradigm. **European Data Protection Law Review**, [S. l.], v. 8, issue 1, p. 25, 2022. DOI: https://doi.org/10.21552/edpl/2022/1/6. Disponível em: https://edpl.lexxion.eu/article/edpl/2022/1/6/display/html#6. Acesso em: 1º fev. 2023.

[241] Consultar:
CAMERON, Del. Facebook approved pro-genocide ads in Kenya after claiming to foster 'safe and secure' elections. **Gizmodo**. [S. l.], July 2022, 29. Disponível em: https://gizmodo.com/facebook-kenya-pro-genocide-ads-hate-speech-suspension-1849348778. Acesso em: 10 fev. 2023.
U.N. INVESTIGATOR says Facebook provided vast amount of Myanmar war crimes information. *In*: **REUTERS**. Geneva, September 12, 2022. Disponível em: https://www.reuters.com/world/asia-pacific/un-investigator-says-facebook-provided-vast--amount-myanmar-war-crimes-2022-09-12/. Acesso em: 10 fev. 2023.

regulatória clara nesse sentido, de forma que é necessário avaliar melhor a extensão dos deveres e o impacto do processamento nos direitos individuais, a fim de criar o que denomina de "responsabilidade especial" em semelhança ao que ocorre com o direito da concorrência (tradução nossa).[242]

Prossegue sustentando que a criação de perfis dos titulares com base em dados pessoais é particularmente problemática, pois aumenta a assimetria existente, porquanto os titulares, em prejuízo próprio, são tornados transparentes por esse procedimento. E à medida em que atuam controlando o fluxo de dados (determinando quais informações serão disponibilizadas e quais não serão disponibilizadas aos titulares de dados), acabam por alterar seu comportamento (dos titulares) de forma inédita (tradução nossa),[243] superando até mesmo o poder de influência exercido pelos Estados.

Hideyuki Matsumi e Daniel Solove seguem caminho próximo ao desbravado por Orla Lynskey, ao sustentar que, "na sociedade da predição", o poder de escolher e criar o próprio futuro é transferido do titular de dados pessoais para os agentes de tratamento, o que importa em "[...] um profundo exercício de poder [...]" (tradução nossa)[244] – na maioria das vezes

---

[242] LYNSKEY, Orla. Grappling with "Data Power": normative nudges from data protection and privacy. **Theoretical Inquiries in Law**, v. 20, issue 1, passim, 2019. Disponível em: https://www7.tau.ac.il/ojs/index.php/til/article/view/1613/1714. Acesso em: 9 fev. 2023.
No mesmo sentido: RICHARDS, Neil; Hartzog, Woodrow. A relational turn for data protection? **European Data Protection Law Review**, [S. l.], v. 6, issue 4, p. 492-497, 2020. DOI: https://doi.org/10.21552/edpl/2020/4/5. Disponível em: https://edpl.lexxion.eu/article/edpl/2020/4/5/display/html#3. Acesso em: 1º fev. 2023.

[243] LYNSKEY, Orla. Grappling with "Data Power": normative nudges from data protection and privacy. **Theoretical Inquiries in Law**, v. 20, issue 1, passim, 2019. Disponível em: https://www7.tau.ac.il/ojs/index.php/til/article/view/1613/1714. Acesso em: 9 fev. 2023. p. 198.

[244] "in the prediction society"; "[...] is a profound exercise of power [...]". MATSUMI, Hideyuki; Solove, Daniel J. The prediction society: algorithms and the problems of forecasting the future. **Paper to My Library**, SSRN, [S. l.], p. 31-32, 19 maio 2023. DOI: http://dx.doi.org/10.2139/ssrn.4453869. Disponível em: https://ssrn.com/abstract=4453869. Acesso em: 27 jun. 2023.
Em outra passagem, asseveram: "Em vez disso, o poder é transferido para entidades que desenvolvem e implantam software preditivo. Muitas vezes, essas entidades não estão tentando intencionalmente e de forma conspiratória tirar o controle dos indivíduos. Eles têm muitos objetivos, como maximizar o lucro ou tentar fazer algo bom, como reduzir o crime ou os acidentes. Mas como as previsões são cada vez mais usadas, as pessoas passam a ser governadas por previsões" (MATSUMI, Hideyuki; Solove, Daniel J. The prediction society: algorithms and the problems

não totalmente apreciada e que traz efeitos dramáticos para os indivíduos e para a sociedade, já que, ao prever, acabam por moldar o futuro, mediante a criação de uma prisão de previsões, em que a autonomia e a individualidade são ignoradas (como ressaltado anteriormente ao se tratar acerca dos riscos ao direito dos titulares de dados em relação ao direito à igualdade). Após destacar os problemas ligados a vieses e ruídos, bem como a forma tendenciosa que muitas vezes os dados pessoais são colhidos, ressaltam que "[...] as predições algorítmicas são, na realidade, poder disfarçado de matemática" (tradução nossa).[245]

Fica evidente, assim, que o volume, a posição no ecossistema digital, o tipo de tecnologia utilizada, esse conjunto acaba por desequilibrar ainda mais a relação entre o titular de dados pessoais e os agentes de tratamento de dados. O poder econômico, nesse contexto, passa a ser complementado pelo poder político e pelo poder dos dados ou poder informacional,[246] que, na melhor das hipóteses, importa em influenciar o destino das pessoas e, na pior, em moldar de forma substancial seu futuro, o que redunda, em ambas, em um poder, no mínimo, descomunal, cujas consequências específicas são desconhecidas, mas que leva na direção de uma sociedade de controle e classificação massivas, em que a autonomia e a individualidade deixam de ser virtudes e passam a ser vistas com desconfiança e sinal de ruína.

---

of forecasting the future. **Paper to My Library**, SSRN, [S. l.], p. 33, 19 maio 2023. DOI: http://dx.doi.org/10.2139/ssrn.4453869. Disponível em: https://ssrn.com/abstract=4453869. Acesso em: 27 jun. 2023, tradução nossa).

Texto original: "Instead, the power is transferred to entities that develop and deploy predictive software. These entities are often not intentionally and collusively trying to take away control from individuals. They have many aims, such as maximizing profit or trying to do something good such as reduce crime or accidents. But as predictions are increasingly used, people become governed by predictions" (MATSUMI, Hideyuki; Solove, Daniel J. The prediction society: algorithms and the problems of forecasting the future. **Paper to My Library**, SSRN, [S. l.], p. 33, 19 maio 2023. DOI: http://dx.doi.org/10.2139/ssrn.4453869. Disponível em: https://ssrn.com/abstract=4453869. Acesso em: 27 jun. 2023).

[245] "[...] algorithmic predictions are, in reality, power dressed up with math". MATSUMI, Hideyuki; Solove, Daniel J. The prediction society: algorithms and the problems of forecasting the future. **Paper to My Library**, SSRN, [S. l.], p. 37, 19 maio 2023. DOI: http://dx.doi.org/10.2139/ssrn.4453869. Disponível em: https://ssrn.com/abstract=4453869. Acesso em: 27 jun. 2023.

[246] A respeito do exercício das várias faces do poder pelos agentes de tratamento de dados, consultar: ZUBOFF, Shoshana. **A era do capitalismo de vigilância**: a luta por um futuro humano na nova fronteira do poder. Tradução de George Schlesinger. Rio de Janeiro: Intrínseca, 2020. passim.

Na atualidade, esse poder encontra-se nas mãos de poucos agentes de tratamento de dados pessoais, os quais atuam em nível mundial, possuindo bilhões de usuários ativos todos os dias, de forma que há uma evidente concentração na área, quiçá até mesmo verdadeiro monopólio.[247] Assim, é correto afirmar que se está diante de "[...] concentrações de riqueza, conhecimento e poder sem precedentes na história da humanidade", o que se estabelece mediante "[...] uma expropriação de direitos humanos críticos que pode ser mais bem compreendida como um golpe vindo de cima [...]" e que importa na "[...] destituição da soberania dos indivíduos".[248]

É certo que, como foi exposto no capítulo preambular, os direitos fundamentais, especialmente os de primeira geração, têm como fim último estabelecer os limites legítimos em que o poder do Estado pode/deve ser utilizado. À medida em que particulares concentram poderes potencialmente superiores aos dos Estados, não há dúvida de que é necessário pensar em estratégias jurídicas voltadas à mitigação dos efeitos do exercício inadequado de tal poder. Tal constatação permite uma série de abordagens em busca de soluções.[249] Contudo, neste momento da pesquisa, interessa demonstrar que

---

[247] A título de exemplo, o Google detinha, em janeiro de 2022, incríveis 91,9% de participação no mercado de buscadores, processando mais de 8,5 bilhões de pesquisas por dia – conforme: ESTATÍSTICAS sobre as pesquisas no google para utilizar em 2022. **Blog Krypton BPO**. Belo Horizonte, 3 mar. 2022. Disponível em: https://kryptonbpo.com.br/estatisticas-sobre-as-pesquisas-no-google-para-utilizar-em-2022/. Acesso em: 28 jun. 2023.

[248] ZUBOFF, Shoshana. **A era do capitalismo de vigilância**: a luta por um futuro humano na nova fronteira do poder. Tradução de George Schlesinger. Rio de Janeiro: Intrínseca, 2020. p. 11.

[249] A título de exemplo, a União Europeia regulamentou os serviços digitais (Regulamento (UE) 2022/2065, de 27 de outubro de 2022) incluindo "*[o]brigações adicionais dos fornecedores de plataformas em linha de muito grande dimensão e de motores de pesquisa em linha de muito grande dimensão no que se refere à gestão de riscos sistémicos*" (Secção 5), conforme se verifica dos art. 33º e seguintes, dentre as quais destacam-se: avaliação de riscos sistêmicos anualmente (art. 34º); atenuação de riscos de forma eficaz (art. 35º); criação de mecanismos de resposta em caso de crise (art. 36º); adoção de auditoria independente (art. 36º); transparência acrescida (art. 39º); acesso facilitado aos dados (art. 40º); criação de departamento com função de verificação de conformidade (art. 41º); obrigatoriedade de apresentação de relatórios de transparência (art. 42º); pagamento de taxa de supervisão (art. 43º), dentre outros (EUROPA. Regulamento (EU) 2022/2065 do Parlamento Europeu e do Conselho de 19 de outubro de 2022 relativo a um mercado único para os serviços digitais e que altera a Diretiva 2000/31/CE (Regulamento dos Serviços Digitais). **Jornal Oficial da União Europeia**, [Portugal], L 277/1, 27 out. 2022. Disponível em: https://eur-lex.europa.eu/legal-content/PT/TXT/HTML/?uri=CELEX:32022R2065&from=E

o "poder de dados" aumenta (em termos de gravidade e de probabilidade) os riscos aos direitos dos titulares de dados pessoais.

Desconsiderar o grau de risco da atividade de tratamento de dados pessoais em sua concretude como determinante à aplicação dos deveres e responsabilidades dos agentes de tratamento de dados pessoais levaria a duas possibilidades, ambas inadmissíveis. A primeira, impor um ônus irracional para agentes de tratamento de dados pessoais de menor porte (tradução nossa)[250] e que geram menores riscos. A segunda, *nivelar por baixo* os instrumentos legais de tutela dos direitos do titular de dados pessoais, fazendo com que as atividades de tratamento de dados pessoais geradoras de maiores riscos sejam beneficiadas e, via de consequência, possuam maiores potencialidades de causar danos aos titulares.

Assim, é certo que a abordagem baseada em risco, adotada pela LGPD, reforça a abordagem baseada em direitos,[251] o que permite, com isso, a esca-

---

N#d1e4187-1-1. Acesso em: 28 mar. 2023, grifo do autor). OBS.: grafia de algumas palavras conforme texto original.

Por outro lado, por meio do Regulamento (UE) 2022/1925, de 12 de outubro de 2022, a União Europeia dispôs sobre a "[...] **disputabilidade e equidade dos mercados no setor digital [...]**", estabelecendo em seu art. 1º que "[o] presente regulamento tem por objetivo contribuir para o bom funcionamento do mercado interno mediante a previsão de regras harmonizadas que assegurem para todas as empresas, em toda a União, a disputabilidade e a equidade dos mercados no setor digital em que estejam presentes controladores de acesso, em benefício dos utilizadores profissionais e dos utilizadores finais". E, na forma do art. 3.º, estabelece que uma empresa é considerada como controlador de acesso quando tiver impacto significativo no mercado interno, prestar serviço essencial de plataforma e beneficiar-se de uma posição enraizada e duradoura nas suas operações ou for previsível que possa assim se beneficiar em um futuro próximo (EUROPA. Regulamento (UE) 2022/1925 do Parlamento Europeu e do Conselho, de 14 de setembro de 2022, relativo à disputabilidade e equidade dos mercados no setor digital e que altera as Diretivas (UE) 2019/1937 e (UE) 2020/1828 (Regulamento dos Mercados Digitais). **Jornal Oficial da União Europeia**, v. 65, L 265/27; passim, 12 out. 2022. Disponível em: https://eur-lex.europa.eu/legal-content/EN/TXT/?uri=OJ:L:2022:265:TOC. Acesso em: 28 mar. 2023).

Significa, portanto, que tal regulamentação somente é aplicável a grandes plataformas com poder de dados.

250 KARJALAINEN, Tuulia. The battle of power: enforcing data protection law against companies holding data power. **Computer Law & Security Review**, [S. l.], v. 47, p. 7, 2022. DOI: https://doi.org/10.1016/j.clsr.2022.105742. Disponível em: https://www.sciencedirect.com/science/article/pii/S0267364922000851. Acesso em: 28 mar. 2023.

251 "Ambos visam a gestão dos riscos decorrentes das operações de tratamento de dados. Isto é sintetizado pelo facto de terem exatamente o mesmo modus operandi, ou seja, dois testes de ponderação, com medidas de redução de risco (denominadas

labilidade da extensão dos deveres dos agentes de tratamento de dados pessoais a fim de que, de acordo com os riscos existentes na concreta atividade de tratamento de dados pessoais, sejam criados e utilizados os mecanismos, processos e ferramentas mais adequados ao gerenciamento do risco. Com isso, pode-se dizer que cabe ao agente de tratamento de dados personalizar as medidas de prevenção.[252]

Dois pontos ainda devem ser esclarecidos sobre a questão: o primeiro refere-se a quem cabe mensurar o risco; o segundo, sobre a criação de graus rígidos de risco.

Quanto ao primeiro ponto, inicialmente a avaliação do concreto risco da atividade de tratamento de dados pessoais deve ser realizada pelo próprio agente de tratamento, inclusive valendo-se da contratação de terceiros, tais como, entidades certificadoras. Além disso, a Autoridade Nacional de Proteção de Dados poderá estabelecer critérios para tanto, bem como proceder à avaliação específica do risco da atividade quando da realização da atividade fiscalizatória, a fim de verificar o descumprimento dos deveres de prevenção e precaução. E, por fim, a avaliação poderá ser feita por peritos nomeados pelo Poder Judiciário quando for relevante para o julgamento de ação judicial, envolvendo deveres de fazer ou não fazer, tais como adoção de medidas adequadas de segurança, ou mesmo em ações de reparação de danos.

Quanto ao segundo ponto, não parece adequada a adoção de "graus de risco" fechados, herméticos, pois importaria em uma simplificação da realidade. Ademais, ante a galopante evolução da técnica em tal área, rapidamente tornar-se-ia obsoleto.

Superados tais pontos, é importante observar que o ponto crítico relacionado ao reconhecimento da variabilidade do concreto grau de risco é que,

---

salvaguardas no contexto legal) associadas à segunda ponderação. No entanto, se ambas as abordagens gerenciam os riscos de processamento de dados, elas o fazem de maneira diferente. Enquanto a abordagem baseada em risco gerencia os riscos de maneira contextual e personalizada, a abordagem baseada em direitos gerencia os riscos desde o início de uma vez por todas" (GELLERT, Raphaël. We have always managed risks in data protection law: understanding the similarities and differences between the rights-based and the risk-based approaches to data protection. **European Data Protection Law Review**, [S. l.], v. 2, issue 4, p. 481-492, 2016. DOI: https://doi.org/10.21552/EDPL/2016/4/7. Disponível em: https://edpl.lexxion.eu/article/EDPL/2016/4/7. Acesso em: 24 mar. 2023, tradução nossa).

[252] BIONI, Bruno Ricardo. **Regulação e proteção de dados pessoais**: o princípio da *accountability*. Rio de Janeiro: Forense, 2022. p. 84.

numa primeira leitura da LGPD, boa parte do instrumental ligado a fazer frente aos tratamentos de dados pessoais de risco mais elevado foram tratados pelo legislador de forma pouco detalhada e com quase nenhuma cogência.

Nesse contexto, o relatório de impacto à proteção de dados pessoais, definido legalmente como o documento elaborado pelo controlador e que consiste na "[...] descrição dos processos de tratamento de dados pessoais que podem gerar riscos às liberdades civis e aos direitos fundamentais, bem como medidas, salvaguardas e mecanismos de mitigação de risco" (art. 5º, XVII, da LGPD) não é legalmente imposto em nenhuma situação específica. Caberá à autoridade administrativa (ANPD), pois, "solicitá-lo" quando se tratar de tratamento fundado no legítimo interesse do controlador (art. 10, § 3º), ou quando realizado pelo Poder Público (art. 32), cujo procedimento de avaliação deverá ser objeto de regulamento da referida autoridade (art. 55-J, XIII).[253] Ora, trata-se de abordagem bastante "acanhada", afastando-se enormemente do RGPD. Este último, como se vê do art. 35º, trouxe amplo detalhamento do instrumento legal – como já ressaltado.[254]

O mesmo ocorreu em relação às regras de boas práticas e de governança e acerca dos códigos de conduta. O tratamento é bastante vago e o art. 50 da LGPD estabelece que os agentes de tratamento de dados, individual ou coletivamente, "poderão" elaborar regras de boas práticas e governança e a adoção de códigos de conduta. Há a mesma indicação com relação aos certificados, mencionados apenas duas vezes em todo o texto, sem assinalação de qualquer obrigatoriedade ou explanação.[255] Diferentemente ocorre no

---

[253] BRASIL. **Lei nº 13.709, de 14 de agosto de 2018**. Lei Geral de Proteção de Dados Pessoais (LGPD). Brasília, DF: Presidência da República, 2018. Disponível em: http://www.planalto.gov.br/ccivil_03/_ato2015-2018/2018/lei/L13709.htm. Acesso em: 15 abr. 2023.

[254] REINO UNIDO. EUR-Lex. Parlamento Europeu. Atos Legislativos. Regulamento (UE) 2016/679 do Parlamento Europeu e do Conselho de 27 de abril de 2016. Relativo à proteção das pessoas singulares no que diz respeito ao tratamento de dados pessoais e à livre circulação desses dados e que revoga a Diretiva 95/46/CE (Regulamento Geral sobre a Proteção de Dados). **Jornal Oficial da União Europeia**, Bruxelas, Bélgica, p. I. 119/1-I.119-88, 2016. Disponível em: https://eur-lex.europa.eu/legal-content/PT/TXT/?uri=celex%3A32016R0679. Acesso em: 15 abr. 2023.

[255] BRASIL. **Lei nº 13.709, de 14 de agosto de 2018**. Lei Geral de Proteção de Dados Pessoais (LGPD). Brasília, DF: Presidência da República, 2018. Disponível em: http://www.planalto.gov.br/ccivil_03/_ato2015-2018/2018/lei/L13709.htm. Acesso em: 15 abr. 2023.

RGPD, em que o legislador trouxe minudente regulamentação, como se vê dos arts. 40 a 43.[256]

Assim, quer parecer que a LGPD está mais inclinada, no ponto, a um sistema de autorregulação do que de comando e controle. Na verdade, do cotejo entre os arquétipos legais que impõem objetivos a serem alcançados e a abordagem baseada no risco adotada, que concede aos agentes de tratamento de dados o poder-dever de personalizar as medidas preventivas, chega-se a um sistema de metarregulação, corregulação ou autorregulação regulada, o que importa dizer, uma forma de regulação híbrida entre a heterorregulação, realizada exclusivamente pelo Estado, e a autorregulação, realizada somente pelo agente de tratamento de dados. Assim, o Estado cria "metas" legais, o que dá permissão aos destinatários – no caso, os agentes de tratamento de dados – para que estabeleçam os caminhos e instrumentos para atingi-las, que podem ser objeto de escrutínio.[257]

Ora, uma leitura constitucionalmente adequada da legislação de proteção de dados pessoais, especialmente pensada com vistas à concretização do respectivo direito fundamental, não pode deixar exclusivamente ao talante dos agentes de tratamento de dados pessoais a adoção de medidas adequadas à mitigação dos riscos ligados ao tratamento de dados pessoais, especialmente quando envolvem maiores riscos. Portanto, é necessário desenvolver ferramentas e estratégias para que a prevenção venha a tornar-se uma prática eficaz.

Diante disso, no terceiro capítulo da pesquisa será explorado de que forma o horizonte reparatório pode servir para, se não tornar obrigatória a adoção de medidas preventivas, pelo menos incentivar sua adoção.

---

[256] REINO UNIDO. EUR-Lex. Parlamento Europeu. Atos Legislativos. Regulamento (UE) 2016/679 do Parlamento Europeu e do Conselho de 27 de abril de 2016. Relativo à proteção das pessoas singulares no que diz respeito ao tratamento de dados pessoais e à livre circulação desses dados e que revoga a Diretiva 95/46/CE (Regulamento Geral sobre a Proteção de Dados). **Jornal Oficial da União Europeia**, Bruxelas, Bélgica, p. I. 119/1-I.119-88, 2016. Disponível em: https://eur-lex.europa.eu/legal-content/PT/TXT/?uri=celex%3A32016R0679. Acesso em: 15 abr. 2023.
[257] BIONI, Bruno Ricardo. **Regulação e proteção de dados pessoais:** o princípio da *accountability*. Rio de Janeiro: Forense, 2022. p. 86.

ao exigir que a coleta de dados se dê ao mínimo possível ante a finalidade perseguida, minimizado resta o espectro de riscos incertos aos titulares. Como mencionado no primeiro capítulo ao se tratar acerca da salvaguarda de escopo ou finalidade, esta limita, atrai e condiciona todo o tratamento. Assim, com a designação da finalidade do tratamento, cria-se uma relação com os dados pessoais, verdadeiro fiame do qual são extraíveis os riscos pertinentes. E essa visão deve direcionar o uso secundário dos dados pessoais que, como já afirmado, deve ser compatível com a finalidade inicial.

Ainda, o caráter precaucioso inspira à anonimização e à eliminação dos dados pessoais. Afinal, uma vez anonimizados ou eliminados, todos os imagináveis riscos do tratamento restam, em linha de princípio, extintos. Há que se ressaltar, especificamente em relação à anonimização, que esta deve ser irreversível para que se possa assim entender.

3

DA REPARAÇÃO DE DANOS DECORRENTES DA ATIVIDADE DE TRATAMENTO DE DADOS PESSOAIS

> "A vela fora remendada em vários pontos com velhos sacos de farinha e, assim, enrolada, parecia a bandeira de uma derrota permanente."[1]

O estudo acerca da responsabilidade por danos demonstra claramente que devem ser consideradas as necessidades práticas, o balanceamento de direitos, as questões sociológicas e econômicas para a correta decisão judicial, o que faz dessa matéria "direito vivo",[2] fruto do trabalho doutrinário e jurisprudencial em busca de soluções adequadas para as demandas individuais e sociais. Isso leva à conclusão de que se trata da área do direito privado com menos apego à dogmática e mais voltada a servir de instrumento à efetivação de direitos. Contudo, em se tratando de proteção de dados pessoais, a abordagem tem sido insuficiente, como será demonstrado.

Com base nisso, o terceiro capítulo da pesquisa tem como objeto a investigação da hermenêutica constitucionalmente adequada à reparação dos danos efetivamente ocorridos, via problematização da influência do concreto grau de risco da atividade e a mutualidade entre os horizontes preventivo e reparatório.

---

[1] HEMINGWAY, Ernest. **O velho e o mar**. Tradução de Fernando de Castro Ferro. 87. ed., Rio de Janeiro: Bertrand Brasil, 2015. p. 13.
[2] MARTINS-COSTA, Judith. Um aspecto da obrigação de indenizar: notas para uma sistematização dos deveres pré-negociais de proteção no direito civil brasileiro. **Revista dos Tribunais**, São Paulo, v. 867/2008, p. 11, jan./2008.

3.1 A REPARAÇÃO DE DANOS DECORRENTES DO TRATAMENTO DE DADOS PESSOAIS: ANÁLISE CRÍTICA DO ESTADO DA ARTE

Claramente inspirada no seu congênere europeu,[3] a LGPD exige, como pressuposto do dever de reparar danos por parte do agente de tratamento, a ocorrência de violação à legislação de proteção de dados pessoais.[4] Tal exigência é repetida em, ao menos, três passagens da citada legislação. Primeiramente, no caput do art. 42, que estabelece que o agente de tratamento de dados pessoais que, no exercício da referida atividade, causar dano "[...] *em violação à legislação de proteção de dados pessoais*, é obrigado a repará-lo" (grifo nosso).[5] No art. 43, *caput* e II, ao tratar das excludentes do dever de reparar, estabelece que os "[...] agentes de tratamento só não serão responsabilizados quando provarem [...] que [...] *não houve violação à legislação de*

---

[3] O art. 82 do RGPD estabelece que: "Qualquer pessoa que tenha sofrido danos materiais ou imateriais *devido a uma violação do presente regulamento* tem direito a receber uma indemnização do responsável pelo tratamento ou do subcontratante pelos danos sofridos" (grifo nosso).
OBS.: texto apresentado conforme grafia original.
REINO UNIDO. EUR-Lex. Parlamento Europeu. Atos Legislativos. Regulamento (UE) 2016/679 do Parlamento Europeu e do Conselho de 27 de abril de 2016. Relativo à proteção das pessoas singulares no que diz respeito ao tratamento de dados pessoais e à livre circulação desses dados e que revoga a Diretiva 95/46/CE (Regulamento Geral sobre a Proteção de Dados). **Jornal Oficial da União Europeia**, Bruxelas, Bélgica, p. I. 119/81, 2016. Disponível em: https://eur-lex.europa.eu/legal-content/PT/TXT/PDF/?uri=CELEX:32016R0679&from=PT. Acesso em: 30 abr. 2023.

[4] É importante ressaltar que a LGPD somente trata da responsabilidade de reparar danos por parte do agente de tratamento de dados em favor do titular de dados pessoais lesados. Obviamente que outras possibilidades podem ser imaginadas, como demandas envolvendo controlador em face do operador, que são resolvidas com base nas disposições pertinentes. Assim, a presente pesquisa somente investiga a responsabilidade na linha prevista na LGPD, ou seja, com envolvimento do titular como lesado.

[5] BRASIL. **Lei nº 13.709, de 14 de agosto de 2018**. Lei Geral de Proteção de Dados Pessoais (LGPD). Brasília, DF: Presidência da República, 2018. Disponível em: http://www.planalto.gov.br/ccivil_03/_ato2015-2018/2018/lei/L13709.htm. Acesso em: 15 abr. 2023.

proteção de dados" (grifo nosso).[6] Por último, estabelece, no art. 44, que é irregular o tratamento de dados que "[...] deixar de observar a legislação [...]".[7]

Em uma primeira leitura, tais disposições são passíveis de inúmeras críticas, em especial pela ausência de técnica e sistematicidade. Além disso, importam em disposições que se afastam da tradição brasileira de legislar no tocante à responsabilidade civil.[8] Isso acaba gerando, na doutrina, inúmeras dúvidas, em especial, sobre o fator de atribuição do dever de reparar trazido pelo referido diploma legislativo – se subjetivo ou objetivo –, o que significa dizer, se a responsabilidade tem como requisito a prova da culpa do ofensor ou dela prescinde, baseando-se, portanto, no risco decorrente da atividade.

Parte considerável da doutrina defende que foi adotada a responsabilidade civil subjetiva, justamente em razão de ser exigido, para fins de reparação do dano, a ocorrência de ato ilícito, o que pressupõe o descumprimento de deveres impostos aos agentes de tratamento de dados pessoais.[9]

---

[6] BRASIL. **Lei nº 13.709, de 14 de agosto de 2018**. Lei Geral de Proteção de Dados Pessoais (LGPD). Brasília, DF: Presidência da República, 2018. Disponível em: http://www.planalto.gov.br/ccivil_03/_ato2015-2018/2018/lei/L13709.htm. Acesso em: 15 abr. 2023.

[7] BRASIL. **Lei nº 13.709, de 14 de agosto de 2018**. Lei Geral de Proteção de Dados Pessoais (LGPD). Brasília, DF: Presidência da República, 2018. Disponível em: http://www.planalto.gov.br/ccivil_03/_ato2015-2018/2018/lei/L13709.htm. Acesso em: 15 abr. 2023.

[8] A tradição legislativa brasileira na matéria, em regra, é bastante clara a respeito da modalidade de responsabilidade – se subjetiva ou objetiva – fazendo menção expressa à necessidade ou dispensa da culpa como requisito do dever de indenizar. Uma rápida leitura dos arts. 186 e 927 do Código Civil e dos arts. 12 e 14 do Código de Defesa do Consumidor não deixam dúvida a respeito quanto a isso. Assim, será subjetiva a responsabilidade civil que tem como requisito da obrigação de indenizar a conduta culposa do lesante. Será objetiva a responsabilidade civil que independe da verificação de culpa para a responsabilização do lesante ou de terceiro a ele ligado. (BRASIL. **Lei nº 10.406, de 10 de janeiro de 2002**. Institui o Código Civil. Brasília, DF: Presidência da República, 2002. Disponível em: https://www.planalto.gov.br/ccivil_03/leis/2002/l10406compilada.htm. Acesso em: 12 ago. 2022.
BRASIL. **Lei nº 8.078, de 11 de setembro de 1990**. Dispõe sobre a proteção do consumidor e dá outras providências. Brasília, DF: Presidência da República, 1990. Disponível em: http://www.planalto.gov.br/ccivil_03/leis/l8078compilado.htm. Acesso em: 15 abr. 2023).

[9] "Se o que se pretende é responsabilizar os agentes, independentemente de culpa de fato, não faz sentido criar deveres a serem seguidos, tampouco responsabilizá-los quando tiverem cumprido perfeitamente todos es[s]es deveres. A lógica da responsabilidade objetiva é outra, completamente diferente: não cabe discutir cumprimento de deveres, porque quando se discute cumprimento de deveres, o que no fundo está

Também se argumenta que a adoção da responsabilidade subjetiva decorre do fato de que a LGPD foi expressa, ao estabelecer, no art. 45, que "[a]s hipóteses de violação do direito do titular no âmbito das relações de consumo permanecem sujeitas às regras de responsabilidade previstas na legislação pertinente",[10] o que demonstraria claramente a não adoção de sistema semelhante àquele do Código de Defesa do Consumidor.[11]

O terceiro argumento trazido pela doutrina para defender a culpa como fator de imputação está ligado ao histórico legislativo da LGPD, no sentido de que, durante o trâmite legislativo foi suprimida a disposição que considerava a atividade de tratamento de dados pessoais como atividade de risco.[12]

Sustenta-se, ainda, a existência de uma responsabilidade subjetiva especial em que, apesar da adoção da responsabilidade subjetiva, foram reduzidas, pela LGPD, as barreiras para obter indenização em caso de danos advindos do tratamento de dados pessoais.[13]

---

sendo analisado é se o agente atuou ou não com culpa" (GUEDES, Gisela Sampaio da Cruz; MEIRELES, Rose Melo Vencelau. Término do tratamento de dados. *In*: FRAZÃO, Ana; TEPEDINO, Gustavo; OLIVA, Milena Donato (coord.). **Lei Geral de Proteção de Dados Pessoais e suas repercussões no direito brasileiro**. São Paulo: Thomson Reuters Brasil, 2019. p. 231).

Em sentido próximo, porém acrescendo a existência de uma responsabilidade "proativa", consultar: MORAES, Maria Celina Bodin de. QUEIROZ, João Quinelato de. Autodeterminação informativa e responsabilização proativa: novos instrumentos de tutela da pessoa humana na LGPD. **Cadernos Adenauer** – Proteção de dados pessoais: privacidade versus avanço tecnológico. Rio de Janeiro, Fundação Konrad Adenauer, ano XX, n. 3, p. 113-135, 2019.

[10] BRASIL. **Lei nº 13.709, de 14 de agosto de 2018**. Lei Geral de Proteção de Dados Pessoais (LGPD). Brasília, DF: Presidência da República, 2018. Disponível em: http://www.planalto.gov.br/ccivil_03/_ato2015-2018/2018/lei/L13709.htm. Acesso em: 15 abr. 2023.

[11] KONDER, Carlos Nelson; LIMA, Marco Antônio de Almeida. Responsabilidade civil dos advogados no tratamento de dados à luz da Lei nº 13.709/2018. *In*: EHRHARDT JÚNIOR, Marcos; CATALAN, Marcos; MALHEIROS, Pablo (coord.). **Direito civil e tecnologia**. Belo Horizonte: Fórum, 2020. p. 423.

[12] Nesse sentido: SIMÃO, José Fernando; DANTAS BISNETO, Cícero. Responsabilidade civil: uma leitura crítica dos artigos 42 a 45 da LGPD. *In*: MONACO, Gustavo Ferraz de Campos; CUNHA, Amanda; MARTINS, Melhos Smith; CAMARGO, Solano de (org.). **Lei Geral de Proteção de Dados**: ensaios e controvérsias da Lei 13.709/18. São Paulo: Quartier Latin, 2020. p. 404.

[13] Nesse sentido: BIONI, Bruno; DIAS, Daniel. Responsabilidade civil na proteção de dados pessoais: construindo pontes entre a Lei Geral de Proteção de Dados Pessoais

Próximo a isso, no que poderia ser denominada como posição mista, entende-se pela existência de dois regimes de responsabilidade civil na LGPD: responsabilidade subjetiva, decorrente do disposto no art. 44, parágrafo único da LGPD;[14] responsabilidade objetiva, especialmente ligada à ausência de segurança legitimamente esperada, o que se aproxima da situação de prestação de serviços ou fornecimento de produtos.[15]

Ora, um regime de responsabilidade civil baseado na culpa não parece ser adequado às situações mais corriqueiras de tratamento de dados pessoais, por trazer à baila, em todas as situações, a discussão sobre a existência de culpa na conduta do ofensor. Veja-se que boa parte – para não dizer a maioria – das operações de tratamento de dados pessoais se vale de inteligência artificial em um contexto de *big data* e processamento em nuvem, cujo aprendizado do algoritmo pode-se dar sem controle humano,[16] de forma que parece sobremaneira difícil inculpar os agentes de tratamento de dados por danos decorrentes de fatos não ligados à programação inicial.[17]

---

e o Código de Defesa do Consumidor. **Civilistica.com**, [S. l.], v. 9, n. 3, p. 1-23, 22 dez. 2020. Disponível em: https://civilistica.emnuvens.com.br/redc/article/view/662. Acesso em: 25 jul. 2023.

[14] BRASIL. **Lei nº 13.709, de 14 de agosto de 2018**. Lei Geral de Proteção de Dados Pessoais (LGPD). Brasília, DF: Presidência da República, 2018. Disponível em: http://www.planalto.gov.br/ccivil_03/_ato2015-2018/2018/lei/L13709.htm. Acesso em: 15 abr. 2023.

[15] SCHREIBER, Anderson. Responsabilidade civil na Lei Geral de Proteção de Dados. *In*: DONEDA, Danilo; SARLET, Ingo Wolfgang; MENDES, Laura Schertel; RODRIGUES JÚNIOR, OTÁVIO LUIZ (coord.). BIONI, Bruno Ricardo (coord. exec.). **Tratado de proteção de dados pessoais**. Rio de Janeiro, Forense, 2021. p. 327).

[16] A respeito disso, consultar: MULHOLLAND, Caitlin. Responsabilidade civil e processos decisórios autônomos em sistemas de inteligência artificial (IA): autonomia, imputabilidade e responsabilidade. *In*: FRAZÃO, Ana; MULHOLLAND, Caitlin (coord.). **Inteligência artificial e direito**: ética, regulação e responsabilidade. São Paulo: Thomson Reuters Brasil, 2019. p. 325-348.

[17] "As características de autonomia e autoaprendizagem de tais entes dificultam o traçar de fronteira entre os danos que resultam de um erro humano e aqueles que são devidos ao próprio algoritmo. O comportamento imprevisível deste, que decide por si como agir, que se desenvolve como resultado de um *deep-learning*, sem controlo humano, torna impossível conexionar um eventual dano que possa eclodir com uma conduta negligente do ser humano" (BARBOSA, Mafalda Miranda. O futuro da responsabilidade civil desafiada pela inteligência artificial: as dificuldades dos sistemas tradicionais e caminhos de solução. **Revista de Direito da Responsabilidade**, [Portugal], ano 2, p. 284, 2020. Disponível em: https://revistadireitoresponsabilidade.pt/2020/o-futuro-da-responsabilidade-civil-desafiada-pela-inteligencia-artificial-as-

Sabidamente, a evolução do regime de responsabilidade por culpa para a responsabilidade por risco foi decorrente, dentre outras razões, da dificuldade da vítima em provar a culpa do ofensor por danos advindos de riscos criados pelas novas tecnologias.[18]

Soma-se a isso a grande opacidade na recolha e tratamento de dados pessoais – ressaltada anteriormente – que impede (ou ao menos dificulta) o conhecimento efetivo do tratamento realizado, em especial as inferências produzidas por meio de inteligência artificial.

Também não seria adequado quanto à função de induzir os agentes de tratamento de dados a tomar medidas voltadas à redução dos riscos decorrentes de sua atividade. Afinal, não são poucas as dificuldades de a vítima obter reparação pecuniária, isso com relação à prova do dano e do nexo de causalidade – como tratado no capítulo inicial. Se lhe for exigida (à vítima) também a prova da culpa do agente de tratamento, certamente a imensa maioria das situações danosas não serão objeto de reparação, de forma que será extremamente vantajoso causar danos.

Por tudo isso, tem-se entendido que a modalidade de responsabilidade civil estabelecida pela LGPD é a objetiva, baseada no risco que a atividade de tratamento de dados pessoais gera para os direitos dos titulares,[19] via apli-

---

-dificuldades-dos-modelos-tradicionais-e-caminhos-de-solucao-mafalda-miranda--barbosa/. Acesso em: 22 set. 2023, grifo do autor). Obs.: grafia de algumas palavras conforme texto original.

[18] "Os perigos advindos dos novos inventos, fontes inexauríveis de uma multiplicidade alarmante de acidentes, agravados pela crescente impossibilidade, tanta vez [sic], de se provar a causa do sinistro e a culpa do autor do ato ilícito, forçaram as portas, consideradas, até então, sagradas e inexpugnáveis da teoria da culpa, no sentido de se materializar a responsabilidade, numa demonstração eloquente e real de que o Direito é, antes de tudo, uma ciência nascida da vida e feita para disciplinar a própria vida" (LIMA, Alvino. **Culpa e risco**. 2. ed. rev. e atual. pelo Prof. Ovídio Rocha Barros Sandoval. São Paulo: Editora Revista dos Tribunais, 1998. p. 16).

[19] Colhe-se da doutrina: "Fundamenta es[s]a conclusão o fato de que a atividade desenvolvida pelo agente de tratamento é evidentemente uma atividade que impõe riscos aos direitos dos titulares de dados. Es[s]es riscos, por sua vez, são intrínsecos, inerentes à própria atividade. Significa dizer que os danos resultantes da atividade habitualmente empenhada pelo agente de tratamento de dados, uma vez concretizados, são quantitativamente elevados – pois atingem um número indeterminado de pessoas – e qualitativamente graves – pois violam direitos que possuem natureza personalíssima, reconhecidos pela doutrina como direitos que merecem a estatura jurídica de direitos fundamentais" (MULHOLLAND, Caitlin. Responsabilidade civil por danos causados pela violação de dados sensíveis e a Lei Geral de Proteção de Dados pessoais (Lei 13.709/2018). *In*: MARTINS, Guilherme Magalhães; ROSEN-

cação, assim, da cláusula geral de responsabilidade civil objetiva positivada no parágrafo único do art. 927 do Código Civil.[20] É certo que, em grande parte, a atividade de tratamento de dados pessoais pode ser enquadrada no conceito de risco da atividade, o que gera, com isso, a responsabilidade civil objetiva.[21] Nesse sentido, defende-se a responsabilidade objetiva, assentada no risco que a atividade de tratamento de dados pessoais gera, o que pode ser definido como "risco informacional", mediante testificação de que a interpretação gramatical, histórica, teleológica e sistemática leva a tal conclusão.[22]

VALD, Nelson (coord.). **Responsabilidade civil e novas tecnologias**. Indaiatuba, SP: Editora Foco, 2020. p. 121).

No mesmo sentido:

BONNA, Alexandre Pereira. Dados pessoais, identidade virtual e a projeção da personalidade: *"profiling"*, estigmatização e responsabilidade civil. *In*: MARTINS, Guilherme Magalhães; ROSENVALD, Nelson (coord.). **Responsabilidade civil e novas tecnologias**. Indaiatuba, SP: Editora Foco, 2020. p. 19-38.

DONEDA, Danilo; MENDES, Laura Schertel. Reflexões iniciais sobre a nova Lei Geral de Proteção de Dados. **Revista de Direito do Consumidor**, v. 120, p. 469-483, nov./dez. 2018.

GONDIM, Glenda Gonçalves. A responsabilidade civil no uso indevido dos dados pessoais. **Revista IBERC**, Belo Horizonte, v. 4, n. 1, p. 19-34, 2021. DOI: 10.37963/iberc.v4i1.140. Disponível em: https://revistaiberc.responsabilidadecivil.org/iberc/article/view/140. Acesso em: 21 mar. 2023.

MARTINS, Guilherme Magalhães; FALEIROS JÚNIOR, José Luiz de Moura. *Compliance* digital e responsabilidade civil na Lei Geral de Proteção de Dados. *In*: MARTINS, Guilherme Magalhães.

MIRAGEM, Bruno. **Direito Civil**: responsabilidade civil. 2. ed. Rio de Janeiro: Forense, 2021. p. 485-492.

ROSENVALD, Nelson (coord.). **Responsabilidade civil e novas tecnologias**. Indaiatuba, SP: Editora Foco, 2020. p. 19-38; p. 263-297.

TARTUCE, Flávio. **Responsabilidade civil**. 4. ed. Rio de Janeiro: Forense, 2022. p. 979-986.

[20] BRASIL. **Lei nº 10.406, de 10 de janeiro de 2002**. Institui o Código Civil. Brasília, DF: Presidência da República, 2002. Disponível em: http://www.planalto.gov.br/ccivil_03/leis/2002/l10406.htm. Acesso em: 12 ago. 2022.

[21] Nesse sentido, defende-se a adoção de responsabilidade objetiva especial assentada no cometimento de um ilícito geral decorrente do irregular tratamento de dados pessoais. Ver a respeito em: DRESCH, Rafael de Freitas Valle; STEIN, Lílian Brandt. Direito fundamental à proteção de dados e responsabilidade civil. **Revista de Direito da Responsabilidade**, Portugal, ano 3, p. 224-241, 2021. Disponível em: https://revistadireitoresponsabilidade.pt/2021/direito-fundamental-a-protecao-de-dados-e-responsabilidade-civil-rafael-de--freitas-valle-dresch-lilian-brandt-stein/. Acesso em: 25 jul. 2023.

[22] PAGANELLA, Victoria Dickow. **O nexo de imputação da responsabilidade civil na proteção de dados pessoais**. Londrina, PR: Thoth, 2022.

No entanto, como ressaltado, não é correto defender que a atividade de tratamento de dados pessoais é simplesmente uma atividade de risco para fins da aplicação do parágrafo único do art. 927 do Código Civil, pois a LGPD reconhece que há um espectro amplo de risco na atividade de tratamento de dados pessoais, que varia de acordo com uma série de fatores relevantes (tipos de dados, escala de tratamento, natureza do tratamento, escopo, finalidade, tecnologia envolvida etc.), de forma que é reducionista a fundamentação de que a atividade de tratamento de dados pessoais gera risco e, diante disso, a responsabilidade deve ser caraterizada (tão somente) como objetiva.[23]

Por outro lado, afirma-se que a LGPD teria criado um regime de responsabilidade civil "especialíssimo", que poderia ser chamado de "responsabilidade ativa" ou "proativa", ao unir a responsabilidade civil à "prestação de contas" estabelecida no art. 6º, X, da LGPD.[24] Trata-se da única pesquisa nacional que versa sobre os pontos de contato entre os horizontes preventivo e reparatório, ainda que não aprofunde efetivamente tal questão.

A emergência ainda recente da LGPD, bem como da própria temática de proteção de dados pessoais, especialmente em solo pátrio, parece acarretar uma análise insuficiente e a inadequação das conclusões dos autores às condições sociojurídicas objetivas. Assim, como visto, o estado da arte em tal matéria pode ser resumido em três pontos: i) os horizontes preventivo e reparatório são tratados de forma estanque;[25] ii) a discussão a respeito do dever de reparação dos danos causados restringe-se, quase que exclusivamente, em definir se a LGPD adotou a responsabilidade baseada na culpa (responsabilidade subjetiva) ou baseada no risco da atividade (responsabilidade objetiva), passando, ao largo da análise, sobre o risco gerado pela atividade de

---

[23] E, nesse sentido, foi correta a exclusão, durante o processo legislativo, da disposição prevista no Projeto de Lei que estabelecia que a atividade de tratamento de dados é uma atividade de risco. Afinal, a manutenção de tal dispositivo importaria em uma clara contradição com o restante do corpo legal, que reconhece a granularidade dos graus de risco nessa seara. Contudo, tal alteração não pode levar à conclusão de que, com isso, afastou-se completamente a possibilidade de considerar a atividade de tratamento de dados pessoais, diante de situações concretas, como sendo de risco além do normal.

[24] MORAES, Maria Celina Bodin de. QUEIROZ, João Quinelato de. Autodeterminação informativa e responsabilização proativa: novos instrumentos de tutela da pessoa humana na LGPD. **Cadernos Adenauer** – Proteção de dados pessoais: privacidade versus avanço tecnológico. Rio de Janeiro, Fundação Konrad Adenauer, ano XX, n. 3, p. 129, 2019.

[25] Salvo a análise citada em nota anterior.

tratamento de dados em sua concretude;[26] iii) não há qualquer preocupação com a adequação constitucional da atribuição de sentido.

Há que se reconhecer que a análise dogmática realizada é inadequada, especialmente por partir da cisão entre interpretação e aplicação dos dispositivos legais pertinentes à temática. Ora, como diz Hans-Georg Gadamer, faz-se necessário dar um passo além para entender, "[...] como um processo unitário[,] não somente a compreensão e interpretação, mas também a aplicação [...]"[27] do direito. De fato, a análise meramente dogmática pode desenvolver exercícios acadêmicos de intepretação aparentemente corretos, mas estéreis (ou mesmo absurdos), uma vez que desconsidera a aplicação ao caso concreto[28] e os efeitos decorrentes da aplicação.

Ademais, é também correto afirmar que poucas são as preocupações com a adequação constitucional da abordagem, especialmente com a concretização do direito fundamental à proteção de dados pessoais, assim como com a necessidade de romper com o paradigma individualista e unicamente reativo tradicional da responsabilidade civil a fim de que se migre para o que se possa denominar de *direito de danos*, centrado em evitar o dano e melhor tutelar as vítimas, e cuja tutela volta-se não só ao dano efetivo, mas também ao potencial, o que confere, com isso, especial importância à prevenção e à precaução, como já ressaltado.

Nessa medida, a adequada aplicação do direito é relevante para que se garanta, de um lado, que o titular veja reconhecido seu direito à prevenção e à reparação quando presentes os requisitos legais e, de outro, direcionar os agentes de tratamento de dados para que ajam no sentido de evitar, ou ao menos minorar, desde logo, a ocorrência de danos.

Portanto, faz-se necessário aprofundar a questão, especialmente no que toca ao concreto risco da atividade de tratamento de dados pessoais realizada, com ênfase nas medidas *ex ante* adotadas pelos agentes de tratamento (de dados). Contudo, primeiramente é substancial pesquisar e desenvolver a respeito da antijuridicidade na conduta do agente de tratamento de dados pessoais.

---

[26] Quadra asseverar que a atividade de tratamento de dados mostra-se como extremamente complexa e heterogênea, o que gera diferentes graus de risco – como se explanou no Capítulo 2, supra.

[27] GADAMER, Hans-Georg. **Verdade e método**. Tradução de Flávio Paulo Meurer. 15. ed. Petrópolis, RJ: Vozes; Bragança Paulista, SP: Editora Universitária São Francisco, 2015. p. 407.

[28] GADAMER, Hans-Georg. **Verdade e método**. Tradução de Flávio Paulo Meurer. 15. ed. Petrópolis, RJ: Vozes; Bragança Paulista, SP: Editora Universitária São Francisco, 2015. p. 409.

3.2 A ANTIJURIDICIDADE[29] NA CONDUTA DO AGENTE DE TRATAMENTO DE DADOS

Restou assentado que a LGPD estabelece como requisito do dever de reparar o dano a verificação da antijuridicidade. E, nessa medida, a antijuridicidade funciona como um mecanismo de seleção das pretensões reparatórias.[30] Opera em sentido negativo, ou seja, não havendo antijuridicidade, não haverá o dever de reparar. Em uma primeira análise, pode-se dizer que a caracterização do ato como antijurídico implica um juízo bastante dificultoso, mas que pode ser reduzida à seguinte fórmula: será jurídico o ato conforme o direito, e, antijurídico aquele ato contrário a normas cogentes, à ordem pública e aos bons costumes.[31]

Na doutrina portuguesa (que normalmente utiliza a expressão *ato ilícito*), mais afeta a tais questões por não ter uma cláusula geral de res-

---

[29] É importante esclarecer que há bastante divergência semântica em relação aos conceitos de *antijuridicidade, ilicitude* e *ato ilícito* em diversos ordenamentos, até mesmo no Brasil. Após a edição do Código Civil de 2002, configura-se que tais conceitos encontram-se com fronteiras bastante diluídas. Assim, preferiu-se utilizar a expressão *antijuridicidade* na presente pesquisa por entendê-la como mais ampla e mais técnica. Contudo, é importante mencionar, foram feitas algumas citações mediante o uso das expressões *ilicitude* e *ato ilícito*, as quais devem ser entendidas como sinônimas de *antijuridicidade*, excetuando-se quando devidamente ressalvado em sentido contrário.

A respeito da distinção, consultar: SILVA, Rafael Peteffi da. Antijuridicidade como requisito da responsabilidade civil extracontratual: amplitude conceitual e mecanismos de aferição. *In:* SILVA, Michel Cesar; BRAGA NETO, Felipe Peixoto (coord.). **Direito privado e contemporaneidade**: desafios e perspectivas do direito privado no século XXI. Indaiatuba, SP: Editora Foco, 2020. p. 91-123.

[30] BARBOSA, Mafalda Miranda. Entre a ilicitude e o dano. *In:* BARBOSA, Mafalda Miranda; ROSENVALD, Nelson; MUNIZ, Francisco (coord.). **Desafios da nova responsabilidade civil**. São Paulo: Editora Juspodivm, 2019. p. 223.

[31] PERLINGIERI, Pietro. **Perfis do direito civil**: introdução ao direito civil constitucional. Tradução de Maria Cristina de Cicco. 3. ed. Rio Janeiro: Renovar, 2002. p. 91.

Importante asseverar que o referido autor não considera *ato ilícito* como sendo o (ato) que simplesmente não está conforme o direito, por entender que os atos não conformes ao direito podem não ser ilícitos na hipótese de contrariarem normas dispositivas (PERLINGIERI, Pietro. **Perfis do direito civil**: introdução ao direito civil constitucional. Tradução de Maria Cristina de Cicco. 3. ed. Rio Janeiro: Renovar, 2002. passim).

ponsabilidade civil, ao contrário do que ocorre no Brasil,[32] costuma-se afirmar que se verifica o ato ilícito (antijuridicidade) suficiente à caracterização da responsabilidade civil quando da violação de direitos de outrem, ou seja: na violação de direitos subjetivos, especialmente aqueles oponíveis *erga omnes;* na violação de disposições legais de proteção de interesses alheios, e; no exercício inadmissível das posições jurídicas (visto em seu aspecto objetivo), ou seja, na falta de conformidade entre o exercício do direito formalmente invocado e os princípios normativos presentes no sistema.[33]

Trazendo para o âmbito da proteção de dados, verifica-se, portanto, que a primeira hipótese de antijuridicidade residirá no ferimento de qualquer direito da personalidade ligado à proteção de dados pessoais. As possibilidades são amplas, mas se pode dizer que os principais direitos da personalidade envolvidos são a liberdade (em todos os seus possíveis sentidos, até mesmo das escolhas existenciais, altamente influenciadas no ambiente virtual),[34] a igualdade (especialmente no que é pertinente à vedação de discriminação), a privacidade, a honra, a identidade pessoal (incluindo nome, imagem, voz, verdade biográfica etc.).

A segunda modalidade de antijuridicidade configura-se no descumprimento das normas de proteção dos interesses do titular de dados. Veja-se que a LGPD, de forma próxima ao RGPD, utiliza a expressão "[...] em violação

---

[32] SILVA, Rafael Peteffi da. Antijuridicidade como requisito da responsabilidade civil extracontratual: amplitude conceitual e mecanismos de aferição. *In:* SILVA, Michel Cesar; BRAGA NETO, Felipe Peixoto (coord.). **Direito privado e contemporaneidade**: desafios e perspectivas do direito privado no século XXI. Indaiatuba, SP: Editora Foco, 2020. p. 94.

[33] BARBOSA, Mafalda Miranda. Entre a ilicitude e o dano. *In:* BARBOSA, Mafalda Miranda; ROSENVALD, Nelson; MUNIZ, Francisco (coord.). **Desafios da nova responsabilidade civil**. São Paulo: Editora Juspodivm, 2019. p. 233.
No mesmo sentido: COSTA, Mário Júlio de Almeida. **Direito das obrigações**. 9. ed. Coimbra: Almedina, 2006. p. 514-519.

[34] Ver a respeito em:
PARISER, Eli. **O filtro invisível**: o que a internet está escondendo de você. Rio de Janeiro: Zahar, 2012.
SILVEIRA, Sérgio Amadeu da. **Democracia e os códigos invisíveis**: como os algoritmos estão modulando comportamentos e escolhas políticas. São Paulo: Edições Sesc, 2019.

à legislação de proteção de dados pessoais [...]" (art. 42).[35] Obviamente, essa disposição deve ser interpretada no sentido de que qualquer violação de direito levará à verificação de antijuridicidade. De fato, não faz sentido exigir que tal violação seja diretamente ligada a texto legal que tenha como finalidade imediata e direta a *proteção de dados*. Tal exigência pode fazer algum sentido no RGPD, dado seu caráter de regulamento comunitário, o que significa dizer, ante a necessária coexistência com as ordens jurídicas nacionais de cada um dos países-membros da União Europeia e suas especificidades. Contudo, não faz qualquer sentido no ordenamento jurídico brasileiro. Afinal, não seria racional defender, por exemplo, que o ferimento de um direito fundamental positivado na Constituição da República de 1988, em decorrência do tratamento de dados pessoais, deveria ser objeto de ação de indenização com base unicamente no Código Civil, somente pelo fato de que não se poderia enquadrar o direito (ou sua violação) como constante da legislação de proteção de dados. É um erro reduzir a tutela aos estreitos limites de não mais que algumas leis ordinárias especialmente voltadas à tutela dos dados pessoais.[36]

De qualquer forma, a LGPD traz extensa regulamentação voltada à *proteção* dos interesses dos titulares de dados. Não se trata de uma lei "neutra", mas sim um diploma legislativo que visa, da mesma forma que o Código de Defesa do Consumidor (doravante simplesmente CDC), proteger a parte vulnerável da relação jurídica, no caso, o titular dos dados pessoais.

A primeira possibilidade de descumprimento das normas de proteção dos interesses do titular de dados se dá com o tratamento de dados pessoais sem base legal que, como ressaltado, exerce inequívoca função de precaução. A LGPD elenca nos arts. 7º e 11 (este último em relação aos dados pessoais sensíveis) as hipóteses exaustivas em que é admissível

---

[35] BRASIL. **Lei nº 13.709, de 14 de agosto de 2018**. Lei Geral de Proteção de Dados Pessoais (LGPD). Brasília, DF: Presidência da República, 2018. Disponível em: http://www.planalto.gov.br/ccivil_03/_ato2015-2018/2018/lei/L13709.htm. Acesso em: 15 abr. 2023.

[36] Nesse sentido, Gustavo Tepedino e Rodrigo da Guia Silva, ao tratarem da responsabilidade civil e da inteligência artificial, mas cuja lição cabe aqui, asseveram que a tutela das vítimas deve ser obtida, "[...] no ordenamento jurídico[,] em sua unidade e complexidade" (TEPEDINO, Gustavo; SILVA, Rodrigo da Guia. Inteligência artificial e elementos da responsabilidade civil. *In*: FRAZÃO, Ana; MULHOLLAND, Caitlin (coord.). **Inteligência artificial e direito**: ética, regulação e responsabilidade. São Paulo: Thomson Reuters Brasil, 2019. p. 303).

o tratamento de dados pessoais.[37] Em que pese não ser possível detalhar aqui todas as questões relevantes ligadas ao ponto, dadas as finalidades da presente pesquisa, é certo que assume especial relevância o consentimento do titular autorizando o tratamento de seus dados pessoais (art. 7º, I).[38-39] E a hipótese que gera maiores controvérsias dá-se no tratamento de dados pessoais fundado no legítimo interesse do controlador ou de terceiro (art. 7º, IX) detalhada no art. 10.[40]

Na sequência, importará em ato antijurídico o descumprimento, por parte dos agentes de tratamento de dados, dos deveres decorrentes da cláusula geral de boa-fé objetiva (art. 6.º, *caput*, da LGPD), bem como dos 10 (dez) arquétipos legais que devem ser observados na atividade de tratamento de dados pessoais, conforme incisos do art. 6º da LGPD[41] – cuja análise foi detalhada ao longo da presente pesquisa.

É importante ressaltar que, na atualidade, os princípios jurídicos – e também os arquétipos legais (como defendido no capítulo inaugural da pre-

---

[37] BRASIL. **Lei nº 13.709, de 14 de agosto de 2018**. Lei Geral de Proteção de Dados Pessoais (LGPD). Brasília, DF: Presidência da República, 2018. Disponível em: http://www.planalto.gov.br/ccivil_03/_ato2015-2018/2018/lei/L13709.htm. Acesso em: 15 abr. 2023.

[38] BRASIL. **Lei nº 13.709, de 14 de agosto de 2018**. Lei Geral de Proteção de Dados Pessoais (LGPD). Brasília, DF: Presidência da República, 2018. Disponível em: http://www.planalto.gov.br/ccivil_03/_ato2015-2018/2018/lei/L13709.htm. Acesso em: 15 abr. 2023.

[39] A respeito disso, consultar: TEPEDINO, Gustavo; TEFFÉ, Chiara Spadaccini de. Consentimento e proteção de dados pessoais na LGPD. *In*: FRAZÃO, Ana; TEPEDINO, Gustavo; OLIVA, Milena Donato (coord.) **Lei Geral de Proteção de Dados Pessoais e suas repercussões no direito brasileiro**. São Paulo: Thomson Reuters Brasil, 2019. p. 287-322.

[40] BRASIL. **Lei nº 13.709, de 14 de agosto de 2018**. Lei Geral de Proteção de Dados Pessoais (LGPD). Brasília, DF: Presidência da República, 2018. Disponível em: http://www.planalto.gov.br/ccivil_03/_ato2015-2018/2018/lei/L13709.htm. Acesso em: 15 abr. 2023.
A respeito disso, consultar: BUCAR, Daniel; VIOLA, Mario. Tratamento de dados pessoais por "legítimo interesse do controlador": primeiras impressões. *In*: FRAZÃO, Ana; TEPEDINO, Gustavo; OLIVA, Milena Donato (coord.) **Lei Geral de Proteção de Dados Pessoais e suas repercussões no direito brasileiro**. São Paulo: Thomson Reuters Brasil, 2019. p. 465-484.

[41] BRASIL. **Lei nº 13.709, de 14 de agosto de 2018**. Lei Geral de Proteção de Dados Pessoais (LGPD). Brasília, DF: Presidência da República, 2018. Disponível em: http://www.planalto.gov.br/ccivil_03/_ato2015-2018/2018/lei/L13709.htm. Acesso em: 15 abr. 2023.

sente pesquisa) – atuam sem intermediários, diretamente, tornando lícitos ou ilícitos os comportamentos que contrariam suas disposições.[42] Logo, se o ato praticado for contrário a um dos arquétipos legais atinentes à proteção de dados pessoais, fará surgir a antijuridicidade, ainda que não exista regra específica proibindo a conduta.

Essas disposições, ante seu caráter estruturante, geram inúmeros deveres de proteção impostos aos agentes de tratamento de dados, que são complementados pelas demais disposições legais – como ressaltado no capítulo anterior. De fato, redundam em imperativos de agir no interesse do titular de dados, a fim de que seus direitos fundamentais envolvidos no tratamento de dados não sejam violados. Trata-se efetivamente de deveres *ex ante*, a fim de que o dano não venha a se concretizar, e manifestam a importância de considerar os interesses legítimos do titular dos dados pessoais, com vistas à adoção de comportamento esperado de um agente de tratamento de dados pessoais, fundamentando, assim, uma especial ordem de proteção.[43]

É certo que tais deveres decorrem, exclusivamente, da LGPD e do direito fundamental à proteção de dados pessoais, não sendo necessário, portanto, a menção em contrato.[44] Contudo, é importante ressaltar que tais deveres

---

[42] Nesse sentido: BRAGA NETTO, Felipe Peixoto. Ilícito civil, esse desconhecido.... *In*: DIDIER JUNIOR, Fredie; EHRHARDT, Marcos (coord.). **Revisitando a teoria do fato jurídico**: homenagem a Marcos Bernardes de Mello. São Paulo: Saraiva, 2010. p. 184.

[43] MARTINS-COSTA, Judith. Um aspecto da obrigação de indenizar: notas para uma sistematização dos deveres pré-negociais de proteção no direito civil brasileiro. **Revista dos Tribunais**, São Paulo, v. 867/2008, p. 18, jan./2008.

[44] Nesse ponto, quadra observar que, das diversas autorizações legais de tratamento de dados constantes do art. 7.º da LGPD (ao menos 10 hipóteses), somente uma delas (inciso I) tem natureza negocial, ou seja, necessita da manifestação de vontade do titular autorizando o tratamento de dados pessoais. Em todas as demais, não há natureza contratual. E essa diversidade de fundamentos legais ao tratamento de dados pessoais fez com que se adotasse, corretamente, um regime de responsabilidade civil unitário aos moldes do contido no Código de Defesa do Consumidor, ou seja, que deixa de lado a *summa divisio* entre responsabilidade civil negocial e aquiliana, tendência na civilística atual. Consultar a respeito, dentre outros: BECKER, Anelise. Elementos para uma teoria unitária da responsabilidade civil. **Revista de Direito do Consumidor**, n. 13, jan./mar. 1995. São Paulo: RT, p. 42-55. NALIN, Paulo Roberto Ribeiro. **Responsabilidade civil**: descumprimento do contrato e dano extrapatrimonial. Curitiba: Juruá, 1996. p. 64-73. LEONARDO, Rodrigo Xavier. Responsabilidade civil contratual e extracontratual: primeiras anotações em face do novo Código Civil brasileiro. **Revista de Direito Privado**, v. 19, p. 260-269. São Paulo: Editora Revista dos Tribunais, 2004.

são distintos do dever geral de não lesar, pois este último é aplicado a todas as pessoas, indistintamente, enquanto os primeiros somente são aplicáveis aos agentes de tratamento de dados pessoais ante a situação especial de proximidade[45] decorrente do tratamento de dados pessoais.

Como ressaltado no capítulo anterior, a extensão dos deveres em questão deve ser analisada de acordo com o risco concreto gerado pela atividade de tratamento de dados pessoais, de forma que a verificação do seu descumprimento e, portanto, da antijuridicidade da conduta do agente de tratamento de dados pessoais, somente poderá ser constatada caso a caso. Aqui fica evidente a interação entre os horizontes preventivo e reparatório, pois os deveres impostos aos agentes de tratamento de dados pessoais e sua extensão condicionam as situações de responsabilidade, de forma que há, ao menos em tese, uma ampliação das hipóteses de reparação.

Outrossim, o Capítulo III da LGPD é inteiramente dedicado a explicitar os direitos do titular de dados. O art. 17 traz uma visão panorâmica[46] e parcial da questão, assegurando a titularidade das pessoas relativamente a seus próprios dados pessoais, bem como tratando da garantia dos "[...] direitos fundamentais de liberdade, de intimidade e de privacidade [...]".[47]

Por sua vez, o art. 18 traz um rol exemplificativo dos direitos que o titular de dados pessoais possui e que pode exigir do agente de tratamento de dados. Destacam-se: confirmação da realização de tratamento (inciso I); acesso aos dados pelo titular (inciso II); correção (inciso III); anonimização e apagamento (inciso IV e VI); portabilidade (inciso V); informações sobre uso e compartilhamento (inciso VII); informações ligadas às consequências da

---

TARTUCE, Flávio. **Responsabilidade civil**. 4. ed., Rio de Janeiro: Forense, 2022. p. 35-40.

[45] A respeito do contato social, consultar: SILVA, Clóvis Veríssimo do Couto e. **A obrigação como processo.** São Paulo: Bushatsky, 1976. p. 88-91.

[46] Tal dispositivo é passível de críticas, por repetir de forma meramente parcial os direitos envolvidos na proteção de dados, o que pode levar ao entendimento de que outros direitos da personalidade não são objeto de proteção. Nesse sentido: SOUZA, Eduardo Nunes de; SILVA, Rodrigo da Guia. Direitos do titular de dados pessoais na Lei 13.709/2018: uma abordagem sistemática. *In*: FRAZÃO, Ana; TEPEDINO, Gustavo; OLIVA, Milena Donato (coord.) **Lei Geral de Proteção de Dados Pessoais e suas repercussões no direito brasileiro**. São Paulo: Thomson Reuters Brasil, 2019. p. 261.

[47] BRASIL. **Lei nº 13.709, de 14 de agosto de 2018**. Lei Geral de Proteção de Dados Pessoais (LGPD). Brasília, DF: Presidência da República, 2018. Disponível em: http://www.planalto.gov.br/ccivil_03/_ato2015-2018/2018/lei/L13709.htm. Acesso em: 15 abr. 2023.

negativa de consentimento (inciso VIII), e; exercício do direito de revogação do consentimento (inciso IX).[48] Uma leitura atenta do rol do art. 18 leva ao entendimento de que, na verdade, são ali elencados *remédios jurídicos*, ou seja, instrumentos criados para a tutela dos efetivos direitos dos titulares de dados consagrados anteriormente.[49]

A terceira modalidade de antijuridicidade é o exercício inadmissível das posições jurídicas, na forma positivada no art. 187 do Código Civil. Assim, o exercício do direito de tratar dados pessoais alheios conferido pelo ordenamento jurídico aos agentes de tratamento de dados pessoais deve ser exercido de modo adequado, não se admitindo, portanto, que se vá além dos limites criados pela boa-fé, bons costumes e fins econômicos e sociais.[50]

Efetuada essa breve exposição das principais hipóteses de antijuridicidade ligada à matéria, é importante ressaltar que não se pode fazer uma interpretação meramente exegética dos direitos e deveres relacionados à atividade de tratamento de dados pessoais, no sentido de restringi-los na lei em seu sentido formal, ou seja, oriunda do parlamento, dentre outras razões, em especial ante sua clara defasagem legislativa em áreas como a proteção de dados pessoais.

Soma-se a isso o fato de que os fenômenos ligados à digitalização, além de serem velozes, desconhecem qualquer tipo de fronteira, de forma que atingem, de modo muito próximo pessoas nos mais diversos países. Pode-se mesmo dizer que há uma simetria fática, porém, por vezes, uma assimetria jurídica, no sentido de que ocorre uma multiplicação de ordens jurídicas de diferentes níveis e que geram efeitos sobre a vida das pessoas.[51] Entretanto,

---

[48] BRASIL. **Lei nº 13.709, de 14 de agosto de 2018**. Lei Geral de Proteção de Dados Pessoais (LGPD). Brasília, DF: Presidência da República, 2018. Disponível em: http://www.planalto.gov.br/ccivil_03/_ato2015-2018/2018/lei/L13709.htm. Acesso em: 15 abr. 2023, adaptado.

[49] SOUZA, Eduardo Nunes de; SILVA, Rodrigo da Guia. Direitos do titular de dados pessoais na Lei 13.709/2018: uma abordagem sistemática. *In*: FRAZÃO, Ana; TEPEDINO, Gustavo; OLIVA, Milena Donato (coord.) **Lei Geral de Proteção de Dados Pessoais e suas repercussões no direito brasileiro**. São Paulo: Thomson Reuters Brasil, 2019. p. 264.

[50] BRASIL. **Lei nº 10.406, de 10 de janeiro de 2002**. Institui o Código Civil. Brasília, DF: Presidência da República, 2002. Disponível em: http://www.planalto.gov.br/ccivil_03/leis/2002/l10406.htm. Acesso em: 12 ago. 2022.

[51] Assevera José Rodrigo Rodriguez que "[...] um usuário da internet sofre os efeitos de uma série de normas produzidas por agências variadas que regulam as diversas dimensões da internet, por exemplo, o funcionamento dos provedores de internet,

é certo que algumas limitações impostas ao tratamento de dados pessoais – seja em contratos, seja por intermédio de estatutos das empresas multinacionais, seja por meio de normas técnicas a respeito (que busquem evitar ou minimizar possíveis riscos), seja em diplomas internacionais ou mesmo em leis nacionais de outros países – podem ser utilizadas para a configuração da antijuridicidade da conduta. Afinal, não há dúvida de que somente em casos excepcionais as tecnologias digitais utilizadas apresentam limites regionais,[52] de forma que não faz sentido abdicar da experiência jurídica estrangeira ou técnica para a configuração da antijuridicidade. Obviamente, não se está defendendo aqui, sem qualquer filtro, a mera transposição de disposições de proteção de dados pessoais constantes de diplomas jurídicos estrangeiros. O que se visa é a análise da experiência estrangeira (ou mesmo técnica e regulatória em geral), de acordo com os princípios constantes da Constituição da República e da LGPD, a fim de conferir uma maior proteção à pessoa humana, figura central e fundante de todo o ordenamento.[53] Assim, as diversas formas

---

o registro dos sites, o tipo de conteúdo que pode ser publicado nas redes sociais, e assim por diante" (RODRIGUEZ, José Rodrigo. **Direito das lutas**: democracia, diversidade, multinormatividade. São Paulo: Liber Ars, 2019. p. 355).

Ainda no mesmo sentido cabe citar Wolfgang Hoffmann-Riem, para quem, nesse âmbito, "[...] a transformação digital se depara com um reajuste já por ela introduzido na relação entre direito estabelecido por privados e pelo Estado, especialmente em consequência de medidas anteriores de desregulação e privatização. Pode-se perceber, em especial, um recuo do direito estabelecido pelo Estado como meio de estruturar situações da vida - e isto (*sic*) não obstante o maior número de regras jurídicas estatais. Particularmente duradouro é – não só, mas também – o deslocamento da responsabilidade para portadores privados nas esferas determinadas pela digitalização, especialmente nas áreas de negócios das grandes empresas de TI [Tecnologia da Informação] que operam no mundo inteiro, como, por exemplo, das chamadas *big five* [cinco grandes]: Alphabet/Google, Facebook, Amazon, Microsoft e Apple. Elas atuam, em grande parte, segundo normas elaboradas por conta própria e, na maioria das vezes, estabelecidas e implementadas unilateralmente, também na medida em que elas atingem terceiros – por exemplo, os usuários de seus serviços" (HOFFMANN-RIEM, Wolfgang. Inteligência artificial como oportunidade para a regulação jurídica. **Revista Direito Público-RDP**, Porto Alegre, v. 16, n. 90, p. 18, nov./dez. 2019. Disponível em: https://www.portaldeperiodicos.idp.edu.br/direitopublico/article/view/3756. Acesso em: 1º set. 2022).

[52] HOFFMANN-RIEM, Wolfgang. Inteligência artificial como oportunidade para a regulação jurídica. **Revista Direito Público-RDP**, Porto Alegre, v. 16, n. 90, p. 27-28, nov./dez. 2019. Disponível em: https://www.portaldeperiodicos.idp.edu.br/direitopublico/article/view/3756. Acesso em: 1º set. 2022.

[53] Nesse sentido é a lição de Wolfgang Hoffmann-Riem: "As inovações tecnológicas estão geralmente disponíveis em todos os lugares. Em contraste, as inovações sociais

de regulação, além da estatal (autorregulamentação social, autorregulação social, autorregulação social regulada pelo Estado, tecnorregulação, padrões éticos, direito transnacional),[54] devem ser levadas em consideração a fim de que possa haver uma proteção eficiente ao direito fundamental à proteção de dados pessoais, o que (pode) evita(r), com isso, por exemplo, estratégias empresariais de fuga de regulação.[55]

Uma noção ampla de antijuridicidade, que abranja – além da legislação específica de proteção de dados pessoais – os preceitos constitucionais, em especial o direito fundamental à proteção de dados e a proteção da pessoa humana em todas as suas dimensões existenciais, é condição de possibilidade para a adequada proteção dos dados pessoais na atualidade.

3.3 A ANTIJURIDICIDADE E O DEVER DE REPARAR DANOS

É bastante comum, na doutrina tradicional, o entendimento de que a responsabilidade civil objetiva decorre de atos lícitos, enquanto a responsabilidade civil subjetiva decorre de atos ilícitos (antijurídicos), caracterizados

---

devem ser adaptadas às culturas específicas da sociedade a menos que elas tomem em conta os problemas decorrentes das características regionais, locais ou étnicas, devendo ter em consideração as tradições sociais, os valores específicos ou as estruturas sociais estabelecidas" (HOFFMANN-RIEM, Wolfgang. Direito, tecnologia e inovação. *In*: MENDES, Gilmar Ferreira; SARLET, Ingo Wolfgang; COELHO, Alexandre Zavaglia P. **Direito, inovação e tecnologia**. São Paulo: Saraiva, 2015. v. 1 (Série Direito, Inovação e Tecnologia). p. 13).

[54] Consultar a respeito em: HOFFMANN-RIEM, Wolfgang. Inteligência artificial como oportunidade para a regulação jurídica. **Revista Direito Público-RDP**, Porto Alegre, v. 16, n. 90, p. 32-38, nov.-dez. 2019. Disponível em: https://www.portaldeperiodicos.idp.edu.br/direitopublico/article/view/3756. Acesso em: 1º set. 2022.

[55] Nesse sentido, Rafael Peteffi da Silva assevera que se deve ter em conta uma noção de antijuridicidade de aspecto material, que deve ser "[...] compreendid[a] em sua totalidade, englobando os princípios jurídicos, normas consuetudinárias [...]". De fato, dada as complexidades das relações sociais e do fenômeno jurídico, não se pode divisar a antijuridicidade unicamente no descumprimento de expressa disposição legal, mas até mesmo em decorrência de "[...] choques entre interesses contrapostos, ambos formalmente lícitos, ou nas quais o exercício do direito é realizado contra o seu conteúdo [...]" (SILVA, Rafael Peteffi da. Antijuridicidade como requisito da responsabilidade civil extracontratual: amplitude conceitual e mecanismos de aferição. *In*: SILVA, Michel Cesar; BRAGA NETO, Felipe Peixoto (coord.). **Direito privado e contemporaneidade**: desafios e perspectivas do direito privado no século XXI. Indaiatuba, SP: Editora Foco, 2020. p. 101).

pelo descumprimento culposo de deveres de cuidado impostos ao agente.[56] Veja-se que, além da contrariedade ao direito, exige-se culpa e dano para a caraterização de ato ilícito. No mesmo sentido é a doutrina de Caio Mário da Silva Pereira[57] e Washington de Barros Monteiro,[58] dentre outros. Mesmo entre doutrinadores mais atuais, tal entendimento é corrente,[59] o que também pode ser visto na doutrina portuguesa.[60]

A inclusão da culpa como requisito do ato ilícito é decorrência, de um lado, da importação da doutrina estrangeira, especialmente a francesa, com seus ensinamentos a respeito do conceito de *faute* para fins de responsabilização,[61] e de outro, do fato de que o Código Civil de 1916, na inadequada redação do art. 159, permitia a intepretação de que a culpa era requisito de todo e qualquer ato ilícito, e não somente do ato ilícito inde-

---

[56] De fato, Orlando Gomes conceitua ato ilícito como a "[...] ação ou omissão culposa com a qual se infringe, direta e imediatamente, um preceito jurídico de Direito Privado, causando-se dano a outrem" (GOMES, Orlando. **Introdução ao direito civil**. 15. ed. atual. por Humberto Theodoro Júnior. Rio de Janeiro: Forense, 2000. p. 488).

[57] PEREIRA, Caio Mário da Silva. **Instituições de direito civil**. 18. ed. Rio de Janeiro: Forense, 1995. v. 1: Introdução ao direito civil. p. 416-418.

[58] MONTEIRO, Washington de Barros. **Curso de direito civil**. 33. ed. São Paulo: Saraiva, 1995. v. 1: Parte geral. p. 274-276.

[59] Vide:
AMARAL, Francisco. **Direito civil**: introdução. 5. ed. rev., atual. e aum. Rio de Janeiro: Renovar, 2003. p. 549.
STOCO, Rui. Responsabilidade civil pela prática de atos lícitos. In: NERY JUNIOR, Nelson; NERY, Rosa Maria de Andrade (org.). **Doutrinas essenciais**: responsabilidade civil. São Paulo: Revista dos Tribunais, 2010. v. 1. p. 609.

[60] "A ilicitude representa uma qualificação fundamental. Mas não se basta com a mera desconformidade à lei. Supõe uma posição subjetiva do agente, negativamente valorada pela ordem jurídica. Essa posição traduz no dolo ou na negligência" (ASCENSÃO, José de Oliveira. **O direito**: introdução e teoria geral. 2. ed. rev., atual. e ampl. Rio de Janeiro: Renovar, 2001. p. 70).

[61] "No direito francês, o codificador cogitou da *faute*, figura cuja dificuldade de tradução em estudos comparatistas tornou-se quase lendária, pois congrega não apenas o aspecto culposo (que se depreende da semântica coloquial do termo) como também a própria conduta de descumprimento de um dever jurídico pre-existente (sic)" (SOUZA, Eduardo Nunes de. Em defesa do nexo causal: culpa, imputação e causalidade na responsabilidade civil. In: SOUZA, Eduardo Nunes de; SILVA, Rodrigo da Guia (coord.). **Controvérsias atuais em responsabilidade civil**: estudos de direito civil-constitucional. São Paulo: Almedina, 2018. p. 44).

nizatório culposo.[62] Até mesmo Clóvis Bevilaqua, autor do anteprojeto do Código Civil de 1916, ressaltou o equívoco de tal visão inserida durante o processo legislativo.[63]

Note-se, portanto, que o deslocamento temerário do dispositivo acerca do ato ilícito para a parte geral do Código Civil de 1916, bem como a inclusão da culpa como seu requisito, somado ao exegetismo dominante à época, acabou por fazer com que boa parte da doutrina passasse a entender que somente o ato culposo pode(ria) ser considerado ilícito. E, de tal forma, eram desnecessárias maiores indagações a respeito, pois a previsão legal no tocante ao ato ilícito somente era voltada à responsabilidade civil,[64] e toda a sistemática desta, presente no Código Civil de 1916, era baseada na culpa.[65] Logo, a partir de uma visão simplificadora e reducionista, claramente ligada

---

[62] BRASIL. **Lei nº 3.071, de 1º de janeiro de 1916**. Código Civil dos Estados Unidos do Brasil. Rio de Janeiro: Presidência da República, 1916. Disponível em: http://www.planalto.gov.br/ccivil_03/leis/l3071.htm. Acesso em: 17 ago. 2023.

[63] "No *Projeto Primitivo*, o ato ilícito aparecia somente como causa geradora de obrigações no livro respectivo. A Comissão Revisora destacou-o, porém, na parte geral, sem atender a que lhe faltava para isso a necessária amplitude conceitual, e alterando, assim, o sistema do Projeto. Alteração mais profunda proveio da emenda do Senado, que introduziu no conceito do ato ilícito a menção da culpa, estranha ao projeto primitivo e que a Câmara não julgara necessário acrescentar ao dispositivo" (BEVILAQUA, Clóvis. **Código Civil dos Estados Unidos do Brasil comentado**. 12. ed. atual. por Achilles Bevilaqua e Isaias Bevilaqua. Rio de Janeiro: Editora Paulo de Azevedo Ltda., 1959. v. 1. p. 343, grifo do autor).

[64] "Na concepção que chamaremos, por brevidade, de clássica, o ilícito é pensado e tratado, sempre e sem exceção, como um apêndice da responsabilidade civil. Não haveria, para os que perfilham semelhante concepção, razão maior para diferenciação, porquanto, segundo raciocinam, o ilícito produz sempre, como eficácia, a responsabilidade civil, de modo que estudando essa (*sic*) estaremos, com vantagem, estudando aquele, ainda que nem toda responsabilidade civil advenha de atos ilícitos" (BRAGA NETTO, Felipe Peixoto. **Teoria dos ilícitos civis**. 2. ed. Salvador: Juspodivm, 2014. p. 32).

[65] "Em outras palavras: para a perspectiva tradicional[,] a ilicitude, para além de restar confundida com a culpa, era verdadeiramente construída, conceitualmente, a partir do seu efeito mais corriqueiro e geral, qual seja a obrigação de indenizar por dano ao patrimônio" (MARTINS-COSTA, Judith. Os avatares do abuso do direito e o rumo indicado pela boa-fé. *In*: ULISBOA – Universidade de Lisboa. [Portugal], 2014], p. 1-43. Disponível em: http://www.fd.ulisboa.pt/wp-content/uploads/2014/12/Costa-Judith-Os-avatares-do-Abuso-do-direito-e-o-rumo-indicado-pela-Boa-Fe.pdf. Acesso em: 19 ago. 2023. p. 12).

aos valores do Estado e do direito liberal,[66] somente considerava-se *ato ilícito* o ato (ilícito) culposo e danoso.[67]

O "primado da culpa"[68] acabou por fazer com que a doutrina, ao tratar da responsabilidade objetiva, passasse a sustentar, por vezes, que a responsabilidade civil objetiva não pressupunha a ocorrência de ato ilícito, o que não é totalmente correto. Esta (a responsabilidade civil objetiva) não exige a ocorrência de culpa, porém pode decorrer de atos ilícitos (regra geral) ou de atos lícitos (exceção).[69]

O regime de responsabilidade baseado exclusivamente na culpa passou, então, por transformações importantes no decorrer do século XX, em razão de sua clara insuficiência, pois novos fatos e contextos impõem um novo modo de resolver os problemas.[70]

---

[66] "A culpa é, inegavelmente, a categoria nuclear da responsabilidade civil concebida pelos juristas da Modernidade. A ideologia liberal e individualista, então dominante, impunha a construção de um sistema de responsabilidade que se fundasse no mau uso da liberdade individual, justificado, des[s]a forma, a concessão de um amplo espaço à atuação dos particulares. Responsabilidade e liberdade passam, assim, a ser noções intimamente vinculadas, uma servindo de fundamento a (*sic*) outra" (SCHREIBER, Anderson. **Novos paradigmas da responsabilidade civil**: da erosão dos filtros da reparação à diluição dos danos. São Paulo: Atlas, 2007. p. 12).
Consultar, ainda: MARINONI, Luiz Guilherme. **Tutela específica**: arts. 461, CPC e 84, CDC. São Paulo: Editora Revista dos Tribunais, 2000. p. 20.

[67] Isso foi repetido, em grande medida, no Código Civil de 2002, como se percebe do disposto em seu art. 186 (BRASIL. **Lei nº 10.406, de 10 de janeiro de 2002**. Institui o Código Civil. Brasília, DF: Presidência da República, 2002. Disponível em: http://www.planalto.gov.br/ccivil_03/leis/2002/l10406.htm. Acesso em: 12 ago. 2022).

[68] FRANÇA, Rubens Limongi. As raízes da responsabilidade civil aquiliana. *In*: NERY JUNIOR, Nelson; NERY, Rosa Maria Andrade (org.). **Doutrinas essenciais**: responsabilidade civil. São Paulo: Revista dos Tribunais, 2010. v. 1, p. 267.

[69] Consultar a respeito em: USTÁRROZ, Daniel. **Responsabilidade civil por ato lícito**. São Paulo: Atlas, 2014.
O autor, em sintonia com a doutrina portuguesa, defende que a responsabilidade por atos lícitos é tida como *responsabilidade pelo sacrifício,* e se restringe a poucos casos, tais como, na resilição unilateral do mandato, no rompimento injustificado do noivado e no estado de necessidade (USTÁRROZ, Daniel. **Responsabilidade civil por ato lícito**. São Paulo: Atlas, 2014. passim).

[70] GOMES, Orlando. A evolução do direito privado e o atraso da técnica jurídica. **Revista de Direito GV**, v. 1, n. 1, p. 129, maio/2005. Disponível em: http://bibliotecadigital.fgv.br/ojs/index.php/revdireitogv/article/view/35268. Acesso em: 18 ago. 2023. – Trata-se de texto originalmente publicado em 1955, na obra *A crise do direito* (GOMES, Orlando. **A crise do direito**. São Paulo: Max Limonad, 1955).

Na verdade, o entendimento clássico resta superado por três fundamentos em especial, a saber: (i) a culpa não é elemento necessário de antijuridicidade; (ii) a atenção do direito, visando à proteção da pessoa, desloca-se da conduta para o dano; (iii) o Código Civil de 2002 desfez o erro existente no Código Civil de 1916.

Tratando do primeiro argumento, é certo que o entendimento de que somente há antijuridicidade (ou ato ilícito) quando constatada a existência de culpa é reducionista, pois limita o fenômeno total à sua parte mais evidente, ou seja, confunde o ilícito (gênero) com uma de suas espécies (ilícito subjetivo).

A antijuridicidade é a contrariedade da ação ou omissão ao direito. Dá-se quando um fato não é admitido pelo ordenamento. Sua análise é objetiva, independentemente da intenção ou da conduta do agente.[71] Ora, ilícito é qualquer comportamento contrário ao direito, incluindo o descumprimento de qualquer dever jurídico ou não observância de vedação normativa.[72]

A culpa, quando legalmente exigida, é pressuposto de aplicação da sanção (no caso da responsabilidade civil subjetiva, do dever jurídico sucessivo de reparar os danos).[73] Essa distinção é importante não só para a questão do

---

[71] Segundo Fernando Noronha, "[a]ntijurídicos, ou injurídicos, são os fatos que se colocam em contradição com o ordenamento, deste (sic) modo afetando negativamente quaisquer situações que eram juridicamente tuteladas". Prescinde de "[...] qualquer juízo de censura que porventura também possa estar presente e ser referido a alguém" (NORONHA, Fernando. **Direito das obrigações**: fundamentos do direito das obrigações: introdução à responsabilidade civil. São Paulo: Saraiva, 2003. v. 1. p. 347).

[72] A respeito disso, esclarecedora é a lição de Pontes de Miranda: "A explicação de que se tornaram não-contrários (sic) a direito, porque se lhes excluiu a contrariedade a direito, assimila-os às espécies de pré-exclusão da contrariedade, quando, em verdade, só se pré-dispensou a culpa. Foi ao elemento culpa, elemento do suporte fático, que se fez ablação, e não ao elemento contrariedade a direito. À contrariedade a direito não é essencial juntar-se a culpa; há ato contrário a direito sem culpa [...]" (PONTES DE MIRANDA, Francisco Cavalcanti. Tratado de direito privado. 2. ed. Rio de Janeiro: Borsoi, 1954. t. II, p. 197).
No mesmo sentido: SOUZA, Eduardo Nunes de. Em defesa do nexo causal: culpa, imputação e causalidade na responsabilidade civil. In: SOUZA, Eduardo Nunes de; SILVA, Rodrigo da Guia (coord.). **Controvérsias atuais em responsabilidade civil**: estudos de direito civil-constitucional. São Paulo: Almedina, 2018. p. 44.

[73] BRAGA NETTO, Felipe Peixoto. Ilícito civil, esse desconhecido.... In: DIDIER JUNIOR, Fredie; EHRHARDT, Marcos (coord.). **Revisitando a teoria do fato jurídico**: homenagem a Marcos Bernardes de Mello. São Paulo: Saraiva, 2010. p. 200.

dever de reparar os danos (tutela pelo equivalente pecuniário), como também para situações de tutela inibitória ou de remoção do ilícito.[74]

---

[74] Logo, "[...] ilícita é a conduta contrária à legalidade no direito privado, isto é, a conduta antijurídica; a produção de dano e a existência de culpa são relevantes para o surgimento do dever de indenizar, mas não para a configuração da ilicitude em sentido amplo" (SOUZA, Eduardo Nunes de. Em defesa do nexo causal: culpa, imputação e causalidade na responsabilidade civil. *In*: SOUZA, Eduardo Nunes de; SILVA, Rodrigo da Guia (coord.). **Controvérsias atuais em responsabilidade civil**: estudos de direito civil-constitucional. São Paulo: Almedina, 2018. p. 46).

Talvez alguns exemplos ajudem a esclarecer a questão – assim: um determinado fornecedor, por razões desconhecidas, está colocando no mercado de consumo produtos defeituosos que têm o potencial de lesar a saúde e a segurança dos consumidores. Tal conduta, caso ocorram danos aos consumidores, dá ensejo à reparação, na forma do art. 12 do CDC. Contudo, independentemente da existência de culpa e da ocorrência de dano, dúvida não há que a venda de produtos defeituosos importa em antijuridicidade. Tanto é assim que será possível a obtenção de tutela inibitória ou de remoção do ilícito, na forma do art. 84 do CDC, a fim de que seja suspensa a venda de tais produtos.

A mesma ação ocorre(rá) em relação a produtos defeituosos, ainda que não sujeitos ao CDC, pois é dever do vendedor fazer boa a coisa. O descumprimento desse dever, por si só, é antijurídico. Nessa medida, o Código Civil, ao tratar dos vícios redibitórios nos arts. 441 a 446, estabelece que o vendedor é responsável por tais vícios sem cogitar da existência de culpa, mencionando somente que deverá indenizar as perdas decorrentes se conhecia o vício ou defeito existente na coisa; se não conhecia, somente está obrigado a restituir o valor recebido e as despesas do contrato (art. 443). Nessa hipótese, se se levar em conta a lição clássica, a consequência óbvia seria no sentido de que somente ocorreria ato ilícito no caso de haver efetivo conhecimento do vício por parte do vendedor, afastando-se a ilicitude diante da ausência de conhecimento, o que tornaria sem qualquer justificativa ou fundamento o direito de o comprador devolver o produto, receber o valor pago e as despesas do contrato, ou o abatimento do equivalente. Obviamente, o direito do comprador de devolver o objeto, receber o valor pago e as despesas do contrato, mesmo quando desconhecido o vício pelo vendedor, decorre da prática de ato antijurídico. Isso também se dá em relação à evicção, em que a antijuridicidade decorre do descumprimento do dever de garantia por parte do alienante.

Da mesma forma, ainda a título de exemplificação, ocorre no direito ambiental. Na hipótese de uma empresa produzir poluição acima dos limites previstos legalmente, configurada estará a antijuridicidade, independentemente de qualquer indagação a respeito da culpa da empresa ou de seus dirigentes. E a antijuridicidade poderá ser objeto de tutela inibitória ou mandamental, a fim de que cesse.

Nesses exemplos – venda de produtos defeituosos ou com vícios redibitórios e prática de poluição acima dos níveis admitidos –, como se pode averiguar, não há dúvida de que o ato em si é antijurídico, haja ou não culpa. Afinal, como seria possível defender que tais atos são lícitos ao mesmo tempo em que podem ser obstados judicialmente? (BRASIL. **Lei nº 8.078, de 11 de setembro de 1990.** Dispõe sobre a proteção do consumidor e dá outras providências. Brasília, DF: Presidência da República, 1990.

Portanto, a antijuridicidade se dá quando um ato ou fato é contrário ao ordenamento jurídico. A culpa, quando exigida por lei, é pressuposto de aplicação da sanção, mas não é integrante da antijuridicidade.

Nessa medida, não se pode admitir a chamada "culpa normativa" ou "culpa objetiva", que considera a existência de culpa pelo mero descumprimento de dever jurídico, sem indagar a respeito da reprovabilidade da conduta, por (i) reduzir-se (e, portanto, confundir-se, com) a antijuridicidade e (ii) por não existir culpa sem culpabilidade,[75] ou seja, sem a respectiva reprovabilidade da conduta praticada.

Quanto ao segundo fundamento (quando a atenção do direito, visando à proteção da pessoa, desloca-se da conduta para o dano), é possível pensar na ocorrência de ato ilícito ante uma ação em sentido largo, como conduta omissa ou comissiva, tida deonticamente como obrigatória ou proibida, mas também quando a consequência está assim qualificada.[76] Classicamente, no direito civil, o juízo de verificação da ocorrência do ato ilícito centrava-se exclusivamente na ação ou omissão do agente. Contudo, um movimento muito claro em matéria de responsabilidade civil consistiu (e ainda consiste) em deslocar a atenção, o objeto de análise da conduta em si para o *resultado*

Disponível em: http://www.planalto.gov.br/ccivil_03/leis/l8078compilado.htm. Acesso em: 15 abr. 2023.

BRASIL. **Lei nº 10.406, de 10 de janeiro de 2002**. Institui o Código Civil. Brasília, DF: Presidência da República, 2002. Disponível em: https://www.planalto.gov.br/ccivil_03/leis/2002/l10406compilada.htm. Acesso em: 12 ago. 2022).

[75] "O que não se aceita – e[,] um a um, diversos argumentos foram sobrepostos buscando comprová-lo – é a objetivação de uma figura que, por suas características mais íntimas, mais intangíveis, mais imanentes, se encontra, inexoravelmente, fundida, entranhada à (*sic*) subjetividades que moldam e põe[m] em movimento as condutas de seres demasiadamente humanos.

A dificuldade de explicar de forma minimamente satisfatória e coerente o universo da culpa objetiva como nos casos de (a) culpa inconsciente, (b) culpa sem previsão, (c) culpa contra a legalidade ou, ainda, (d) culpa dos incapazes fomentam (*sic*), igualmente, a distorção apontada instantes atrás e, por tudo isso, em dúvida, *aquela culpa* que fora forjada ao largo de, aproximadamente, quinze séculos, em menos de cem anos acabou transformada em um ente bizarro, disforme.

Culpa sem culpabilidade é algo contraditório" (CATALAN, Marcos. **A morte da culpa na responsabilidade civil contratual**. 2. ed. Indaiatuba, SP: Editora Foco, 2019. p. 63, grifo do autor).

[76] ATIENZA, Manuel; RUIZ MANERO, Juan. **Ilícitos atípicos**: sobre o abuso de direito, fraude à lei e desvio de poder. Tradução de Janaina Roland Matida. São Paulo: Marcial Pons, 2014 (Filosofia & Direito). p. 24.

da conduta ou das condutas relevantes.[77] Dessa forma, o objeto de análise é deslocado da atuação do agente para o resultado contrário à ordem jurídica, o denominado *dano evento*. Passa-se da ideia de punição ou sanção do ofensor, própria do direito penal, para a "reparação da vítima injustamente lesada",[78] muito mais ligada ao direito de danos, como já ressaltado. Essa ressignificação (também) foi captada pelo Código Civil argentino de 2014, ao estabelecer que é antijurídica qualquer ação ou omissão que cause danos sem que exista uma causa de justificação,[79] o que importa em uma mudança de foco, da causa para o resultado, que deve ser pensada especialmente em sede de responsabilidade civil objetiva.[80]

---

[77] Mafalda Miranda Barbosa, após ressaltar que a doutrina da ilicitude do resultado "[...] contenta-se com a violação do direito ou bem jurídico para a afirmação, ou pelo menos indiciação da ilicitude [...]", assevera que, no ordenamento jurídico português, há clara inclinação na admissão da teoria da ilicitude do resultado", o que melhor se adequa ao "[...] modelo bipartido entre a ilicitude e a culpa [...]" e permite a entrada em cena de "[...] uma ideia de imputação objetiva a partir da qual cada um responde por determinadas consequências de sua conduta [...]", especialmente em se tratando de direitos personalíssimos, o "[...] último reduto de afirmação da pessoalidade [...]", de forma que, o "[...] agente lesivo, com sua atuação, pretere princípios fundamentais da juridicidade" (BARBOSA, Mafalda Miranda. Entre a ilicitude e o dano. *In*: BARBOSA, Mafalda Miranda; ROSENVALD, Nelson; MUNIZ, Francisco (coord.). **Desafios da nova responsabilidade civil**. São Paulo: Editora Juspodivm, 2019. p. 234-238).

[78] MORAES, Maria Celina Bodin de. Risco, solidariedade e responsabilidade objetiva. **Revista dos Tribunais, São Paulo, v.** 95, n. 854/2006, p. 19, dez./2006.

[79] "ARTIGO 1717.- Antijuricidade. Qualquer ação ou omissão que cause dano a outro é antijurídica se não for justificada". ARGENTINA. **Ley 26.994/2014**. Código Civil y Comercial de la Nación. InfoLEG-Información Legislativa. Argentina: Ministerio de Justicia y Derechos Humanos; Presidencia de la Nación, 2014. Disponível em: http://servicios.infoleg.gob.ar/infolegInternet/anexos/235000-239999/235975/norma.htm. Acesso em: 17 ago. 2023, tradução nossa.

Texto original: "ARTÍCULO 1717.- Antijuridicidad. Cualquier acción u omisión que causa un daño a otro es antijurídica si no está justificada" (ARGENTINA. **Ley 26.994/2014**. Código Civil y Comercial de la Nación. InfoLEG-Información Legislativa. Argentina: Ministerio de Justicia y Derechos Humanos; Presidencia de la Nación, 2014. Disponível em: http://servicios.infoleg.gob.ar/infolegInternet/anexos/235000-239999/235975/norma.htm. Acesso em: 17 ago. 2023).

[80] "Verifica-se uma crescente conscientização de que a responsabilidade objetiva consiste em uma responsabilização não pela causa (conduta negligente, conduta criadora de risco etc.), mas pelo resultado (dano), distanciando-se, por conseguinte, de considerações centradas sobre a socialização dos riscos, para desaguar em uma discussão mais finalística sobre a socialização das perdas" (SCHREIBER, Anderson. **Novos paradigmas da responsabilidade civil**: da erosão dos filtros da reparação à diluição dos danos. São Paulo: Atlas, 2007. p. 28).

De fato, a importância excessiva à conduta em detrimento das consequências dela decorrentes está muito mais ligada a uma sociedade pré-industrial, em que danos erram decorrentes de acontecimentos extraordinários, verdadeiros desvios de condutas que, como tais, deveriam ser objeto de punição. Na atualidade, a maioria dos acidentes não estão ligados ao acaso ou à providência individual; perdeu-se a característica de fatalidade, passando a ser algo objetivo e estatisticamente mensurável.[81]

Tendo em conta a centralidade da pessoa no ordenamento jurídico, o foco do direito deve deslocar-se, pois, da conduta do agente para o dano. Isso não só em relação ao dano efetivado, momento em que se deve criar instrumentos para a adequada reparação, mas também relativamente ao dano potencial, com estabelecimento de deveres de prevenção e precaução.[82]

Pode-se acrescer a isso que, após a vigência do Código Civil de 2002, o entendimento de que a culpa compõe a antijuridicidade não mais subsiste, mesmo em uma interpretação mais exegética, pois tal legislação permitiu uma melhor compreensão acerca da antijuridicidade (aqui, já se tratando do terceiro argumento relativo à superação do entendimento clássico – proveniente do Código Civil de 1916 – concernente à relação ilícito/antijuridicidade e culpa), ainda que a redação do art. 186 seja de todo criticável.[83] A sistemática adotada deixa claro que inexiste conexão necessária entre antijuridicidade e culpa – isso em razão, especialmente, da construção legislativa a respeito do

---

[81] "De fato, é na organização coletiva – e devido mesmo a esta (*sic*) organização – que, com regularidade, como demonstram as estatísticas, danos ocorrem para os indivíduos: nenhuma causa, nem transcendente nem pessoal, pode disso dar conta. Trata-se, simplesmente, de danos que 'devem acontecer'" (MORAES, Maria Celina Bodin de. Risco, solidariedade e responsabilidade objetiva. **Revista dos Tribunais**, **São Paulo, v. 95, n. 854/2006, p. 17**, dez./2006).

[82] A respeito disso, consultar:
BUSATTA, Eduardo Luiz. Do dever de prevenção em matéria de proteção de dados pessoais. *In*: EHRHARDT JÚNIOR, Marcos; CATALAN, Marcos; MALHEIROS, Pablo (coord.). **Direito civil e tecnologia**. Belo Horizonte: Fórum, 2020. p. 25-56.

[83] BRASIL. **Lei nº 10.406, de 10 de janeiro de 2002**. Institui o Código Civil. Brasília, DF: Presidência da República, 2002. Disponível em: http://www.planalto.gov.br/ccivil_03/leis/2002/l10406.htm. Acesso em: 12 ago. 2022.

exercício inadmissível das posições jurídicas realizada via art. 187,[84] o que é corroborado pelo contido no art. 927.[85]

À medida que o art. 187 não faz qualquer menção à culpa como requisito do exercício inadmissível das posições jurídicas, é inafastável que o Código Civil (de 2002) consagrou tal figura na sua forma objetiva,[86] ou seja, que somente tem em conta o exercício do direito além das finalidades para o qual foi criado, deixando bastante claro que, em tal hipótese, haverá ato ilícito.[87] Assim, fato é que restou expressamente positivado uma espécie de ato ilícito que prescindia da culpa para sua configuração.

Por outro lado, no campo contratual, o descumprimento da obrigação por parte do devedor importa em ilícito (o chamado ilícito relativo), conforme se extrai dos arts. 389 e 395.[88] E o entendimento dominante nessa área é que

---

[84] De fato, tal dispositivo estabelece que: "Também *comete ato ilícito* o titular de um direito que, ao exercê-lo, excede manifestamente os limites impostos pelo seu fim econômico ou social, pela boa-fé ou pelos bons costumes" (BRASIL. **Lei nº 10.406, de 10 de janeiro de 2002**. Institui o Código Civil. Brasília, DF: Presidência da República, 2002. Disponível em: http://www.planalto.gov.br/ccivil_03/leis/2002/l10406.htm. Acesso em: 12 ago. 2022, grifo nosso).

[85] Tal dispositivo estabelece que: "Aquele que, por ato ilícito (arts. 186 e 187), causar dano a outrem, fica obrigado a repará-lo" (BRASIL. **Lei nº 10.406, de 10 de janeiro de 2002**. Institui o Código Civil. Brasília, DF: Presidência da República, 2002. Disponível em: http://www.planalto.gov.br/ccivil_03/leis/2002/l10406.htm. Acesso em: 12 ago. 2022).

[86] Sobre isso, consultar:
MARTINS-COSTA, Judith. Os avatares do abuso do direito e o rumo indicado pela boa-fé. *In:* ULISBOA – Universidade de Lisboa. [Portugal], 2014], passim. Disponível em: http://www.fd.ulisboa.pt/wp-content/uploads/2014/12/Costa-Judith-Os--avatares-do-Abuso-do-direito-e-o-rumo-indicado-pela-Boa-Fe.pdf. Acesso em: 19 ago. 2023.
TARTUCE, Flávio. **Manual de responsabilidade civil**. Rio de Janeiro: Forense, 2018. p. 75.

[87] É importante ressaltar que, tamanho era o apego da doutrina à culpa como integrante do ato ilícito, que tal qualificação foi criticada, pois seria apta a permitir que o abuso de direito fosse contaminado pelo subjetivismo. Nesse sentido: "A concepção do abuso de direito como espécie de ato ilícito, permita-se insistir, além de obscurecer seus contornos, caminha no sentido da responsabilidade subjetiva, sendo a culpa elemento quase indissociável do conceito de ilicitude" (CARPENA, Heloisa. O abuso de direito no Código de 2002: relativização de direitos na ótica civil-constitucional. *In:* TEPEDINO, Gustavo (coord.). **A parte geral do novo Código Civil**: estudos na perspectiva civil-constitucional. Rio de Janeiro: Renovar, 2002. p. 382).

[88] BRASIL. **Lei nº 10.406, de 10 de janeiro de 2002**. Institui o Código Civil. Brasília, DF: Presidência da República, 2002. Disponível em: http://www.planalto.gov.br/ccivil_03/leis/2002/l10406.htm. Acesso em: 12 ago. 2022.

não se discute a existência de culpa,[89] sendo a responsabilidade de reparar os danos decorrentes do inadimplemento somente afastada na hipótese de caso fortuito ou de força maior, na forma do art. 393, que, como tal, configura hipótese de exclusão do nexo de causalidade, e não do ato ilícito, ou mesmo da culpa (ainda que em sentido presumido).[90] Soma-se a isso a responsabilidade decorrente dos vícios redibitórios e da evicção, em que não há dúvida da ocorrência de ato ilícito por ferimento ao dever do devedor de fazer boa a coisa, sem que se faça menção à culpa.

Ainda, em sede de responsabilidade civil, há ao menos duas disposições específicas no Código Civil que estabelecem a obrigação de reparar o dano de forma objetiva no campo extracontratual, o que deixa claro, com isso, a indicação de existência de descumprimento de dever desligado da noção de culpa. Tais disposições referem-se à indenização decorrente dos danos causados por animal (art. 936) e dos danos decorrentes da ruína de prédio (art. 937).[91-92]

Nessa medida, após o Código Civil de 2002, ilicitude e culpabilidade são caracterizadas/indicadas como coisas distintas e, portanto, não se confundem.[93] Logo, além do tradicional ato ilícito culposo, é imprescindível admitir a existência do ato ilícito decorrente do descumprimento do dever de conduta, independentemente da existência de dolo ou culpa, o qual Judith Martins-Costa designa de *ilícito objetivo*.[94]

---

[89] Para um maior aprofundamento, consultar:
CATALAN, Marcos. **A morte da culpa na responsabilidade contratual**. 2. ed. Indaiatuba, SP: Editora Foco, 2019. passim.

[90] BRASIL. **Lei nº 10.406, de 10 de janeiro de 2002**. Institui o Código Civil. Brasília, DF: Presidência da República, 2002. Disponível em: http://www.planalto.gov.br/ccivil_03/leis/2002/l10406.htm. Acesso em: 12 ago. 2022.

[91] BRASIL. **Lei nº 10.406, de 10 de janeiro de 2002**. Institui o Código Civil. Brasília, DF: Presidência da República, 2002. Disponível em: http://www.planalto.gov.br/ccivil_03/leis/2002/l10406.htm. Acesso em: 12 ago. 2022.

[92] Ver a respeito em: TARTUCE, Flávio. **Responsabilidade civil**. 4. ed. Rio de Janeiro: Forense, 2022. p. 425-432.

[93] BORJES, Isabel Cristina Porto; GOMES, Taís Ferraz; ENGELMANN, Wilson. **Responsabilidade civil e nanotecnologias**. São Paulo: Atlas, 2014. p. 40.

[94] Que resta caracterizado "[...] pelo desvio ou pela contrariedade à norma de dever--ser imposta pelo Ordenamento, compreendido [...] como o conjunto de princípios e regras derivadas das quatro fontes de normatividade [o processo legislativo; a jurisdição; os usos e costumes jurídicos, e; a fonte negocial (expressão da autonomia da vontade)] e destinadas, em última instância, a assegurar a coexistência de liberdades" (MARTINS-COSTA, Judith. Os avatares do abuso do direito e o rumo indicado pela boa-fé. *In*: **ULISBOA** – Universidade de Lisboa. [Portugal], 2014], p.

É importante ressaltar que não há razões para sustentar que somente na hipótese de abuso de direito admite-se o ilícito objetivo, pois o Código Civil, em nenhum momento, traz, de forma expressa ou implícita, tal restrição. Ademais, seria contraditório admitir que, no caso de abuso de direito, ilícito atípico[95] e, em tese, menos flagrante, a culpa fosse desnecessária e, em todas as demais hipóteses de ilícito típico, portanto, mais diretas, seria a culpa integrante do núcleo do ato ilícito. Assim, é certo que, mesmo em uma interpretação mais próxima à letra do texto legal, deve-se entender que a culpa não é elemento integrante e indissociável do ato ilícito.

Em conclusão, é certo que o direito civil brasileiro evoluiu consideravelmente, deixando para trás a centralidade da culpa em relação à antijuridicidade e o dever de reparar danos, passando, com isso, a ser muito mais adequado à tutela da pessoa humana. E, via de consequência, a LGPD, ao estabelecer como filtro do dever de reparar danos a necessária violação à legislação de proteção de dados, por si só, não exige a ocorrência de culpa.

3.4 A RESPONSABILIDADE POR DANOS EM MATÉRIA DE PROTEÇÃO DE DADOS PESSOAIS ENTRE A ABSTRAÇÃO E A CONCRETUDE

Efetuadas essas incursões, as quais servem de premissas para investigar a respeito da imputação de danos prevista na LGPD, é possível, agora, pensar com mais clareza a respeito desse tema. E, em um primeiro momento, é inadequado falar em responsabilidade subjetiva do agente de tratamento de dados, ao menos como regra ou mesmo regime único em matéria de proteção de dados pessoais.

Restou devidamente demonstrado que a antijuridicidade, especialmente após o Código Civil de 2002, não tem a culpa como elemento. Pelo contrário, a aferição da antijuridicidade é efetuada de forma objetiva, sem qualquer juízo de reprovação, bastando para sua configuração a contrariedade ao direito.

Logo, dentre outros, o descumprimento de deveres de antecipação e evitação do dano desencadeiam a antijuridicidade, independentemente da constatação de culpa ou de qualquer erro de conduta. Somente isso (já) seria suficiente para afastar os argumentos daqueles que advogam que a LGPD

---

16. Disponível em: http://www.fd.ulisboa.pt/wp-content/uploads/2014/12/Costa-Judith-Os-avatares-do-Abuso-do-direito-e-o-rumo-indicado-pela-Boa-Fe.pdf. Acesso em: 19 ago. 2023.

95 ATIENZA, Manuel; RUIZ MANERO, Juan. **Ilícitos atípicos**: sobre o abuso de direito, fraude à lei e desvio de poder. Tradução de Janaina Roland Matida. São Paulo: Marcial Pons, 2014 (Filosofia & Direito). p. 25-30.

exige ocorrência de culpa para o surgimento do dever de reparar os danos causados. Contudo, outros fundamentos existem.

Dentre eles, a necessidade de o direito ser coerente e íntegro. Assim, cabe a este dar respostas semelhantes para casos semelhantes, o que redunda, em última análise, em observância da isonomia material.[96] Considerando essa exigência, constata-se que a LGPD estabelece que, em se tratando de relações de consumo, a responsabilidade dos fornecedores decorrentes do tratamento de dados pessoais continua a ser regida pelo Código de Defesa do Consumidor – CDC (conforme art. 45 da LGPD).[97] Nesse ponto, resta evidente que, caso o tratamento de dados pessoais ligado a uma relação de consumo redunde em um defeito em produto ou serviço que acarrete um acidente de consumo (arts. 12 e 14 do CDC),[98] ou envolva bancos de dados de consumidores de proteção ao crédito (arts. 43 e 44 do CDC),[99] a responsabilidade será indubitavelmente objetiva.

Com isso, tem-se que a atribuição de sentido mais adequada ao disposto no art. 45 da LGPD baseia-se na acepção de que, ao se versar sobre danos

---

[96] Consultar a respeito em: GUEDES, Jefferson Carús. **Igualdade e desigualdade**: introdução conceitual, normativa e histórica dos princípios. São Paulo: Editora Revista dos Tribunais, 2014. p. 119-180.

[97] BRASIL. **Lei nº 13.709, de 14 de agosto de 2018**. Lei Geral de Proteção de Dados Pessoais (LGPD). Brasília, DF: Presidência da República, 2018. Disponível em: http://www.planalto.gov.br/ccivil_03/_ato2015-2018/2018/lei/L13709.htm. Acesso em: 15 abr. 2023.

[98] BRASIL. **Lei nº 8.078, de 11 de setembro de 1990**. Dispõe sobre a proteção do consumidor e dá outras providências. Brasília, DF: Presidência da República, 1990. Disponível em: http://www.planalto.gov.br/ccivil_03/leis/l8078compilado.htm. Acesso em: 15 abr. 2023.

É recorrente na doutrina que a responsabilidade civil presente no CDC exige defeito no produto ou serviço, não bastando o mero risco da atividade, de forma que o regime previsto no parágrafo único do art. 927 é bem mais amplo, podendo ser aplicado, com base no chamado diálogo das fontes, aos danos ligados à relação de consumo em que não foi possível constatar a existência de defeito. Nesse sentido:

MARQUES, Cláudia Lima; BENJAMIN, Antônio Hermann Vasconcellos; MIRAGEM, Bruno. **Comentários ao Código de Defesa do Consumidor**: arts. 1.º ao 74: aspectos materiais. São Paulo: Editora Revista dos Tribunais, 2004. p. 34.

GODOY, Cláudio Luiz Bueno de. **Responsabilidade civil pelo risco da atividade**: uma cláusula geral no Código Civil de 2002. 2. ed. São Paulo: Saraiva, 2010. p. 110.

[99] BRASIL. **Lei nº 8.078, de 11 de setembro de 1990**. Dispõe sobre a proteção do consumidor e dá outras providências. Brasília, DF: Presidência da República, 1990. Disponível em: http://www.planalto.gov.br/ccivil_03/leis/l8078compilado.htm. Acesso em: 15 abr. 2023.

ligados à atividade de tratamento de dados pessoais, somente serão regulados pelo CDC os danos que podem ser considerados decorrentes de defeito no produto ou serviço, bem como os ligados aos bancos de dados de cadastro de consumidores ou de proteção ao crédito, restando todas as demais hipóteses, ainda que presente a relação de consumo, reguladas pela LGPD. Isso resta reforçado pelo fato de que o art. 45 da LGPD é uma norma de exceção e, como tal, deve ser aplicada de forma restritiva.[100]

Da mesma forma, se o dano foi decorrente de tratamento de dados pelo Poder Público, a responsabilidade também será objetiva, na forma do art. 37, § 6º, da Constituição da República de 1988.[101]

Logo, diante dessas duas constatações, considerar que todas as demais hipóteses de tratamento de dados pessoais estão sujeitas a um regime de responsabilidade civil subjetiva parece quebrar a necessária coerência e integridade, tratando desigualmente pessoas que se encontram em igual situação. Assim, no caso de tratamento de dados pessoais por parte do empregador que venha a resultar dano ao titular dos dados pessoais (empregado), estar-se-ia diante de um grau de vulnerabilidade do titular frente ao controlador ou operador em igual nível ao do consumidor frente ao fornecedor, ou mesmo do cidadão frente ao Estado, de forma que não se justificaria, sem ferimento à isonomia, tratamento legal diferenciado.

Igualmente, no caso de vazamento de dados pessoais decorrente de falhas de segurança de *plataformas de economia de compartilhamento* – tais como, *Uber*, Mercado Livre e *Airbnb*, em que fossem vazados dados pessoais de consumidores, mas também daqueles que prestam os serviços de transporte (no caso do *Uber*), venda de objetos de forma reiterada (Mercado Livre) ou de hospedagem (no caso do *Airbnb*), que não podem ser considerados como consumidores – não parece ser adequado que haja dois regimes de responsabilidade civil distintos, pois os danos são decorrentes de um mesmo fato (vazamento de dados pessoais). Nesse caso, poder-se-ia argumentar que os prestadores de serviço de transporte, vendedores e os locadores dos imóveis devem ser enquadrados na categoria de *bystander* (o denominado *consumidor por equiparação*, que não participa da relação de consumo, porém sofre os

---

[100] BRASIL. **Lei nº 13.709, de 14 de agosto de 2018**. Lei Geral de Proteção de Dados Pessoais (LGPD). Brasília, DF: Presidência da República, 2018. Disponível em: http://www.planalto.gov.br/ccivil_03/_ato2015-2018/2018/lei/L13709.htm. Acesso em: 15 abr. 2023.

[101] BRASIL. [Constituição (1988)]. **Constituição da República Federativa do Brasil de 1988**. Brasília, DF: Presidência da República, 1988. Disponível em: http://www.planalto.gov.br/ccivil_03/constituicao/constituicao.htm. Acesso em: 11 jan. 2023.

efeitos do evento danoso), conforme previsto no art. 17 do CDC,[102] o que não deixa de ser correto e até mesmo reforça a inadequação de pensar em um regime de culpa para tais situações. Se se entender por essa dualidade de regimes, haverá uma disputa ferrenha das vítimas para buscar proteção no CDC, o que possivelmente importará no esvaziamento do regime de responsabilidade civil previsto na LGPD.[103]

Outro fundamento relevante é a proteção adequada aos direitos fundamentais em jogo. Conforme já considerado, quando se fala em proteção de dados pessoais, se está a falar de um direito fundamental que tutela um conjunto de direitos personalíssimos que vão muito além da privacidade. Logo, a grande maioria dos atos praticados em violação à legislação de proteção de dados pessoais importará em ferimento de direitos personalíssimos, elevados à categoria de direitos fundamentais. Conforme ressaltado no primeiro capítulo da presente pesquisa, a dimensão objetiva dos direitos fundamentais exige atuação positiva do legislador a fim de que seja possível o efetivo exercício desses direitos (*Schutzpflicht*),[104] sendo certo ainda que resta vedada proteção meramente formal, deficiente ou ineficiente (*untermassverbot*),[105] de forma que é necessária uma proteção juridicamente adequada.

---

[102] "Art. 17. Para os efeitos desta Seção, equiparam-se aos consumidores todas as vítimas do evento" (BRASIL. **Lei nº 8.078, de 11 de setembro de 1990**. Dispõe sobre a proteção do consumidor e dá outras providências. Brasília, DF: Presidência da República, 1990. Disponível em: http://www.planalto.gov.br/ccivil_03/leis/l8078compilado.htm. Acesso em: 30 abr. 2023).

[103] Assim, a integridade e a coerência (no)do direito levam ao afastamento do entendimento de que, por força do disposto no art. 45 da LGPD, a responsabilidade em tal diploma seria subjetiva, o que é feito com base na suposição de que, ao estabelecer o regime do CDC quando há relação de consumo, haveria *mens legis* de criar a responsabilidade civil nas demais hipóteses, contrariamente ao defendido por Carlos Nelson Konder e Marco Antônio de Almeida Lima – supracitados (KONDER, Carlos Nelson; LIMA, Marco Antônio de Almeida. Responsabilidade civil dos advogados no tratamento de dados à luz da Lei nº 13.709/2018. *In*: EHRHARDT JÚNIOR, Marcos; CATALAN, Marcos; MALHEIROS, Pablo (coord.). **Direito civil e tecnologia**. Belo Horizonte: Fórum, 2020. p. 413-429).

[104] CANOTILHO, José Joaquim Gomes. **Direito Constitucional e teoria da constituição**. 6. ed. Coimbra: Almedina, 2002. p. 474.

[105] GRIMM, Dieter. A função protetiva do Estado. Tradução de Eduardo Mendonça. *In*: SOUZA NETO, Cláudio Pereira de; SARMENTO, Daniel (coord.). **A constitucionalização do direito**: fundamentos teóricos e aplicações específicas. Rio de Janeiro: Editora Lumen Juris, 2007. p. 161.

Ora, não há dúvida de que um regime de responsabilização baseado na culpa não é adequado às situações mais comuns de tratamento de dados pessoais, pois colocaria o titular de dados pessoais em posição ainda mais vulnerável frente ao agente de tratamento de dados, na medida que a cognição judicial desenvolver-se-ia na perquirição da existência de culpa. Como ressaltado, parte considerável das operações de tratamento de dados pessoais se vale de ferramentas de inteligência artificial, de forma que parece muito complicado inculpar os agentes de tratamento de dados pessoais pelos danos decorrentes do processamento de dados nessas circunstâncias, ao menos por culpa direta ou própria. Também não se mostraria adequado quanto à função de induzir os agentes de tratamento de dados a tomar medidas voltadas à redução dos riscos decorrentes de sua atividade.

Como ressaltado, a evolução do regime de responsabilidade por culpa para a responsabilidade por risco foi decorrente, dentre outras razões, da dificuldade da vítima em provar a culpa do ofensor (*probatio diabolica*). E, em matéria de proteção de dados pessoais, tal problemática ganha maior dificuldade. Isso em razão de que, dadas as características próprias dos dados pessoais, como a intangibilidade, a complexidade da atividade de tratamento e sua invisibilidade, como defendido anteriormente, torna-se difícil para a vítima até mesmo conhecer o tratamento indevido dos dados e seu autor, o que resulta, não raro, que somente venha a tomar conhecimento do fato danoso muito tempo após sua ocorrência, de forma que se torna praticamente impossível a prova da culpa, o que resta agravado pela reconhecida opacidade.

Logo, a interpretação no sentido de que o regime de responsabilidade civil previsto na LGPD é unicamente subjetivo importa em conferir uma interpretação que certamente não é adequada à proteção dos direitos fundamentais em questão, pois manifestamente insuficiente, porquanto importaria, em última análise, que um número grandioso de danos, especialmente os ocasionados pelos maiores e mais complexos agentes de tratamento de dados, restassem sem reparação.

Por tudo isso, tem se defendido que a modalidade de responsabilidade civil estabelecida pela LGPD é a objetiva, baseada no risco que a atividade de tratamento de dados pessoais gera para os direitos dos titulares, com aplicação, assim, da cláusula geral de responsabilidade civil objetiva positivada no parágrafo único do art. 927 do Código Civil.[106] Seus defensores sustentam ser

---

[106] BRASIL. **Lei nº 10.406, de 10 de janeiro de 2002**. Institui o Código Civil. Brasília, DF: Presidência da República, 2002. Disponível em: http://www.planalto.gov.br/ccivil_03/leis/2002/l10406.htm. Acesso em: 12 ago. 2022.

o regime "[...] mais adequado às necessidades de segurança jurídica de uma sociedade marcada pelo desenvolvimento tecnológico".[107] Contudo, como observado no capítulo anterior, a atividade de tratamento de dados pessoais é extremamente complexa e bastante heterogênea (quanto ao volume, meios e fins). Há uma miríade de graus de risco quanto à probabilidade de ocorrência e gravidade dos efeitos, o que é expressamente reconhecido pela LGPD. Ora, se coerência e integridade são atributos do direito, como diz Ronald Dworkin,[108] não se pode admitir que uma parte do diploma legislativo reconheça a granularidade do risco na atividade de tratamento de dados pessoais para fins de evitabilidade do dano e, de outro, se interprete a totalidade da atividade como sendo de risco para fins de reparação.

Consequentemente, não é coerente (e, portanto, adequado) simplesmente sustentar, de forma abstrata, que a atividade de tratamento de dados pessoais é uma atividade de risco e, como tal, deve se submeter a responsabilidade objetiva na forma do parágrafo único do art. 927 do Código Civil.[109] Alvino Lima já há muito alertou que a teoria do risco não decorre de uma concepção dogmática calcada em princípios abstratos, mas sim emerge como uma consequência inevitável das situações da própria vida,[110] de forma que é necessário considerar o concreto risco da atividade para definir o regime de imputação dos danos decorrentes.

A LGPD, como lei geral, é aplicável ao tratamento de praticamente todos os dados pessoais. Foi ressaltado que, por se tratar de uma lei transversal, aplica-se a todos os setores da economia. Tanto é assim que traz um rol exaustivo de situações em que não se aplica (art. 4º), cuja rápida leitura demonstra sua grande abrangência, bem como sua aplicação no sentido de não se restringir ao "mundo digital", sendo aplicável até mesmo aos arquivos físicos (art. 3º).

Assim, é possível pensar em situações que, tendo em conta o meio utilizado, os tipos de dados envolvidos, o pequeno número de dados tratados,

---

[107] EHRHARDT JÚNIOR, Marcos. Apontamentos para uma teoria geral da responsabilidade civil no Brasil. *In*: ROSENVALD, Nelson; MILAGRES, Marcelo (coord.). **Responsabilidade civil**: novas tendências. Indaiatuba, SP: Editora Foco, 2018. p. 46.

[108] DWORKIN, Ronald. **O império do direito**. Tradução de Jefferson Luiz Camargo. São Paulo: Martins Fontes, 1999.

[109] BRASIL. **Lei nº 10.406, de 10 de janeiro de 2002**. Institui o Código Civil. Brasília, DF: Presidência da República, 2002. Disponível em: http://www.planalto.gov.br/ccivil_03/leis/2002/l10406.htm. Acesso em: 12 ago. 2022.

[110] LIMA, Alvino. **Culpa e risco**. 2. ed. rev. e atual. pelo Prof. Ovídio Rocha Barros Sandoval. São Paulo: Editora Revista dos Tribunais, 1998. p. 198.

a tecnologia envolvida, a pequena relevância do dado em si, dentre outros aspectos significativos, o risco seja baixíssimo ou quase inexistente, de forma que não parece ser justificável a aplicação da teoria do risco da atividade. Basta pensar no pequeno comerciante (padeiro, verdureiro etc.) que anota e mantém o nome e o número de telefone dos seus clientes para contatá-los em caso de necessidade ou mesmo promover a oferta de algum produto. Ainda, no advogado que mantém arquivado em planilha eletrônica dados de seus clientes (nome, endereço, idade, sexo, número de documentos etc.) para fins de defesa de seus interesses em juízo.[111]

Pode-se mesmo pensar em situações em que sequer haverá *atividade* (propriamente dita) de tratamento de dados pessoais,[112] o que redunda na inexistência de risco decorrente da *atividade*. Afinal, entende-se por atividade a prática de atos reiterados, habituais, organizados para um determinado fim. Atos eventuais, desorganizados, obviamente não podem ser caraterizados como atividade,[113] de forma que não restam abrangidos pelo Parágrafo único

---

[111] A respeito disso, consultar: KONDER, Carlos Nelson; LIMA, Marco Antônio de Almeida. Responsabilidade civil dos advogados no tratamento de dados à luz da Lei nº 13.709/2018. *In*: EHRHARDT JÚNIOR, Marcos; CATALAN, Marcos; MALHEIROS, Pablo (coord.). **Direito civil e tecnologia**. Belo Horizonte: Fórum, 2020. p. 413-429.

[112] Essa questão é bastante interessante e não foi devidamente abordada até o presente momento. O substantivo feminino *atividade* é usado pela LGPD em 27 passagens. Em boa parte delas ligada à expressão *tratamento de dados pessoais*, como no art. 6º, *caput*, ao estabelecer que "[a]s atividades de tratamento de dados pessoais deverão observar a boa-fé e os seguintes princípios: [...]". No entanto, não há uma definição legal de *atividade de tratamento* de dados pessoais, mas somente de *tratamento* de dados pessoais (art. 5º, X). Isso pode levar a diversas interpretações. Uma delas, de que somente as *atividades* de tratamento de dados pessoais são regidas pela lei, excluindo, portanto, os atos isolados. Outra interpretação é no sentido de que *atos isolados* e *atividades* de tratamento de dados pessoais são regidos pela LGPD, contudo a atividade estaria sujeita a maiores exigências, tais como a observância da boa-fé e dos arquétipos legais constantes do art. 6º que, como ressaltado, faz expressa menção à *atividade* de tratamento de dados pessoais como sujeita a tais disposições principiológicas. Outra (interpretação), ainda, seria no sentido de que se trata de atecnia do legislador, de forma que a LGPD é inteiramente aplicável de forma indistinta a *ato* e *atividade* de tratamento de dados. A questão escapa do objeto da presente tese e requer maiores aprofundamentos. Contudo, sendo coerente com o aqui defendido – abordagem baseada no risco concreto –, a segunda possibilidade mostra-se mais adequada.

[113] Nesse sentido: GODOY, Cláudio Luiz Bueno de. **Responsabilidade civil pelo risco da atividade**: uma cláusula geral no Código Civil de 2002. 2. ed. São Paulo: Saraiva, 2010. p. 105.

do art. 927 do Código Civil.[114] A título de exemplo, se uma pessoa, por uma razão qualquer, publica em suas redes sociais dados pessoais de outra pessoa, mesmo de forma eventual e sem finalidade lucrativa, será aplicável a LGPD ao caso, uma vez que transborda a finalidade particular contida no art. 4º, I, da LGPD,[115] ou seja, a chamada reserva de domicílio.[116]

Os exemplos mencionados, apesar de corresponderem a uma pequena fração das operações de tratamento de dados pessoais realizados na atualidade (ante o tratamento massivo realizado pelos grandes agentes de tratamento de dados pessoais via *big data* e inteligência artificial), são situações cotidianas e de relevância na aplicação da lei.

Veja-se que a aplicação do regime de responsabilidade civil objetiva fundado no risco da atividade, na forma do parágrafo único do art. 927 do Código Civil,[117] somente é admissível quando a atividade, por sua própria natureza, gera considerável risco aos direitos de outrem, sendo que deve ser a atividade "[...] costumeira do ofensor, sua conduta reiterada, habitual, constante[,] e não uma atividade esporádica ou eventual".[118] Considerando que praticamente toda atividade humana gera algum risco, somente é possível pensar na aplicação do dispositivo em questão quando produzidos riscos além

---

[114] BRASIL. **Lei nº 10.406, de 10 de janeiro de 2002**. Institui o Código Civil. Brasília, DF: Presidência da República, 2002. Disponível em: http://www.planalto.gov.br/ccivil_03/leis/2002/l10406.htm. Acesso em: 12 ago. 2022.

[115] BRASIL. **Lei nº 13.709, de 14 de agosto de 2018**. Lei Geral de Proteção de Dados Pessoais (LGPD). Brasília, DF: Presidência da República, 2018. Disponível em: http://www.planalto.gov.br/ccivil_03/_ato2015-2018/2018/lei/L13709.htm. Acesso em: 15 abr. 2023.

[116] Nesse sentido, o Tribunal de Justiça da União Europeia, no julgamento do chamado *Caso Lindqvist*, entendeu que a chamada isenção de domicílio não seria aplicada. Tratava-se de uma senhora sueca idosa que foi processada por ter, após iniciar um curso de processamento de dados, publicado os dados pessoais de seus colegas de igreja em um site sem anuência deles. Entendeu o Tribunal que, ao inserir os dados na internet, ocorreu a disponibilização pública, de forma que não se considera que o uso era particular, de modo que aplicável a legislação de proteção de dados pessoais. Consultar, nesse sentido: LYNSKEY, Orla. Grappling with "Data Power": normative nudges from data protection and privacy. **Theoretical Inquiries in Law**, v. 20, Issue 1, p. 203-204, 2019. Disponível em: https://www7.tau.ac.il/ojs/index.php/til/article/view/1613/1714. Acesso em: 9 fev. 2023.

[117] BRASIL. **Lei nº 10.406, de 10 de janeiro de 2002**. Institui o Código Civil. Brasília, DF: Presidência da República, 2002. Disponível em: http://www.planalto.gov.br/ccivil_03/leis/2002/l10406.htm. Acesso em: 12 ago. 2022.

[118] MORAES, Maria Celina Bodin de. Risco, solidariedade e responsabilidade objetiva. **Revista dos Tribunais**, São Paulo, v. 95, n. 854/2006, p. 16-17, dez./2006.

dos ordinários, por versarem "[...] sobre bens intrinsicamente danosos", ou por "[...] empregar métodos de alto potencial lesivo".[119]

O Superior Tribunal de Justiça, nessa perspectiva, decidiu que "[a] natureza da atividade é que irá determinar sua maior propensão à ocorrência de acidentes" – afinal, "[o] risco que dá margem à responsabilidade objetiva não é aquele habitual, inerente a qualquer atividade", de forma que se "[e]xig[e] a exposição a um risco excepcional, próprio de atividades com elevado potencial ofensivo".[120]

Com base no entendimento doutrinário e jurisprudencial acima, é possível concluir que o parágrafo único do art. 927 do Código Civil[121] é aplicável quando, simultaneamente: a) o ato danoso pode ser considerado como integrante de uma atividade desenvolvida pelo ofensor, afastados atos esporádicos; b) a atividade gerar risco considerável, excepcional, de elevado potencial ofensivo.

Portanto, naquelas situações em que as operações de tratamento de dados são realizadas por pessoa natural em que se aplica a LGPD, ou de forma absolutamente secundária às atividades do agente econômico (em que se pode afirmar que inexiste atividade de tratamento de dados, mas atos de tratamento de dados pessoais isolados), usando de meios tecnológicos simples, que redundam em risco baixíssimo (praticamente igual ao tratamento feito por uma pessoa natural para fins particulares – em que não é aplicável

---

[119] SCHREIBER, Anderson. **Novos paradigmas da responsabilidade civil**: da erosão dos filtros da reparação à diluição dos danos. São Paulo: Atlas, 2007. p. 25.
No mesmo sentido, citando farta doutrina: GODOY, Cláudio Luiz Bueno de. **Responsabilidade civil pelo risco da atividade:** uma cláusula geral no Código Civil de 2002. 2. ed. São Paulo: Saraiva, 2010. p. 113-115.

[120] BRASIL. Superior Tribunal de Justiça (3. Turma). **Recurso Especial n. 1.067.738-GO (2008/0136412-7)**. Direito civil. Acidente do trabalho. Indenização. Responsabilidade civil do empregador. Natureza. Preservação da integridade física do empregado. Presunção relativa de culpa do empregador. Inversão do ônus da prova. [...] Recorrente: Dejair Souza Ferreira. Recorrido: Flávio Roberto Trentin. Relator: Ministro Sidnei Beneti. Relatora para Acórdão: Ministra Nancy Andrighi, 26.05.2009. Disponível em: https://scon.stj.jus.br/SCON/GetInteiroTeorDoAcordao?num_registro=200801364127&dt_publicacao=25/06/2009. Acesso em: 10 mar. 2023.

[121] BRASIL. **Lei nº 10.406, de 10 de janeiro de 2002**. Institui o Código Civil. Brasília, DF: Presidência da República, 2002. Disponível em: http://www.planalto.gov.br/ccivil_03/leis/2002/l10406.htm. Acesso em: 12 ago. 2022.

a LGPD por força do art. 4º, I),[122] tem-se que é inaplicável o regime objetivo de responsabilidade civil, pois afastada a determinação do disposto no parágrafo único do art. 927 do Código Civil,[123] de forma que se deve perquirir a respeito da existência de culpa, ainda que com inversão do ônus da prova (§ 2º do art. 42 da LGPD)[124] – como será aprofundado na sequência.

Inversamente, há um abismo entre as situações mencionadas e a (situação) dos grandes agentes de tratamento, os quais se valem de dados pessoais como verdadeira "matéria-prima" do seu negócio, desenvolvendo, para tanto, os próprios *hardwares* e *softwares*, plataformas e mesmo um completo e complexo ecossistema tecnológico de tratamento de dados, com efetivação de recolhimento e de tratamento de dados de milhões ou bilhões de titulares, por exemplo, as plataformas e redes sociais.[125] É importante ressaltar que nas

---

[122] BRASIL. **Lei nº 13.709, de 14 de agosto de 2018**. Lei Geral de Proteção de Dados Pessoais (LGPD). Brasília, DF: Presidência da República, 2018. Disponível em: http://www.planalto.gov.br/ccivil_03/_ato2015-2018/2018/lei/L13709.htm. Acesso em: 15 abr. 2023.

[123] BRASIL. **Lei nº 10.406, de 10 de janeiro de 2002**. Institui o Código Civil. Brasília, DF: Presidência da República, 2002. Disponível em: http://www.planalto.gov.br/ccivil_03/leis/2002/l10406.htm. Acesso em: 12 ago. 2022.

[124] BRASIL. **Lei nº 13.709, de 14 de agosto de 2018**. Lei Geral de Proteção de Dados Pessoais (LGPD). Brasília, DF: Presidência da República, 2018. Disponível em: http://www.planalto.gov.br/ccivil_03/_ato2015-2018/2018/lei/L13709.htm. Acesso em: 15 abr. 2023.

[125] As redes sociais fornecem serviços de conexão social, por meio de tecnologias inovadoras, em troca da obtenção de dados pessoais dos usuários para serem utilizados de forma comercial, especialmente na criação de *profiling*, uma forma de análise comportamental – "[...] elemento constitutivo da sociedade da classificação e que produ[z] novas hierarquias sociais" a serem usadas (os dados dos usuários) em análises descritivas e preditivas ligadas ao consumo (RODOTÀ, Stefano. Autodeterminação e laicidade. Tradução de Carlos Nelson de Paula Konder. **Revista Brasileira de Direito Civil-RBDCivil**, Belo Horizonte, v. 17, p. 152, jul./set. 2018).
A respeito disso, consultar ainda: BONNA, Alexandre Pereira. Dados pessoais, identidade virtual e a proteção da personalidade: "*profiling*", estigmatização e responsabilidade civil. *In*: SOARES, Guilherme Magalhães; ROSENVALD, Nelson (coord.). **Responsabilidade civil e novas tecnologias**. Indaiatuba, SP: Editora Foco, 2020. p. 19-38.
De fato, as redes sociais são extensos instrumentos de captação e tratamento de dados pessoais, não somente em relação ao grande número de pessoas abrangidas, mas especialmente em razão da quantidade (e também da qualidade) dos dados pessoais obtidos, o que aumenta em progressão geométrica o potencial danoso.

plataformas digitais[126] de redes sociais, *e-commerce* e demais serviços, tais como os bancários, entre outros, a atividade de tratamento de dados é da essência da atividade desenvolvida, quando não é a atividade propriamente dita. A "mercadoria" transacionada, muitas vezes, se perfaz na própria comunicação digital (tradução nossa).[127] Em tais casos, a coleta e o tratamento de dados pessoais são efetuados de forma massiva (por vezes globalmente), por intermédio do uso de tecnologias completamente inovadoras (como inteligência artificial), regularmente com envolvimento de dados sensíveis (basta pensar em reconhecimento facial, por exemplo), de forma que os riscos para os direitos dos titulares de dados pessoais – também para toda a sociedade – são elevadíssimos.

E na medida que um controlador de dados pessoais exerce posição privilegiada no ecossistema digital, devem-se aplicar padrões ainda mais rígidos de responsabilidade com vistas à efetiva proteção dos direitos dos titulares, pois, dentre outras situações, eles (os titulares) detêm menores condições fáticas de migrar para outro controlador (tradução nossa),[128] o que redunda em verdadeira dependência e mesmo uma vulnerabilidade agravada. Logo, é evidente que um controlador dominante tem capacidade maior de causar danos aos titulares de dados pessoais ante a ausência de concorrência, de forma que devem ser impostos requisitos mais rígidos aos agentes de dados pessoais

---

[126] A respeito dos efeitos das plataformas na economia, consultar: LOBEL, Orly. Coase and the platform economy. **Sharing Economy Handbook 2018**. DAVIDSON, Nestor; FINCK, Michèle; INFRANCA, John J. (eds.). San Diego, USA, University of San Diego, School of Law, Legal Studies Research Paper Series No. 17-318, p. 1-13, 2018. DOI: http://dx.doi.org/10.2139/ssrn.3083764. Disponível em: https://ssrn.com/abstract=3083764. Acesso em: 17 ago. 2023.

[127] LOBEL, Orly. Coase and the platform economy. **Sharing Economy Handbook 2018**. DAVIDSON, Nestor; FINCK, Michèle; INFRANCA, John J. (eds.). San Diego, USA, University of San Diego, School of Law, Legal Studies Research Paper Series No. 17-318, passim, 2018. DOI: http://dx.doi.org/10.2139/ssrn.3083764. Disponível em: https://ssrn.com/abstract=3083764. Acesso em: 17 ago. 2023.

[128] GRAEF, Inge; VAN BERLO, Sean. Towards smarter regulation in the areas of competition, data protection and consumer law: why greater power should come with greater responsibility. **European Journal of Risk Regulation**, [S. l.], v. 12, issue 3, p. 682, 2021. DOI: 10.1017/err.2020.92. Disponível em: https://www.cambridge.org/core/journals/european-journal-of-risk-regulation/article/towards-smarter-regulation-in-the-areas-of-competition-data-protection-and-consumer-law-why-greater-power-should-come-with-greater-responsibility/8B00EFC66EA7F599DB9B700B1720ABAD. Acesso em: 10 mar. 2023.

mais poderosos.[129] No julgamento do caso Google Spain, por exemplo, em que se reconheceu o direito à desindexação, entendeu o Tribunal de Justiça da União Europeia que a onipresença do motor de busca Google aumenta os riscos e, consequentemente, os danos potenciais às pessoas.[130]

---

[129] *Verbi gratia*, discute-se nos Estados Unidos, a exemplo do que ocorre na Europa, a proibição do aplicativo TikTok – isso em razão de não ser possível verificar a segurança dos dados pessoais dos cidadãos norte-americanos nos servidores do agente de tratamento de dados, e isso tem levado a grande preocupação sobre a capacidade de exercer influência em larga escala a partir de tal plataforma, a qual é disposta junto ao público norte-americano, especialmente tendo em conta que, na atualidade, possui mais de 100 (cem) milhões de usuários nos Estados Unidos, bem como é a rede social que os norte-americanos passam maior tempo.
A respeito disso, consultar:
SMALLEY, Suzanne. TikTok data collection, influence operations potential draw U.S. NSA concern. *In*: **REUTERS** [online]. [USA], March 7, 2023. Disponível em https://www.reuters.com/world/us/us-nsa-director-concerned-by-tiktok-data-collection-use-influence-operations-2023-03-07/. Acesso em: 10 mar. 2023.
LYNGAAS, Sean. NSA chief warns TikTok could censor videos as part of Chinese influence operations. **CNN Business**. [USA], March 7, 2023. Disponível em: https://edition.cnn.com/2023/03/07/tech/nsa-tiktok-surveillance-china-america/index.html. Acesso em: 10 mar. 2023.

[130] No acórdão assentou-se que: "80. A este respeito, importa, antes de mais, salientar que, como foi declarado nos n.os 36 a 38 do presente acórdão, um tratamento de dados pessoais como o que está em causa no processo principal, realizado pelo operador de um motor de busca, é suscetível de afetar significativamente os direitos fundamentais ao respeito pela vida privada e à proteção de dados pessoais, quando a pesquisa através desse motor seja efetuada a partir do nome de uma pessoa singular, uma vez que o referido tratamento permite a qualquer internauta obter, com a lista de resultados, uma visão global estruturada das informações sobre essa pessoa, que se podem encontrar na Internet, respeitantes, potencialmente, a numerosos aspetos da sua vida privada e que, sem o referido motor de busca, não poderiam ou só muito dificilmente poderiam ter sido relacionadas, e, deste modo, estabelecer um perfil mais ou menos detalhado da pessoa em causa. Além disso, o efeito de ingerência nos referidos direitos da pessoa em causa é multiplicado devido ao importante papel desempenhado pela Internet e pelos motores de busca na sociedade moderna, que conferem caráter de ubiquidade às informações contidas numa lista de resultados deste (*sic*) tipo (v., neste (*sic*) sentido, acórdão eDate Advertising e o., C509/09 e C161/10, EU:C:2011:685, n.o 45)". OBS.: grafia conforme texto original.
([ESPANHA]. Tribunal de Justiça (Grande Secção). **Acórdão do Tribunal de Justiça**. «Dados pessoais – Proteção das pessoas singulares no que diz respeito ao tratamento desses dados – Diretiva 95/46/CE – Arts. 2º, 4º, 12º e 14º – Âmbito de aplicação material e territorial – Motores de busca na Internet – Tratamento de dados contidos em sítios web – Pesquisa, indexação e armazenamento desses dados – Responsabilidade do operador do motor de busca – Estabelecimento no território

Como ressaltado no capítulo anterior, mediante emprego do contexto do caso *Cambridge Analytica*,[131] Orla Lynskey desenvolve estudo sobre o *poder dos dados*[132] e indaga se os gigantes da tecnologia de tratamento de dados pessoais devem ser regulamentados de forma mais incisiva do que atores menores. Sustenta que a variedade, o volume e o alcance das atividades de tratamento de dados pessoais devem ser considerados para mensurar a extensão das obrigações, bem como o impacto no tratamento de dados nos direitos fundamentais dos titulares. Com base nisso, desenvolve a noção de "responsabilidade especial" aos gigantes da internet baseada na "responsabilidade especial" trazida pelo direito da concorrência às empresas dominantes com poder de mercado. Tal construção é especialmente fundamentada na necessidade de proteção dos direitos fundamentais dos titulares de dados pessoais e no fato de que, apesar da aparente neutralidade da regulamentação de dados pessoais, eventuais efeitos adversos sobre os direitos dos titulares decorrentes do tratamento dos dados pessoais é potencializado pela escala e volume, o que redunda na maior extensão dos deveres por parte dos agentes de tratamento, pois se faz necessário ponderar a respeito das causas do poder de dados para construir as respostas jurídicas adequadas.[133] Ao concluir, sustenta a identificação de três respostas regulatórias: uma aplicação mais vigorosa das normas de proteção de dados pessoais em relação a tais agentes de tratamento, o que vem ocorrendo sob o RGPD, até mesmo no que

---

de um Estado-Membro – Alcance das obrigações desse operador e dos direitos da pessoa em causa – Carta dos Direitos Fundamentais da União Europeia – Arts 7º e 8º». Google Spain SL; Google Inc. contra Agencia Española de Protección de Datos (AEPD). Mario Costeja González, 13 de maio de 2014. Disponível em: https://eur-lex.europa.eu/legal-content/PT/TXT/HTML/?uri=CELEX:62012CJ0131&from=EN. Acesso em: 10 mar. 2023).

[131] Maiores detalhes do caso – consoante supracitado – podem ser encontrados em: DE LLANO, Pablo; SÁNCHEZ, Álvaro. Vazamento de dados do Facebook causa tempestade política mundial: caso Cambridge Analytyca. **El País** [online], Miami / Bruxelas, 20 mar. 2018. Disponível em: https://brasil.elpais.com/brasil/2018/03/19/internacional/1521500023_469300.html. Acesso em: 17 ago. 2023.

[132] LYNSKEY, Orla. Grappling with "Data Power": normative nudges from data protection and privacy. **Theoretical Inquiries in Law**, v. 20, Issue 1, p. 203-204. 2019. Disponível em: https://www7.tau.ac.il/ojs/index.php/til/article/view/1613/1714. Acesso em: 9 fev. 2023.

[133] "[...] it is necessary to consider potential causes of such data power and to identify appropriate regulatory responses". LYNSKEY, Orla. Grappling with "Data Power": normative nudges from data protection and privacy. **Theoretical Inquiries in Law**, v. 20, Issue 1, p. 209. 2019. Disponível em: https://www7.tau.ac.il/ojs/index.php/til/article/view/1613/1714. Acesso em: 9 fev. 2023.

concerne aos mecanismos de reparação;[134] abordagem dos dados como bem de uso comum e os gigantes da tecnologia como entidades de interesse ou utilidade pública, e; limite à agregação artificial de dados por meio de fusões orientadas por dados.[135]

Partindo da noção de "poder de dados" desenvolvida por Orla Lynskey (referida anteriormente), Inge Graef e Sean Van Berlo discorrem sobre as razões juridicamente adequadas para defender que maiores poderes devem ser acompanhados de maiores responsabilidades (tradução nossa).[136] Asseveram que a responsabilidade especial do direito da concorrência em relação aos agentes dominantes é um conceito bem estabelecido nos termos da legislação comum europeia e que tal responsabilidade deve ser incorporada à proteção de dados pessoais justamente em razão da abordagem baseada em risco do RGPD, ou seja, que o poder de mercado deve ser integrado no âmbito de proteção substantiva do titular de dados pessoais, o que resulta, portanto, em uma responsabilidade assimétrica.[137]

A LGPD não desconhece que o porte do agente de tratamento de dados acaba por refletir no grau de risco gerado, ainda que tal *não* critério (porte)

---

[134] LYNSKEY, Orla. Grappling with "Data Power": normative nudges from data protection and privacy. **Theoretical Inquiries in Law**, v. 20, Issue 1, p. 210. 2019. Disponível em: https://www7.tau.ac.il/ojs/index.php/til/article/view/1613/1714. Acesso em: 9 fev. 2023.

[135] LYNSKEY, Orla. Grappling with "Data Power": normative nudges from data protection and privacy. **Theoretical Inquiries in Law**, v. 20, Issue 1, p. 220. 2019. Disponível em: https://www7.tau.ac.il/ojs/index.php/til/article/view/1613/1714. Acesso em: 9 fev. 2023.

[136] GRAEF, Inge; VAN BERLO, Sean. Towards smarter regulation in the areas of competition, data protection and consumer law: why greater power should come with greater responsibility. **European Journal of Risk Regulation**, [S. l.], v. 12, issue 3, p. 682, 2021. DOI:10.1017/err.2020.92. Disponível em: https://www.cambridge.org/core/journals/european-journal-of-risk-regulation/article/towards-smarter-regulation-in-the-areas-of-competition-data-protection-and-consumer-law-why-greater-power--should-come-with-greater-responsibility/8B00EFC66EA7F599DB9B700B1720ABAD. Acesso em: 10 mar. 2023.

[137] GRAEF, Inge; VAN BERLO, Sean. Towards smarter regulation in the areas of competition, data protection and consumer law: why greater power should come with greater responsibility. **European Journal of Risk Regulation**, [S. l.], v. 12, issue 3, p. 676, 2021. DOI:10.1017/err.2020.92. Disponível em: https://www.cambridge.org/core/journals/european-journal-of-risk-regulation/article/towards-smarter-regulation-in-the-areas-of-competition-data-protection-and-consumer-law-why-greater-power--should-come-with-greater-responsibility/8B00EFC66EA7F599DB9B700B1720ABAD. Acesso em: 10 mar. 2023.

não deva ser analisado de maneira isolada. Tanto é que, no inciso XVIII do art. 55-J, estabeleceu que compete à ANPD editar normas visando a orientações e procedimentos simplificados e diferenciados pelos agentes de tratamento de dados considerados de pequeno porte, em especial micro e pequenas empresas, bem como para iniciativas de caráter incremental ou disruptivo.[138]

É certo que é pouco comum situações de igualdade entre agentes de processamento de dados pessoais e titulares. Contudo, a partir das hipóteses (acima) citadas, é possível verificar que a assimetria fática e informacional é extrema, o que redunda, dessa forma, em uma vulnerabilidade agravada do titular de dados pessoais, situação de imenso desequilíbrio que é, de todo, indesejável.

Especialmente em tais situações, os titulares dos dados pessoais depositam alto grau de confiança nos grandes agentes de tratamento de dados, a ponto de permitir, mediante a utilização de todo um ecossistema de coleta de dados, a vigilância temporal, corporal e espacial quase que absoluta.[139]

---

[138] BRASIL. **Lei nº 13.709, de 14 de agosto de 2018.** Lei Geral de Proteção de Dados Pessoais (LGPD). Brasília, DF: Presidência da República, 2018. Disponível em: http://www.planalto.gov.br/ccivil_03/_ato2015-2018/2018/lei/L13709.htm. Acesso em: 15 abr. 2023.
E a ANPD exerceu tal incumbência ao editar a Resolução CD/ANPD 2, de 27 de janeiro de 2022, que "[a]prova o Regulamento de aplicação da Lei nº 13.709, de 14 de agosto de 2018, Lei Geral de Proteção de Dados Pessoais (LGPD), para agentes de tratamento de pequeno porte". Verifica-se de tal diploma regulamentar que ocorreu a dispensa ou flexibilização dos deveres impostos aos agentes de tratamento de pequeno porte, desde que o tratamento realizado não seja considerado de alto risco, o que bem demonstra que o porte do agente é relevante à aferição dos riscos, ainda que não seja o único dado relevante. O art. 4º definiu os tratamentos de alto risco, considerando critério gerais e específicos. Como critérios gerais, estabelece a escala e a possibilidade de afetar significativamente direitos fundamentais dos titulares. Como critérios específicos, se a tecnologia é emergente ou inovadora, importa em vigilância ou controle de zonas acessíveis ao público ou se valha de decisões automatizadas unicamente. Por fim, se utiliza dados pessoais sensíveis ou de crianças, adolescentes ou idosos (BRASIL. Resolução CD/ANPD n. 2, de 27 de janeiro de 2022. Aprova o Regulamento de aplicação da Lei nº 13.709, de 14 de agosto de 2018, Lei Geral de Proteção de Dados Pessoais (LGPD), para agentes de tratamento de pequeno porte. **Diário Oficial da União**: seção 1, Brasília, DF, Edição 20, 28 jan. 2022. Disponível em: https://www.in.gov.br/en/web/dou/-/resolucao-cd/anpd-n-2-de-27-de-janeiro-de-2022-376562019#:~:text=Aprova%20o%20Regulamento%20de%20aplica%C3%A7%C3%A3o,nas%20compet%C3%AAncias%20previstas%20no%20art. Acesso em: 10 mar. 2023).

[139] A título de exemplo, pode-se verificar no ecossistema digital da *Apple*: a amplitude de hardwares e softwares é tamanha que perpassa o telefone celular para ligar-se mais

Obviamente, quanto maior a confiança depositada no agente de tratamento de dados pessoais, por aplicação da cláusula geral da boa-fé objetiva (art. 6º, caput da LGPD),[140] maiores serão os deveres de cooperação e cuidado (tradução nossa).[141] É importante lembrar que a confiança legítima é considerada expressamente pela LGPD para fins de avaliar a antijuridicidade da conduta do agente de tratamento, uma vez que estabelece que o tratamento será tido como irregular quando não fornecer a segurança que o titular dele pode esperar (art. 44),[142] o que concebe, para tanto, o modo pelo qual é realizada (tal segurança) e os resultados e riscos razoavelmente esperados.

Trazendo tais lições ao âmbito da pesquisa e tendo sido demonstrado que a LGPD reconhece que há um espectro amplo de risco no tratamento de dados pessoais decorrente, dentre outras razões, do volume de dados pessoais tratados, e que isso (o espectro de risco) deve ser observado na imposição de deveres aos agentes de tratamento, é indubitável os reflexos gerados no regime de imputação de danos.

Conforme ressaltado no item 3.7, supra, a aferição do risco da atividade deve ser realizada considerando as circunstâncias concretas da atividade de tratamento, dentre as quais destacam-se: a) o(s) tipo(s) de dado(s) usado(s) no tratamento; b) a finalidade para a qual o tratamento é destinado; c) o contexto do tratamento, no que se inclui a estrutura, a escala e o volume das operações de tratamento, dentre outros; d) na relação entre o agente de tratamento de dados e o titular, com foco na assimetria de poder e vulnerabilidade. Portanto, a análise do concreto risco da atividade deve conjugar, à luz do tratamento realizado, tais fatores, com promoção da mais completa e acurada análise possível.

---

diretamente ao corpo (como relógios inteligentes que monitoram frequência cardíaca, exercícios, tempo e qualidade de sono e outros dados de saúde como ciclo menstrual) e à casa do usuário, com assistentes pessoais que controlam (utiliza-se normalmente o eufemismo *automatizam*) todo o ambiente (persianas, luzes, abertura de portas etc.).

[140] BRASIL. **Lei nº 13.709, de 14 de agosto de 2018**. Lei Geral de Proteção de Dados Pessoais (LGPD). Brasília, DF: Presidência da República, 2018. Disponível em: http://www.planalto.gov.br/ccivil_03/_ato2015-2018/2018/lei/L13709.htm. Acesso em: 15 abr. 2023.

[141] Richards, Neil; Hartzog, Woodrow. A relational turn for data protection? **European Data Protection Law Review,** [S. l.], v. 6, issue 4, passim, 2020. DOI: https://doi.org/10.21552/edpl/2020/4/5. Disponível em: https://edpl.lexxion.eu/article/edpl/2020/4/5/display/html#3. Acesso em: 1º fev. 2023.

[142] BRASIL. **Lei nº 13.709, de 14 de agosto de 2018**. Lei Geral de Proteção de Dados Pessoais (LGPD). Brasília, DF: Presidência da República, 2018. Disponível em: http://www.planalto.gov.br/ccivil_03/_ato2015-2018/2018/lei/L13709.htm. Acesso em: 15 abr. 2023.

É importante ressaltar que, em uma sociedade pluralista e fragmentada como a vivenciada atualmente, cabe ao direito livrar-se de análises abstratas e buscar a concretude das relações[143] a fim de que a resposta adequada seja obtida. Como ressaltado por Stefano Rodotà, a abstração do sujeito realizada pelo direito foi essencial no momento histórico que se buscava "[...] sair da sociedade do *status* e abrir assim o caminho para o reconhecimento da igualdade". Contudo, no momento atual, a busca pela igualdade deve ser fundamentada "[...] no reconhecimento pleno da diversidade, no emergir, portanto, de uma pessoa cuja entrada no mundo das relações jurídicas não lhe expropria da sua individualidade".[144] O direito só se realiza nos fatos concretos, de forma que a norma deve ser individualizada levando em consideração todas as circunstâncias relevantes do caso concreto, a fim de que se obtenha uma decisão judicial que não atente à igualdade substancial.[145] Como ressaltado, não se pode cindir intepretação e aplicação do direito. O processo de índole hermenêutica pressupõe compreender o direito como aplicação.[146] A facticidade e as intersubjetividades devem ser analisadas na relação concretamente estabelecida, bem como a partir de sua historicidade.[147] Afinal, caso concreto e texto legal devem ser analisados em conjunto

---

[143] Isso foi adotado pelo Código Civil de 2002 que, estabeleceu como uma das diretrizes a concretude, com a qual se busca a "ética da situação". Ver a respeito: MARTINS-COSTA, Judith; BRANCO, Gerson Luiz Carlos. **Diretrizes teóricas do novo Código Civil brasileiro.** São Paulo: Saraiva, 2002.

[144] RODOTÀ, Stefano. Autodeterminação e laicidade. Tradução de Carlos Nelson de Paula Konder. **Revista Brasileira de Direito Civil-RBDCivil**, Belo Horizonte, v. 17, p. 150, jul./set. 2018. p. 150.

[145] PERLINGIERI, Pietro. **Perfis do direito civil**: introdução ao direito civil constitucional. Tradução de Maria Cristina de Cicco. 3. ed. Rio de Janeiro: Renovar, 2002. p. 104.

[146] STRECK, Lenio Luiz. Bases para a compreensão da hermenêutica jurídica em tempos de superação do esquema sujeito-objeto. **Revista Seqüência**, [Santa Catarina], n. 54, p. 34, jul./2007. Disponível em: https://periodicos.ufsc.br/index.php/sequencia/article/download/15066/13733. Acesso em: 23 jul. 2023.

[147] CATALAN, Marcos. **A morte da culpa na responsabilidade contratual**. 1. ed. São Paulo: Editora Revista dos Tribunais, 2013. p. 300.

Em outra passagem, assevera que: "Deve ter em conta, ainda e enfim, a partir da intersubjetividade inerente à relação concretamente estabelecida, que a análise da imputação (ou não) do dever de reparar deve gravitar em torno da identificação de um dano injustamente causado – e/ou suportado – por alguém e do solidarismo que informa qualquer análise do tema" (CATALAN, Marcos. **A morte da culpa na responsabilidade contratual**. 1. ed. São Paulo: Editora Revista dos Tribunais, 2013. p. 306).

na atribuição de sentido e desvelamento da norma jurídica a ser aplicada ao caso.[148] A cisão entre eles leva a duas possibilidades, ambas indesejáveis: a primeira, a uma pura casuística quando se dá preponderância indevida aos fatos; a segunda, a uma interpretação teórica, inútil para a finalidade do direito, quando se toma em conta somente o texto legal (tradução nossa).[149]

Nessa medida, é possível defender que, na aplicação das regras de responsabilidade civil trazidas pela LGPD, o nexo de imputação do dever de reparar danos está diretamente ligado ao risco da atividade de tratamento (de dados) desenvolvida em sua concretude, de forma que o regime será mais severo à medida que maiores forem os riscos. Isso decorre, em resumo, de que a atribuição de sentido à LGPD[150] e ao art. 927, parágrafo único do Código Civil,[151] deve ser feita de forma constitucionalmente adequada, o que redunda no sentido de que o fator de imputação e o nexo de causalidade serão variáveis conforme a variação do grau de risco da atividade.

3.5 A(S) INTERAÇÃO(ÕES) ENTRE PREVENÇÃO E REPARAÇÃO DE DANOS

Como ressaltado anteriormente, o dano como um todo, mas especialmente aquele decorrente da atividade de tratamento de dados pessoais, é um fenômeno complexo e multifacetado, de forma que necessita de uma abordagem que possa fazer frente à sua ocorrência.

O desenvolvimento da pesquisa até aqui deixa clara a preocupação com esse fenômeno e com toda sua complexidade. As bases teóricas utilizadas bem

---

[148] Nas palavras de Eroulths Cortiano Junior, o direito deve manter a "interdisciplinaridade com a vida", de forma que "[a] concretude dos abstratos conceitos é recuperada através de uma constante dialética entre norma e realidade, por um caminho crítico e interdisciplinar, de forma a arejar o direito mofado pela neutralidade e pelo desligamento da vida [...]. Assim, conteúdos concretos, buscados em materiais não jurídicos, são dados aos conceitos. É a aeração do normativo pelo real" (CORTIANO JUNIOR, Eroulths. **O discurso jurídico da propriedade e suas rupturas**. Rio de Janeiro: Renovar, 2002. p. 166-167).

[149] ZAGREBELSKY, Gustavo. **El derecho dúctil**: ley, derechos, justicia. Tradução de Marina Gascón. 11. ed. Madrid: Editorial Trotta, 2011. p. 132.

[150] BRASIL. **Lei nº 13.709, de 14 de agosto de 2018**. Lei Geral de Proteção de Dados Pessoais (LGPD). Brasília, DF: Presidência da República, 2018. Disponível em: http://www.planalto.gov.br/ccivil_03/_ato2015-2018/2018/lei/L13709.htm. Acesso em: 15 abr. 2023.

[151] BRASIL. **Lei nº 10.406, de 10 de janeiro de 2002**. Institui o Código Civil. Brasília, DF: Presidência da República, 2002. Disponível em: https://www.planalto.gov.br/ccivil_03/leis/2002/l10406compilada.htm. Acesso em: 12 ago. 2022.

demonstram a preocupação com o todo (direito como integridade), com o real (*applicatio*) e com a complexidade (resposta constitucionalmente adequada que é distinta da resposta correta, única). Também a moldura teórica (direito de danos), ao problematizar prevenção e reparação, remete à não adoção de um modelo atomista de pensamento. Quanto ao ponto, ressaltou-se acerca da evolução de tratar da prevenção no campo do direito privado, com defesa de sua maior relevância em relação à reparação. Contudo, é evidente a lacuna até agora existente. Apesar de ser relativamente corrente acrescer a prevenção ao objeto de estudo (moldura do direito de danos), o raciocínio, a lógica continua sendo uma lógica linear, atomista, que separa prevenção e reparação como se fizessem parte de mundos distintos, irreconciliáveis. Isso faz com que a análise seja parcial e, portanto, insuficiente.[152] Redunda, por conseguinte, em uma visão abstrata e simplificadora que certamente é inadequada para fazer frente aos desafios existentes no caminho da concretização do direito fundamental à proteção de dados. Edgar Morin descreve, à vista disso, o que denomina de "paradigma da simplificação" como sendo a forma de ver da ciência atual que separa o que está ligado (disjunção) – ocultando o que religa, interliga, interfere, interage – ou unifica o que é diverso (redução).[153]

Contrariamente, o substantivo feminino "complexidade" deriva do latim *complexus*, que significa *aquilo que é tecido junto*,[154] sentido tal que evoca o múltiplo e o uno com todas as suas interações, inclusive as decorrentes do acaso.[155] E para pensar complexidade ou exercer um raciocínio complexo em relação a um dado fenômeno, Edgar Morin estabelece três princípios. O primeiro, chamado "princípio dialógico", estabelece que é possível "[...] manter a dualidade no seio da unidade. Ele associa dois termos ao mesmo tempo complementares e antagônicos". O segundo princípio, denominado "princípio da recursão organizacional", traz a ideia de recursividade, ou seja,

---

[152] "A consciência da multidimensionalidade nos conduz à ideia [de] que toda visão unidimensional, toda visão especializada, parcelada, é pobre" (MORIN, Edgar. **Introdução ao pensamento complexo**. Tradução de Eliane Lisboa. 5. ed. Porto Alegre: Sulina, 2015. p. 69).

[153] MORIN, Edgar. **Introdução ao pensamento complexo**. Tradução de Eliane Lisboa. 5. ed. Porto Alegre: Sulina, 2015. p. 59.

[154] MORIN, Edgar. **Introdução ao pensamento complexo**. Tradução de Eliane Lisboa. 5. ed. Porto Alegre: Sulina, 2015. p. 13.

[155] "Mas a complexidade não compreende apenas quantidades de unidade e interações que desafiam nossas possibilidades de cálculo: ela compreende também incertezas, indeterminações, fenômenos aleatórios. A complexidade num certo sentido *sempre tem relação com o acaso*" (MORIN, Edgar. **Introdução ao pensamento complexo**. Tradução de Eliane Lisboa. 5. ed. Porto Alegre: Sulina, 2015. p. 35).

como sendo um processo de mútua influência entre produtor e produto, de forma que importa em "[...] ruptura com a ideia linear de causa/efeito, de produto/produtor, de estrutura/superestrutura [...]", na medida em que "[...] tudo que é produzido volta-se sobre o que produz num ciclo ele mesmo autoconstitutivo, auto-organizador e autoprodutor".[156] Por fim, o terceiro princípio, denominado "hologramático", que combate o reducionismo (que vê somente a parte) e o holismo (que somente vê o todo), o qual sustenta que a dinâmica entre a parte e o todo enriquece o conhecimento.[157]

Assim, o direito de danos, como modelo de análise complexa do dano, deve ser pensado também com base nesses três princípios. Portanto, é necessário manter a individualidade de cada um de seus horizontes componentes, ainda que formem um conjunto. Ao lado disso, não é adequado ver somente cada uma das suas partes – prevenção e reparação – ou somente ver o todo. A complexidade reside justamente no pensamento que vai além de simplesmente separar ou simplesmente tornar conjunto. E, o mais importante, é necessário pensar (n)as interações entre os dois elementos, em um ciclo que produz algo novo, distinto.

Retomando as teorias de base da pesquisa, Hans-Georg Gadamer descreve "horizonte" como o "[...] âmbito de visão que abarca e encerra tudo que pode ser visto a partir de um determinado ponto".[158] Assim, o conhecimento parte sempre de um ponto de vista e se expande no âmbito desse horizonte. Contudo, "[...] compreender é sempre o processo de fusão desses horizontes presumivelmente dados por si mesmos [...]",[159] o que envolve o horizonte histórico do intérprete com o horizonte do ente a ser interpretado – e desse relacionamento surge um horizonte novo, tornando-se algo produtivo.

---

[156] MORIN, Edgar. **Introdução ao pensamento complexo**. Tradução de Eliane Lisboa. 5. ed. Porto Alegre: Sulina, 2015. p. 74.

[157] MORIN, Edgar. **Introdução ao pensamento complexo**. Tradução de Eliane Lisboa. 5. ed. Porto Alegre: Sulina, 2015. p. 74-75.
Literalmente: "Então podemos enriquecer o conhecimento das partes pelo todo e do todo pelas partes, num mesmo movimento produtor de conhecimentos" (MORIN, Edgar. **Introdução ao pensamento complexo**. Tradução de Eliane Lisboa. 5. ed. Porto Alegre: Sulina, 2015. p. 75).

[158] GADAMER, Hans-Georg. **Verdade e método**. Tradução de Flávio Paulo Meurer. 15. ed. Petrópolis, RJ: Vozes; Bragança Paulista, SP: Editora Universitária São Francisco, 2015. p. 399.

[159] GADAMER, Hans-Georg. **Verdade e método**. Tradução de Flávio Paulo Meurer. 15. ed. Petrópolis, RJ: Vozes; Bragança Paulista, SP: Editora Universitária São Francisco, 2015. p. 404.

Mediante utilização de tal lição para a presente pesquisa, justamente com o teorizado acima acerca da complexidade do direito de danos, tem-se que os horizontes preventivo e reparatório englobam pontos de vistas históricos e técnico-jurídicos distintos. No primeiro (horizonte preventivo), o olhar é lançado em direção ao futuro não desejado e se projeta no presente ações de antecipação voltadas à sua não ocorrência (do futuro indesejado). No segundo (horizonte reparatório), se projeta no presente um dano efetivo e volta-se o olhar para o passado a fim de avaliar as causas que ocasionaram tal dano, seja para o julgamento do pedido de reparação, seja para evitar danos futuros. A fusão de ambos importa na criação de um terceiro horizonte, distinto dos anteriores, que traz nova luz à aplicação do direito ao caso concreto. É distinto dos dois anteriores pelo fato de que não há somente uma justaposição entre eles, mas uma recíproca influência. Essa interação importa em verdadeiro processo recursivo em que cada um deles é, ao mesmo tempo, produtor e produto do outro.

Como Janus, o deus "[...] ambivalente, com dois rostos contrapostos [...] *deus das transições e das passagens*, marcando a evolução do passado ao futuro, de um estado a outro, de uma visão a outra" (grifo do autor),[160] o direito de danos deve se ocupar da prevenção e da reparação, deve olhar o passado e o futuro, o dano ocorrido e o dano potencial. E ainda que existam duas "faces distintas", elas estão ligadas ao "mesmo cérebro", ou seja, devem guardar uma racionalidade comum, uma interligação, de forma que a contradição é meramente aparente. Há diferença, mas, acima de tudo, complementaridade. Com isso se quer dizer que prevenção e reparação devem ser analisadas de forma a gerar sinergia, retroalimentação, contribuição recíproca.

Como ressaltado, o modelo unicamente reativo, próprio da responsabilidade civil, é claramente insuficiente para tutelar os direitos da personalidade, em especial, aqueles ligados ao tratamento de dados pessoais, conforme as decisões judiciais na Europa e no Brasil.[161] Faz-se necessário e premente, pois, pensar em técnicas jurídicas de direcionamento social que se valham de uma abordagem *ex ante* que condicionam e influenciam o modelo reativo, e vice-versa. E isso foi captado pela LGPD. Afinal, a questão da responsabilidade

---

[160] JANO. *In*: CHEVALIER, Jean; GHEERBRANT, Alain. **Dicionário de símbolos:** mitos, sonhos, costumes, gestos, formas, figuras, cores, números. Tradução de Vera da Costa e Silva, Raul de Sá Barbosa, Ângela Melim, Lúcia Melim. 34. ed. rev. e atual. por Carlos Sussekind. Rio de Janeiro: José Olympio, 2020. p. 578.
[161] Analisadas no item 2.7, *supra*.

por danos "[...] se entrecruza com a questão do desenho do tratamento por inteiro dos dados pessoais" (tradução nossa).[162] De fato, à medida que a LGPD exige a antijuridicidade da conduta do agente de tratamento de dados pessoais como requisito da obrigação de reparar o dano e esta (a antijuridicidade) está diretamente ligada, na grande maioria dos casos, ao (des)cumprimento por parte do agente de tratamento de dados pessoais dos deveres de antecipação ao dano a ele impostos, os dois horizontes encontram-se necessariamente interligados.[163]

Nesse ponto, é importante trazer à baila a contribuição de Clovis Veríssimo do Couto e Silva que desenvolveu no Brasil a noção de "obrigação como processo", em que salienta os aspectos dinâmicos da relação jurídica obrigacional "[...] como algo que se encadeia e se desdobra em direção ao adimplemento, à satisfação dos interesses do credor".[164] Com isso, a fase anterior sempre condiciona e influencia a próxima fase. Trata-se de grande evolução em relação ao entendimento até então prevalente que via a relação jurídica obrigacional de forma estática e singular, totalmente alheia à realidade.[165] Os aspectos dinâmicos e teleológicos do desenvolvimento são resumidos da seguinte forma pelo autor: "[o] adimplemento atrai e polariza a obrigação. É o seu fim".[166]

---

[162] "[...] si interseca con la matéria di progettazizione dell'intero tratamento [...]". RADA, Dimitri de. La responsabilità civile in caso di mancato rispetto del GDPR: privacy by default, privacy, by design e accountability nell' ottica del Diritto Privato. **Federalismi.it Rivista di Diritto Pubblico Italiano, Comparato, Europeo**, n. 23, p. 7, dez./2019. Disponível em: https://www.federalismi.it/nv14/articolo-documento.cfm?Artid=40769. Acesso em: 24 mar. 2023.

[163] Em sentido próximo: TOSI, Emilio. Unlawful data processing prevention and strict liability regime under EU GDPR. **Italian Law Journal**, [Itália], v. 7, n. 2, p. 873-904, 2021. DOI: 10.23815/2421-2156.ITALJ. Disponível em: https://www.theitalianlawjournal.it/tosi/. Acesso em: 26 jul. 2023.

[164] SILVA, Clovis Veríssimo do Couto e. **A obrigação como processo**. São Paulo: Bushatsky, 1976. p. 5.

[165] Nesse sentido, aponta Marcos Catalan: "É razoável apontar, nesse contexto, que o formalismo tecnicista, que orientou o processo de interpretação/aplicação do Direito dos últimos séculos – dentre outros problemas –, legitimou a repetição de soluções completamente desvinculadas da realidade social" (CATALAN, Marcos. **A morte da culpa na responsabilidade contratual**. São Paulo: Editora Revista dos Tribunais, 2013. p. 287).

[166] SILVA, Clovis Veríssimo do Couto e. **A obrigação como processo**. São Paulo: Bushatsky, 1976. p. 5.

Tais aspectos da contribuição (dinâmico e teleológico) devem ser apropriados pelo direito de danos, na forma que vem sendo construído na presente pesquisa em relação ao direito à proteção de dados pessoais. No que se refere ao aspecto dinâmico, faz-se necessário pensar no enfrentamento da questão tendo em conta a dualidade risco-prevenção e dano-reparação. Não de forma estática, estanque, mas sim, como mencionado, de forma dinâmica, como fenômeno que deve ser analisado em uma constante circularidade a qual envolve o concreto risco gerado pela atividade de tratamento de dados pessoais que, como visto, condiciona a extensão dos deveres de prevenção e precaução. Assim, como ressaltado no capítulo anterior, ao agir de forma preventiva (*lato sensu*), compete ao agente de tratamento de dados pessoais avaliar os riscos, no sentido de que se faz uma verdadeira presunção a respeito dos danos possíveis e indesejáveis e, com isso, se projeta e executa a política de prevenção. Posteriormente, deve ocorrer a continua avaliação e retroalimentação, o que toma em consideração até mesmo os incidentes/acidentes ocorridos no período, para fins de aperfeiçoamento das medidas de antecipação.

Em relação ao aspecto teleológico, deve-se ter em conta a totalidade dos interesses protegidos constitucionalmente, o que serve, portanto, de importante função de balanceamento dos interesses em jogo. Essa intencionalidade, considerando a maior relevância dos direitos fundamentais em jogo, redunda, portanto, na prevalência do aspecto preventivo e deixa ao horizonte reparatório a condição de último recurso.

Fica claro, portanto, que a análise estanque dos aspectos preventivo e reparatório é simplista, divorciada da realidade, e acaba por impedir a coerência e a integridade que devem ser buscadas pelo aplicador. Com isso, não leva em conta a função atual do direito de danos de tutelar adequadamente os direitos fundamentais.

Assim, o direito de danos como processo complexo quer significar, justamente, o desvelar da relação entre agente de tratamento de dados e o titular de dados pessoais, que se passa desde o horizonte preventivo, com os instrumentos de gestão e mitigação de riscos, em que a finalidade precípua é evitar que o dano ocorra, passa pelo horizonte reparatório, analisado à luz do concreto risco da atividade, bem como as interações entre os horizontes preventivo e reparatório.

Essa forma de analisar o fenômeno gera uma série de possibilidades, cuja principal (possibilidade) é objeto do próximo item. Espera-se que pesquisas futuras possam aprofundar a interação existente, bem como explorar todas as possibilidades de efeitos jurídicos.

3.6 DAS MEDIDAS DE REDUÇÃO DO RISCO E SUA RELEVÂNCIA PARA FINS DE RESPONSABILIDADE DE REPARAR OS DANOS: A FUNÇÃO PROMOCIONAL DO DIREITO DE DANOS

Consequência decorrente da adoção do risco concreto da atividade de tratamento de dados pessoais como parâmetro objetivo para definir o regime de responsabilidade civil aplicável, bem como da interação entre os horizontes preventivo e reparatório, é o reconhecimento de que as medidas efetivas de mitigação de risco adotadas pelos agentes de tratamento de dados pessoais devem ser consideradas para a definição do nexo de imputação do dever de indenizar.[167]

Como visto no capítulo anterior, a LGPD tem caráter fortemente preventivo, no sentido de que o regime de proteção conferido é altamente atado a medidas de antecipação a fim de evitar futuros indesejados, ou seja, a ocorrência do dano.

Também como ressaltado, o direito à proteção de dados pessoais como direito fundamental deve ser concretizado, especialmente mediante a proteção dos direitos substantivos diretamente envolvidos por si mesmos, e não somente por uma tutela mediante uma compensação pecuniária. Prevenir é sempre melhor que indenizar. De forma direta, para o titular dos dados pessoais e para a sociedade como um todo; contudo, de forma indireta, ao "premiar" o agente de tratamento de dados pessoais, que pratica atos que efetivamente reduzem o concreto risco da atividade com um regime de atribuição de responsabilidade civil menos gravoso, a LGPD se vale de uma sanção positiva, um estímulo ao comportamento conforme, passando a integrar ao direito de danos uma "função promocional" ao lado da função protetiva-repressora, o que serve, portanto, não somente como uma forma

---

[167] É importante ressaltar que a própria LGPD incentiva, de forma expressa, a adoção de medidas de redução de risco mediante compensação financeira, uma vez que estabelece que as sanções administrativas serão aplicadas de forma gradativa, considerando, dentre outros critérios, "a adoção reiterada e demonstrada de mecanismos e procedimentos internos capazes de minimizar o dano [...], bem com em razão da "[...] adoção de política de boas práticas e governança [...]", conforme se vê do artigo 52, VIII e IX, respectivamente (BRASIL. **Lei nº 13.709, de 14 de agosto de 2018.** Lei Geral de Proteção de Dados Pessoais (LGPD). Brasília, DF: Presidência da República, 2018. Disponível em: http://www.planalto.gov.br/ccivil_03/_ato2015-2018/2018/lei/L13709.htm. Acesso em: 15 abr. 2023.; BRASIL. [Constituição (1988)]. **Constituição da República Federativa do Brasil de 1988.** Brasília, DF: Presidência da República, 1988. Disponível em: http://www.planalto.gov.br/ccivil_03/constituicao/constituicao.htm. Acesso em: 11 jan. 2023).

de controle social, mas sim "[...] como forma de controle e *direção* social" (grifo do autor),[168] conforme se passa a desenvolver.

Sabidamente, Hans Kelsen considera o direito como uma ordem coativa, no sentido de que os atos contrários a este, os atos indesejáveis e, portanto, ilícitos – que considera não como negação, mas pressuposto do direito – têm como característica essencial a sanção, o que, na sua visão, consiste primordialmente na imposição de um mal ao destinatário ainda que contra sua vontade.[169] Não desconsidera que ordens jurídicas por vezes se valem de recompensas em razão de certos atos, especialmente mediante a concessão de títulos e condecorações. Contudo, assevera que tais situações são de pequena relevância nos sistemas que funcionam como ordens cogentes.[170] Essa posição é bastante justificada por duas razões em especial: primeira, ante o fato de que Kelsen se volta ao estudo da "teoria pura do direito", em que considera este (o direito) um mero instrumento de finalidades que não estão em seu campo, mas sim no campo da política, economia etc., de forma que o objeto da ciência do direito é o que este *é*, e não o que *deveria ser*, portanto, uma análise essencialmente estruturalista; a segunda razão se liga ao fato de que, no momento em que escreveu, anteriormente ao aparecimento do Estado Social, competia ao Estado simplesmente o controle social, sem um maior papel ativo no direcionamento social.[171]

Norberto Bobbio considera, contudo, que a noção de sanção como algo meramente negativo é insuficiente, especialmente ante a necessidade que o Estado, com o surgimento do Estado Social, possui de promover determinados direitos, o que redunda na necessidade não somente de permitir ou proibir, mas também de impulsionar e sustentar condutas mediante, ainda

---

[168] BOBBIO, Norberto. **Da estrutura à função**: novos estudos de teoria do direito. Barueri, SP: Manole, 2007. p. 209.

[169] KELSEN, Hans. **Teoria pura do direito**. Tradução de João Baptista Machado. 8. ed. São Paulo: WMF Martins Fontes, 2009. p. 35.

[170] KELSEN, Hans. **Teoria pura do direito**. Tradução de João Baptista Machado. 8. ed. São Paulo: WMF Martins Fontes, 2009. p. 37.
Mesmo reconhecendo a função compensatória da responsabilidade civil, Kelsen é bastante enfático ao considerar a indenização compulsória como sanção na medida em que é imposto um mal ao agente que causou a lesão o que demonstra o seu apreço pela retribuição (KELSEN, Hans. **Teoria pura do direito**. Tradução de João Baptista Machado. 8. ed. São Paulo: WMF Martins Fontes, 2009. p. 138-140).

[171] KELSEN, Hans. **Teoria pura do direito**. Tradução de João Baptista Machado. 8. ed. São Paulo: WMF Martins Fontes, 2009. passim.

que não exclusivamente, a concessão de sanções premiais,[172] de forma que se faz necessário, para o atingimento das finalidades, a criação de normas de organização e do uso de sanções positivas ao lado das tradicionais sanções negativas.[173]

Nessa perspectiva, passam a ser cada vez mais comuns técnicas de encorajamento, usando-se, para tanto, de sanções positivas, consistentes em prêmios e compensações àqueles que desempenharam um comportamento conforme ou até mesmo além do conforme, ao lado das tradicionais técnicas de desencorajamento que se valem das sanções negativas, ou seja, na imposição de um mal ao transgressor.[174]

Prossegue sustentando que um sistema repressivo busca atingir seu fim com vistas a impedir a ação indesejada, tornando-a *impossível, difícil* ou *desvantajosa*. Um ordenamento dito promocional, de forma inversa, busca tornar a ação desejada *necessária, fácil ou vantajosa*.[175] Ainda, que as medidas de desencorajamento se valem de *ameaças* (imposição de um mal), enquanto as (medidas) de encorajamento se valem de *promessas* (concessão de um bem), o que deixa claro que as primeiras, em uma análise funcional, buscam conservar o estado atual de coisas, enquanto as últimas almejam mudanças nesse

---

[172] LAFER, Celso. **Norberto Bobbio**: trajetória e obra. São Paulo: Editora Perspectiva, 2013. p. 172.
Nesse sentido, assevera-se que, "[...] nas sociedades industriais modernas, à medida que o processo de industrialização avança, as tarefas do Estado aumentam ao invés de diminuir [...]" (BOBBIO, Norberto. **Da estrutura à função**: novos estudos de teoria do direito. Barueri, SP: Manole, 2007. p. 15).

[173] Nesse sentido, atesta que: "A importância dada ao vertiginoso aumento das normas de organização, o qual caracteriza o Estado contemporâneo, não coloca em crise, necessariamente, a imagem do direito como ordenamento protetor-repressivo. Ao contrário, isso se dá pelo que observei inicialmente: no Estado contemporâneo, torna-se cada vez mais frequente o uso de técnicas de encorajamento. Tão logo começamos a nos dar conta do uso dessas técnicas, seremos obrigados a abandonar a imagem tradicional do direito como ordenamento protetor-repressivo. Ao lado desta, uma nova imagem se forma: a do ordenamento jurídico como ordenamento com função promocional" (BOBBIO, Norberto. **Da estrutura à função**: novos estudos de teoria do direito. Barueri, SP: Manole, 2007. p. 13).

[174] Assim, visa-se não somente tutelar, mas estimular o exercício de atos conformes, "[...] tornando os atos obrigatórios particularmente atraentes e os atos proibidos particularmente repugnantes" (BOBBIO, Norberto. **Da estrutura à função**: novos estudos de teoria do direito. Barueri, SP: Manole, 2007. p. 15).

[175] BOBBIO, Norberto. **Da estrutura à função**: novos estudos de teoria do direito. Barueri, SP: Manole, 2007. p. 15.

mesmo estado, atribuindo um valor positivo à transformação e à inovação.[176] Assevera, ademais, que as sanções positivas instituídas na forma de prêmio correspondem a uma resposta favorável a um comportamento vantajoso para a sociedade. Contudo, é possível ainda pensar em sanções positivas as quais têm como finalidade compensar o agente pelos gastos decorrentes da prática do(s) ato(s) vantajoso(s) socialmente,[177] o que pode ser instrumentalizado de forma direta (concessão de uma vantagem) ou indireta (privação de uma desvantagem).

Com base em tais lições, assevera que o controle social operado pelo direito vem sofrendo considerável mudança, com ocorrência de alterações até mesmo do próprio lugar e da função do direito na sociedade,[178] o que encaminha à abertura de espaço a um "controle antecipado", em que ocorre o deslocamento da resposta jurídica do momento posterior para o momento anterior ao comportamento ou evento não desejado, ou seja, da repressão à prevenção.[179]

Além disso, sustenta que as sanções premiais, mediante alavancas econômicas, não são menos relevantes do que o uso da força para condicionar o comportamento das pessoas, seja para conseguir os comportamentos desejados, seja para impedir os comportamentos indesejados. Logo, além de controlar o comportamento das pessoas, o que é feito especialmente por sanções negativas, o que se funda sobre o pressuposto do homem mau, é

---

[176] BOBBIO, Norberto. **Da estrutura à função**: novos estudos de teoria do direito. Barueri, SP: Manole, 2007. p. 19.
[177] BOBBIO, Norberto. **Da estrutura à função**: novos estudos de teoria do direito. Barueri, SP: Manole, 2007. p. 26.
[178] BOBBIO, Norberto. **Da estrutura à função**: novos estudos de teoria do direito. Barueri, SP: Manole, 2007. p. 37.
[179] BOBBIO, Norberto. **Da estrutura à função**: novos estudos de teoria do direito. Barueri, SP; Manole, 2007. p. 36.
Prossegue dizendo: "Não que o direito não tenha, mesmo na sua predominante função repressiva, também uma função preventiva, como bem sabem os juristas, devido ao valor intimidativo, e não apenas punitivo, da sanção. Contudo, quando falo aqui de um provável deslocamento da repressão à prevenção da política social das sociedades tecnologicamente avanças, refiro-me a um fenômeno muitíssimo mais complexo e relevante, isto é, à tendência de utilizar os conhecimentos cada vez mais adequados que as ciências sociais estão à altura de nos fornecer sobre as motivações do comportamento desviante e sobre as condições que o tornam possível como objetivo não de recorrer às reparações quando ele estiver sido praticado, mas de impedir que ocorra" (BOBBIO, Norberto. **Da estrutura à função**: novos estudos de teoria do direito. Barueri, SP: Manole, 2007. p. 36).

função do ordenamento jurídico direcionar os comportamentos sociais para certos objetivos relevantes, tendo como pressuposto o sujeito inerte, passivo, que necessita ser estimulado, provocado, instigado.[180]

Disso se pode concluir que, para Norberto Bobbio, a função promocional consiste justamente no fato de que cabe ao Estado, mediante o uso do direito, estimular, encorajar, promover, provocar, recompensar a conduta dos indivíduos e dos grupos a fim de que se obtenha o resultado socialmente desejado, mormente uma mudança ou transformação socialmente relevante.[181] Não basta, isso posto, proibir os atos indesejados. Na atualidade, ao menos em quadrantes críticos, se faz necessário criar instrumentos de incentivo para que as pessoas sejam/possam ser estimuladas a praticar os atos que tragam resultados socialmente úteis.

Exemplo bastante claro da função promocional do direito é encontrado na seara ambiental, em que o Estado se vale do pagamento de serviços ambientais e de outras estratégias a fim de dirigir as condutas rumo a uma maior preservação ambiental, ante a constatação de que a sustentabilidade ambiental não será obtida unicamente com base em comandos proibitivos que cominem sanções negativas.[182] Da mesma forma, tem sido comum o uso da chamada extrafiscalidade dos tributos, em que se concede um tratamento tributário mais benéfico a fim de incentivar a prática de determinadas condutas, até mesmo, mas não unicamente, ligadas à preservação ambiental.[183]

Na atualidade, há considerável esforço acadêmico na investigação e desenvolvimento de instrumentos (sanções positivas) a fim de incluir a fun-

---

[180] BOBBIO, Norberto. **Da estrutura à função**: novos estudos de teoria do direito. Barueri, SP: Manole, 2007. p. 79.

[181] BOBBIO, Norberto. **Da estrutura à função**: novos estudos de teoria do direito. Barueri, SP: Manole, 2007.

[182] A Lei 14.119, de 13 de janeiro de 2021, instituiu "[...] a Política Nacional de Pagamento por Serviços Ambientais [...]", na qual o poder público se compromete a promover o pagamento direto ou indireto pelos serviços ambientais prestados pelos particulares, na forma do art. 3.º da referida Lei, o que deixa claro, assim, a imposição de sanções positivas aos atos conformes (BRASIL. **Lei nº 14.119, de 13 de janeiro de 2021**. Institui a Política Nacional de Pagamento por Serviços Ambientais; e altera as Leis nos. 8.212, de 24 de julho de 1991, 8.629, de 25 de fevereiro de 1993, e 6.015, de 31 de dezembro de 1973, para adequá-las à nova política. Brasília, DF: Presidência da República, 2021. Disponível em: http://www.planalto.gov.br/ccivil_03/_ato2019-2022/2021/lei/L14119.htm. Acesso em: 20 maio 2023).

[183] Nesse sentido, consultar, dentre outros: SEBASTIÃO, Simone Martins. **Tributo ambiental**: extrafiscalidade e função promocional do direito. Curitiba: Editora Juruá, 2006.

ção promocional no direito de danos, por exemplo, os estímulos processuais ligados à reparação espontânea do dano,[184] ou mesmo ligados à redução do valor indenizatório. Quanto a este último ponto, Nelson Rosenvald advoga acerca da utilização de sanção premial consistente na redução do valor indenizatório como forma de recompensar o ofensor que, mesmo nos casos de responsabilidade objetiva, praticou atos com a finalidade de reduzir os riscos decorrentes de sua atividade, o que importa em uma aplicação alargada do disposto no parágrafo único do art. 944 do Código Civil,[185] bem como em técnicas de facilitação da atividade conforme.[186] Esse encorajamento econômico é defendido pelo autor sob o argumento de que não haveria qualquer estimulo à prevenção nos casos de responsabilidade objetiva à medida em que, ocorrendo dano, não haverá qualquer diferenciação entre o agente que arcou com os custos de tais medidas e aquele que, não se importando com a prevenção, canalizou os recursos excedentes para outros fins.[187] Tal defesa é

---

[184] Assim, Antonio dos Reis Júnior considera que o ordenamento jurídico confere estímulos processuais e materiais, como a redução dos custos materiais e imateriais do processo judicial aos ofensores que promovem a reparação espontânea do dano causado. Nesse sentido, consultar:
REIS JÚNIOR, Antonio dos. Aplicações da função promocional na responsabilidade civil ambiental. **Revista IBERC**, Belo Horizonte, v. 3, n. 1, 2020. DOI: 10.37963/iberc.v3i1.104. Disponível em: https://revistaiberc.responsabilidadecivil.org/iberc/article/view/104. Acesso em: 20 mar. 2023.
REIS JÚNIOR, Antonio dos. **Função promocional da responsabilidade civil:** um modelo de estímulos à reparação espontânea dos danos. Indaiatuba, SP: Editora Foco, 2022. passim.

[185] BRASIL. **Lei nº 10.406, de 10 de janeiro de 2002**. Institui o Código Civil. Brasília, DF: Presidência da República, 2002. Disponível em: https://www.planalto.gov.br/ccivil_03/leis/2002/l10406compilada.htm. Acesso em: 12 ago. 2022.

[186] "Este viés oferece um estímulo complementar para que o elemento subjetivo do agente seja valioso no setor da responsabilidade civil. Como opção para o ordenamento jurídico – além da possibilidade de intervir para encorajar o agente com a promessa de consequências positivas –[,] pode-se pensar na criação de estímulos econômicos para todo aquele que queira adquirir o instrumental necessário em tecnologia e mão de obra especializada para alcançar níveis ótimos em termos de prevenção de danos" (ROSENVALD, Nelson. **As funções da responsabilidade civil:** a reparação e a pena civil. 3. ed. São Paulo: Saraiva, 2017. p. 162).

[187] ROSENVALD, Nelson. **As funções da responsabilidade civil:** a reparação e a pena civil. 3. ed. São Paulo: Saraiva, 2017. p. 160.
Em outra passagem, quanto ao papel do direito em tal conjuntura, adverte: "O Direito não se presta a um papel conservador e inerte de mera proteção de interesses mediante a repressão de atos proibidos, mas preferencialmente de promover o encontro entre as normas e as necessárias transformações sociais. Na senda da eficácia promocional

feita em relação ao tratamento de dados pessoais sob a sustentação de que, em tal "ecossistema", a responsabilidade civil deve promover referido direito fundamental".[188]

Trazendo essas lições para o objeto da pesquisa, é certo que a busca à efetiva proteção de dados pessoais não deve se valer somente de comandos proibitivos cominados por sanções negativas, ou seja, mediante o desencorajamento dos comportamentos desconformes, como na hipótese da imposição do dever de indenizar quando o descumprimento da legislação de proteção de dados cause danos ao titular dos dados pessoais. Cabe também ao Estado, no cumprimento do seu dever de proteção dos direitos fundamentais, encorajar, incentivar, promover, recompensar os agentes de tratamento de dados pessoais que cumpram de forma sublime os comandos legais, a fim de que ocorra uma mudança no atual estado de efetividade da proteção de dados pessoais.

E isso é instrumentalizado pela LGPD em sua melhor luz justamente mediante a imposição de um regime de responsabilidade civil menos gravoso ao agente de tratamento de dados que se vale de medidas aptas à efetiva redução do risco decorrente da atividade de tratamento de dados pessoais. Assim, a imposição de regime menos gravoso de responsabilidade civil serve como medida de encorajamento para que os agentes de tratamento de dados pessoais se valham de medidas preventivas. Trata-se, como dito, de verdadeira sanção positiva, uma vez que acarreta uma clara vantagem econômica, pois um regime de responsabilidade civil menos gravoso certamente redundará em números menores de condenações à obrigação de indenizar, na medida em que aumenta os "filtros" da responsabilidade civil.

Logo, a função promocional é orientada no sentido de incentivar o agente de tratamento de dados pessoais a valer-se de técnicas, instrumentos, treinamentos etc., enfim, medidas tecnológicas e organizacionais que importem na efetiva redução do risco da atividade de tratamento de dados

---

dos direitos fundamentais, é possível fazer do Direito Privado *locus* adequado para que algumas normas sirvam não apenas para tutelar, mas também para provocar efeitos benéficos aos valores da solidariedade e da igualdade material" (ROSENVALD, Nelson. Quatro conceitos de responsabilidade civil para a 4. Revolução Industrial e o capitalismo de vigilância. In: EHRHARDT JÚNIOR, Marcos (coord.). **Direito civil**: futuros possíveis. Belo Horizonte: Editora Fórum, 2022. p. 196).

[188] ROSENVALD, Nelson; FALEIROS JÚNIOR, José Luiz de Moura. Vulnerabilidade digital e responsabilidade. In: BARLETTA, Fabiana Rodrigues; ALMEIDA, Vitor (coord.). **Vulnerabilidade e suas dimensões jurídicas**. Indaiatuba, SP: Editora Foco, 2023. p. 636.

pessoais, atuando, assim, de forma preventiva. Com isso, a sociedade é beneficiada pelo fato de que ocorrerá uma efetiva redução dos danos e o agente de tratamento de dados pessoais é compensado pelos investimentos realizados em medidas preventivas.

 Gunther Teubner lembra que as entidades privadas contemporâneas "[...] são rebeldes contra qualquer tipo de regulação [...]", o que faz com que a eficácia social do direito dependa da sua capacidade de "[...] reproduzir determinadas interações sociais, interna e seletivamente [...]".[189] As normas jurídicas, no âmbito econômico, são vistas como custos, e eventual descumprimento pode ser tido como um "[...] comportamento economicamente eficiente [...]",[190] de forma que o direito, para ser eficaz em tal meio, especialmente no sentido do desejado cumprimento espontâneo do comando jurídico pelo agente de tratamento de dados pessoais, deve buscar coadunar-se com os "[...] programas auto-regulativos (*sic*) concretos da economia [...]",[191] fazendo com que o cálculo do custo econômico vá ao encontro da *mens legis*. Com isso, criar-se-á condições para a junção do direcionamento realizado pelo direito e o direcionamento realizado pela economia. Afinal, é assente que o uso de instrumentos financeiros para promover determinados comportamentos é bastante comum justamente por conta da sua eficiência, de forma que tem sido utilizado para fins de prevenção (tradução nossa).[192] Assim, cria-se um atrativo para a realização do comportamento ideal e um desincentivo direcionado ao comportamento não ideal.

---

[189] TEUBNER, Gunther. **Direito, sistema e policontexturalidade**. Piracicaba, SP: Editora Unimep, 2005. p. 30-31.

[190] TEUBNER, Gunther. **Direito, sistema e policontexturalidade**. Piracicaba, SP: Editora Unimep, 2005.p. 43.

[191] TEUBNER, Gunther. **Direito, sistema e policontexturalidade**, Piracicaba, SP: Editora Unimep, 2005. p. 13.

 Em outra passagem, assevera a necessidade de o direito observar a dinâmica interna das instituições sociais, ao defender que: "No debate acerca da regulação jurídica, os 'insucessos regulatórios' são frequentemente atribuíveis àquele 'desencontro' entre instrumentos regulatórios (v.g., normas de '*comand-and-control*') e a lógica interna própria da área ou domínio regulado (v.g., regulação económico-utilitarista), sendo então proposta a introdução de instrumentos regulatórios apropriados à área regulada em causa" (TEUBNER, Gunther. **O direito como sistema autopoiético**. Lisboa: Fundação Calouste Gulbenkian, 1993. p. 147). OBS.: grafia conforme texto original.

[192] PEETERS, Rik. **The preventive gaze**: how prevention transforms our understanding of the state. Haia: Eleven International Publishing, 2013. p. 367.

É justamente o que ocorre no caso relativo à sanção positiva compensatória desvelada sob a melhor luz incidente sobre a LGPD. O direito usa o processamento econômico da diferença, ou seja, a busca do lucro pelo agente econômico com vistas ao cumprimento exemplar do comando normativo, direcionado ao atendimento espontâneo, ou seja, da preservação do bem jurídico protegido. Há, com isso, uma "coincidência" entre a lógica jurídica e a lógica econômica, o que pode redundar em uma maior concretização do direito fundamental à proteção de dados pessoais.

É sabido que, de certa forma, a prevenção é imune a uma avaliação precisa, pois não é possível definir, de forma matemática, o quanto de prevenção é suficiente para evitar o evento futuro indesejado. Isso acaba por gerar uma lógica expansiva ou de autorreforço, ou seja, a tendência inerente para uma atuação cada vez mais eficiente dos riscos, de forma que se pode dizer que "[p]revenção produz mais prevenção" (tradução nossa).[193] Portanto, é realmente factível que essa lógica seja internalizada pelo agente de tratamento de dados pessoais, fazendo com que, cada vez mais, se volte à prevenção e, com isso, acabe por gerar conhecimento, competência e cultura na temática. Trata-se de uma verdadeira crença voltada para a ação de que é possível controlar o futuro indesejado, ou seja, impedir, em nível máximo, a ocorrência de danos efetivos aos titulares de dados pessoais. Certamente esse é um dos caminhos mais promissores para a concretização do direito fundamental à proteção de dados.

Possível crítica ao aqui defendido baseia-se no fato de que os grandes agentes de tratamento de dados pessoais, os "Senhores da informação", em razão de sua superioridade econômica e tecnológica, teriam maiores condições de implementar medidas de antecipação do dano, obtendo, com isso, um regime de responsabilidade civil menos severo.

De fato, isso pode acontecer. Mais do que isso: é desejável que ocorra. Afinal, como ressaltado no capítulo anterior, os arquétipos legais: segurança, prevenção, responsabilização e prestação de contas, bem como a cláusula geral da boa-fé objetiva, todos positivados no art. 6º da LGPD, bem como as demais disposições especificas ligadas ao tema, não deixam dúvida de que o sistema protetivo criado tem como foco principal a prevenção, até mesmo em razão de que os danos ligados ao tratamento de dados pessoais normalmente são irreparáveis ou de difícil reparação, por envolver direitos da personalidade,

---

[193] "[P]revention produces more prevention" (PEETERS, Rik. **The preventive gaze**: how prevention transforms our understanding of the state. Haia: Eleven International Publishing, 2013. p. 387).

como anteriormente ressaltado. Prevenção é sempre melhor que reparação. Em matéria de proteção de dados pessoais, isso é ainda mais evidente. E, na medida em que os grandes "players" do mercado venham a adotar, de forma efetiva, uma política de prevenção e precaução, os benefícios sociais (difusos, coletivos e individuais homogêneos) serão imensos. Primeiro, em razão de que isso contribui(rá) à criação de novo padrão no mercado, servindo até mesmo como trunfo concorrencial, o que seduzirá outros agentes de tratamento de dados a assim se autorregularem, sob pena de perder (ou, ao menos, não angariar) mercado. Segundo, pelo fato de que a imensa maioria das operações de tratamento de dados pessoais é realizada pelos cinco grandes agentes de tratamento,[194] de forma que uma adequada autorregulação por parte deles importaria em ganhos civilizatórios inimagináveis, até mesmo à democracia.[195] Terceiro, dentro da lógica econômica, a expertise adquirida pelos agentes de tratamento de dados pessoais na suas ações de prevenção (hardwares, softwares, know-how, otimização de processos, cultura organizacional etc.) tornar-se-ia novo "produto" a ser comercializado com os agentes de tratamento de dados de menor porte, o que complementaria, de tal modo, o novo padrão de mercado referido. Portanto, a possível crítica, na verdade, reforça a relevância do factível direcionamento social decorrente da *applicatio* aqui defendida.

Logo, a função promocional é orientada no sentido de incentivar o agente de tratamento de dados pessoais a valer-se de técnicas, instrumentos, treinamentos etc. visando à efetiva redução do risco da atividade de tratamento de dados pessoais, atuando, assim, de forma preventiva e precautória. Com isso, a sociedade é beneficiada pelo fato de que ocorrerá uma efetiva redução dos danos, e o agente de tratamento de dados pessoais é compensado pelos investimentos realizados em medidas antecipatórias. Essa forma de ver, sem

---

[194] Os cinco grandes agentes de tratamento de dados do mundo são conhecidos pelo acrônimo GAFAM – são eles: Google, Apple, Facebook, Amazon e Microsoft. Consultar a respeito em: SILVA NETO, Victo José da; CHIARINI, Tulio; RIBEIRO, Leonardo da Costa. Viagens de descobrimento: mapeando a geografia da economia de plataformas. *In*: ENCONTRO NACIONAL DE ECONOMIA INDUSTRIAL E INOVAÇÃO, 6., 2022. [*S. l.*]: **Blucher Engineering Proceedings**, v. 9, n. 1, p. 374-394, maio/ 2022. DOI: http://dx.doi.org/10.1016/vi-enei-815. Disponível em: https://www.proceedings.blucher.com.br/article-details/viagens-de-descobrimento-mapeando-a--geografia-da-economia-de-plataformas-37219. Acesso em: 9 ago. 2023.

[195] Assim, por exemplo, caso os atuais cinco maiores agentes de tratamento de dados pessoais, desenvolverem, individualmente ou em grupo, políticas éticas e efetivas de tratamento de dados pessoais, o nível de desinformação (*fake news*) circulando nas redes sociais seria reduzido enormemente.

excluir outras possibilidades, revela como pôr o futuro a serviço do presente e o presente a serviço do futuro mediante o uso do direito de danos, o que pode contribuir (visão funcionalizada) na concretização factual do direito à proteção de dados pessoais.

Por fim, questão relevante decorrente do defendido acima (relativo às medidas de redução do risco que podem/devem ser consideradas para o fim de definir o fator de imputação) é saber se, em se tratando da análise da conduta do agente de tratamento de dados que reduziu o risco da atividade com o uso de medidas preventivas, eventual dano causado, ainda assim, deveria, necessariamente, ser analisado sobre o viés da culpa,[196] ainda que sob sua forma presumida.[197] Na verdade, não deve prevalecer o entendimento de que a análise da conduta é sempre uma análise da existência de culpa. Primeiro, pelo fato de que tal entendimento parte da premissa da análise compartimentada dos horizontes preventivo e reparatório, o que não é mais adequado ao atual estágio do desenvolvimento técnico e jurídico, como demonstrado. Segundo, em razão de que o descumprimento de deveres jurídicos impostos, ainda que por omissão – como demonstrado anteriormente –, importa em antijuridicidade, e não em culpa normativa ou objetiva, uma

---

[196] Cláudio Luiz Bueno de Godoy entende que indagar a respeito do uso de medidas preventivas "[...] é volver a responsabilidade para o plano da culpa [...]" (GODOY, Cláudio Luiz Bueno de. **Responsabilidade civil pelo risco da atividade**: uma cláusula geral no Código Civil de 2002. 2. ed. São Paulo: Saraiva, 2010. p. 126).

[197] Tereza Ancona Lopez, após longo arrazoado, também chega a tal conclusão, especialmente ao ressaltar que a adoção do princípio da precaução importa em um retorno claro da culpa presumida. Anuncia que: "Em consequência, para apreciar a conduta dos gestores de riscos que podem, caso esses (*sic*) não sejam bem administrados, trazer danos graves e irreversíveis, temos que aplicar a teoria da culpa porque o não respeito à precaução é ato de falta de cuidado, de falta de diligência, é atitude de imprudência, de negligência. Essa culpa tem que ser avaliada *ex ante*, durante a gestão, para verificar-se se os meios adequados e se as perícias sobre os riscos hipotéticos estão sendo realizados. A omissão é culpa também. Caso o dano temido venha a se realizar, o responsável pelo gerenciamento dos riscos também será julgado *ex post*, agora para a determinação da indenização. A responsabilidade preventiva não pode ser aplicada a atos preventivos de dano (com exceção do dano nuclear, no qual nem adianta falar-se em prevenção). A teoria do risco da atividade se opõe à responsabilidade preventiva, apesar das duas exercerem efeito coercitivo. A responsabilidade objetiva visa o ressarcimento de danos quando a atividade desenvolvida pelo ofensor põe em risco (conhecido) os direitos de outrem; e a responsabilidade preventiva tem por finalidade não o ressarcimento de danos, mas a **antecipação** dos perigos e riscos (hipotéticos). Precaução é prudência; ressarcimento é justiça distributiva" (LOPEZ, Teresa Ancona. **Princípio da precaução e evolução da responsabilidade civil**. São Paulo: Quartier Latin, 2010. p. 153-154, grifo do autor).

vez que não se pode falar de culpa sem culpabilidade. Terceiro, pelo fato de que prudência e providência são figuras próprias do paradigma da responsabilidade dominante no século XIX, na forma preconizada por François Ewald[198] (e descrita no capítulo anterior). Na atualidade, em que se vivencia o paradigma da solidariedade e o nascimento do paradigma da precaução, ocorre o divórcio da causalidade e da atribuição. Ainda, a prevenção passa a ser entendida com base em um sistema técnico, organizacional, em que a boa vontade do agente é substituída pelo saber científico, mediante, dentre outras coisas, a análise objetiva do risco.

Ademais, essa questão não deve gerar grande preocupação à medida em que, mesmo se considerar a responsabilidade como subjetiva, com o estabelecimento dos deveres de antecipação, há uma enorme aproximação entre as duas modalidades de responsabilidade civil, que passam a ser vistas como verdadeira continuidade uma da outra.[199]

Assim, resta evidente que se pode proceder à análise da conduta do agente de tratamento de dados pessoais que visou a reduzir os riscos mediante o uso de medidas técnicas adequadas sem que seja necessário falar em culpa à ocorrência do evento danoso, ou seja, ainda assim é possível entender-se pela atribuição do dever de indenizar com base no regime de responsabilidade objetiva.

---

[198] EWALD, François. The return of Descartes's malicious demon: An Outline of a Philosophy of Precaution. *In*: BAKER, Tom; SIMON, Jonathan (ed.). **Embracing risk**: the changing culture of insurance and responsibility. Chicago: The University of Chicago Press, 2002. p. 273-301. Disponível em: https://doi.org/10.7208/chicago/9780226035178.003.0011. Acesso em: 17 jan. 2023.

[199] Nesse sentido: FRAZÃO, A. Risco da empresa e caso fortuito externo. **Civilistica.com – Revista Eletrônica de Direito Civil**, v. 5, n. 1, p. 16, jul./2016. Disponível em: https://civilistica.emnuvens.com.br/redc/article/view/239. Acesso em 28 jul. 2023.

Assevera, ainda, a citada autora, com base em considerável doutrina europeia a respeito: "Entretanto, no atual estágio da reflexão sobre a responsabilidade civil, observa-se facilmente que esse suposto impasse – que corromperia, em última análise, os critérios distintivos tradicionais entre a responsabilidade objetiva e a responsabilidade subjetiva – não causa preocupação. Na verdade, já é até visto com certa naturalidade, diante do reconhecimento de que as diferenças entre duas searas não são tão marcantes como se pensava outrora" (FRAZÃO, A. Risco da empresa e caso fortuito externo. **Civilistica.com – Revista Eletrônica de Direito Civil**, v. 5, n. 1, p. 16, jul./2016. Disponível em: https://civilistica.emnuvens.com.br/redc/article/view/239. Acesso em 28 jul. 2023).

3.7 A HERMENÊUTICA ADEQUADA À CONSTITUIÇÃO EM MATÉRIA DE RISCOS E DANOS DECORRENTES DA ATIVIDADE DE TRATAMENTO DE DADOS PESSOAIS

Diante das incursões hermenêuticas realizadas, é possível, neste momento, a estruturação de uma gramática legal a respeito do direito de danos na seara de proteção de dados pessoais.[200]

Se a Revolução Industrial foi a causa dos desenvolvimentos da responsabilidade civil nos últimos dois séculos,[201] com a revolução informacional vivenciada atualmente, é momento de pensar em novas abordagens, novas ferramentas e novos olhares, a fim de que se possa fazer frente aos novos desafios impostos.

Isso importa, como pressuposto básico, pensar os mecanismos ligados aos danos no seu aspecto funcional. Não qualquer função, mas sim a função constitucionalmente adequada. Logo, deve-se afastar a visão de que o direito ligado à questão versa, simplesmente, para permitir, ensejar, facilitar, instrumentalizar adequadamente a reparação. Na verdade, deve-se entender que a função se liga diretamente à proteção dos bens jurídicos, especialmente os de caráter fundamental. Logo, a prestação a ser cumprida pelo direito correspondente volta-se à concretização dos direitos fundamentais, tutelando, com isso, a dignidade da pessoa humana.

E, dessa forma, é imprescindível expandir a abordagem realizada, a fim de que a necessária evitabilidade do dano possa assumir o papel de protagonista, de forma a ligar-se a uma moldura teórica do direito de danos

---

[200] É importante ressaltar que o aqui defendido resta afastado quando aplicável regime diverso de responsabilização civil, tal como no caso da aplicação do regime próprio das relações de consumo, por força do art. 45 da LGPD, ou da responsabilidade civil das pessoas jurídicas de direito público ou prestadoras de serviços públicos, cuja responsabilidade é regida pelo art. 37, § 6.º da Constituição de 1988 (BRASIL. **Lei nº 13.709, de 14 de agosto de 2018**. Lei Geral de Proteção de Dados Pessoais (LGPD). Brasília, DF: Presidência da República, 2018. Disponível em: http://www.planalto.gov.br/ccivil_03/_ato2015-2018/2018/lei/L13709.htm. Acesso em: 15 abr. 2023.; BRASIL. [Constituição (1988)]. **Constituição da República Federativa do Brasil de 1988**. Brasília, DF: Presidência da República, 1988. Disponível em: http://www.planalto.gov.br/ccivil_03/constituicao/constituicao.htm. Acesso em: 11 jan. 2023).

[201] NORONHA, Fernando. Desenvolvimentos contemporâneos da responsabilidade civil. **Seqüência Estudos Jurídicos e Políticos**, [S. l.], v. 19, n. 37, p. 21–37, 1998. DOI: 10.5007/%x. Disponível em: https://periodicos.ufsc.br/index.php/sequencia/article/view/15533. Acesso em: 28 jul. 2023. p. 24.

que, mais relevante que a reparação dos danos, são as medidas decorrentes dos deveres de prevenção e precaução. Há que ser priorizado, portanto, o gerenciamento e a mitigação do risco, a fim de que seja reduzida ao máximo possível a ocorrência de danos e sua gravidade.

Em matéria de proteção de dados pessoais, dado seu caráter instrumental – o que significa dizer, de ferramenta de proteção de outros bens jurídicos fundamentais, como a liberdade, igualdade, identidade, privacidade, patrimônio etc., o que importa, portanto, em uma nova forma ou camada de proteção jurídica –, o direito de danos deve ser entendido como integrante das salvaguardas jurídicas constitucionalmente adequadas, especificamente da salvaguarda de proteção e prevenção e da salvaguarda de responsabilização e prestação de contas, o que compõe, assim, o núcleo essencial e inafastável do direito fundamental à proteção de dados.

E nessa medida, é necessário que, no processo de atribuição de sentido aos textos legais que disciplinam o direito correspondente, se tenha em consideração que a *applicatio* deve levar a uma proteção do direito fundamental que não fique aquém da sua verdadeira função. Afinal, a eficácia horizontal do direito fundamental à proteção de dados pessoais, em grande medida, depende da correta aplicação do direito de danos a ele ligado.

Assim, o direito de danos em matéria de tratamento de dados pessoais deve ser pensado como processo complexo, em que ocorre a fusão dos horizontes preventivo e reparatório, por meio da qual: a) seja incentivada a tomada de medidas de proteção e prevenção; b) tenha em consideração a complexidade das operações de tratamento de dados pessoais, especialmente a plêiade de graus de risco gerados; c) tenha a potencialidade de proteger adequadamente o titular de dados pessoais e a coletividade, antes e depois da ocorrência do dano, sem impedir o desenvolvimento tecnológico e demais vetores ligados à atividade econômica.

Portanto, a prevenção não só adquire preponderância em relação à reparação, como também condiciona a reparação, à medida em que a análise do (des)cumprimento dos deveres de cuidado, prevenção e precaução assume especial relevância com relação à aferição da antijuridicidade na conduta do agente de tratamento de dados pessoais.

Condição de possibilidade para a correta *applicatio* é a abordagem baseada no risco da atividade que foi adotada pela LGPD, mediante a qual a extensão dos deveres de cuidado, prevenção e precaução é condicionada pelo grau de risco concreto da atividade de tratamento de dados pessoais, de forma que quanto maiores forem os riscos, tendo conta os dados pessoais utilizados, a finalidade, o contexto, a tecnologia e os poderes do agente de tratamento, maiores serão os deveres de cuidado, prevenção e precaução que ele deverá adotar. Nessa medida, cabe ao agente de tratamento de dados, ao assumir determinada atividade, assumir também seu risco, de forma que deverá promover a avaliação do risco e tomada de todas as medidas aptas e efetivas à sua mitigação.

E, como decorrência direta, bem como do necessário balanceamento de interesses conflitantes, da coerência e integralidade, como também da isonomia na aplicação da lei, é a adoção pela LGPD da responsabilidade civil dúctil (tradução nossa),[202] no sentido de ser flexível, que se deixa conduzir, mediante a qual a atribuição do dever de indenizar encontra-se diretamente ligada ao grau de risco gerado pela atividade de tratamento de dados pessoais em sua concretude. Assim, o risco concreto da atividade funciona como fio condutor de toda a análise jurídica ligada ao direito de danos em matéria de proteção de dados pessoais.

Com isso, o regime de responsabilização civil a ser aplicado aos danos decorrentes da atividade de tratamento de dados pessoais, bem como as excludentes do dever de indenizar devem ter por base o risco concreto criado, de forma que quanto maior for o grau de risco gerado pela atividade de tratamento de dados, maiores serão os deveres de segurança e prevenção, bem como mais rígido será o regime de responsabilidade civil e menores serão as hipóteses de exclusão do dever de indenizar. Trata-se, portanto, de um sistema flexível, apto a acompanhar e a acomodar as inovações tecnológicas e a miríade de graus de risco envolvidos na atividade de tratamento de dados pessoais. Sua adoção redunda, primeiro, em um reforço à precaução e à prevenção e, segundo, na busca por uma resposta adequada ao caso concreto, com todas as suas peculiaridades. Ademais, a discussão deve ser ampliada para abranger também os deveres de antecipação ao dano, com vistas a entender de que forma seu (des)cumprimento (pode) influencia(r) na imposição do dever de reparar os danos gerados, não só na definição do regime de responsabilidade aplicável (se objetiva ou subjetiva), como também em relação ao nexo de causalidade e suas excludentes.

Restou demonstrado no capítulo anterior que a atividade de tratamento de dados pessoais é bastante distinta em se tratando de tipos de dados utilizados, volume de dados tratados, métodos e técnicas de tratamento, escopo de tratamento etc. e que redunda em inúmeros graus distintos de risco. Assentou-se, até mesmo, que os grandes agentes de tratamento de dados

---

[202] Designação inspirada em: ZAGREBELSKY, Gustavo. **El derecho dúctil**: ley, derechos, justicia. Tradução de Marina Gascón. 11. ed. Madrid: Editorial Trotta, 2011.

pessoais detêm o chamado "poder de dados", o que gera maiores riscos aos direitos dos titulares. Assim, para que o direito possa ser adequado, faz-se necessária uma abordagem baseada em riscos – como vem sendo defendido –, de forma que os deveres ligados à prevenção e à segurança impostos aos agentes de tratamento variarão de acordo com o risco concreto da atividade, de tal maneira que – e em relação àqueles que possuem "poder de dados" – serão levados ao ápice, com geração de um verdadeiro dever de incolumidade sobre os dados pessoais.[203]

É importante ressaltar que a União Europeia parece caminhar para a adoção de regimes distintos de responsabilidade civil de acordo com o grau de risco gerado pelo sistema de inteligência artificial. De fato, no dia 20.10.2020, o Parlamento Europeu aprovou uma Resolução (2020/2014(INL) – Resolução de 2020), a qual contém recomendações à Comissão sobre o regime de responsabilidade civil de inteligência artificial. Nela se estabelece que os sistemas de inteligência artificial de alto risco estão sujeitos ao regime de responsabilidade objetiva, enquanto os demais ficam submetidos ao regime de responsabilidade civil subjetiva com culpa presumida.[204]

Da mesma forma ocorre em terras pátrias. Isso em razão de que a "Comissão de Juristas responsável por subsidiar a elaboração de Substitutivo sobre Inteligência Artificial no Brasil", nomeada pelo Senado Federal, apresentou Relatório Final em que adota regime parecido com o da União Europeia, conforme se vê dos arts. 27 e seguintes do Substitutivo.[205]

---

[203] O dever de incolumidade é imposto no contrato de transporte de passageiros ao transportador, conforme art. 734 do Código Civil, de forma que lhe cabe zelar pela integridade física e psíquica do passageiro, levando-o a salvo e em segurança até seu destino. Guardadas as devidas proporções, o tratamento de dados pessoais se assemelha ao transporte de passageiros, haja vista que, de certa forma, o titular dos dados pessoais entrega os signos que o identificam como pessoa (seu "corpo digital") ao agente de tratamento (BRASIL. **Lei nº 10.406, de 10 de janeiro de 2002**. Institui o Código Civil. Brasília, DF: Presidência da República, 2002. Disponível em: https://www.planalto.gov.br/ccivil_03/leis/2002/l10406compilada.htm. Acesso em: 12 ago. 2022.)

[204] Consultar a respeito em: ANTUNES, Henrique Souza. A responsabilidade civil aplicável à inteligência artificial: primeiras notas críticas sobre a Resolução do Parlamento Europeu de 2020. **Revista de Direito da Responsabilidade**, [Portugal], ano 3, p. 1-22, 2021. Disponível em: https://revistadireitoresponsabilidade.pt/2021/a-responsabilidade-civil-aplicavel-a-inteligencia-artificial-primeiras-notas-criticas-sobre-a-resolucao-do-parlamento-europeu-de-2020-henrique-sousa-antunes/. Acesso em: 12 fev. 2023.

[205] BRASIL. Congresso Nacional. Senado Federal. **Comissão de Juristas responsável por subsidiar elaboração de substitutivo sobre inteligência artificial no Brasil**

Apesar do paralelismo, trata-se de abordagem diferente da (abordagem) aqui proposta, pois pressupõe a criação – e atualização – de lista que traga, em abstrato, as aplicações de inteligência artificial de alto risco, bem como não guarda qualquer relação com os deveres de prevenção e precaução. Nessa medida, sem pretensão de esgotar as possibilidades e de criar graduações estanques, é possível pensar em algumas possibilidades voltadas à adequada aplicação do regime de responsabilização criado pela LGPD.

Em se tratando de atos isolados de tratamento de dados pessoais, em que, como já ressaltado, não há propriamente *atividade* de tratamento de dados pessoais, (atos os quais são) notadamente praticados por pessoas sem fins econômicos, o risco do tratamento será baixíssimo, razão pela qual será aplicável o regime de responsabilidade civil subjetiva, na forma do Código Civil de 2002, arts. 186 e 927, *caput*.[206] É importante ressaltar que, mesmo sendo aplicável a LGPD para atos isolados de tratamento de dados pessoais, com exceções de seu art. 4º, não será aplicável seu regime de responsabilidade civil, uma vez que o art. 42 é bastante claro ao estabelecer que o regime

---

(CJSUBIA). Comissão Temporária Interna do Senado. Finalidade: Subsidiar a elaboração de minuta de substitutivo para instruir a apreciação dos Projetos de Lei nºs 5.051, de 2019, 21, de 2020, e 872, de 2021, que têm como objetivo estabelecer princípios, regras, diretrizes e fundamentos para regular o desenvolvimento e a aplicação da inteligência artificial no Brasil. Brasília, DF: Senado Federal, [2022]. Disponível em: https://legis.senado.leg.br/comissoes/comissao?codcol=2504. Acesso em: 28 mar. 2023.

BRASIL. Congresso Nacional. Senado Federal. Coordenação de Comissões Especiais, Temporárias e Parlamentares de Inquérito. **Relatório final**: Comissão de Juristas responsável por subsidiar elaboração de substitutivo sobre inteligência artificial no Brasil (CJSUBIA). Comissão de Juristas instituída pelo Ato do Presidente do Senado nº 4, de 2022, destinada a subsidiar a elaboração de minuta de substitutivo para instruir a apreciação dos Projetos de Lei nºs 5.051, de 2019, 21, de 2020, e 872, de 2021, que têm como objetivo estabelecer princípios, regras, diretrizes e fundamentos para regular o desenvolvimento e a aplicação da inteligência artificial no Brasil. Presidente: Ricardo Villas Bôas Cueva. Relatora: Laura Schertel Ferreira Mendes. Brasília, DF: Senado Federal, 2022. Disponível em: https://legis.senado.leg.br/comissoes/mnas?codcol=2504&tp=4&_gl=1*2im6e5*_ga*NTU5MTA3NjMxLjE2NzgwNDkxODk.*_ga_CW3ZH25XMK*MTY5MTYxNTEyMS44LjEuMTY5MTYxNTMwOS4wLjAuMA. Acesso em: 28 mar. 2023.

[206] BRASIL. **Lei nº 10.406, de 10 de janeiro de 2002**. Institui o Código Civil. Brasília, DF: Presidência da República, 2002. Disponível em: https://www.planalto.gov.br/ccivil_03/leis/2002/l10406compilada.htm. Acesso em: 12 ago. 2022.

ali contido pressupõe atividade de tratamento de dados pessoais.[207] Logo, o regime será o corriqueiro da responsabilidade civil extracontratual prevista no Código Civil.

Já naquelas situações em que realmente se dá atividade de tratamento de dados pessoais, mas que, em razão dos parâmetros relevantes de aferição do grau de risco,[208] o risco concreto da atividade pode ser considerado baixo, o fator de atribuição da responsabilidade civil será a culpa.[209] Isso em razão de que, apesar de existir atividade, o risco decorrente não pode ser considerado alto, excessivo, de forma que não é aplicável o regime de responsabilidade objetiva na forma do parágrafo único do art. 927 do Código Civil.[210]

Subindo no grau de risco, naquelas hipóteses em que se considera a existência de atividade de tratamento de dados pessoais com risco apto a ser enquadrado no risco da atividade do parágrafo único do art. 927 do Código Civil,[211] a responsabilidade civil será objetiva, ou seja, independentemente da verificação de culpa. Veja-se que aqui se vai além da culpa presumida, uma vez que eventual prova da inexistência de culpa por parte do agente de tratamento de dados pessoais não lhe isenta da responsabilidade.

No próximo nível, que pode ser chamado de alto risco, além da responsabilidade objetiva, mesmo danos provocados por atos de terceiros, caso fortuito ou de força maior devem ser indenizados, desde que relacionados à atividade, o que a doutrina comumente designa de fortuito interno.[212]

---

[207] BRASIL. **Lei nº 13.709, de 14 de agosto de 2018**. Lei Geral de Proteção de Dados Pessoais (LGPD). Brasília, DF: Presidência da República, 2018. Disponível em: http://www.planalto.gov.br/ccivil_03/_ato2015-2018/2018/lei/L13709.htm. Acesso em: 15 abr. 2023.

[208] Analisados no item anterior.

[209] A possibilidade de inversão do ônus da prova será desenvolvida na sequência.

[210] BRASIL. **Lei nº 10.406, de 10 de janeiro de 2002**. Institui o Código Civil. Brasília, DF: Presidência da República, 2002. Disponível em: https://www.planalto.gov.br/ccivil_03/leis/2002/l10406compilada.htm. Acesso em: 12 ago. 2022.

[211] BRASIL. **Lei nº 10.406, de 10 de janeiro de 2002**. Institui o Código Civil. Brasília, DF: Presidência da República, 2002. Disponível em: https://www.planalto.gov.br/ccivil_03/leis/2002/l10406compilada.htm. Acesso em: 12 ago. 2022.

[212] Consultar a respeito da caracterização do caso fortuito para fins de exclusão do nexo de causalidade em: PÜSCHEL, Flávia Portella. **A responsabilidade por fato do produto no CDC**: acidentes de consumo. São Paulo: Quartier Latin, 2006. p. 158-160.

Nessas situações, a modalidade de responsabilidade deverá ser aquela referente à "responsabilidade civil objetiva agravada", de modo que todo e quaisquer danos inerentes, característicos ou típicos da atividade de tratamento de dados pessoais serão atribuíveis aos agentes de tratamento.[213] Ou seja, na responsabilidade civil objetiva agravada, o agente de tratamento de dados, além de responder independentemente da existência de culpa, responde por danos que não provocou, desde que tais danos sejam conexos com (su)a atividade desenvolvida. Assim, por exemplo, a subtração de dados pessoais por *hackers* e *krackers*, apesar de ser um fato doloso de terceiro, não afasta a responsabilidade, pois se trata de um evento inerente à atividade de tratamento de dados pessoais. Nesse sentido, ainda que em aspecto mais amplo, o Superior Tribunal de Justiça sumulou o entendimento de que as "[...] instituições financeiras respondem objetivamente pelos danos gerados por fortuito interno relativo a fraudes e delitos praticados por terceiros no âmbito de operações bancárias".[214] Sabidamente, a maioria das operações bancárias é realizada via internet e a quase totalidade das fraudes ocorre nesse meio.

Nesses casos, além de não ser exigida culpa para o surgimento do dever de ressarcir os danos, ocorre uma relativização do nexo de causalidade no sentido de admitir a responsabilização do agente de tratamento de dados por danos que não foram por ele causados, mas que estão ligados à atividade desenvolvida.

É nesse sentido que deve ser aplicado o disposto no art. 43, III da LGPD, única hipótese efetiva de exclusão do nexo de causalidade.[215] Somente o fato exclusivo da vítima ou de terceiro, totalmente alheio à atividade de tratamento de dados pessoais e causa direta e eficiente do dano, é suficiente para afastar a imputação da responsabilidade do agente de tratamento de dados. Logo, o agente de tratamento de dados pessoais terá que provar que o fato da vítima ou de terceiro é absolutamente externo à atividade de tratamento de dados pessoais

---

[213] NORONHA, Fernando. **Direito das obrigações**: fundamentos do direito das obrigações: introdução à responsabilidade civil. São Paulo: Saraiva, 2003. v. 1. p. 487.

[214] BRASIL. Superior Tribunal de Justiça. **Súmula nº 479**. As instituições financeiras respondem objetivamente pelos danos gerados por fortuito interno relativo a fraudes e delitos praticados por terceiros no âmbito de operações bancárias. Brasília, DF: Superior Tribunal de Justiça, [2012]. Disponível em: https://scon.stj.jus.br/SCON/sumanot/toc.jsp#TIT1TEMA0. Acesso em: 17 ago. 2023.

[215] BRASIL. **Lei nº 13.709, de 14 de agosto de 2018**. Lei Geral de Proteção de Dados Pessoais (LGPD). Brasília, DF: Presidência da República, 2018. Disponível em: http://www.planalto.gov.br/ccivil_03/_ato2015-2018/2018/lei/L13709.htm. Acesso em: 15 abr. 2023.

por ele realizada. Nesse caso, o ato concorrente da vítima deve ser balanceado com o risco concreto da atividade para fins de redução do valor indenizatório.

Por fim, naquelas situações em que o risco pode ser considerado excessivo ou altíssimo, especialmente por conta do "poder de dados" que possui o agente de tratamento, ou seja, o poder de perfilar o titular, de predizer e modificar seu comportamento, de obter ganhos mediante o superavit informacional decorrente da total vigilância imposta sobre o titular, justamente por ocupar posição privilegiada no ecossistema digital, o que lhes permite obter altíssimos lucros às custas da exploração das fragilidades dos titulares de dados, da mesma forma que na hipótese anterior, o critério de imputação a ser aplicado será o objetivo, ou seja, independentemente de culpa ou dolo, respondendo o agente por todo e qualquer dano relacionado aos dados pessoais que inferiu em relação aos titulares.

Ora, esses agentes de tratamento de dados pessoais, de porte mundial, geradores de tecnologias disruptivas, que podem afetar bilhões de pessoas no mundo todo em pouco tempo, inclusive abalando democracias e colocando em risco minorias ou grupos étnicos inteiros, dado o seu poder informacional, econômico e tecnológico, possuem – ou ao menos devem possuir – um gerenciamento de risco muito mais amplo e sofisticado do que o realizado pelas demais, de forma que se deve entender que inexistem eventos externos a atividade, já que possuem controlabilidade extrema sobre os dados pessoais, o que é indicativo de dispor de amplas possibilidades de gerenciar o risco adequadamente e evitar a ocorrência de danos.

Pesa sobre tais agentes, como ressaltado, um dever de incolumidade, em especial pelos dados pessoais por eles produzidos. Helen Nissenbaum, em artigo que, segundo a própria autora, complementa sua teoria de integridade contextual sobre privacidade e proteção de dados, introduz a metáfora da cadeia de dados, discorrendo, assim, acerca de dados que ocupam lugar inferior e dados de ordem superior, pois estes são derivados, inferidos ou construídos a partir daqueles. Assevera que dados de ordem inferior, por exemplo, cliques, páginas visitadas, tempo de visualização etc., sozinhos possuem pouca relevância, mas com sua agregação e uso de ferramentas de inteligência artificial, geram dados de ordem superior, em escala e complexidade analítica sem precedentes, que podem dizer muito sobre a pessoa do titular (tradução nossa).[216] Assim, é possível inferir, com grande grau

---

[216] NISSENBAUM, Helen. Contextual integrity up and down the data food chain. **Theoretical Inquiries in Law**, v. 20, p. 221-256, 2019. Disponível em: https://www7.tau.ac.il/ojs/index.php/til/article/view/1614. Acesso em 28 jun. 23.

de acerto, o estado gestacional das consumidoras por conta da compra de cosméticos sem fragrância.[217] Tal construção é utilizada para defender que dados de ordem superior podem necessitar de formas de proteção distintas dos dados de ordem inferior, ao contrário do que, na visão da autora, tem sido comumente defendido. Afinal, se uma bomba pode ser construída a partir de adubo ou uma bebida letal pode ser derivada de um líquido inócuo, e não seria razoável sustentar que as matérias-primas e os produtos têm a mesma repercussão para o direito, o mesmo deve ser aplicado para os dados pessoais (tradução nossa).[218]

Para a autora, o resultado prático de tal análise é permitir ajuste e calibração entre as práticas dos agentes de tratamento de dados pessoais e as disposições legais e regulamentares.[219]

É justamente a proposta aqui apresentada, sem excluir outras possibilidades que tal análise propicia. Ao menos em relação aos dados agregados e/ou inferidos pelos agentes de tratamento de dados pessoais, cujos métodos são opacos, geram grandes poderes, permitem explorar a fragilidade humana, não pode ser admitida qualquer excludente de causalidade. Assim, seu uso, seja pelo agente de tratamento de dados, seja por terceiro, se vier a causar danos ao titular, deverá ser indenizado independentemente de culpa ou mesmo de nexo de causalidade.

Aplica-se, ao caso, o que vem sendo desenvolvido em terras pátrias por Pablo Malheiros da Cunha Frota como "formação da circunstância danosa", que consiste, justamente, na atribuição do dever de reparar àquele que criou ou contribuiu para a formação do estado de fato que levou ao dano, ainda que exista correlação com fatores naturais, condutas comissivas ou omissas de terceiros etc.[220]

De fato, à medida em que os dados pessoais inferidos pelos agentes de tratamento de dados pessoais foram determinantes para o surgimento do dano

---

[217] Trata-se do chamado caso "Target-pregnancy", citado pela autora como sendo superior na cadeia (NISSENBAUM, Helen. Contextual integrity up and down the data food chain. **Theoretical Inquiries in Law**, v. 20, p. 239, 2019).

[218] NISSENBAUM, Helen. Contextual integrity up and down the data food chain. **Theoretical Inquiries in Law**, v. 20, p. 221-256, 2019. Disponível em: https://www7.tau.ac.il/ojs/index.php/til/article/view/1614. Acesso em: 28 jun. 23. p. 246.

[219] NISSENBAUM, Helen. Contextual integrity up and down the data food chain. **Theoretical Inquiries in Law**, v. 20, passim, 2019. Disponível em: https://www7.tau.ac.il/ojs/index.php/til/article/view/1614. Acesso em: 28 jun. 23.

[220] FROTA, Pablo Malheiros da Cunha. **Responsabilidade por danos**: imputação e nexo de causalidade. Curitiba: Juruá, 2014. passim.

ao titular e sendo eles produzidos pelos referidos agentes, não há dúvida de que todo e qualquer dano ligado aos dados inferidos e/ou agregados deverá ser imposto ao agente de tratamento, ainda que diretamente decorrentes de fatos naturais ou dolosos de terceiros ou mesmo da vítima, desde que não doloso.[221]

A responsabilidade dúctil coloca-se como a única forma possível, no direito de danos, com potencial eficácia de proteger adequadamente as vítimas e não beneficiar indevidamente os "Senhores da Informação".

Vindo a ocorrer o dano e proposta ação de reparação, a análise a ser efetuada judicialmente (ou, eventualmente, pelo juízo arbitral) deve, nessa medida, envolver duas fases. Na primeira fase, a cognição deve versar sobre o risco concreto da atividade de tratamento de dados desenvolvida pelo pretenso causador do dano a fim de que se decida qual será/é o regime jurídico de responsabilidade civil aplicável ao caso. Assim, o julgador analisará, de forma objetiva, o risco concreto e específico decorrente de toda a atividade de tratamento de dados pessoais desenvolvida pelo agente, valendo-se dos parâmetros adequados para tanto, tais como: tipos de dados tratados, contexto de tratamento, finalidade de tratamento, forma de obtenção dos dados, bem como as medidas de prevenção tomadas e sua efetividade – enfim, o necessário para aferir a probabilidade de ocorrência de danos e a gravidade deles. Pode ser extremamente valioso até mesmo a apresentação de estatísticas ligadas à atividade, assim como indicação de número relativo a eventuais ações judiciais relacionadas e autuações pela autoridade administrativa de proteção de dados pessoais. Com base nisso, decide-se pelo regime de responsabilidade civil aplicável ao caso, ou seja, se a responsabilidade civil será subjetiva (com culpa a ser provada ou presumida), objetiva ou objetiva agravada. Na segunda fase, o objeto da cognição será o fato danoso em si, individualizado, em que deverá ser perquirido a respeito dos requisitos à configuração do dever de indenizar correspondente ao regime de responsabilidade civil definido na fase anterior.

Trata-se, a bem da verdade, de procedimento complexo, devendo o julgador valer-se, em regra, de perícia técnica. No entanto, não haveria como ser diferente, ante a própria complexidade da atividade de tratamento de dados pessoais.

---

[221] Afinal, se a própria vítima, ou seja, o titular dos dados pessoais, ao ter acesso ao dado inferido pelo agente de tratamento, o utiliza com a finalidade de causar dano a si próprio, não há como pensar em responsabilidade do agente, já que o dano foi buscado pela vítima.

Por outro lado, é importante ressaltar que a proposta de aplicação aqui defendida se vale de dados objetivos para pautar a análise do julgador, justamente para afastar o solipsismo.

Nesse ponto, assume especial relevância a questão do ônus da prova. A LGPD estabelece no § 2.º do art. 42 a possibilidade de o juiz inverter o ônus da prova[222] em favor do titular dos dados pessoais quando "[...] for verossímil a alegação, houver hipossuficiência para fins de produção de prova ou quando a produção de prova pelo titular resultar-lhe excessivamente onerosa".[223] Contudo, tal disposição legal não deve ser aplicada de forma isolada, mas conjuntamente com o arquétipo legal responsabilização e prestação de contas, previsto no art. 6º, X, da LGPD, que estabelece que cabe ao agente de tratamento de dados demonstrar a "[...] adoção de medidas eficazes e capazes de comprovar a observância e o cumprimento das normas de proteção de dados pessoais e, inclusive, da eficácia dessas medidas".[224-225] Nesse alcance, não há dúvida de que a inversão do ônus da prova referida no § 2º do art. 42 somente pode versar sobre o dano, uma vez que, em relação à (anti)juridicidade da conduta do agente de tratamento de dados – o que significa dizer, ao cumprimento eficaz e adequado das disposições legais pertinentes à proteção de dados pessoais –, tal prova é de inteiro ônus do agente de tratamento de dados, seja no processo administrativo fiscalizatório, seja no processo judicial, em especial no destinado à reparação de danos causados ao titular dos dados pessoais. Isso fica ainda mais cristalino se se agrega à análise o disposto no art. 43, II, da LGPD, que estabelece que

---

[222] Em que pese ser corrente falar-se em inversão do ônus da prova, não se trata de inversão propriamente dita. Isso em razão de que, ao assim decidir, o Magistrado, na verdade, ante a presença das condições legais, libera o autor de provar o fato constitutivo de seu direito, de forma que o pedido será julgado procedente salvo se o réu demonstrar fatos impeditivos, modificativos ou extintivos do direito do autor, que se presume existente por tal mecanismo, ainda que em termos práticos, o resultado seja o mesmo.

[223] BRASIL. **Lei nº 13.709, de 14 de agosto de 2018.** Lei Geral de Proteção de Dados Pessoais (LGPD). Brasília, DF: Presidência da República, 2018. Disponível em: http://www.planalto.gov.br/ccivil_03/_ato2015-2018/2018/lei/L13709.htm. Acesso em: 15 abr. 2023.

[224] BRASIL. **Lei nº 13.709, de 14 de agosto de 2018.** Lei Geral de Proteção de Dados Pessoais (LGPD). Brasília, DF: Presidência da República, 2018. Disponível em: http://www.planalto.gov.br/ccivil_03/_ato2015-2018/2018/lei/L13709.htm. Acesso em: 15 abr. 2023.

[225] É importante ressaltar que o art. 6.º da LGPD somente é aplicável à atividade de tratamento de dados pessoais, de forma que não se aplica aos atos isolados.

o agente de tratamento somente não será responsabilizado quando provar que não ocorreu ofensa à legislação de proteção de dados, ou seja, quando não há antijuridicidade em sua conduta.[226] Logo, não resta qualquer dúvida de que compete ao agente de tratamento de dados pessoais, nas ações de reparação de danos, comprovar cabalmente a juridicidade de sua conduta, ou seja, que o tratamento realizado observou cabalmente o direito aplicável. O mesmo pode ser dito com relação ao nexo de causalidade, pois, por força do disposto no art. 43, III, da LGPD, a prova da inexistência de relação de causa e efeito entre a conduta do agente de tratamento de dados pessoais e o dano cabe ao agente de tratamento.[227]

Em resumo, o regime de responsabilidade civil em matéria de proteção de dados pessoais está diretamente ligado ao grau de risco gerado pela atividade de tratamento, em sua concretude, considerando-se especialmente as medidas de prevenção e precaução adotadas. Risco e responsabilidade, intermediados pela prevenção e pela precaução, formam o fio condutor que leva ao recrudescimento do regime de responsabilidade correspondente ao grau de risco da atividade de tratamento desenvolvida.

Essa forma de responsabilização traz inegáveis benefícios de ordem prática. O principal deles volta-se à permissão de uma "fertilização cruzada", verdadeira sinergia entre prevenção e reparação, o que encaminha ao incentivo dos agentes de tratamento de dados a adotarem medidas preventivas, até mesmo aquelas não legalmente obrigatórias, tais como a obtenção de selos e certificações,[228] a adoção de boas práticas e códigos de conduta, dentre outros, a fim de obter um desempenho ótimo ou superabundante em termos de segurança e adequação da atividade de tratamento de dados pessoais.

---

[226] BRASIL. **Lei nº 13.709, de 14 de agosto de 2018**. Lei Geral de Proteção de Dados Pessoais (LGPD). Brasília, DF: Presidência da República, 2018. Disponível em: http://www.planalto.gov.br/ccivil_03/_ato2015-2018/2018/lei/L13709.htm. Acesso em: 15 abr. 2023.

[227] BRASIL. **Lei nº 13.709, de 14 de agosto de 2018**. Lei Geral de Proteção de Dados Pessoais (LGPD). Brasília, DF: Presidência da República, 2018. Disponível em: http://www.planalto.gov.br/ccivil_03/_ato2015-2018/2018/lei/L13709.htm. Acesso em: 15 abr. 2023.

[228] A respeito dos selos e certificações em matéria de proteção de dados pessoais, até mesmo em perspectiva com o RGPD, ver: SZINVELSKI, Mártin Marks; LIMBERGER, Têmis; SALDANHA, Jânia Maria Lopes. Transnacionalização e selos de qualidade em proteção de dados: um novo campo de estudo na era digital. **Revista dos Tribunais**, [S. l.], v. 1020/2020, p. 143-162, out./2020.

A consideração do risco concreto da atividade de tratamento de dados para fins de determinação do nexo ou fator de imputação de danos, importa em considerar as medidas efetivas de mitigação do risco tomadas pelo agente de tratamento. Isso redunda no desenvolvimento da função promocional do direito de danos, mediante a qual o regime de responsabilização será menos severo ante a redução do risco, o que incentiva, com isso, mediante a compensação do custo de prevenção, a tomada de medidas efetivas.

Dessarte, resta demonstrado que o direito de danos, com base na interação risco-prevenção e dano-reparação e em consideração ao concreto risco da atividade de tratamento de dados pessoais, sem desconsiderar outras possibilidades, pode contribuir à concretização do direito fundamental à proteção de dados pessoais.

CONCLUSÃO

> "Tudo o que nele existia era velho, com exceção dos olhos que eram da cor do mar, alegres e indomáveis."[1]

No transcorrer da pesquisa, em que se buscou investigar a aplicação dos textos legais nacionais ligados à proteção de dados pessoais sob sua melhor luz, o que importa dizer, em perspectiva constitucionalmente adequada e voltada à aplicação para fins de concretização do referido direito fundamental, foram traçadas conclusões que, neste momento, passam a ser sistematizadas.

Como referido, o problema de pesquisa pode ser descrito da seguinte forma: sob quais circunstâncias a análise dos horizontes preventivo e reparatório, baseada no risco gerado pela atividade de tratamento de dados pessoais em sua concretude, pode contribuir para a obtenção de uma hermenêutica adequada à concretização do direito à proteção de dados pessoais?

A hipótese formulada indica a relevância da análise interdependente dos horizontes preventivo e reparatório ligados aos riscos e danos decorrentes da atividade de tratamento de dados pessoais, bem como para a necessária consideração do concreto grau de risco da referida atividade, de forma que quanto maior for o risco concreto gerado pela atividade de tratamento de dados pessoais, maiores serão os deveres de prevenção e precaução, como também menores serão os filtros relativos à reparação do dano, quando ocorrido.

Assim, com a finalidade de corretamente responder ao problema proposto, no capítulo propedêutico, buscou-se aprofundar o contexto em que se desenvolve o direito fundamental à proteção de dados pessoais para, a partir

---

[1] HEMINGWAY, Ernest. **O velho e o mar**. Tradução de Fernando de Castro Ferro. 87. ed. Rio de Janeiro: Bertrand Brasil, 2015. p. 14.

de então, desvelar seu conteúdo e, sem afastar outras possibilidades, investigar em que medida o direito de danos pode contribuir para sua concretização.

Os dados pessoais, por permitirem a extração de informações relevantes sobre seu titular, tais como, qualificação, aparência, hábitos, costumes, ações, estado emocional, preferências, medos, motivações, origens, características diversas etc., contribuem à prática de diversos atos em seu favor (do titular), mas, ao lado disso, acarretam uma série de riscos.

Esses riscos foram diversificados e potencializados pela transformação digital e pelo uso da internet, já que tais ferramentas facilitam enormemente o tratamento de dados pessoais, mediante a criação de novas formas de coleta, combinações e recombinações, até então inimagináveis e de custo reduzido, fazendo com que os dados pessoais passem a servir de combustível (ou, ao menos, principal insumo) à economia movida a dados. Isso está diretamente ligado ao fato de que, na atualidade, a internet tornou-se o tecido da vida social ante sua penetrabilidade em praticamente todas as atividades humanas, em especial nas atividades econômicas, em que os desenvolvimentos e inovações são dela (da internet) dependentes em grande medida.

Na atualidade, está a ocorrer o que pode ser denominado de Quarta Revolução Industrial, que se vale da tecnologia da informação e redunda, dentre outros, na fusão dos mundos físico, biológico e digital. Tudo isso acaba por permitir maior fruição dos direitos fundamentais, especialmente àqueles ligados ao exercício das liberdades públicas (liberdade de locomoção, reunião, expressão, pensamento), mas também os tenciona ante a maior possibilidade de violação.

Referidas transformações repercutem no direito, entendido como saber prático, e, por conseguinte, exige respostas adequadas. De fato, muitos são os desafios. Fala-se, até mesmo, no chamado Constitucionalismo Digital, como forma do direito constitucional contemporâneo no sentido de ampliar e proteger os direitos fundamentais no ciberespaço. Importa, especialmente, na necessidade de adaptar e aplicar os direitos fundamentais em face das transformações sociais decorrentes do difundido uso das tecnologias digitais. Nesse ponto, é especialmente preocupante o poder acumulado pelos *Senhores da Informação*, pois além do (seu) poder econômico, político e tecnológico, passam a ter a forma mais genuína de poder, que é o de influenciar as pessoas e modificar comportamentos.

Com isso, se faz necessário pensar ainda mais na proteção de dados pessoais como resposta à crescente capacidade de tratamento e potencialização dos riscos, inclusive decorrente da concentração de poder na área que, muitas vezes, são superiores às do próprio Estado.

O direito à proteção de dados pessoais, nessa perspectiva, não deve ser confundido ou reduzido ao direito à privacidade, já que seu âmbito de proteção é mais amplo e, de tal forma, abrange toda a informação pessoal. Sabe-se, nesse sentido, que a privacidade funciona com base em uma lógica de recolhimento e exposição.

Com o desenvolvimento de grandes bancos de dados pessoais na Europa, nas décadas de 1960 e 1970, e com premente temor relativo à repetição das práticas de vigilância comunistas e nazista ocorridas na Segunda Grande Guerra, passam a surgir leis de proteção de dados pessoais, em uma constante de diferenciação do direito à privacidade.

Em 1983, a partir desse contexto, o Tribunal Constitucional Alemão profere decisão paradigmática ligada à inconstitucionalidade da Lei do Censo Alemão, o que complementa o catálogo de direitos fundamentais com o chamado direito fundamental à autodeterminação informativa. Já no ano de 2000, a Carta de Direitos da União Europeia reconhece o direito à proteção de dados pessoais como direito autônomo.

No Brasil, tal autonomia é formalmente reconhecida em 2022, com a inclusão do inciso LXXIX ao art. 5º da Constituição Federal pela Emenda Constitucional 115/2022.

É importante ressaltar que parte da doutrina pátria reconhecia a existência do direito fundamental implícito à proteção de dados pessoais, decorrente, especialmente, do primado da dignidade humana, do livre desenvolvimento da personalidade e dos direitos fundamentais à privacidade, da inviolabilidade do sigilo das comunicações e mediante a garantia do *habeas data*. Contudo, não havia eco junto aos Tribunais, que entendiam, em sua maioria, que somente a comunicação dos dados era protegida, e não os dados em si.

Tal entendimento foi alterado com o julgamento/referendo da liminar na ADI 6387/DF (Ação Direta de Inconstitucionalidade 6.387 Distrito Federal), em que o Supremo Tribunal Federal reconheceu que o direito à proteção de dados pessoais pode ser considerado como um direito fundamental implícito e autônomo em relação à privacidade, o que se mostrou relevante até mesmo para sua positivação via Emenda Constitucional 115/2022.

Prosseguindo na diferenciação entre direito à proteção de dados pessoais e privacidade, é sabido que o Estado Constitucional tem como uma de suas bases a limitação do poder estatal. Para tanto, pode-se pensar em duas classes de ferramentas.

As ferramentas de opacidade limitam o poder estatal mediante a criação de zonas de proteção contra as ingerências, tais como as chamadas liberdades negativas.

As ferramentas de transparência, por sua vez, correspondem aos meios de controle do poder estatal (e também privado), o que permite que se lance luz sobre os atos e decisões dos poderes.

Com base nisso, pode-se afirmar que o direito fundamental à privacidade importa em uma ferramenta de opacidade, por traçar o limite para além do qual não é possível ao Estado ou a terceiros imiscuir-se, enquanto o direito fundamental à proteção de dados pessoais importa em uma ferramenta de transparência, à medida em que regulamenta o tratamento de dados pessoais tornando possível o controle dos atos praticados.

Assim, privacidade e proteção de dados possuem uma relação complexa e complementar. O direito à privacidade tem conteúdo substancial, à medida em que protege interesse social relevante por si mesmo, uma escolha que limita o poder. O direito à proteção de dados pessoais, por sua vez, tem conteúdo procedimental, no sentido de que cria procedimentos com vista à proteção eficaz de direitos substantivos e importa em regulamentações de como o poder normativamente aceito é exercido.

Ao reconhecer a relevância da atividade de tratamento de dados, as normas protetivas visam criar garantias aos titulares e freios e contrapesos àqueles que desejam explorar tal atividade.

Importa, portanto, em uma nova forma ou camada de proteção às liberdades públicas, mediante o estabelecimento do devido processo informacional que, valendo-se das premissas do devido processo legal em sentido substancial, tem como finalidade estabelecer limites de razoabilidade à atividade de tratamento de dados pessoais.

Assim, acaba por se tornar uma espécie de direito *superfundamental* à medida em que a imensa maioria das controvérsias no ambiente *onlife* são submetidas à sua lógica.

Essa forma de ver o direito fundamental à proteção de dados pessoais é especialmente interessante ao direito pátrio, por duas razões:

a) a LGPD estabelece que a proteção de dados pessoais tem como fundamento direitos substanciais estabelecidos a partir de seu art. 2.º;

b) por permitir uma leitura procedimental da LGPD, sendo: o primeiro nível procedimental ligado às hipóteses autorizativas do tratamento de dados pessoais; o segundo nível, à observância dos princípios; o terceiro, ligado aos direitos ARCO e demais direitos do titular de dados pessoais, tais como a revisão das decisões automatizadas; o quarto sobre a gestão de riscos; o quinto ligado às sanções administrativas e à responsabilidade civil.

A essência do direito fundamental à proteção de dados corresponde a salvaguardas constitucionalmente adequadas ao devido processo informacional. Na ausência de qualquer elemento constitucional nesse sentido, se deve extrair tais salvaguardas dos arquétipos legais constantes do art. 6º da LGPD, que importam em disposições legais paradigmáticas e centrais de tal legislação, servindo-lhe de matriz e que sintetizam toda a tradição na área de proteção de dados pessoais. Formam, assim, um verdadeiro bloco de constitucionalidade, de forma que eventual lei que as afaste deve ser considerada inconstitucional.

As salvaguardas podem ser definidas, de tal forma, em quatro aspectos:

a) salvaguarda de escopo ou finalidade;
b) salvaguarda de transparência e controle;
c) salvaguarda de segurança e prevenção;
d) salvaguarda de responsabilização e prestação de contas.

Pela salvaguarda de escopo ou finalidade, decorrente da interpretação sistemática dos incisos I, II, III, V e IX do art. 6º da LGPD, resta vedada qualquer atividade de tratamento de dados pessoais que não possua finalidade legítima e específica. Além disso, veda-se o uso secundário dos dados pessoais para finalidades não compatíveis com a finalidade inicial, bem como exige-se que os dados (coletados/utilizados) sejam adequados e em quantidade mínima para a finalidade perseguida.

A salvaguarda de transparência e controle, formada pelos incisos IV e VI do art. 6º da LGPD, garante ao titular dos dados pessoais conhecimento efetivo acerca do tratamento de dados efetivado, a fim de que se possa realizar o controle adequado do dito tratamento.

A salvaguarda de segurança e prevenção, extraída dos incisos VII e VIII da LGPD, impõe a efetivação de medidas de antecipação adequadas e proporcionais ao risco do tratamento de dados pessoais realizado, a fim de evitar – ou ao menos minorar ao máximo – a ocorrência de danos ao titular dos dados pessoais.

Por fim, a salvaguarda de responsabilização e prestação de contas, contida no inciso X do art. 6º da LGPD, exige a responsabilidade *ex ante* e *ex post* do agente de tratamento de dados pessoais, de forma que lhe compete efetivar os deveres legalmente impostos e responder por qualquer ato ou prática que cause danos aos titulares dos dados pessoais, quando presentes os requisitos legalmente exigidos. Ainda, compete-lhe prestar contas aos interessados a respeito dos atos e práticas, a fim de demonstrar sua correção.

Tudo isso leva à dimensão subjetiva do direito fundamental à proteção de dados pessoais, ou seja, ao conjunto de posições jurídicas atribuídas ao titular dos dados pessoais especialmente voltadas a obstar o tratamento de dados fora das hipóteses legais (direito de defesa meramente negativo), mas também de exigir esclarecimentos, correções, apagamento, medidas de antecipação ao dano etc. (aspecto positivo).

Na dimensão objetiva do direito fundamental à proteção de dados, partindo da premissa de que determinadas liberdades devem ser especialmente protegidas em razão da decisão jurídico-objetiva da Constituição, impõe-se a atuação positiva dos poderes constituídos a fim de criar as condições materiais e institucionais ao efetivo exercício do referido direito, inclusive com proteção aos titulares em face de terceiros (*Schutzpflicht*).

Os deveres de proteção impostos aos poderes constituídos envolvem a instituição/produção de leis, as quais visem regulamentar o exercício do direito, inclusive quanto à organização e ao procedimento e, ainda, estabelecer ações concretas nesse sentido. Isso se faz especialmente relevante na temática de proteção de dados pessoais em que há grande déficit de efetividade.

Não cabe ao Estado simplesmente não violar o direito fundamental à proteção de dados; cabe-lhe também regular o exercício voltado à atividade que se utiliza de tal direito e protegê-lo nas relações entre particulares. E a proteção não pode ser deficiente ou ineficiente (*untermassverbot*).

Complementa a dimensão objetiva do direito fundamental à proteção de dados a sua (dos direitos fundamentais) função de irradiação, que faz com que os direitos fundamentais conformem todos os campos do direito, seja no momento de criação dos textos legislativos e regulamentos, seja na *applicatio*.

Com isso, não há que se falar em aplicação singular, isolada, do direito ordinário, mas sim na busca da resposta constitucionalmente adequada, na medida que as normas constitucionais, em especial os princípios constitucionais e os direitos fundamentais, dada sua superioridade hierárquica, limitam e condicionam toda a atividade de atribuição de sentido aos textos legais.

A decisão judicial, nesse sentido, deve observar a autonomia do direito, buscar a superação da discricionariedade judicial por meio da hermenêutica constitucional, com respeito à coerência e à integridade do direito e, ainda, com base no direito fundamental, à obtenção da resposta constitucionalmente adequada.

A busca por enxergar o direito, então, sob sua melhor luz gera, dentre outros, a constitucionalização do direito privado.

No âmbito da responsabilidade civil, isso representa a busca da ruptura com o paradigma individualista, com base na solidariedade e dignidade da pessoa humana. Contudo, para que tal travessia seja efetivada, faz-se necessário deixar de lado o modelo exclusivamente reparatório e deve-se, pois, passar a buscar mecanismos de efetiva prevenção ao dano, uma vez que os danos ligados aos direitos da personalidade são objeto de mera compensação em pecúnia (portanto, irreparáveis), bem como há inequívoco ganho social, econômico, ambiental e jurídico em evitar o dano.

Assim, deve-se adotar como referencial teórico aquele relativo ao direito de danos, que toma como centro da disciplina o dano, seja no aspecto *ex ante*, com vistas à tomada de medidas de antecipação ao dano, seja no aspecto *ex post*, ligado à reparação.

Porém, é necessário ir além da mera reunião entre prevenção e reparação. Faz-se essencial, à vista disso, prospectar a fusão dos horizontes preventivo e reparatório com vistas à concretização do direito fundamental à proteção de dados por via das salvaguardas de segurança e prevenção e de responsabilização e prestação de contas.

Pode-se definir que a função do direito de danos em matéria de proteção de dados pessoais é, dessarte, contribuir, sem afastar outras possibilidades, com a concretização do referido direito fundamental, o que se dá mediante a organização e a interação entre os horizontes preventivo e reparatório.

Adentrando na temática pertinente ao segundo capítulo da pesquisa, percebe-se que, na atualidade, vivencia-se a denominada sociedade de risco, em que o progresso econômico e social decorrente da industrialização é tema e problema, à medida em que gera inúmeros riscos como efeitos colaterais indesejados, sendo que a ciência, muitas vezes, não lhes consegue dar conta.

O risco como possibilidade de efeito adverso funciona em uma lógica de probabilidade e não de certeza. Em abandono à visão fatalista de mundo, o risco passa a ser percebido como algo estimável e controlável, o que acaba por potencializar a responsabilidade.

Assim, tem-se uma evolução que decorre (*i*) da percepção de que o progresso gera riscos, (*ii*) da crença de que os riscos podem ser controlados e (*iii*) da constatação de que se faz necessário (no sentido de obrigatório) agir para evitar a concretização dos riscos em danos efetivos.

Isso ocorre também em relação aos dados pessoais, pois, ao lado das promessas que a atividade de tratamento de dados faz/traz em favor da sociedade, há (também) o surgimento de novos riscos e intensificação de outros já existentes.

De fato, a flexibilidade da internet permite a intensificação das contradições sociais. No entanto, a invisibilidade dos dados pessoais e a complexidade de seu tratamento faz com que parte considerável das pessoas desconheça – ou ao menos desconsidere – os riscos ligados ao tratamento de dados pessoais.

O risco digital, incluído neste o risco decorrente de tratamento de dados pessoais, de tal forma, tem figurado entre os 10 principais riscos de curto (2 anos) e de longo (10 anos) prazo na visão dos especialistas.

Ressalta-se, por conseguinte, que, nas próximas décadas, as pessoas passarão a ser monitoradas em grau inédito por agentes dos setores público e privado. Ainda, que a pressão crescente por uma política de abertura de dados pode ampliar os riscos já existentes.

Assevera-se, outrossim, que os riscos aos dados pessoais sensíveis são evidentes, especialmente ante a fragilidade dos bancos de dados biológicos e de sequenciamento de DNA.

Nesse sentido, diversos são os direitos dos titulares expostos a riscos diretamente decorrentes da atividade de tratamento de dados pessoais.

O primeiro deles é o direito fundamental à liberdade, não somente ligado ao aumento substancial da vigilância, mas especialmente em virtude do desenvolvimento de artimanhas de sugestão e induzimento, que interferem na autodeterminação individual, já que técnicas ligadas à inteligência artificial permitem que os agentes de tratamento de dados pessoais obtenham conhecimento profundo do titular, inclusive de suas vulnerabilidades e sentimentos.

O direito à igualdade também é exposto a riscos, à medida em que o(s) uso(s) dos dados pessoais, especialmente, ainda que não exclusivamente, sensíveis, pode(m) acarretar discriminações ilícitas e/ou abusivas. Inclusive, a técnica de predição, que pressupõe projetar o passado no futuro, de certa forma contribui para que situações indesejadas (preconceito, estigma, vulnerabilidade) em relação a determinadas pessoas ou grupos sociais sejam reforçadas e mantidas. Importante ressaltar que a finalidade do tratamento de dados pessoais é determinante para averiguar a ilicitude ou abusividade do tratamento relativo a esses dados, já que esses mesmos dados podem ser usados para efetivação de discriminações lícitas (como selecionar pessoas vulneráveis para serem beneficiadas por políticas públicas) ou ilícitas (selecionar as mesmas pessoas para negar-lhes oportunidades).

Assim, se faz necessário avançar em mecanismos efetivos voltados a impedir o desvio de finalidade no uso dos dados coletados.

O tratamento de dados pessoais também pode gerar riscos ao direito à identidade pessoal, na medida em que as características integrantes da individualidade de cada sujeito, tais como, nome, imagem, voz, verdade biográfica etc., podem ser objeto de desfiguração, mediante a atribuição de características que não lhe são próprias, ou a distorção ou omissão delas, também a atribuição de ações ou fatos de forma equivocada ou mesmo inadequada, bem como o desconhecimento de ações próprias.

Nesse ponto, assume especial relevância o assim chamado direito ao esquecimento que problematiza as hipóteses em que seria admissível o apagamento de informações que, ainda que verdadeiras, possam dificultar o livre desenvolvimento da personalidade, o que permite, com isso, que o titular possa ser diferente de uma versão menos evoluída dele mesmo.

A privacidade e a vida privada, pelo que se observa, são expostas a riscos decorrentes do tratamento de dados pessoais, na medida que podem ser tornadas públicas informações sobre as quais haveria uma fundada expectativa de ocultação por parte do titular.

Saindo do campo dos direitos da personalidade, o tratamento de dados pessoais gera riscos ao patrimônio do titular e de terceiros, à medida em que podem ser usados ilicitamente (os dados relativos a patrimônio) com vistas à obtenção de vantagens patrimoniais, mediante a prática de golpes e fraudes, o que tem sido a face mais visível do inadequado tratamento de dados pessoais.

Ao lado do aspecto individual, o tratamento de dados pessoais gera riscos sociais (difusos ou coletivos), ligados à democracia, à segurança nacional, à erosão da confiança social etc.

Especificamente em relação ao risco democrático, o direcionamento ou segmentação da propaganda eleitoral impede o debate público, pois cria realidades paralelas e torna obscuro o programa político.

Quanto à evitabilidade dos danos, é possível identificar mudanças sobre os paradigmas ligados às obrigações de segurança da sociedade em relação à segurança de seus membros.

O paradigma dominante no século XIX foi o da responsabilidade, pautado no individualismo e que consistia na responsabilidade do indivíduo para consigo mesmo, à medida que não pod(er)ia transferir para terceiros os infortúnios sofridos, tornando, assim, as pessoas providentes e prudentes. Somente diante de atos culposos (*lato sensu*), seria possível atribuir responsabilidade a terceiros.

O século XX viu nascer o paradigma da solidariedade fundado no risco. Nele se dá a separação entre causação e atribuição, redundando em uma alocação legal dos danos mais baseada em distribuição do que em causa.

Passa-se também a pensar na prevenção do dano, não ligada à prudência e à providência individuais, mas em sistemas técnicos e organizacionais, com substituição da boa vontade pelo saber científico. Com base na ciência, o risco passa a ser conhecido e quantificado.

O paradigma da prevenção pode, então, estar cedendo lugar, na atualidade, para o paradigma da precaução, que vai além da prevenção, pois tem como objeto até mesmo os riscos incertos, inespecíficos ou desconhecidos pelo atual estado da técnica, de forma que a ausência de certeza não permite a inação, mas impõe a adoção de medidas adequadas e proporcionais para prevenir danos graves e/ou irreversíveis.

Essas mudanças geraram frutos no direito privado, seja pelo inicial afrouxamento da prova da culpa para, posteriormente, chegar-se à admissão da responsabilidade objetiva e até mesmo à relativização do nexo de causalidade e ao alargamento do conceito de dano. Contudo, sumamente relevante se mostra a mudança do tempo do direito.

À racionalidade *ex post*, que se baseia em sancionar o infrator após o cometimento da infração, é acrescida a racionalidade *ex ante*, de antecipação ao dano – um modelo jurídico protetivo que busca provocar a prática de atos conformes. Ao invés de reparar o dano já efetivado, o foco volta-se aos riscos a serem evitados, ou ao menos mitigados.

Parte-se, por conseguinte, de um provável futuro indesejado para agir no presente sobre os fatores que com ele (com o futuro indesejado) podem contribuir.

Tamanha é a profundidade da mudança que é possível defender o nascimento do modelo de Estado Preventivo. Ao contrário do Estado do bem-estar social, que busca vitimizar determinados grupos e compensá-los pelos infortúnios, o Estado Preventivo objetiva impedir que as pessoas causem danos a si próprias e às demais, mediante o uso de técnicas e instrumentos que as instiguem a avaliar os riscos de suas ações.

Com isso, a atuação estatal desenvolve novas atividades ligadas, de um lado, com a identificação dos riscos e, de outro, com o desenvolvimento de instrumentos para sua efetiva gestão, com ênfase na regulação em detrimento da coerção.

A racionalidade de atuação prévia, inicialmente restrita ao direito ambiental, passa a ser um paradigma de reinterpretação de diversas áreas do direito em que o dano é irreparável ou de difícil reparação, como é o caso do direito à proteção de dados pessoais, com realce às medidas de antecipação ao dano, ou seja, voltadas à identificação e à mitigação dos riscos.

Ainda que se possa discutir o enquadramento do Brasil na moldura teórica de Estado Preventivo, é certo que a atuação estatal preventiva encontra forte assento constitucional, especialmente em decorrência do princípio constitucional da solidariedade, da centralidade conferida à pessoa humana, da necessária concretização dos direitos fundamentais e da sustentabilidade multidimensional.

Assim, cabe ao Estado, por meio do direito, inclusive do direito privado, agir e induzir as pessoas a agirem com o objetivo de mitigar os riscos decorrentes de seus atos e atividades, o que inclui os agentes de tratamento de dados pessoais.

As leis de proteção de dados, dentro de uma perspectiva eurocêntrica, vêm sendo classificadas em gerações. A evolução dos textos legais visa fazer frente às inovações tecnológicas, mediante a criação de soluções pragmáticas aos problemas diagnosticados.

A partir da segunda geração de leis, cujo contexto tecnológico é a disseminação dos bancos de dados pessoais, a tônica tem sido o crescimento do protagonismo do consentimento. No entanto, nota-se no RGPD e na LGPD uma ruptura nessa crescente, decorrente especialmente do reconhecimento da impossibilidade de o próprio titular controlar seus dados pessoais, uma vez que, na atualidade, com a computação em nuvem, a *big data* e a inteligência artificial, ocorre um novo processo de centralização da atividade de tratamento de dados pessoais.

Dessa forma, se pode considerar o surgimento, com base nos referidos textos legais (RGPD e LGPD), de uma quinta geração de leis de proteção de dados cujo núcleo duro corresponde à gestão dos riscos decorrentes da atividade de tratamento de dados pessoais.

Isso importa em uma abordagem essencialmente *ex ante*, com extensa regulamentação de deveres de cuidados, proteção, prevenção e precaução (deveres de antecipação ao dano) em face dos agentes de tratamento de dados pessoais, com foco no concreto risco que a atividade de tratamento de dados pessoais gera aos direitos dos titulares.

Nessa perspectiva, a LGPD, inspirada no RGPD que, por sua vez, é fruto da tradição europeia na área, possui forte caráter precautório e preventivo. E ainda que não haja qualquer menção no texto legal a respeito da precaução, é possível extraí-la de, ao menos, três pontos estruturantes, em que fica clara sua atuação frente a riscos incertos ou inespecíficos:

a) a exigência de base legal para legitimar o tratamento de dados pessoais (arts. 7º, 11 e 23);
b) os deveres decorrentes dos arquétipos legais *finalidade* e *necessidade* (art. 6º, I e III);
c) a importância atinente à anonimização dos dados pessoais (art. 12, especialmente) e ao apagamento ou eliminação (arts. 15 e 16).

O aspecto preventivo propriamente dito é, pois, expresso e recorrente na LGPD, em sua estruturação e regulamentação de abordagens específicas. Estruturalmente, a prevenção encontra-se especialmente ligada:

a) à cláusula geral da boa-fé objetiva (art. 6º, *caput*), que impõe aos agentes de tratamento de dados pessoais padrões de conduta – e consequentemente deveres – baseados na lealdade, probidade, honestidade, cooperação e legítima expectativa –, bem como veda o exercício abusivo das posições jurídicas, permitindo, até mesmo, uma virada relacional na proteção de dados pessoais, em que o foco volta--se aos sujeitos da relação, seus contextos, poderes, vulnerabilidades e suas expectativas, e não aos dados pessoais propriamente ditos;

b) ao arquétipo legal segurança (art. 6º, VII), cujo conteúdo é instrumental e abrange não só a segurança de dados, mas também a proteção de dados propriamente dita, o que é claramente mais amplo do que a mera segurança em face de acessos não autorizados;

c) ao arquétipo legal prevenção propriamente dito (art. 6º, VIII), que se desenvolve como um verdadeiro e contínuo processo de antecipação e evitação dos danos, que parte de uma avaliação inicial com a finalidade de identificar os riscos que o tratamento de dados gera aos direitos dos titulares, prossegue no planejamento, desenvolvimento e implementação de medidas técnicas e organizacionais aptas à mitigação dos riscos, até (chegar) (a)o monitoramento das intervenções realizadas e obtenção de resultados, que trarão novo diagnóstico dos riscos então surgidos ou ainda existentes, reiniciando, com isso, novo ciclo;

d) ao arquétipo legal responsabilização e prestação de contas (art. 6º, X), em que se reafirma a responsabilidade do agente de tratamento de dados pessoais pelo inteiro processo de governança e gestão de riscos, bem como gerando o assim chamado dever de demonstração.

Em complementação ao aspecto estruturalmente antecipatório, a LGPD traz ferramentas específicas fundadas no olhar preventivo (*lato sensu*), de forma que os objetivos fundamentais são instrumentalizados por institutos ou abordagens específicas. Assim, em especial:

a) o Capítulo VII, ao especificar medidas relativas à segurança de dados e às boas práticas;

b) a proteção de dados desde a concepção (art. 46, § 2º);

- c) o relatório de impacto aos dados pessoais (arts. 32 e 38);
- d) a figura do encarregado de proteção de dados pessoais (arts. 41, 5º, VIII e 23, III);
- e) a Autoridade Nacional de Proteção de dados pessoais (art. 55-A).

A LGPD adota uma abordagem baseada em riscos, que reforça a abordagem baseada em direitos, pois, com isso, permite a escalabilidade da extensão dos deveres impostos aos agentes de tratamento de dados na medida do risco decorrente da concreta atividade de tratamento de dados, de forma que, quanto maior o risco criado, maior a extensão dos deveres de antecipação e evitação do dano.

Isso resulta claro a partir do processo de atribuição de sentido de vários dispositivos dela constantes e encontra fundamento constitucional na compatibilização dos princípios constitucionais da solidariedade, isonomia material e livre iniciativa, bem como da imposição constitucional de proteção eficiente ou adequada dos direitos fundamentais envolvidos.

Soma-se a isso o fato de que a LGPD é uma lei transversal, que se aplica a diversos setores da economia e ao Poder Público, de forma que há uma miríade de graus de risco possíveis nas atividades de tratamento de dados pessoais.

Desconsiderar o concreto risco da atividade, isso posto, levaria a duas situações inadmissíveis:

- a) nivelar "por cima" os agentes de tratamento de dados pessoais, o que levaria à imposição de deveres excessivos e desproporcionais aos agentes de tratamento que geram menores riscos, colocando em risco a própria atividade e desenvolvimento de novas tecnologias, bem como incentivando indiretamente a concentração das atividades em poucos agentes;
- b) nivelar "por baixo", fazendo com que os agentes de tratamento que desenvolvem atividades geradoras de maiores riscos sejam beneficiados.

Para mensurar os riscos concretos da atividade de tratamento de dados pessoais, com suas variáveis de probabilidade e gravidade, pode-se pensar nos seguintes critérios (não exaustivos):

- a) objetivo – que considera os adjetivos dos dados tratados;
- b) finalístico – em que o escopo do tratamento é pedra-chave para verificar a adequação entre os meios e os fins;

c) contextual – em que se toma em conta as características específicas do tratamento de dados, tais como, tecnologia utilizada, estrutura, escala, volume, abrangência geográfica, dentre outras;

d) relacional – em que se toma em conta a assimetria de poder existente entre o agente de tratamento de dados pessoais e o titular; não só o poder econômico ou político, mas especialmente o chamado poder de dados, o qual se encontra em posse dos agentes de tratamento de dados pessoais, os quais ocupam posições estratégicas no ecossistema digital e que decorre do controle exercido sobre o fluxo de dados e a capacidade de perfilar e influenciar os titulares.

Não obstante isso, é certo que parte considerável das ferramentas de enfrentamento do risco, especialmente as previstas para as situações de maiores riscos, não são obrigatórias, *prima facie*, o que faz com que a análise do horizonte reparatório tome especial relevância para incentivar sua adoção.

No que concerne aos danos já ocorridos e à atribuição da responsabilidade reparatória, o texto da LGPD é criticado por, além da falta de técnica e sistematicidade, afastar-se da tradição legislativa a respeito da matéria, especialmente em razão de não estabelecer se a imputação da responsabilidade reparatória depende da prova da culpa ou, contrariamente, dela prescinde. Isso tem feito com que a doutrina, em geral, gire em torno desse epicentro.

Argumenta-se, então, a favor da responsabilidade subjetiva, em especial:

a) por ter estabelecido que a responsabilidade depende de violação à legislação, o que importa em ilícito e, portanto, em conduta culposa;

b) o art. 45, ao estabelecer que as relações sujeitas ao Código de Defesa do Consumidor (CDC) em que ocorram danos decorrentes do tratamento de dados pessoais, o regime de responsabilidade será por ele regidas, em que a responsabilidade é primordialmente objetiva, e que teve como objetivo justamente diferenciar-se de tal regime;

c) durante o processo legislativo foi excluída a disposição legal que considerava a atividade de tratamento de dados como sendo atividade de risco, bem como a disposição que estabelecia a responsabilidade objetiva.

Por outro lado, argumenta-se que a responsabilidade é objetiva em razão de que a atividade de tratamento de dados é atividade de risco e, como tal, está sujeita ao disposto no Parágrafo único do art. 927 do Código Civil.

A questão não é tão simplista. Ao exigir a antijuridicidade na conduta do agente de tratamento de dados como filtro à reparação dos danos causados e, ao mesmo tempo, criar e regular os deveres de antecipação e evitação do dano, resta evidente a necessidade de se promover uma análise conjunta dos horizontes preventivo e reparatório.

Ressalta-se, por conseguinte, que a culpa não é requisito da antijuridicidade, já que esta é mera contrariedade ao direito, sem qualquer análise de reprovabilidade, o que, por si só, já afasta a adoção da responsabilidade exclusivamente subjetiva.

Ao lado disso, considerando o desenvolvimento da técnica na atividade de tratamento de dados pessoais, a imputação por danos baseada na culpa é, na maioria dos casos, manifestamente insuficiente para conferir proteção adequada ao direito fundamental em jogo.

Por outro lado, à medida que a LGPD reconhece a existência de diversos graus de risco nas atividades de tratamento de dados pessoais – decorrentes do tipo de dados tratados, das técnicas utilizadas, do volume de dados, do contexto e da finalidade do tratamento, bem como pelo poder do agente de tratamento *vis a vis* a vulnerabilidade do titular –, fere a integridade e a coerência do direito de defender de forma abstrata que a atividade de tratamento de dados pode ser considerada de risco para fins de reparação do dano. Afinal, isso redundaria em grande incorrência interna.

Ao lado disso, defender que a LGPD trouxe um regime de responsabilidade unicamente subjetivo, ou unicamente objetivo, também importa em ferimento à integridade do direito, pois iguala situações absolutamente desiguais.

Portanto, é evidente a insuficiência de tal abordagem, uma vez que os horizontes preventivo e reparatório são tratados de forma isolada, bem como não há qualquer consideração sobre o risco gerado pela atividade de tratamento de dados em sua concretude.

Soma-se a isso que nao há maiores preocupações quanto à adequação constitucional, especialmente para conferir proteção adequada ao direito fundamental em questão e demais bens jurídicos protegidos em jogo, o que importa, portanto, em uma análise meramente estruturalista.

Uma análise hermenêutica e funcionalizada do direito de danos pressupõe, assim, a preocupação com a integridade do direito e a complexidade das relações jurídicas decorrentes da atividade de tratamento de dados pessoais.

A atribuição de sentido, desse modo, deve ter sempre em conta a *applicatio*, a fim de que se possa buscar a resposta constitucionalmente adequada. Com isso, tem-se que a efetivação do direito fundamental à proteção de dados pessoais por meio do direito de danos pressupõe a análise interdependente dos horizontes preventivo e reparatório baseada no concreto grau de risco que a atividade de tratamento de dados pessoais gera.

Assim, a responsabilidade reparatória deve ser simétrica, congruente ao grau de risco gerado concretamente pela atividade de tratamento de dados. Sendo assim, importa dizer que, quanto maior o risco, maior será a responsabilidade.

O direito de danos deve, isso posto, ser visto como processo complexo. Faz-se necessário, então, pensar na interação entre risco-prevenção e dano-reparação.

A fase anterior condiciona e influencia a próxima fase, desvelando que a relação entre agente de tratamento de dados e titular de dados pessoais se passa desde o horizonte preventivo, com os instrumentos de gestão e mitigação de riscos, em que a finalidade precípua é evitar que o dano ocorra, passando pelo horizonte reparatório, analisado à luz do concreto risco da atividade, bem como mediante as interações entre os dois horizontes.

Logo, a fusão entre os horizontes preventivo e reparatório, bem como a consideração ao concreto grau de risco que a atividade de tratamento de dados pessoais gera para o titular dos dados pessoais, importa em considerar que a adoção de medidas eficazes de antecipação e evitação do dano devem ser consideradas ao estabelecimento do nexo de imputação do dever de indenizar.

Assim, o agente de tratamento de dados que implanta medidas de gerenciamento do risco que efetivamente o reduzam será beneficiado com um regime de responsabilidade civil mais brando, verdadeira sanção positiva premial ao seu comportamento conforme, ou além do conforme, compensando, com isso, os gastos realizados com as medidas de prevenção.

Diante disso, cria-se verdadeira função promocional do direito de danos ao estimular os agentes de tratamento de dados pessoais a investir em prevenção. E, tendo em conta que prevenção é sempre melhor que reparação, tal aplicação da LGPD tem potencialidade de levar a verdadeiro direcionamento social, o que beneficia a sociedade como um todo.

Os agentes econômicos, como os agentes de tratamento de dados pessoais privados, processam o direito como custo, o que faz com que tendam a ser refratários à observância da legislação. Nessa medida, o direito deve buscar coadunar-se com os programas autorregulativos concretos da economia a fim de que ocorra o cumprimento espontâneo do comando jurídico e o efetivo direcionamento da sociedade por meio do direito.

A sanção premial compensatória referida é, então, um caminho bastante promissor, especialmente pelo fato de que a prevenção é, de certa forma, imune a uma avaliação precisa, o que acaba por gerar uma lógica de autorreforço, ou seja, o agente de tratamento de dados será instado a melhorar continuamente o gerenciamento de risco a fim de garantir a compensação.

O fato de que os grandes agentes de tratamento de dados pessoais possuem maiores condições para implementar medidas de gerenciamento de risco eficazes e, com isso, poderem desfrutar de um regime mais brando de responsabilidade civil, pode tornar-se uma mola propulsora para uma verdadeira transformação na área, com um novo padrão de prevenção.

Portanto, a *applicatio* da LGPD sob sua melhor luz cria um sistema de direito de danos flexível, com aptidão para acompanhar e acomodar as inovações tecnológicas e a miríade de graus de risco envolvidos na atividade de tratamento de dados pessoais. Referida flexibilidade é congruente aos riscos gerados pela atividade de tratamento de dados em sua concretude.

O fio condutor que desencadeia os efeitos jurídicos é o risco concreto da atividade. Isso importa, em relação à prevenção e à precaução, na abordagem baseada no risco que, em complemento à abordagem baseada em direitos, exige a tomada de medidas concretas e aptas à redução dos riscos decorrentes. Assim, a extensão dos deveres de prevenção e precaução varia de acordo com o concreto risco da atividade de tratamento de dados pessoais.

No tocante à reparação, redunda na adoção da responsabilidade dúctil, em que o regime de imputação de danos, seja em relação ao fator de imputação, seja em relação às excludentes do nexo de causalidade, será mais severo no que tange ao ofensor quanto maior for o risco concreto da atividade.

Nessa medida, no caso de dano decorrente de tratamento de dados realizado de forma isolada, ou seja, que não pode ser considerada a existência de atividade de tratamento, será aplicável o regime de imputação subjetivo, previsto no art. 186 do Código Civil.

Em se tratando de atividade de tratamento de dados em que o risco concreto da atividade é baixo, o fator de atribuição será subjetivo, com culpa presumida.

Avançando na escala de risco, quando diante de risco concreto, que pode ser considerado mediano, o fator de atribuição será objetivo, na forma do parágrafo único do art. 927 do Código Civil.

Em sendo considerada a existência de alto risco, a responsabilidade será objetiva, respondendo o agente de tratamento de dados até mesmo pelos casos fortuitos diretamente ligados à atividade de tratamento de dados.

E, por último, naqueles casos em que o risco é considerado altíssimo, especialmente em razão do poder de dados possuído pelo agente de tratamento, o fator de atribuição será objetivo e não serão admitidas excludentes do nexo de causalidade, de forma que responderá por todo e qualquer dano decorrente dos dados por ele inferidos, aplicando-se, portanto, a teoria da formação da circunstância danosa.

Obviamente, essas possibilidades não são exaustivas, tampouco aplicam-se naquelas hipóteses em que há regime especial de responsabilidade civil legalmente previsto, como no caso do regime consumerista e do risco administrativo.

Com isso, proposta ação de indenização, a cognição versará, primeiro, sobre o regime de responsabilidade civil aplicável ao caso; segundo, versará acerca da comprovação dos requisitos pertinentes ao regime anteriormente estabelecido.

Em relação ao ônus da prova, por força do arquétipo legal responsabilização e prestação de contas – art. 6º, X, da LGPD –, combinado com o disposto no art. 43, II e III, da LGPD, cumpre ao agente de tratamento a prova de que não há antijuridicidade e da inexistência do nexo de causalidade. Logo, a inversão do ônus da prova, referida no § 2º do art. 42, tem como objeto único o requisito do dano.

Trata-se de procedimento complexo; contudo, não haveria de ser diferente, uma vez que, fiar-se em molduras teóricas abstratas que simplificam o contexto sob o pretexto de facilitar sua aplicação, é negar a própria essência do direito de danos e sua função. Importa, assim, o foco na dogmática estática, fechada em si mesma e em seus próprios dogmas; é pensar a normatividade desprovida da facticidade.

Portanto, a análise interdependente dos horizontes preventivo e reparatório, baseada no risco gerado pela atividade de tratamento de dados pessoais em sua concretude, pode contribuir para a obtenção de uma hermenêutica adequada à concretização do direito à proteção de dados pessoais.

Afinal, pensado sob a ótica do direito de danos, aponta para a relevância da análise interdependente dos horizontes preventivo e reparatório ligados aos riscos e danos decorrentes da atividade de tratamento de dados pessoais, bem como para a necessária consideração do concreto grau de risco da referida atividade, de forma que, quanto maior for o risco concreto gerado pela atividade de tratamento de dados pessoais, maiores serão os deveres de prevenção e precaução, como também menores serão os filtros relativos à reparação do dano, quando ocorrido.

Ainda, redunda na possibilidade de utilização de sanção positiva premial compensatória, que pode se mostrar como grande contributo à efetivação do direito fundamental à proteção de dados pessoais.

Logo, o que foi visto inicialmente como uma falha, um erro do legislador, passível de crítica, na verdade importa em uma grande virtude. Somente se faz necessário lançar um novo olhar.

Com base nisso, pode-se afirmar que resta comprovada a hipótese da presente pesquisa. Ademais, a proposta de interação entre os horizontes preventivo e reparatório, no direito de danos, baseada no concreto grau de risco da atividade, permite outras construções jurídicas que, espera-se, sejam aprofundadas em outros estudos.

REFERÊNCIAS

ALBERS, Marion. A complexidade da proteção de dados. **Revista Brasileira de Direitos Fundamentais & Justiça**, Belo Horizonte, v. 10, n. 35, p. 19-45, jul./dez. 2016. DOI: https://doi.org/10.30899/dfj.v10i35.93. Disponível em: http://dfj.emnuvens.com.br/dfj/article/view/93. Acesso em: 21 jan. 2023.

ALEXY, Robert. **Teoria dos direitos fundamentais.** Tradução de Virgílio Afonso da Silva. São Paulo: Malheiros, 2008.

ALEXY, Robert. **Conceito e validade do direito.** Ernesto Garzón Valdés *et al.* (org.). Tradução de Gercélia Batista de Oliveira Mendes. São Paulo: Editora WMF Martins Fontes, 2009.

ALSHAMMARI, Amirah; ALDRIBI, Abdulaziz. Apply machine learning techniques to detect malicious network traffic in cloud computing. **Journal of Big Data**, [*S. l.*], v. 8, n. 90, p. 1-24, 2021. DOI: https://doi.org/10.1186/s40537-021-00475-1. Disponível em: https://journalofbigdata.springeropen.com/articles/10.1186/s40537-021-00475-1. Acesso em: 28 mar. 2023.

ALVES, Diogo Lopes. O papel fundamental da cibersegurança na proteção de dados pessoais. *In*: PEREIRA COUTINHO, Francisco; CANTO MONIZ, Graça (coord.). **Anuário da Proteção de Dados 2021**. Lisboa: CEDIS, 2021. p. 121-154. Disponível em: https://protecaodedadosue.cedis.fd.unl.pt/anuario--edicao-2021/. Acesso em: 29 fev. 2023.

AMARAL, Fernando. **Introdução à ciência de dados**: mineração de dados e big data. Rio de Janeiro: Alta Books, 2016.

AMARAL, Francisco. **Direito civil**: introdução. 5. ed. rev., atual. e aum. Rio de Janeiro: Renovar, 2003.

ANTUNES, Henrique Souza. A responsabilidade civil aplicável à inteligência artificial: primeiras notas críticas sobre a Resolução do Parlamento Europeu de 2020. **Revista de Direito da Responsabilidade**, [Portugal], ano 3, p. 1-22, 2021. Disponível em: https://revistadireitoresponsabilidade.pt/2021/a-responsabilidade-civil-aplicavel-a-inteligencia-artificial-primeiras-notas-criticas-sobre-a--resolucao-do-parlamento-europeu-de-2020-henrique-sousa-antunes/. Acesso em: 12 fev. 2023.

ARENDT, Hannah. **A condição humana.** Tradução de Roberto Raposo. 12. ed. Rio de Janeiro: Forense Universitária, 2016.

ARGENTINA. **Ley 26.994/2014**. Código Civil y Comercial de la Nación. InfoLEG-Información Legislativa. Argentina: Ministerio de Justicia y Derechos Humanos; Presidencia de la Nación, 2014. Disponível em: http://servicios.infoleg.gob.ar/infolegInternet/anexos/235000-239999/235975/norma.htm. Acesso em: 17 ago. 2023.

ASCENSÃO, José de Oliveira. **O direito**: introdução e teoria geral. 2. ed. rev., atual. e ampl. Rio de Janeiro: Renovar, 2001.

ATIENZA, Manuel; RUIZ MANERO, Juan. **Ilícitos atípicos**: sobre o abuso de direito, fraude à lei e desvio de poder. Tradução de Janaina Roland Matida. São Paulo: Marcial Pons, 2014. (Filosofia & Direito).

AUDEN, W. H. The unknown citizen. **Poets.org**. New York, Academy of American Poets, c2023. Disponível em: https://poets.org/poem/unknown-citizen. Acesso em: 20 jul. 2023.

BARBOSA, Ana Mafalda Castanheira Neves de Miranda. **Liberdade vs. Responsabilidade**: a precaução como fundamento da imputação delitual? Coimbra: Almedina, 2006.

BARBOSA, Mafalda Miranda. Entre a ilicitude e o dano. *In*: BARBOSA, Mafalda Miranda; ROSENVALD, Nelson; MUNIZ, Francisco (coord.). **Desafios da nova responsabilidade civil**. São Paulo: Editora Juspodivm, 2019. p. 223-267.

BARBOSA, Mafalda Miranda. O futuro da responsabilidade civil desafiada pela inteligência artificial: as dificuldades dos sistemas tradicionais e caminhos de solução. **Revista de Direito da Responsabilidade**, [Portugal], ano 2, p. 280-326, 2020. Disponível em: https://revistadireitoresponsabilidade.pt/2020/o-futuro--da-responsabilidade-civil-desafiada-pela-inteligencia-artificial-as-dificuldades--dos-modelos-tradicionais-e-caminhos-de-solucao-mafalda-miranda-barbosa/. Acesso em: 22 set. 2023.

BARBOZA, Heloisa Helena; ALMEIDA, Vitor. A tutela das vulnerabilidades na legalidade constitucional. *In*: TEPEDINO, Gustavo; TEIXEIRA, Ana Carolina Brochado; ALMEIDA, Vitor (Coord.). **Da dogmática à efetividade do direito civil**: anais do Congresso Internacional de Direito Civil Constitucional: IV Congresso do IBDCivil. 2. ed. Belo Horizonte: Fórum, 2019. p. 41-55.

BARROSO, Lucas Abreu; FROTA, Pablo Malheiros da Cunha. A obrigação de reparar por danos resultantes da liberação do fornecimento e da comercialização de medicamentos. *In*: BARROSO, Lucas Abreu. **A realização do direito civil**: entre normas jurídicas e práticas sociais. Curitiba: Juruá, 2011.

BARROSO, Luís Roberto. A viagem redonda: *habeas data*, direitos constitucionais e provas ilícitas. *In*: WAMBIER, Teresa Arruda Alvim (coord.). ***Habeas data***. São Paulo: Editora Revista dos Tribunais, 1998. p. 202-221.

BARROSO, Luís Roberto. **Interpretação e aplicação da Constituição**: fundamentos de uma dogmática constitucional transformadora. 7. ed. São Paulo: Saraiva, 2009.

BAUMAM, Zygmunt. **Modernidade e Holocausto**. São Paulo: Zahar, 1998. *E-book*.

BECK, Ulrich. **Sociedade de risco**: rumo a uma outra modernidade. Tradução de Sebastião Nascimento. São Paulo: Editora 34, 2011.

BECK, Ulrich. **Sociedade de risco mundial**: em busca da segurança perdida. Tradução de Marian Toldy e Teresa Toldy. Lisboa: Edições 70, 2016.

BECK, Ulrich. **A metamorfose do mundo**: novos conceitos para uma nova realidade. Tradução de Maria Luiza X. de A. Borges. Rio de Janeiro: Zahar, 2018.

BECKER, Anelise. Elementos para uma teoria unitária da responsabilidade civil. **Revista de Direito do Consumidor**, n. 13, p. 42-55, jan./mar. 1995. São Paulo: RT, 1995.

BERNSTEIN, Peter L. **Desafio aos deuses:** a fascinante história do risco. Tradução de Ivo Korytowski. Rio de Janeiro: Alta Books, 2018.

BEVILAQUA, Clóvis. **Código Civil dos Estados Unidos do Brasil comentado**. 12. ed. atual. por Achilles Bevilaqua e Isaias Bevilaqua. Rio de Janeiro: Editora Paulo de Azevedo Ltda., 1959. v. 1.

BIOGRAFIA de George Orwell. **Pensador**. [S. l.], c2023. Disponível em: https://www.pensador.com/autor/george_orwell/biografia/. Acesso em 15 set. 2022.

BIONI, Bruno Ricardo. **Proteção de dados pessoais**: a função e os limites do consentimento. Rio de Janeiro: Forense, 2019.

BIONI, Bruno Ricardo. **Regulação e proteção de dados pessoais**: o princípio da *accountability*. Rio de Janeiro: Forense, 2022.

BIONI, Bruno; DIAS, Daniel. Responsabilidade civil na proteção de dados pessoais: construindo pontes entre a Lei Geral de Proteção de Dados Pessoais e o Código de Defesa do Consumidor. **Civilistica.com**, [S. l.], v. 9, n. 3, p. 1-23, 22 dez. 2020. Disponível em: https://civilistica.emnuvens.com.br/redc/article/view/662. Acesso em: 25 jul. 2023.

BLACK, Edwin. **IBM e o holocausto**: a aliança estratégica entre a Alemanha Nazista e a mais poderosa empresa americana. Tradução de Afonso Celso da Cunha Serra. São Paulo: Editora Campus, 2001.

BLUM, Rita Peixoto Ferreira. **O direito à privacidade e a proteção de dados do consumidor**. São Paulo: Almedina, 2018.

BOBBIO, Norberto. **O positivismo jurídico:** lições de filosofia do direito. MORRA, Nello (comp.). Tradução e notas de Márcio Pugliese, Edson Bini e Carlos E. Rodrigues. São Paulo: Ícone, 1995.

BOBBIO, Norberto. **Da estrutura à função**: novos estudos de teoria do direito. Barueri, SP: Manole, 2007.

BONNA, Alexandre Pereira. Dados pessoais, identidade virtual e a projeção da personalidade: "*profiling*", estigmatização e responsabilidade civil. In: MARTINS, Guilherme Magalhães; ROSENVALD, Nelson (coord.). **Responsabilidade civil e novas tecnologias**. Indaiatuba, SP: Editora Foco, 2020. p. 19-38.

BORGES, Roxana Cardoso Brasileiro. **Disponibilidade dos direitos de personalidade e autonomia privada**. São Paulo: Saraiva, 2005.

BORJES, Isabel Cristina Porto; GOMES, Taís Ferraz; ENGELMANN, Wilson. **Responsabilidade civil e nanotecnologias**. São Paulo: Atlas, 2014.

BRAGA NETTO, Felipe Peixoto. Ilícito civil, esse desconhecido.... *In*: DIDIER JUNIOR, Fredie; EHRHARDT JUNIOR, Marcos (coord.). **Revisitando a teoria do fato jurídico**: homenagem a Marcos Bernardes de Mello. São Paulo: Saraiva, 2010. p. 175-212.

BRAGA NETTO, Felipe Peixoto. **Teoria dos ilícitos civis**. 2. ed. Salvador: Juspodivm, 2014.

BRANDEIS, Louis D.; WARREN, Samuel D. The right to privacy. **Harvard Law Review**, [USA], v. 4, n. 5, p. 193-220, Dec. 15, 1890.

BRASIL. **Lei nº 3.071, de 1º de janeiro de 1916**. Código Civil dos Estados Unidos do Brasil. Rio de Janeiro: Presidência da República, 1916. Disponível em: http://www.planalto.gov.br/ccivil_03/leis/l3071.htm. Acesso em: 17 ago. 2023.

BRASIL. [Constituição (1988)]. **Constituição da República Federativa do Brasil de 1988**. Brasília, DF: Presidência da República, 1988. Disponível em: http://www.planalto.gov.br/ccivil_03/constituicao/constituicao.htm. Acesso em: 11 jan. 2023.

BRASIL. **Lei nº 8.078, de 11 de setembro de 1990**. Dispõe sobre a proteção do consumidor e dá outras providências. Brasília, DF: Presidência da República, 1990. Disponível em: http://www.planalto.gov.br/ccivil_03/leis/l8078compilado.htm. Acesso em: 15 abr. 2023.

BRASIL. **Decreto nº 2.519, de 16 de março de 1998**. Promulga a Convenção sobre Diversidade Biológica, assinada no Rio de Janeiro, em 05 de junho de 1992. Brasília, DF: Presidência da República, 1998. Disponível em: http://www.planalto.gov.br/ccivil_03/decreto/d2519.htm, Acesso em: 15 abr. 2023.

BRASIL. **Lei nº 10.406, de 10 de janeiro de 2002**. Institui o Código Civil. Brasília, DF: Presidência da República, 2002. Disponível em: https://www.planalto.gov.br/ccivil_03/leis/2002/l10406compilada.htm. Acesso em: 12 ago. 2022.

BRASIL. Superior Tribunal de Justiça (4. Turma). **Recurso Especial REsp 595.600/SC**. Direito civil. Direito de imagem. Topless praticado em cenário público. Não se pode cometer o delírio de, em nome do direito de privacidade, estabelecer-se uma redoma protetora em torno de uma pessoa para torná-la imune de qualquer veiculação atinente a sua imagem. [...]. Recorrente: Maria Aparecida de Almeida Padilha. Recorrido: Zero Hora Editora Jornalística S/A. Relator: Ministro Cesar Asfor Rocha, 18.03.2004. p. 1-7. Disponível em: https://scon.stj.jus.br/SCON/jurisprudencia/toc.jsp?livre=%28RESP.clas.+e+%40num%3D"595600"%29+ou+%28RESP+adj+"595600"%29.suce. Acesso em: 3 jul. 2023.

BRASIL. Superior Tribunal de Justiça (3. Turma). **Recurso Especial 1.067.738-GO (2008/0136412-7)**. Direito civil. Acidente do trabalho. Indenização. Responsabilidade civil do empregador. Natureza. Preservação da integridade física do empregado. Presunção relativa de culpa do empregador. Inversão do ônus da prova. [...] Recorrente: Dejair Souza Ferreira. Recorrido: Flávio Roberto Trentin. Relator: Ministro Sidnei Beneti. Relatora para Acórdão:

Ministra Nancy Andrighi, 26.05.2009. Disponível em: https://scon.stj.jus.br/SCON/GetInteiroTeorDoAcordao?num_registro=200801364127&dt_publicacao=25/06/2009. Acesso em: 10 mar. 2023.

BRASIL. Superior Tribunal de Justiça. **Súmula nº 479**. As instituições financeiras respondem objetivamente pelos danos gerados por fortuito interno relativo a fraudes e delitos praticados por terceiros no âmbito de operações bancárias. Brasília, DF: Superior Tribunal de Justiça, [2012]. Disponível em: https://scon.stj.jus.br/SCON/sumstj/toc.jsp?livre=S%DAMULA+479&tipo=sumula+ou+su&b=SUNT. Acesso em: 15 abr. 2023.

BRASIL. Supremo Tribunal Federal (2. Turma). **Habeas Corpus 91.867 Pará**. Habeas corpus. Nulidades: (1) inépcia da denúncia; (2) ilicitude da prova produzida durante o inquérito policial; violação de registros telefônicos do corréu, executor do crime, sem autorização judicial; (3) ilicitude da prova das interceptações telefônicas de conversas dos acusados com advogados, porquanto essas gravações ofenderiam o disposto no art. 7º, ii, da lei 8.906/96, que garante o sigilo dessas conversas. Vícios não caracterizados. Ordem denegada. [...]. Pactes: Davi Resende Soares; Lindomar Resende Soares. Impte.: José Luis Mendes de Oliveira Lima e outro(a//s). Coator: Superior Tribunal de Justiça. Relator: Ministro Gilmar Mendes, 24.04.2012. p. 1-29. Disponível em: https://portal.stf.jus.br/processos/detalhe.asp?incidente=2534858. Acesso em: 4 ago. 2022.

BRASIL. Superior Tribunal de Justiça (6. Turma). **Recurso Ordinário em Mandado de Segurança RMS 38.920/SP**. Recurso ordinário em mandado de segurança – exclusão de informações sobre condenação criminal do banco de dados do Instituto de Identificação Ricardo Gumbleton Daunt – IIRGD – art. 748 do CPP – extinção da punibilidade – cumprimento da pena – direito à intimidade – art. 202 da LEP – Poder Judiciário – acesso – possibilidade – ausência de prova pré-constituída – dilação probatória – vedação – recurso ordinário desprovido. [...]. Recorrente: Cícero Francisco Alves. Recorrido: Ministério Público do Estado de São Paulo. Relator: Ministro Rogerio Schietti Cruz, 07.11.2013. Disponível em: https://processo.stj.jus.br/SCON/pesquisar.jsp. Acesso em: 16 mar. 2023.

BRASIL. Superior Tribunal de Justiça (4. Turma). **Recurso Especial REsp 1.297.044/SP**. Responsabilidade civil. Dano moral. Inscrição indevida. Cadastro de inadimplentes. Homônimo. Falta de qualificação mínima do inscrito. Violação ao direito à privacidade. Dever de cuidado. Inobservância. Negligência na divulgação do nome. Falha na prestação do serviço. [...]. Recorrente: Ivone Gomes da Silva. Recorrido: Associação Comercial de São Paulo. Relator: Ministro Luis Felipe Salomão, 20 de agosto de 2015. Disponível em: https://processo.stj.jus.br/SCON/pesquisar.jsp. Acesso em: 16 mar. 2021.

BRASIL. **Lei nº 13.709, de 14 de agosto de 2018**. Lei Geral de Proteção de Dados Pessoais (LGPD). Brasília, DF: Presidência da República, 2018. Disponível em: http://www.planalto.gov.br/ccivil_03/_ato2015-2018/2018/lei/L13709.htm. Acesso em: 15 abr. 2023.

BRASIL. Congresso Nacional. Senado Federal. **Proposta de emenda à Constituição nº 17, de 2019**. Proteção de dados pessoais. Acrescenta o inciso

XII-A, ao art. 5º, e o inciso XXX, ao art. 22, da Constituição Federal para incluir a proteção de dados pessoais entre os direitos fundamentais do cidadão e fixar a competência privativa da União para legislar sobre a matéria. Brasília, DF: Senado Federal, [2019]. Disponível em: https://www25.senado.leg.br/web/atividade/materias/-/materia/135594. Acesso em: 11 jan. 2021.

BRASIL. **Medida Provisória nº 954, de 17 de abril de 2020**. Dispõe sobre o compartilhamento de dados por empresas de telecomunicações prestadoras de Serviço Telefônico Fixo Comutado e de Serviço Móvel Pessoal com a Fundação Instituto Brasileiro de Geografia e Estatística, para fins de suporte à produção estatística oficial durante a situação de emergência de saúde pública de importância internacional decorrente do coronavírus (covid-19), de que trata a Lei nº 13.979, de 6 de fevereiro de 2020. Brasília, DF: Presidência da República, 2020a. Disponível em: https://www.planalto.gov.br/ccivil_03/_ato2019-2022/2020/mpv/mpv954.htm. Acesso em: 11 jan. 2023.

BRASIL. Supremo Tribunal Federal (Tribunal Pleno). **Medida Cautelar na Ação Direta de Inconstitucionalidade 6.387 Distrito Federal**. Medida Cautelar de Urgência. [...] Cuida-se de pedido de medida cautelar em ação direta de inconstitucionalidade proposta pelo Conselho Federal da Ordem dos Advogados do Brasil – CFOAB contra o inteiro teor da Medida Provisória n. 954, de 17 de abril de 2020 [...]. Requerente: Conselho Federal da Ordem dos Advogados do Brasil - CFOAB. Intimado: Presidente da República. Relatora: Ministra Rosa Weber, 24.04.2020b. p. 1-13. Disponível em: http://www.stf.jus.br/arquivo/cms/noticiaNoticiaStf/anexo/ADI6387MC.pdf. Acesso em: 11 jan. 2023.

BRASIL. Supremo Tribunal Federal (Tribunal Pleno). **Medida Cautelar na Ação Direta de Inconstitucionalidade 6.421 Distrito Federal**. Direito administrativo. Ações diretas de inconstitucionalidade. Responsabilidade civil e administrativa de agentes públicos. Atos relacionados à pandemia de covid-19. Medida provisória nº 966/2020. Deferimento parcial da cautelar. [...] Requerente: Rede Sustentabilidade. Intimado: Presidente da República. Relator: Ministro Roberto Barroso, 21.05.2020c. p. 1-140. Disponível em: https://redir.stf.jus.br/paginadorpub/paginador.jsp?docTP=TP&docID=754359227. Acesso em: 15 abr. 2023.

BRASIL. Supremo Tribunal Federal (Tribunal Pleno). **Referendo na Medida Cautelar na Arguição de Descumprimento de Preceito Fundamental 709 Distrito Federal**. Direitos fundamentais. Povos indígenas. Arguição de descumprimento de preceito fundamental. Tutela do direito à vida e à saúde face à pandemia da covid-19. Cautelares parcialmente deferidas. [...] Requerentes: Articulação dos Povos Indígenas do Brasil (APIB); Partido Socialista Brasileiro – PSB; Partido Socialismo e Liberdade (P-SOL) *et al*. Intimados: União; Fundação Nacional do Índio – FUNAI. *Am. Curiae*: Conselho Indigenista Missionário – CIMI; Conectas Direitos Humanos – Associação Direitos Humanos em Rede *et al*. Relator: Ministro Roberto Barroso, 05.08.2020d. p. 1-194. Disponível em: https://jurisprudencia.stf.jus.br/pages/search/sjur433338/false. Acesso em: 15 abr. 2023.

BRASIL. Supremo Tribunal Federal (1. Turma). **Referendo na Medida Cautelar na Ação Direta de Inconstitucionalidade 6.389 Distrito Federal**. Medida cautelar em ação direta de inconstitucionalidade. Referendo. Medida provisória nº 954/2020. Emergência de saúde pública de importância internacional decorrente do novo coronavírus (covid-19). Compartilhamento de dados dos usuários do serviço telefônico fixo comutado e do serviço móvel pessoal, pelas empresas prestadoras, com o instituto brasileiro de geografia e estatística. *Fumus boni juris*. *Periculum in mora*. Deferimento. [...]. Requerente: Partido Socialista Brasileiro-PSB. Intimado: Presidente da República. Relatora: Ministra Rosa Weber, 07.05.2020e. Disponível em: https://portal.stf.jus.br/processos/detalhe.asp?incidente=5895168. Acesso em: 19 maio 2023.

BRASIL. Supremo Tribunal Federal (1. Turma). **Referendo na Medida Cautelar na Ação Direta de Inconstitucionalidade 6.389 Distrito Federal**. Voto Conjunto ADIs 6.389, 6.390, 6.393, 6.388 e 6.387. [...] Trata-se de ações diretas de inconstitucionalidade, com pedidos de medida cautelar, ajuizadas contra o inteiro teor da Medida Provisória 954, de 17 de abril de 2020, que dispõe sobre *"o compartilhamento de dados por empresas de telecomunicações prestadoras de Serviço Telefônico Fixo Comutado e de Serviço Móvel Pessoal com a Fundação Instituto Brasileiro de Geografia e Estatística, para fins de suporte à produção estatística oficial durante a situação de emergência de saúde pública de importância internacional decorrente do coronavírus (covid19), de que trata a Lei nº 13.979, de 6 de fevereiro de 2020"* [...]. Requerente: Partido Socialista Brasileiro – PSB. Intimado: Presidente da República. Relatora: Ministra Rosa Weber, [2020f]. p. 1-32. Disponível em: https://www.conjur.com.br/dl/pandemia-reforca-necessidade--protecao.pdf. Acesso em: 11 jan. 2023.

BRASIL. **Lei nº 14.119, de 13 de janeiro de 2021**. Institui a Política Nacional de Pagamento por Serviços Ambientais; e altera as Leis nos. 8.212, de 24 de julho de 1991, 8.629, de 25 de fevereiro de 1993, e 6.015, de 31 de dezembro de 1973, para adequá-las à nova política. Brasília, DF: Presidência da República, 2021a. Disponível em: http://www.planalto.gov.br/ccivil_03/_ato2019-2022/2021/lei/L14119.htm. Acesso em: 20 maio 2023.

BRASIL. Supremo Tribunal Federal (Tribunal Pleno). **Ação Direta de Inconstitucionalidade 6.529 Distrito Federal**. Ação direta de inconstitucionalidade. Ação parcialmente conhecida: parágrafo único do art 4º da lei n. 9.883/1999. Vedação ao abuso de direito e ao desvio de finalidade. Obrigatoriedade de motivação do ato administrativo de solicitação de dados de inteligência aos órgãos do Sistema Brasileiro de Inteligência. Necessária observância da cláusula de reserva de jurisdição. Confirmação da cautelar deferida pelo plenário. Ação julgada parcialmente procedente para dar interpretação conforme ao parágrafo único do art. 4º da lei n. 9.883/1999. [...] Requerentes: Rede Sustentabilidade; Partido Socialista Brasileiro-PSB. Intimados: Presidente da República; Congresso Nacional. Am. Curiae: Associação Nacional dos Oficiais de Inteligência AOFI. Relatora: ministra Carmen Lúcia, 11.11.2021b. Disponível em: https://redir.stf.jus.br/paginadorpub/paginador.jsp?docTP=TP&docID=757870910. Acesso em: 17 maio 2023.

BRASIL. Supremo Tribunal Federal (Tribunal Pleno). **Referendo em Tutela Provisória Incindental na Arguição de Descumprimento de Preceito Fundamental 709 Distrito Federal**. Direitos fundamentais. Povos indígenas. Arguição de descumprimento de preceito fundamental. Tutela provisória incidental. Conflitos violentos, presença de invasores, garimpo ilegal e contágio por covid-19 nas TIs Yanomami e Munduruku. [...] Requerentes: Articulação dos Povos Indígenas do Brasil (APIB); Partido Socialista Brasileiro – PSB; Partido Socialismo e Liberdade (P-SOL) *et al*. Requeridos: União; Fundação Nacional do Índio – FUNAI *et al*. *Am. Curiae*: Fórum de Presidentes de Conselhos Distritais de Saúde Indígena – FPCONDISI. Relator: Ministro Roberto Barroso, 21.06.2021c. p. 1-24. Disponível em: https://jurisprudencia.stf.jus.br/pages/search/sjur451507/false. Acesso em: 15 abr. 2023.

BRASIL. Congresso Nacional. Senado Federal. **Comissão de Juristas responsável por subsidiar elaboração de substitutivo sobre inteligência artificial no Brasil (CJSUBIA)**. Comissão Temporária Interna do Senado. Finalidade: Subsidiar a elaboração de minuta de substitutivo para instruir a apreciação dos Projetos de Lei nºs 5.051, de 2019, 21, de 2020, e 872, de 2021, que têm como objetivo estabelecer princípios, regras, diretrizes e fundamentos para regular o desenvolvimento e a aplicação da inteligência artificial no Brasil. Brasília, DF: Senado Federal, [2022]. Disponível em: https://legis.senado.leg.br/comissoes/comissao?codcol=2504. Acesso em: 28 mar. 2023.

BRASIL. Congresso Nacional. Senado Federal. Coordenação de Comissões Especiais, Temporárias e Parlamentares de Inquérito. **Relatório final**: Comissão de Juristas responsável por subsidiar elaboração de substitutivo sobre inteligência artificial no Brasil (CJSUBIA). Comissão de Juristas instituída pelo Ato do Presidente do Senado nº 4, de 2022, destinada a subsidiar a elaboração de minuta de substitutivo para instruir a apreciação dos Projetos de Lei nºs 5.051, de 2019, 21, de 2020, e 872, de 2021, que têm como objetivo estabelecer princípios, regras, diretrizes e fundamentos para regular o desenvolvimento e a aplicação da inteligência artificial no Brasil. Presidente: Ricardo Villas Bôas Cueva. Relatora: Laura Schertel Ferreira Mendes. Brasília, DF: Senado Federal, 2022a. Disponível em: https://legis.senado.leg.br/comissoes/mnas?codcol=2504&tp=4&_gl=1*2im6e5*_ga*NTU5MTA3NjMxLjE2NzgwNDkxODk.*_ga_CW3ZH25XMK*MTY5MTYxNTEyMS44LjEuMTY5MTYxNTMwOS4wLjAuMA. Acesso em: 28 mar. 2023.

BRASIL. [Constituição (1988)]. **Emenda Constitucional nº 115, de 10 de fevereiro de 2022**. Altera a Constituição Federal para incluir a proteção de dados pessoais entre os direitos e garantias fundamentais e para fixar a competência privativa da União para legislar sobre proteção e tratamento de dados pessoais. Brasília, DF: Presidência da República, 2022b. Disponível em: http://www.planalto.gov.br/ccivil_03/constituicao/Emendas/Emc/emc115.htm#:~:text=EMENDA%20CONSTITUCIONAL%20N%C2%BA%20115%2C%20DE,e%20tratamento%20de%20dados%20pessoais. Acesso em: 11 jan. 2023.

BRASIL. Resolução CD/ANPD nº 2, de 27 de janeiro de 2022. Aprova o Regulamento de aplicação da Lei nº 13.709, de 14 de agosto de 2018, Lei Geral de Proteção de Dados Pessoais (LGPD), para agentes de tratamento de pequeno porte. **Diário Oficial da União**: seção 1, Brasília, DF, Edição 20, 28 jan. 2022c. Disponível em: https://www.in.gov.br/en/web/dou/-/resolucao-cd/anpd-n-2-de-27-de-janeiro-de-2022-376562019#:~:text=Aprova%20o%20Regulamento%20de%20aplica%C3%A7%C3%A3o,nas%20compet%C3%AAncias%20previstas%20no%20art. Acesso em: 10 mar. 2023.

BRASIL. Supremo Tribunal Federal (Tribunal Pleno). **Referendo Décima Sexta em Tutela Provisória Incindental na Arguição de Descumprimento de Preceito Fundamental 754 Distrito Federal**. Tutela de urgência em arguição de descumprimento de preceito fundamental. Concessão monocrática parcial. Emergência de saúde pública decorrente da covid-19. [...] Atos do Poder Público que podem, em tese, agravar a disseminação do novo cotronavírus. (*sic*) Conhecimento do pedido. Atuação da Suprema Corte em defesa dos direitos fundamentais da vida e da saúde de crianças e adolescentes. Comprovação científica acerca da eficácia e segurança das vacinas. Registro na Anvisa. Constitucionalidade da vacinação obrigatória. Sanções indiretas. Competência de todos entes federativos. [...] Princípios da prevenção e precaução. Abstenção de atos que visem desestimular a imunização. Necessidade de esclarecimento sobre o entendimento do STF. Desvirtuamento do canal de denúncias 'disque 100'. Medida cautelar referendada pelo plenário. [...] Requerente: Rede Sustentabilidade. Requerido: Presidente da República. *Am Cruiae*: Sindicato dos Médicos no Estado do Paraná. Relator: Ministro Ricardo Lewandowski, 21.03.2022d. p. 1-72. Disponível em: https://jurisprudencia.stf.jus.br/pages/search/sjur464895/false. Acesso em: 15 abr. 2023.

BRASIL. Ministério da Justiça e Cidadania. Direitos do titular – arts. 16 ao 21. **Pensando o direito**. Brasília, DF, c2023. Disponível em: http://pensando.mj.gov.br/dadospessoais/eixo-de-debate/direitos-do-titular/. Acesso em: 17 maio 2023.

BRASIL. Superior Tribunal de Justiça (2. Turma). **Agravo em Recurso Especial 2.130.619-SP (2022/0152262-2)**. Processual civil e administrativo. Indenização por dano moral. Vazamento de dados pessoais. Dados comuns e sensíveis. Dano moral presumido. Impossibilidade. Necessidade de comprovação do dano. [...] Agravante: Eletropaulo Metropolitana Eletricidade de São Paulo S.A. Agravado: Maria Edite de Souza. Relator: Ministro Francisco Falcão, 07.03.2023. p. 1-12. Disponível em: https://processo.stj.jus.br/processo/julgamento/eletronico/documento/mediado/?documento_tipo=integra&documento_sequencial=178204788&registro_numero=202201522622&peticao_numero=&publicacao_data=20230310&formato=PDF. Acesso em. 27 jun. 2023.

BRAUN, Julia. Conar analisa anúncio da Volks com Elis Regina: os dilemas de usar inteligência artificial para recriar pessoas mortas. **BBC News Brasil**. Da BBC Brasil em Londres, 5 jul. 2023. Disponível em: https://www.bbc.com/portuguese/articles/cx9p9x01y84o. Acesso em: 17 jan. 2023.

BRKAN, Marja. The essence of the fundamental rights to privacy and data protection: finding the way through the maze of the CJEU's constitutional reasoning. **German Law Journal**, v. 20 special, issue 6, p. 864-883, Sept./2019. doi:10.1017/glj.2019.66. Disponível em: https://www.cambridge.org/core/journals/german-law-journal/article/essence-of-the-fundamental-rights-to-privacy-and-data-protection-finding-the-way-through-the-maze-of-the-cjeus-constitutional-reasoning/00621C26FA14CCD55AD0B4F4AD38ED09. Acesso em: 11 ago. 2022.

BUCAR, Daniel; VIOLA, Mario. Tratamento de dados pessoais por "legítimo interesse do controlador": primeiras impressões. *In*: FRAZÃO, Ana; TEPEDINO, Gustavo; OLIVA, Milena Donato (coord.) **Lei Geral de Proteção de Dados Pessoais e suas repercussões no direito brasileiro**. São Paulo: Thomson Reuters Brasil, 2019. p. 465-484.

BÜRGER, Marcelo Luiz Francisco de Macedo; CORRÊA, Rafael. Responsabilidade preventiva: elogio e crítica à inserção da prevenção na espacialidade da responsabilidade civil. **Revista Fórum de Direito Civil-RFDC**, Belo Horizonte, ano 4, n. 10, p. 35-60, set./dez. 2015.

BUSCA avançada. **Biblioteca Digital Brasileira de Teses e Dissertações-BDTD**. Instituto Brasileiro de Informação em Ciência e Tecnologia-IBICT. Brasília, DF, [2023]. Disponível em: https://encurtador.com.br/qxX19. Acesso em: 30 jun. 2023.

BUSSATTA, Eduardo Luiz. **Resolução dos contratos e teoria do adimplemento substancial**. 2. ed. São Paulo: Saraiva, 2007.

BUSSATTA, Eduardo Luiz. Do dever de prevenção em matéria de proteção de dados pessoais. *In*: EHRHARDT JÚNIOR, Marcos; CATALAN, Marcos; MALHEIROS, Pablo (coord.). **Direito civil e tecnologia**. Belo Horizonte: Fórum, 2020. p. 25-56.

CAMERON, Del. Facebook approved pro-genocide ads in Kenya after claiming to foster 'safe and secure' elections. **Gizmodo**. [*S. l.*], July 2022, 29. Disponível em: https://gizmodo.com/facebook-kenya-pro-genocide-ads-hate-speech-suspension-1849348778. Acesso em: 10 fev. 2023.

CAMPBELL, Tom. El sentido del positivismo jurídico. **Doxa: Cuadernos de Filosofía del Derecho**, Traducción de Ángeles Ródenas. [Alicante, España], n. 25, p. 303-331, dic. 2002. DOI: https://doi.org/10.14198/DOXA2002.25.09. Disponível em: https://doxa.ua.es/article/view/2002-n25-el-sentido-del-positivismo-juridico. Acesso em: 4 jun. 2023.

CANARIS, Claus-Wilhelm. **Direitos fundamentais e direito privado**. Tradução de Ingo Wolfgang Sarlet e Paulo Mota Pinto. Coimbra: Almedina, 2009.

CANOTILHO, José Joaquim Gomes. **Direito Constitucional e teoria da constituição**. 6. ed. Coimbra: Almedina, 2002.

CARPENA, Heloisa. O abuso de direito no Código de 2002: relativização de direitos na ótica civil-constitucional. *In*: TEPEDINO, Gustavo (coord.). **A parte geral do novo Código Civil**: estudos na perspectiva civil-constitucional. Rio de Janeiro: Renovar, 2002. p. 367-384.

CARVALHO, Antonio Ramalho de Souza. Os dados no contexto da quarta revolução industrial. **Cadernos Adenauer**, Rio de Janeiro, Fundação Konrad Adenauer, ano XX, n. 3, p. 93-111, out./2019.

CARVALHO, Delton Winter de. **Desastres ambientais e sua regulação jurídica**: deveres de prevenção, resposta e compensação ambiental. 2. ed. São Paulo: Thomson Reuters Brasil, 2020.

CARVALHO, Delton Winter; ROSA, Rafaela Santos Martins da; DUQUE, Marcelo Schenk. **O caso Neubauer *et al.* v. Alemanha: o papel das futuras gerações na litigância climática**. VI Conferência CDEA 2021. [S. l.: s. n.], 6 jul. 2021. 1 vídeo (1 h 46 min 22 s). Publicado pelo canal Centro de Estudos Europeus e Alemães CDEA. Disponível em: https://www.youtube.com/watch?v=IZlbQ4JVmBQ&t=3297s. Acesso em: 15 abr. 2023.

CASTANHEIRA NEVES, Antônio. Pessoa, direito e responsabilidade. *In*: CASTANHEIRA NEVES, Antônio. **Digesta**: escritos acerca do direito, do pensamento jurídico, da sua metodologia e outros. Coimbra, Portugal: Coimbra Editora, 2008. v. 1, p. 129-158.

CASTELLS, Manuel. **A galáxia da internet**: reflexões sobre a internet, os negócios e a sociedade. Tradução de Maria Luiza X. de A. Borges. Rio de Janeiro: Zahar, 2003.

CASTELLS, Manuel. **A sociedade em rede.** Tradução de Roneide Venâncio Majer. 20. ed. São Paulo: Paz e Terra, 2019.

CASTELLS, Manuel. **O poder da comunicação.** Tradução de Vera Lúcia Mello Joscelyne. 5. ed. São Paulo: Paz e Terra, 2021.

CATALAN, Marcos. **A morte da culpa na responsabilidade contratual**. São Paulo: Editora Revista dos Tribunais, 2013.

CATALAN, Marcos. A difusão de sistemas de videovigilância na urbe contemporânea: um estudo inspirado em Argos Panoptes, cérebros eletrônicos e suas conexões com a liberdade e igualdade. **Revista Faculdade de Direito-UFMG**, Belo Horizonte, n. 75, p. 303-321, jul./dez. 2019a. DOI: 10.12818/P.0304-2340.2019v75p303. Disponível em: https://revista.direito.ufmg.br/index.php/revista/article/view/2040. Acesso em: 30 abr. 2023.

CATALAN, Marcos. **A morte da culpa na responsabilidade contratual**. 2. ed. Indaiatuba, SP: Editora Foco, 2019b.

CATÁLOGO de teses e dissertações. **Capes**. [Brasil, 2023]. Disponível em: https://catalogodeteses.capes.gov.br/catalogo-teses/#!/. Acesso em: 30 jun. 2023.

CELESTE, Edoardo. Digital constitutionalism: a new systematic theorisation. **International Review of Law, Computers & Technology**, [USA], v. 33, issue. 1, p. 76-99, Jan./2019. DOI: 10.1080/13600869.2019.1562604. Disponível em: https://www.researchgate.net/publication/330135709_Digital_constitutionalism_a_new_systematic_theorisation. Acesso em: 15 set. 2022.

CHIARA, Pier Giorgio. The balance between security, privacy and data protection in IoT Data Sharing. **European Data Protection Law Review**, [S. l.], v. 7, issue 1, p. 18-30, 2021. DOI: https://doi.org/10.21552/edpl/2021/1/6. Disponível em: https://edpl.lexxion.eu/article/edpl/2021/1/6/display/html. Acesso em: 1º fev. 2023.

CITRON, Danielle Keats; SOLOVE, Daniel J. Privacy harms. **Boston University Law Review**, [Boston, USA], GWU Legal Studies Research Paper No. 2021-11. GWU Law School Public Law. v. 102, p. 793-863, February 9, 2021. DOI: http://dx.doi.org/10.2139/ssrn.3782222. Disponível em: https://ssrn.com/abstract=3782222. Acesso em: 27 jun. 2023.

COELHO, Bernardo Leôncio Moura. O bloco de constitucionalidade e a proteção à criança. **Revista de Informação Legislativa**, Senado Federal, Subsecretaria de Edições Técnicas, Brasília, DF, v. 31, n. 123, p. 259-266, jul./set. 1994. Disponível em: https://www2.senado.leg.br/bdsf/item/id/176262. Acesso em: 27 jun. 2023.

CORTE, Lorenzo Dalla. A right to a rule: on the substance and essence of the fundamental right to Personal Data Protection. *In*: HALLINAN, Dara *et al.* (eds.). **Data protection and privacy**: data protection and democracy. Oxford: Hart Publishing, 2020. p. 27-58.

CORTIANO JUNIOR, Eroulths. **O discurso jurídico da propriedade e suas rupturas**. Rio de Janeiro: Renovar, 2002.

COSTA, Luiz. Privacy and the precautionary principle. **Computer Law & Security Review**, [*S. l.*], v. 28, issue 1, p. 14-24, 2012. DOI: https://doi.org/10.1016/j.clsr.2011.11.004. Disponível em: https://www.sciencedirect.com/science/article/pii/S0267364911001804. Acesso em: 2 fev. 2023.

DA EMPOLI, Giuliano. **Os engenheiros do caos**. Tradução de Arnaldo Bloch. São Paulo: Vestígio, 2020.

DAVENPORT, Thomas H.; BECK, John C. **A economia da atenção**. Rio de Janeiro: Editora Campus Elsevier, 2001.

DE GREGORIO, Giovanni. **The law of the platforms**: digital constitutionalism in Europe: reframing rights and powers in the algorithmic society. [UK]: Cambridge University Press: University of Oxford, 2022. (Cambridge Studies in European Law and Policy). p. 80-122. DOI:10.1017/9781009071215.004. Disponível em: https://www.cambridge.org/core/books/digital-constitutionalism-in-europe/law-of-the-platforms/DA41AF99D14B885E60EC0CFC7E4F6106. Acesso em: 22 set. 2022.

DE LLANO, Pablo; SÁNCHEZ, Álvaro. Vazamento de dados do Facebook causa tempestade política mundial: caso Cambridge Analytyca. **El País** [online], Miami / Bruxelas, 20 mar. 2018. Disponível em: https://brasil.elpais.com/brasil/2018/03/19/internacional/1521500023_469300.html. Acesso em: 17 ago. 2023.

DELMAS-MARTY, Mireille. **Résister, responsabiliser, anticiper ou comment humaniser la mondialisation**. Paris: Éditions du Seuil, janv. 2013.

D'IGNAZIO, Catherine. The urgency of moving from bias to power. **European Data Protection Law Review**, [*S. l.*], v. 8, issue 4, p. 451-454, 2022. DOI: https://doi.org/10.21552/edpl/2022/4/4. Disponível em: https://edpl.lexxion.eu/article/edpl/2022/4/4/display/html. Acesso em: 1º fev. 2023.

DONEDA, Danilo Cesar Maganhoto. **Da privacidade à proteção de dados pessoais**: elementos da formação da Lei Geral de Proteção de Dados. 2. ed. São Paulo: Thomson Reuters, 2019.

DONEDA, Danilo. Panorama histórico da proteção de dados pessoais. *In:* DONEDA, Danilo *et al.* (coord.). **Tratado de proteção de dados pessoais**. Rio de Janeiro: Forense, 2021. p. 3-20.

DONEDA, Danilo; MENDES, Laura Schertel. Reflexões iniciais sobre a nova Lei Geral de Proteção de Dados. **Revista de Direito do Consumidor**, v. 120, p. 469-483, nov./dez. 2018.

DRESCH, Rafael de Freitas Valle; STEIN, Lílian Brandt. Direito fundamental à proteção de dados e responsabilidade civil. **Revista de Direito da Responsabilidade**, Portugal, ano 3, p. 224-241, 2021. Disponível em: https://revistadireitoresponsabilidade.pt/2021/direito-fundamental-a-protecao-de-dados-e-responsabilidade-civil-rafael-de-freitas-valle-dresch-lilian-brandt-stein/. Acesso em: 25 jul. 2023.

DUPUY, Jean-Pierre. **O tempo das catástrofes**: quando o impossível é uma certeza. Tradução de Lília Ledon da Silva. São Paulo: É Realizações Editora, 2011.

DWORKIN, Ronald. **O império do direito**. Tradução de Jefferson Luiz Camargo. São Paulo: Martins Fontes, 1999.

DWORKIN, Ronald. **Uma questão de princípio**. Tradução de Luís Carlos Borges. São Paulo: Martins Fontes, 2000.

DWORKIN, Ronald. **Levando os direitos a sério**. Tradução e notas de Nelson Boeira. Revisão da tradução: Silvana Vieira. São Paulo: Martins Fontes, 2002. (Justiça e direito).

EHRHARDT JÚNIOR, Marcos. Apontamentos para uma teoria geral da responsabilidade civil no Brasil. *In:* ROSENVALD, Nelson; MILAGRES, Marcelo (coord.). **Responsabilidade civil**: novas tendências. Indaiatuba, SP: Editora Foco, 2018. p. 45-71.

ENGELMANN, Wilson. Os desafios jurídicos da aplicação do princípio da precaução. **Revista dos Tribunais**, [*S. l.*], v. 981, ano 106, p. 387-491, jul./2017.

ENGELMANN, Wilson. As nanotecnologias e o meio ambiente: entre os riscos e a autorregulação regulada. *In:* STRECK, Lenio Luiz; ROCHA, Leonel Severo; ENGELMAN, Wilson (org.). **Constituição, sistemas sociais e hermenêutica**: anuário do Programa de Pós-Graduação em Direito da Unisinos: mestrado e doutorado: n. 14. São Leopoldo: Karywa: Unisinos, 2018a. p. 245-269. Disponível em: https://editorakarywa.files.wordpress.com/2018/08/anuc3a1rio-ppg-direito.pdf. Acesso em: 17 ago. 2023.

ENGELMANN, Wilson. Nanotecnologia e direitos humanos. **Cadernos de Dereito Actual**, [España], n. 9, Número Ordinário, p. 441-487, 2018b. Disponível em: http://www.cadernosdedereitoactual.es/ojs/index.php/cadernos/article/view/325. Acesso em: 22 jan. 2023.

[ESPANHA]. Tribunal de Justiça (Grande Secção). **Acórdão do Tribunal de Justiça**. «Dados pessoais – Proteção das pessoas singulares no que diz respeito ao tratamento desses dados – Diretiva 95/46/CE – Artigos 2º, 4º, 12º e 14º – Âmbito de aplicação material e territorial – Motores de busca na Internet – Tratamento de dados contidos em sítios web – Pesquisa, indexação e armazenamento desses dados – Responsabilidade do operador do motor de busca – Estabelecimento no território de um Estado-Membro – Alcance das obrigações desse operador e dos direitos da pessoa em causa – Carta dos Direitos Fundamentais da União Europeia – Artigos 7º e 8º». Google Spain SL; Google Inc. contra Agencia Española de Protección de Datos (AEPD). Mario Costeja González, 13 de maio de 2014. Disponível em: https://eur-lex.europa.eu/legal-content/PT/TXT/HTML/?uri=CELEX:62012CJ0131&from=EN. Acesso em: 10 mar. 2023.

ESSER, Josef. **Principio y norma en la elaboración jurisprudencial del derecho privado**. Traducción del alemán por Eduardo Valentí Fiol. Barcelona: Bosch, 1961.

ESTATÍSTICAS sobre as pesquisas no google para utilizar em 2022. **Blog Krypton BPO**. Belo Horizonte, 3 mar. 2022. Disponível em: https://kryptonbpo.com.br/estatisticas-sobre-as-pesquisas-no-google-para-utilizar-em-2022/. Acesso em: 28 jun. 2023.

EUROPA. Regulamento (UE) 2022/1925 do Parlamento Europeu e do Conselho, de 14 de setembro de 2022, relativo à disputabilidade e equidade dos mercados no setor digital e que altera as Diretivas (UE) 2019/1937 e (UE) 2020/1828 (Regulamento dos Mercados Digitais). **Jornal Oficial da União Europeia**, v. 65, L 265/1-L 265/82, 12 out. 2022a. Disponível em: https://eur-lex.europa.eu/legal content/EN/TXT/?uri=OJ:L:2022:265:TOC. Acesso em: 28 mar. 2023.

EUROPA. Regulamento (EU) 2022/2065 do Parlamento Europeu e do Conselho de 19 de outubro de 2022 relativo a um mercado único para os serviços digitais e que altera a Diretiva 2000/31/CE (Regulamento dos Serviços Digitais). **Jornal Oficial da União Europeia**, [Portugal], L 277/1, 27 out. 2022b. Disponível em: https://eur-lex.europa.eu/legal-content/PT/TXT/HTML/?uri=CELEX:32022R2065&from=EN#d1e4187-1-1. Acesso em: 28 mar. 2023.

EUROPA. Tribunal de Justiça (3. Secção). **Acórdão do Tribunal de Justiça no processo C-300/21**. Reenvio prejudicial — Proteção das pessoas singulares no que diz respeito ao tratamento de dados pessoais — Regulamento (UE) 2016/679 — Artigo 82.o, n.o 1 — Direito de indemnização do dano causado pelo tratamento de dados efetuado em violação deste regulamento — Condições do direito de indemnização — Insuficiência de uma simples violação do referido regulamento — Necessidade de um dano causado pela referida violação — Reparação de um dano imaterial resultante desse tratamento — Incompatibilidade de uma norma nacional que subordina a indemnização desse dano à superação de um limiar de gravidade — Regras para a fixação da indemnização pelos juízes nacionais. ECLI:EU:C:2023:370. Pedido de decisão prejudicial: Oberster Gerichtshof (Supremo Tribunal de Justiça, Áustria). Decisão de 15 de abril de 2021. Decisão contra: Österreichische Post AG. [Europa]: Infocuria Jurisprudência, 4 de maio de 2023. Disponível em: https://curia.europa.eu/juris/document/document.jsf?mod

e=DOC&pageIndex=0&docid=273284&part=1&doclang=PT&text=&dir=&occ=first&cid=2002085. Acesso em: 22 maio 2023.

EWALD, François. The return of Descartes's malicious demon: an outline of a philosophy of precaution. *In:* BAKER, Tom; SIMON, Jonathan (ed.). **Embracing risk**: the changing culture of insurance and responsibility. Chicago: The University of Chicago Press, 2002. p. 273-301. Disponível em: https://doi.org/10.7208/chicago/9780226035178.003.0011. Acesso em: 17 jan. 2023.

FACHIN, Luiz Edson. **Teoria crítica do direito civil.** Rio de Janeiro: Renovar, 2000.

FEITOSA JR., Alessandro. Ministério da Justiça quer multar Google por ler e-mails do Gmail, mas órgão está meio atrasado. **GIZ_BR-UOL.com**. [*S. l.*], 8 fev. 2019. Disponível em: https://gizmodo.uol.com.br/justica-multa-google-ler-gmail/. Acesso em: 17 jan. 2023.

FERNÁNDEZ MADERO, Jaime, **Derecho de daños**: nuevos aspectos doctrinarios y jurisprudenciales. Buenos Aires: La Ley, 2002.

FERRAZ JÚNIOR, Tércio Sampaio. **Sigilo de dados**: o direito à privacidade e os limites à função fiscalizadora do Estado. **Revista da Faculdade de Direito**, Universidade de São Paulo, v. 88, p. 439-459, jan.-1993. Disponível em: https://www.revistas.usp.br/rfdusp/article/view/67231/69841. Acesso em: 4 ago. 2022.

FERREIRA, Keila Pacheco. **Responsabilidade civil preventiva**: função, pressupostos e aplicabilidade. Orientadora: Teresa Ancona Lopez. 2014. 263 p. Tese (Doutorado em Direito) – Faculdade de Direito, Universidade de São Paulo, São Paulo, 2014. Disponível em: https://www.teses.usp.br/teses/disponiveis/2/2131/tde-27102016-092601/pt-br.php. Acesso em: 30 abr. 2023.

FERREIRA, Rafael Fonseca; LIMBERGER, Têmis. Um diálogo sobre a autonomia da Constituição e os direitos humanos: aproximações hermenêuticas à noção de bloco de constitucionalidade. **Revista de Investigações Constitucionais**, Núcleo de Investigações Constitucionais, Curitiba, v. 5, n. 1, p. 317-330, jan./abr. 2018. DOI: http://dx.doi.org/10.5380/rinc.v5i1.51457. Disponível em: https://revistas.ufpr.br/rinc/article/view/51457. Acesso em: 5 set. 2022.

FIORILLO, Celso Antonio Pacheco. **Curso de direito ambiental brasileiro**. 10. ed. São Paulo: Saraiva, 2009.

FLORIDI, Luciano. **The onlife manifesto**: being human in a hyperconnected era. London: Springer, 2015.

FRADE, Catarina. O direito face ao risco. **Revista Crítica de Ciências Sociais**, Portugal, v. 86, Número não temático, p. 53-72, set./2009. Disponível em: https://www.researchgate.net/publication/272436907. Acesso em: 22 maio 2023.

FRANÇA, Rubens Limongi. As raízes da responsabilidade civil aquiliana. *In:* NERY JUNIOR, Nelson; NERY, Rosa Maria Andrade (org.). **Doutrinas essenciais**: responsabilidade civil. São Paulo: Revista dos Tribunais, 2010. v. 1, p. 267-287.

FRAZÃO, Ana. Risco da empresa e caso fortuito externo. **Civilistica.com – Revista Eletrônica de Direito Civil**, Rio de Janeiro, v. 5, n. 1, p. 1-27, jul./2016.

Disponível em: http://civilistica.com/r0isco-da-empresa-e-caso-fortuito-externo/. Acesso em: 28 jul. 2023.

FRAZÃO, Ana. Fundamentos da proteção dos dados pessoais: noções introdutórias para a compreensão da Lei Geral de Proteção de Dados. *In:* FRAZÃO, Ana; TEPEDINO, Gustavo; OLIVA, Milena Donato (coord.). **Lei Geral de Proteção de Dados Pessoais e suas repercussões no direito brasileiro**. São Paulo: Thomson Reuters Brasil: Revista dos Tribunais, 2019a.

FRAZÃO, Ana. Plataformas digitais, *big data* e riscos para os direitos da personalidade. *In:* MENEZES, Joyceane Bezerra de; TEPEDINO, Gustavo (coord.). **Autonomia privada, liberdade existencial e direitos fundamentais**. Belo Horizonte: Fórum, 2019b. p. 333-349.

FRAZÃO, Ana. Propósitos, desafios e parâmetros gerais dos programas de *compliance*. *In:* VILLAS BÔAS, Ricardo leva; FRAZÃO, Ana (coord.). **Compliance e política de proteção de dados**. São Paulo: Thomson Reuters Brasil, 2021. p. 33-64.

FRAZÃO, Ana; OLIVA, Milena Donato; ABILIO, Viviane da Silveira. *Compliance* de dados pessoais. *In:* FRAZÃO, Ana; TEPEDINO, Gustavo; OLIVA, Milena Donato (coord.). **Lei Geral de Proteção de Dados Pessoais e suas repercussões no direito brasileiro**. São Paulo: Thomson Reuters Brasil: Revista dos Tribunais, 2019. p. 677-715.

FREITAS, Juarez. **Sustentabilidade**: direito ao futuro. 4. ed. Belo Horizonte: Fórum, 2019.

FROSINI, Tommaso Edoardo. Le sfide attuali del diritto ai dati personali. *In:* FARO, Sebastiano; FROSINI, Tommaso Edoardo; PERUGINELLI, Ginevra (coord.). **Dati e algoritmi**: diritto e diritti nella società digitale. Bologna: il Mulino, 2020. p. 25-35.

FROTA, Pablo Malheiros da Cunha. **Imputação sem nexo causal e a responsabilidade por danos**. Orientador: Luiz Edson Fachin. 2013. 274 p. Tese (Doutorado em Direito) – Faculdade de Direito, Setor de Ciências Jurídicas, Programa de Pós-Graduação em Direito, Universidade Federal do Paraná, Curitiba, 2013. Disponível em: https://www.acervodigital.ufpr.br/bitstream/handle/1884/31777/R%20-%20T%20-%20PABLO%20MALHEIROS%20DA%20CUNHA%20FROTA.pdf?sequence=1&isAllowed=y. Acesso em: 30 abr. 2023.

FROTA, Pablo Malheiros da Cunha. **Responsabilidade por danos**: imputação e nexo de causalidade. Curitiba: Juruá, 2014.

GABRIEL, Martha. **Inteligência artificial**: do zero ao metaverso. Barueri, SP: Atlas, 2022.

GADAMER, Hans-Georg. **Verdade e método**. Tradução de Flávio Paulo Meurer. 15. ed. Petrópolis, RJ: Vozes; Bragança Paulista, SP: Editora Universitária São Francisco, 2015.

GAFAM. **WIKIPÉDIA**. [*S. l.*], 2023. Disponível em: https://pt.wikipedia.org/wiki/GAFAM. Acesso em: 9 ago. 2023.

GALLEGO SAADE, Javier. La teoría 'dworkiniana' del razonamiento jurídico de Jeremy Waldron: el eslabón ignorado. **Isonomía**, n. 50, p. 6-48, 21 feb. 2019. DOI: 10.5347/50.2019.160. Disponível em: http://www.isonomia.itam.mx/index.php/revista-cientifica/article/view/160/395. Acesso em: 25 jun. 2023.

GALETTA, Antonella; de Hert, Paul. The proceduralisation of data protection remedies under EU data protection law: towards a more effective and data subject-oriented remedial system? **Review of European Administrative Law**, [S. l.], Paris Legal Publishers, v. 8, issue1, p. 125-151, June 2015. Disponível em: https://research.tilburguniversity.edu/en/publications/the-proceduralisation-of-data-protection-remedies-under-eu-data-p. Acesso em: 17 maio 2023.

GALIMBERTI, Umberto. **Psiche e techne**: o homem na idade da técnica. Tradução de José Maria de Almeida. São Paulo: Paulus, 2006.

G. COSSARI, Maximiliano N. La necesidad de prevención de daños ante los límites del régimen clásico de reparación argentino. **Revista de Derecho**, Segunda época, [S. l.], Año 9, n. 10, p. 13-40, dic./2014.

GELLERT, Raphaël. We have always managed risks in data protection law: understanding the similarities and differences between the rights-based and the risk-based approaches to data protection. **European Data Protection Law Review**, [S. l.], v. 2, issue 4, p. 481-492, 2016. DOI: https://doi.org/10.21552/EDPL/2016/4/7. Disponível em: https://edpl.lexxion.eu/article/EDPL/2016/4/7. Acesso em: 24 mar. 2023.

GODOY, Cláudio Luiz Bueno de. **Responsabilidade civil pelo risco da atividade**: uma cláusula geral no Código Civil de 2002. 2. ed. São Paulo: Saraiva, 2010.

GOMES DE ANDRADE, Norberto Nuno. Data protection, privacy and identity: distinguishing concepts and articulating rights. *In*: FISCHER-HÜBNER, S. *et al.* (eds.). **Privacy and identity management for life**. [USA]: Springer, 2010. (IFIP Advances in Information and Communication Technology-IFIPAICT, v. 352). p. 90-107. Disponível em: https://doi.org/10.1007/978-3-642-20769-3_8. Acesso em: 11 ago. 2022.

GOMES DE ANDRADE, Norberto Nuno. El olvido: el derecho a ser diferente... de uno mismo: una reconsideración del derecho a ser olvidado. **IDP-Revista de Internet, Derecho y Política**, Universitat Oberta de Catalunya, Barcelona, España, n. 13, p. 67-83, feb./2012. Disponível em: https://www.redalyc.org/articulo.oa?id=78824460007. Acesso em: 11 ago. 2022.

GOMES, Orlando. **A crise do direito**. São Paulo: Max Limonad, 1955.

GOMES, Orlando. **Introdução ao direito civil**. 15. ed. atual. por Humberto Theodoro Júnior. Rio de Janeiro: Forense, 2000.

GOMES, Orlando. A evolução do direito privado e o atraso da técnica jurídica. **Revista Direito GV**, v. 1, n. 1, p. 121-134, maio/2005. Disponível em: http://bibliotecadigital.fgv.br/ojs/index.php/revdireitogv/article/view/35268. Acesso em: 18 ago. 2023.

GONDIM, Glenda Gonçalves. A responsabilidade civil no uso indevido dos dados pessoais. **Revista IBERC**, Belo Horizonte, v. 4, n. 1, p. 19-34, 2021. DOI: 10.37963/iberc.v4i1.140. Disponível em: https://revistaiberc.responsabilidadecivil.org/iberc/article/view/140. Acesso em: 21 mar. 2023.

GRAEF, Inge; VAN BERLO, Sean. Towards smarter regulation in the areas of competition, data protection and consumer law: why greater power should come with greater responsibility. **European Journal of Risk Regulation**, [S. l.], v. 12, issue 3, p. 674-698, 2021. DOI: 10.1017/err.2020.92. Disponível em: https://www.cambridge.org/core/journals/european-journal-of-risk-regulation/article/towards-smarter-regulation-in-the-areas-of-competition-data-protection-and--consumer-law-why-greater-power-should-come-with-greater-responsibility-/8B00EFC66EA7F599DB9B700B1720ABAD. Acesso em: 10 mar. 2023.

GREENHALGH, Laura. Por que a verdade vem perdendo relevância. **Valor Econômico** [online]. Globo.com. São Paulo, 28 fev. 2020. Disponível em: https://valor.globo.com/eu-e/noticia/2020/02/28/por-que-a-verdade-vem-perdendo--relevancia.ghtml. Acesso em: 28 fev. 2023.

GRIMM, Dieter. A função protetiva do Estado. Tradução de Eduardo Mendonça. *In:* SOUZA NETO, Cláudio Pereira de; SARMENTO, Daniel (coord.). **A constitucionalização do direito**: fundamentos teóricos e aplicações específicas. Rio de Janeiro: Editora Lumen Juris, 2007. p. 149-165.

GUARDIA, Andrés Felipe Thiago Selingardi. **De *surveillance* a *dataveillance***: enfoque a partir da noção jurídica de tratamento de dados. São Paulo: Revista dos Tribunais, v. 1012/2020, p. 135-151, fev./2020.

GUEDES, Gisela Sampaio da Cruz; MEIRELES, Rose Melo Vencelau. Término do tratamento de dados. *In:* FRAZÃO, Ana; TEPEDINO, Gustavo; OLIVA, Milena Donato (coord.). **Lei Geral de Proteção de Dados Pessoais e suas repercussões no direito brasileiro.** São Paulo: Thomson Reuters Brasil, 2019. p. 219-241.

GUEDES, Jefferson Carús. **Igualdade e desigualdade**: introdução conceitual, normativa e histórica dos princípios. São Paulo: Editora Revista dos Tribunais, 2014.

GUSTIN, Miracy Barbosa de Souza; DIAS, Maria Tereza Fonseca. **(Re)pensando a pesquisa jurídica**: teoria e prática. 4. ed. Belo Horizonte: Del Rey, 2013.

GUTWIRTH, Serge; DE HERT, Paul. Privacy, data protection and law enforcement: opacity of the individual and transparency of power. **Direito Público**, Brasília, DF, v. 18, n. 100, p. 500-549, jul./dez. 2021. DOI: 10.11117/rdp.v18i100.6200. Disponível em: https://www.portaldeperiodicos.idp.edu.br/direitopublico/article/view/6200. Acesso em: 11 ago. 2022.

HAN, Byung-Chul. **No enxame**: perspectivas do digital. Tradução de Lucas Machado. Petrópolis, RJ: Vozes, 2018.

HAN, Byung-Chul. **Não-coisas**: reviravoltas do mundo da vida. Tradução de Rafael Rodrigues Garcia. Petrópolis, RJ: Vozes, 2022.

HART, Herbert Lionel Adolphus. **O conceito de direito**. Pós-escrito organizado por Penelope A. Bulloch e Joseph Raz. Tradução de Antonio de Oliveira Sette-Câmara. São Paulo: Editora WMF Martins Fontes, 2009.

HEIDEGGER, Martin. **Ser e tempo**. Tradução de Márcia Sá Cavalcante Schuback. 10. ed. Petrópolis, RJ: Vozes; Bragança Paulista, SP: Editora Universitária São Francisco, 2015.

HEIJDEN, Jeroen van Der. Risk governance and risk-based regulation: a review of the international academic literature. **SSRN Electronic Journal**, State of The Art In Regulatory Governance Research Paper 2019.02, School of Government, Victoria University of Wellington, Wellington, p. 1-33, June 2019. Disponível em: https://ssrn.com/abstract=3406998 or http://dx.doi.org/10.2139/ssrn.3406998. Acesso em: 31 jan. 2023.

HEMINGWAY, Ernest. **O velho e o mar**. Tradução de Fernando de Castro Ferro. 87. ed. Rio de Janeiro: Bertrand Brasil, 2015.

HOFFMANN-RIEM, Wolfgang. Direito, tecnologia e inovação. *In:* MENDES, Gilmar Ferreira; SARLET, Ingo Wolfgang; COELHO, Alexandre Zavaglia P. (coord.). **Direito, inovação e tecnologia**. São Paulo: Saraiva, 2015. v. 1. (Série direito, inovação e tecnologia). p. 11-31.

HOFFMANN-RIEM, Wolfgang. **Big data**: desafíos también para el derecho. Tradução de Eduardo Knör Argote. Pamplona: Civitas: Thomson Reuters, 2018.

HOFFMANN-RIEM, Wolfgang. Inteligência artificial como oportunidade para a regulação jurídica. **Revista Direito Público-RDP**, Porto Alegre, v. 16, n. 90, p. 11-38, nov./dez. 2019. Disponível em: https://www.portaldeperiodicos.idp.edu.br/direitopublico/article/view/3756. Acesso em: 1º set. 2022.

HOFFMANN-RIEM, Wolfgang. **Teoria geral do direito digital**: transformação digital: desafios para o direito. Tradução de Italo Fuhrmann. Rio de Janeiro: Forense, 2021.

HOHENDORFF, Raquel Von. **A contribuição do *safe by design* na estruturação autorregulatória da gestão dos riscos nanotecnológicos:** lidando com a improbabilidade da comunicação inter-sistêmica (sic) entre o direito e a ciência em busca de mecanismos para concretar os objetivos de sustentabilidade do milênio. Orientador: Wilson Engelmann. 2018. 478 p. Tese (Doutorado em Direito) – Programa de Pós-Graduação em Direito, Universidade do Vale do Rio dos Sinos-UNISINOS, São Leopoldo, RS, 2018. Disponível em: http://www.repositorio.jesuita.org.br/handle/UNISINOS/7055?show=full. Acesso em: 27 jun. 2023.

JANO. *In:* CHEVALIER, Jean; GHEERBRANT, Alain. **Dicionários de símbolos**: mitos, sonhos, costumes, gestos, formas, figuras, cores, números. Tradução de Vera da Costa e Silva, Raul de Sá Barbosa, Ângela Melim, Lúcia Melim. 34. edição revista e atual. por Carlos Sussekind. Rio de Janeiro: José Olympio, 2020. p. 578.

JIMENO MUÑOZ, Jesús. **Derecho de daños tecnológicos, ciberseguridad e insurtech**. Madrid, España: Dykinson, 2019.

JONAS, Hans. **O princípio responsabilidade**: ensaio de uma ética para a civilização tecnológica. Rio de Janeiro: PUC-Rio, 2006.

JOSSERAND, Louis. A evolução da responsabilidade civil. **Revista Forense**, Rio de Janeiro, v. 86, p. 52-63, Editora Forense, 1941.

KARJALAINEN, Tuulia. All talk, no action? The effect of the GDPR accountability principle on the EU data protection paradigm. **European Data Protection Law Review**, [S. l.], v. 8, issue 1, p. 19-30, 2022a. DOI: https://doi.org/10.21552/edpl/2022/1/6. Disponível em: https://edpl.lexxion.eu/article/edpl/2022/1/6/display/html#8. Acesso em: 1º fev. 2023.

KARJALAINEN, Tuulia. The battle of power: enforcing data protection law against companies holding data power. **Computer Law & Security Review**, [S. l.], v. 47, p. 1-10, 2022b. DOI: https://doi.org/10.1016/j.clsr.2022.105742. Disponível em: https://www.sciencedirect.com/science/article/pii/S0267364922000851. Acesso em: 28 mar. 2023.

KELSEN, Hans. **Teoria pura do direito**. Tradução de João Baptista Machado. 8. ed. São Paulo: WMF Martins Fontes, 2009.

KONDER, Carlos Nelson; LIMA, Marco Antônio de Almeida. Responsabilidade civil dos advogados no tratamento de dados à luz da Lei nº 13.709/2018. *In*: EHRHARDT JÚNIOR, Marcos; CATALAN, Marcos; MALHEIROS, Pablo (coord.). **Direito civil e tecnologia**. Belo Horizonte: Fórum, 2020. p. 413-429.

KUHN, Thomas S. **A revolução copernicana**: a astronomia planetária no desenvolvimento do pensamento ocidental. Tradução de Marília Costa Fontes. Lisboa: Edições 70, 1990.

LAFER, Celso. **Norberto Bobbio**: trajetória e obra. São Paulo: Editora Perspectiva, 2013.

LEONARDO, Rodrigo Xavier. Responsabilidade civil contratual e extracontratual: primeiras anotações em face do novo Código Civil brasileiro. **Revista de Direito Privado**, v. 19, p. 260-269. São Paulo: Editora Revista dos Tribunais, 2004.

LEONARDO, Rodrigo Xavier. Responsabilidade civil contratual e extracontratual. *In*: NERY JR. Nelson; NERY, Rosa Maria de Andrade. **Doutrinas essenciais**: responsabilidade civil. São Paulo: Ed. RT, 2010. v. I: Teoria geral.

LEONHARD, Gerd. **Tecnologia *versus* humanidade**: o confronto futuro entre a máquina e o homem. Tradução de Florbela Marques. Lisboa: Gradiva Publicações, 2018.

LÉVY, Pierre. **O que é virtual?** Tradução de Paulo Neves. 2. ed. São Paulo: Editora 34, 2011.

LIMA, Alvino. **Culpa e risco**. 2. ed. rev. e atual. pelo Prof. Ovídio Rocha Barros Sandoval. São Paulo: Editora Revista dos Tribunais, 1998.

LIMBERGER, Têmis. **O direito à intimidade na era da informática**: a necessidade de proteção dos dados pessoais. Porto Alegre: Livraria do Advogado Editora, 2007.

LIMBERGER, Têmis. **Cibertransparência:** informação pública em rede: a virtualidade e suas repercussões na realidade. Porto Alegre: Livraria do Advogado, 2016.

LIMBERGER, Têmis. Mutações da privacidade e a proteção de dados pessoais. *In:* RUARO, Regina Linden; PIÑAR MAÑAS, José Luís; MOLINARO, Carlos Alberto (org.). **Privacidade e proteção de dados pessoais na sociedade digital**. Porto Alegre, RS: Editora Fi, 2017.

LIMBERGER, Têmis. Transparência e acesso aos dados e informações: o caso do 'Facebook': um estudo comparado entre o RGPD Europeu e o marco civil da internet no Brasil. *In:* STRECK, Lenio Luiz; ROCHA, Leonel Severo; ENGELMAN, Wilson (org.). **Constituição, sistemas sociais e hermenêutica**: anuário do Programa de Pós-Graduação em Direito da Unisinos: mestrado e doutorado: n. 14. São Leopoldo: Karywa: Unisinos, 2018. p. 214-233. Disponível em: https://editorakarywa.files.wordpress.com/2018/08/anuc3a1rio-ppg-direito.pdf. Acesso em: 15 abr. 2023.

LIMBERGER, Têmis. Informação e internet: apontamentos para um estudo comparado entre o Regulamento Geral de Proteção de Dados Europeu e Lei de Proteção de Dados Brasileira. **Novos Estudos Jurídicos-Eletrônica**, [*S. l.*], v. 25, n. 2, p. 478-500, maio-ago./2020. DOI: 10.14210/nej.v25n2.p478-500. Disponível em: https://siaiap32.univali.br/seer/index.php/nej/article/view/16916. Acesso em: 21 jan. 2023.

LISSARDY, Gerardo. 'Despreparada para a era digital, a democracia está sendo destruída', afirma guru do 'big data'. **BBC News Brasil**. [Brasil], 9 abr. 2017. Disponível em: https://www.bbc.com/portuguese/geral-39535650. Acesso em: 30 abr. 2023.

LOBEL, Orly. Coase and the platform economy. **Sharing Economy Handbook 2018**. DAVIDSON, Nestor; FINK, Michèle; INFRANCA, John J. (eds.). San Diego, USA, University of San Diego, School of Law, Cambridge University Press, Legal Studies Research Paper Series No. 17-318, p. 1-13, 2018. DOI: http://dx.doi.org/10.2139/ssrn.3083764. Disponível em: https://ssrn.com/abstract=3083764. Acesso em: 17 ago. 2023.

LÔBO, Paulo. Direito à privacidade e sua autolimitação. *In:* EHRHARDT JÚNIOR, Marcos; LOBO, Fabíola Albuquerque (coord.). **Privacidade e sua compreensão no direito brasileiro**. Belo Horizonte: Fórum, 2019. p. 11-32.

LOPES FILHO, Juraci Mourão; LOBO, Júlio Cesar Matias; CIDRÃO, Taís Vasconcelos. O positivismo jurídico foi superado no neoconstitucionalismo? **Revista de Estudos Constitucionais, Hermenêutica e Teoria do Direito** (RECHTD), São Leopoldo, UNISINOS, v. 10, n. 3, p. 348-361, set./dez. 2018. DOI: 10.4013/rechtd.2018.103.11. Disponível em: http://www.revistas.unisinos.br/index.php/RECHTD/article/view/rechtd.2018.103.11. Acesso em: 4 jun. 2023.

LOPES, Teresa Vale. Responsabilidade e governação das empresas no âmbito do novo Regulamento sobre a Proteção de Dados. *In:* PEREIRA COUTINHO, Francisco; CANTO MONIZ, Graça (coord.). **Anuário da Proteção de Dados 2018**. Lisboa, Portugal: CEDIS, mar./2018. p. 45-70.

LOPEZ, Teresa Ancona. **Princípio da precaução e evolução da responsabilidade civil**. São Paulo: Quartier Latin, 2010.

LORENZETTI, Ricardo Luis. **Fundamentos do direito privado**. Tradução de Vera Maria Jacob de Fradera. São Paulo: Editora Revista dos Tribunais, 1998.

LOUREIRO, João Carlos. Constituição, tecnologia e risco(s): entre medo(s) e esperança(s). *In*: MENDES, Gilmar Ferreira; SARLET, Ingo Wolfgang; COELHO, Alexandre Zavaglia P. (coord.). **Direito, inovação e tecnologia**. São Paulo: Saraiva, 2015.

LUHMANN, Niklas. **Sociología del riesgo**. México: Ed. Universidad Iberoamericana, 2006.

LYNGAAS, Sean. NSA chief warns TikTok could censor videos as part of Chinese influence operations. **CNN Business**. [USA], March 7, 2023. Disponível em: https://edition.cnn.com/2023/03/07/tech/nsa-tiktok-surveillance-china-america/index.html. Acesso em: 10 mar. 2023.

LYNSKEY, Orla. Grappling with "Data Power": normative nudges from data protection and privacy. **Theoretical Inquiries in Law**, v. 20, issue 1, p. 189-220, 2019. Disponível em: https://www7.tau.ac.il/ojs/index.php/til/article/view/1613/1714. Acesso em: 9 fev. 2023.

MACEDO JÚNIOR, Ronaldo Porto. **Do xadrez à cortesia**: Dworkin e a teoria do direito contemporânea. São Paulo: Saraiva, 2013.

MACHADO, Diego Carvalho; MENDES, Laura Schertel. Tecnologias de perfilamento e dados agregados de geolocalização no combate à COVID-19 no Brasil: uma análise dos riscos individuais e coletivos à luz da LGPD. **Revista Brasileira de Direitos Fundamentais & Justiça**, Belo Horizonte, v. 14, Edição Especial, n. 1, p. 105-148, nov. 2020. DOI: https://doi.org/10.30899/dfj.v0i0.1020. Disponível em: http://dfj.emnuvens.com.br/dfj/article/view/1020. Acesso em: 16 mar. 2023.

MACHADO, Paulo Affonso Leme. **Direito ambiental brasileiro**. 21. ed. São Paulo: Malheiros, 2013.

MADRID CONESA, Fulgencio. **Derecho a la intimidad, informática y estado de derecho**. Valencia: Universidad de Valencia, 1984.

MANTELERO, Alessandro. Responsabilità e rischio nel Reg. EU 2016/679. **Le nuove leggi civili commentate**, Revista Bimestrale, [S. l.], anno XL, n. 1/2017, Cedam: XX, p. 144-164, 2017. Disponível em: https://www.academia.edu/34660169/Responsabilit%C3%A0_e_rischio_nel_Reg_UE_2016_679. Acesso em: 14 out. 2022.

MARINONI, Luiz Guilherme. **Tutela específica**: arts. 461, CPC e 84, CDC. São Paulo: Editora Revista dos Tribunais, 2000.

MARQUES, Cláudia Lima; BENJAMIN, Antônio Hermann Vasconcellos; MIRAGEM, Bruno. **Comentários ao Código de Defesa do Consumidor**: arts. 1.º ao 74: aspectos materiais. São Paulo: Editora Revista dos Tribunais, 2004.

MARTINS-COSTA, Judith. **A boa-fé no direito privado**: sistema e tópica no processo obrigacional. São Paulo: Editora Revista dos Tribunais, 2000.

MARTINS-COSTA, Judith; BRANCO, Gerson Luiz Carlos. **Diretrizes teóricas do novo Código Civil brasileiro.** São Paulo: Saraiva, 2002.

MARTINS-COSTA, Judith. Um aspecto da obrigação de indenizar: notas para uma sistematização dos deveres pré-negociais de proteção no direito civil brasileiro. **Revista dos Tribunais**, São Paulo, v. 867/2008, p. 11-51, jan./2008.

MARTINS-COSTA, Judith. Os avatares do abuso do direito e o rumo indicado pela boa-fé. *In:* ULISBOA – Universidade de Lisboa. [Portugal], 2014], p. 1-43. Disponível em: http://www.fd.ulisboa.pt/wp-content/uploads/2014/12/Costa-Judith-Os-avatares-do-Abuso-do-direito-e-o-rumo-indicado-pela-Boa--Fe.pdf. Acesso em: 19 ago. 2023.

MARTINS, Guilherme Magalhães. O direito ao esquecimento como direito fundamental. **Civilistica.com**, Revista Eletrônica de Direito Civil, Rio de Janeiro, a. 10, n. 3, p. 1-70, 2021. Disponível em: http://civilistica.com/o-direito-ao--esquecimento-como-direito/. Acesso em: 17 jan. 2023.

MARTINS, Guilherme Magalhães; FALEIROS JÚNIOR, José Luiz de Moura. *Compliance* digital e responsabilidade civil na Lei Geral de Proteção de Dados. *In:* MARTINS, Guilherme Magalhães; ROSENVALD, Nelson (coord.). **Responsabilidade civil e novas tecnologias**. Indaiatuba, SP: Editora Foco, 2020. p. 263-297.

MARTINS, Leonardo (org. e introd.). **Cinquenta anos de jurisprudência do Tribunal Constitucional Federal Alemão**. Coletânea original de Jürgen Schwabe. Tradução de Beatriz Hennig *et al.* Montevideo, Uruguay: Konrad-Adenauer--Stiftung, 2005. Disponível em: http://www.kas.de/wf/doc/kas_7738-544-1-30.pdf. Acesso em: 11 maio 2023.

MASCITTI, Matías. La función preventiva de los daños causados por la robótica y los sistemas autónomos. **Direitos Fundamentais & Justiça**, Belo Horizonte, Número especial, ano 16, p. 15-54, out./2022.

MATSUMI, Hideyuki; Solove, Daniel J. The prediction society: algorithms and the problems of forecasting the future. **Paper to My Library**, SSRN, [*S. l.*], p. 1-62, 19 maio 2023. DOI: http://dx.doi.org/10.2139/ssrn.4453869. Disponível em: https://ssrn.com/abstract=4453869. Acesso em: 27 jun. 2023.

MATSUURA, Sérgio. Mercado ilegal de crédito é alimentado pela venda on-line de cartões. **O Globo** [online] [Brasil], 8 jun. 2015. Disponível em: https://oglobo.globo.com/economia/mercado-ilegal-de-credito-alimentado-pela-venda--on-line-de-cartoes-16376307. Acesso em: 15 abr. 2023.

MAYER-SCHÖNBERGER, Viktor. General development of data protection in Europe. *In:* AGRE, Philip; ROTENBERG, Marc (org.). **Technology and privacy**: the new landscape. Cambridge: MIT Press, 1997. p. 219-242.

MEGAVAZAMENTO de dados de 223 milhões de brasileiros: o que se sabe e o que ainda falta saber. **G1**. [Brasil], 28 jan. 2021. Disponível em: https://g1.globo.com/economia/tecnologia/noticia/2021/01/28/vazamento-de-dados-

-de-223-milhoes-de-brasileiros-o-que-se-sabe-e-o-que-falta-saber.ghtml. Acesso em: 10 fev. 2023.

MENDES, Gilmar Ferreira; FERNANDES, Victor Oliveira Constitucionalismo Digital e Jurisdição Constitucional: uma agenda de pesquisa para o caso brasileiro. **Revista Justiça do Direito**, v. 34, n. 2, p. 6-51, maio-ago./2020. DOI: https://doi.org/10.5335/rjd.v34i2.11038. Disponível em: http://seer.upf.br/index.php/rjd/article/view/11038. Acesso em: 15 set. 2022.

MENDES, Laura Schertel. **Privacidade, proteção de dados e defesa do consumidor**: linhas gerais de um novo direito fundamental. São Paulo: Saraiva, 2014.

MENDES, Laura Schertel. Lei Geral de Proteção de dados pessoais: um modelo de aplicação de três níveis. *In:* SOUZA, Carlos Affonso; MAGRANI, Eduardo; SILVA, Priscila (Coords.). **Lei Geral de Proteção de Dados** -Caderno Especial. São Paulo: Revista dos Tribunais, 2019, p. 35-56.

MENDES, Laura Schertel; DONEDA, Danilo. Reflexões iniciais sobre a nova Lei Geral de Proteção de Dados. **Revista de Direito do Consumidor**, [S. l.], v. 120/2018, São Paulo: Revista dos Tribunais [online], Thomson Reuters, p. 469-483/p. 1-13, nov./dez. 2018. Disponível em: http://www.rtonline.com.br/. Acesso em: 15 abr. 2023.

MENDES, Laura Schertel; RODRIGUES JÚNIOR, Otavio Luiz; FONSECA, Gabriel Campos Soares da. O Supremo Tribunal Federal e a proteção constitucional dos dados pessoais: rumo a um direito fundamental autônomo. *In:* DONEDA, Danilo *et al.* (coord.). **Tratado de proteção de dados pessoais**. Rio de Janeiro: Forense, 2021. p. 61-71.

MENKE, Fabiano. A proteção de dados e o novo direito fundamental à garantia da confidencialidade e da integridade dos sistemas técnico-informacionais no direito alemão. *In:* MENDES, Gilmar Ferreira; SARLET, Ingo Wolfgang; COELHO, Alexandre Zavaglia P. (coord.). **Direito, inovação e tecnologia**. São Paulo: Saraiva, 2015. v. 1. (Série direito, inovação e tecnologia). p. 205-230.

MENKE, Fabiano. Os tribunais alemães e a regra de responsabilidade civil do Regulamento Geral de Proteção de Dados. *In:* MENKE, Fabiano (coord.). **Lei geral de proteção de dados**: subsídios teóricos à aplicação prática. Indaiatuba/SP: Editora Fórum, 2022.

MICHELON, Claudio. Principles and coherence in legal reasoning (Princípios e coerência na argumentação jurídica). University of Edinburgh – School of Law. **Working Paper Series 2009/08**, p. 1-38, 2009, 31 Mar. DOI: http://dx.doi.org/10.2139/ssrn.1371140. Disponível em: https://ssrn.com/abstract=1371140. Acesso em: 16 abr. 2023.

MIRAGEM, Bruno. A Lei Geral de Proteção de Dados (Lei 13.709/2018) e o direito do consumidor. **Revista dos Tribunais**, [São Paulo], v. 1009/2019, p. 1-41, nov. 2019. Disponível em: http://www.rtonline.com.br/. Acesso em: 15 abr. 2023.

MIRAGEM, Bruno. **Direito Civil**: responsabilidade civil. 2. ed. Rio de Janeiro: Forense, 2021.

MITIDIERO, Daniel. A tutela dos direitos e a sua unidade: hierarquia, coerência e universalidade dos precedentes. **Revista dos Tribunais** [online], Thomson Reuters, Revista Brasileira da Advocacia, [Brasil], v. 3/2016, p. 161-170, out./dez. 2016.

MODESTO, Jéssica Andrade; EHRHARDT JUNIOR, Marcos. Danos colaterais em tempos de pandemia: preocupações quanto ao uso dos dados pessoais no combate a (sic) COVID-19. **Redes**: Revista Eletrônica Direito e Sociedade, Canoas, v. 8, n. 2, p. 143-161, ago. 2020. DOI http://dx.doi.org/10.18316/REDES.v8i2.6770. Disponível em: https://revistas.unilasalle.edu.br/index.php/redes/article/download/6770/pdf. Acesso em: 15 abr. 2023.

MONATERI, Pier Giuseppe. Natureza e finalidades da responsabilidade civil. **Revista de direito do consumidor**. Tradução de Flávio Tartuce e Giuliana Giannessi. São Paulo, v. 112, ano 26, p. 59-91, jul./ago. 2017. São Paulo: Revista dos Tribunais.

MONTEIRO, Washington de Barros. **Curso de direito civil**. 33. ed. São Paulo: Saraiva, 1995. v. 1: Parte geral.

MORAES, Maria Celina Bodin de. A caminho de um direito civil constitucional. **Revista de direito civil**. São Paulo, v. 17, n. 65, p. 21-32, jul./set. 1993.

MORAES, Maria Celina Bodin. A constitucionalização do direito e seus efeitos sobre a responsabilidade civil. **Revista Direito, Estado e Sociedade-DES**, v. 9, n. 29, p. 233-258, jul./dez. 2006a. DOI: 10.17808/des.29.295. Disponível em: https://revistades.jur.puc-rio.br/index.php/revistades/article/view/295. Acesso em: 26 out. 2022.

MORAES, Maria Celina Bodin de. Risco, solidariedade e responsabilidade objetiva. **Revista dos Tribunais, São Paulo, v. 95, n. 854/2006b, p. 11-37, dez./2006.**

MORAES, Maria Celina Bodin de. Ampliando os direitos da personalidade. *In*: MORAES, Maria Celina Bodin de. **Na medida da pessoa humana**: estudos de Direito Civil-Constitucional. Rio de Janeiro: Renovar, 2010.

MORAES, Maria Celina Bodin de. QUEIROZ, João Quinelato de. Autodeterminação informativa e responsabilização proativa: novos instrumentos de tutela da pessoa humana na LGPD. **Cadernos Adenauer** – Proteção de dados pessoais: privacidade versus avanço tecnológico. Rio de Janeiro, Fundação Konrad Adenauer, ano XX, n. 3, p. 113-135, 2019.

MORBACH, Gilberto. **A terceira via de Jeremy Waldron**. Orientador: Lenio Luiz Streck. 2019. p. 152 *et seq*. Dissertação (Mestrado em Direito Público) – Unidade Acadêmica do Vale do Rio dos Sinos, Programa de Pós-Graduação em Direito, Universidade do Vale do Rio dos Sinos, São Leopoldo, 2019. Disponível em http://www.repositorio.jesuita.org.br/bitstream/handle/UNISINOS/8965/Gilberto%20Morbach_.pdf?sequence=1&isAllowed=y. Acesso em: 1º jun. 2023.

MORIN, Edgar. **Introdução ao pensamento complexo**. Tradução de Eliane Lisboa. 5. ed. Porto Alegre: Sulina, 2015.

MOROZOV, Evgeny. **Big tech**: a ascensão dos dados e a morte da política. Tradução de Claudio Marcondes. São Paulo: Ubu Editora, 2018.

MOSSET ITURRASPE, Jorge. **Responsabilidad por daños**. Buenos Aires: Rubinzal-Culzoni, 1999. Tomo V: El daño moral.

MULHOLLAND, Caitlin. Responsabilidade civil e processos decisórios autônomos em sistemas de inteligência artificial (IA): autonomia, imputabilidade e responsabilidade. *In*: FRAZÃO, Ana; MULHOLLAND, Caitlin (coord.). **Inteligência artificial e direito**: ética, regulação e responsabilidade. São Paulo: Thomson Reuters Brasil, 2019. p. 325-348.

MULHOLLAND, Caitlin. Responsabilidade civil por danos causados pela violação de dados sensíveis e a Lei Geral de Proteção de Dados pessoais (Lei 13.709/2018). *In*: MARTINS, Guilherme Magalhães; ROSENVALD, Nelson (coord.). **Responsabilidade civil e novas tecnologias**. Indaiatuba, SP: Editora Foco, 2020. p. 109-124.

NALIN, Paulo Roberto Ribeiro. **Responsabilidade civil**: descumprimento do contrato e dano extrapatrimonial. Curitiba: Juruá, 1996.

NETTO LÔBO, Paulo Luiz. **Direito Civil**. São Paulo: Saraiva, 2011. v. 2: Obrigações.

NEVES, Marcelo. **Entre Hidra e Hércules**: princípios e regras constitucionais como diferença paradoxal do sistema jurídico. 3. ed. São Paulo: Editora WMF Martins Fontes, 2019.

Nissenbaum, Helen. Contextual integrity up and down the data food chain. **Theoretical Inquiries in Law**, [*S. l.*]. v. 20, p. 221-256, 2019. Disponível em: https://www7.tau.ac.il/ojs/index.php/til/article/view/1614. Acesso em: 28 jun. 2023.

NORONHA, Fernando. **Direito das obrigações**: fundamentos do direito das obrigações: introdução à responsabilidade civil. São Paulo: Saraiva, 2003. v. 1.

OLIVEIRA, Marco Aurélio Bellizze; LOPES, Isabela Maria Pereira. Os princípios norteadores da proteção de dados pessoais no Brasil e sua otimização pela Lei 13.709/2018. *In*: FRAZÃO, Ana; TEPEDINO, Gustavo; OLIVA, Milena Donato (coord.). **Lei Geral de Proteção de Dados Pessoais e suas repercussões no direito brasileiro**. São Paulo: Thomson Reuters Brasil: Revista dos Tribunais, 2019. p. 53-83.

OLIVEIRA, Rafael Tomaz de. **O conceito de princípio entre a otimização e a resposta correta**: aproximações sobre o problema da fundamentação e da discricionariedade das decisões judiciais a partir da fenomenologia hermenêutica. Orientador: Lenio Luiz Streck. 2007. 210 p. Dissertação (Mestrado em Direito) – Programa de Pós-Graduação em Direito, Faculdade de Direito, Universidade do Vale do Rio dos Sinos, São Leopoldo, 2007. Disponível em: http://www.repositorio.jesuita.org.br/bitstream/handle/UNISINOS/2413/conceito%20de%20principio.pdf?sequence=1&isAllowed=y. Acesso em: 16 jun. 2023.

O'NEIL, Cathy. **Algoritmos de destruição em massa**: como a *big data* aumenta a desigualdade e ameaça a democracia. Tradução de Rafael Abraham. Santo André, SP: Editora Rua do Sabão, 2020.

OST, François. **O tempo do direito**. Tradução de Élcio Fernandes. Bauru, SP: Edusc, 2005. p. 187 *et seq*.

PAGANELLA, Victoria Dickow. **O nexo de imputação da responsabilidade civil na proteção de dados pessoais**. Londrina, PR: Thoth, 2022.

PARENTY, Thomas J.; DOMET, Jack J. Como avaliar riscos cibernéticos. **Harvard Business Review Brasil** (online), [Brasil], Edição Especial, RFM Editores, p. 54-61, abr./2020.

PARISER, Eli. **O filtro invisível**: o que a internet está escondendo de você. Rio de Janeiro: Zahar, 2012.

PEETERS, Rik. **The preventive gaze**: how prevention transforms our understanding of the state. Haia: Eleven International Publishing, 2013.

PEIXOTO, Erick Lucena Campos; EHRHARDT JÚNIOR, Marcos. Breves notas sobre a ressignificação da privacidade. **Revista Brasileira de Direito Civil-RBDCivil**, Belo Horizonte, v. 16, p. 35-56, abr./jun. 2018.

PEIXOTO, Erick Lucena Campos; EHRHARDT JÚNIOR, Marcos. Os desafios da compreensão do direito à privacidade no sistema jurídico brasileiro em face das novas tecnologias. *In*: EHRHARDT JÚNIOR, Marcos; LOBO, Fabíola Albuquerque (coord.). **Privacidade e sua compreensão no direito brasileiro**. Belo Horizonte: Fórum, 2019. p. 33-54.

PEREIRA, Caio Mário da Silva. **Instituições de direito civil**. 18. ed. Rio de Janeiro: Forense, 1995. v. 1: Introdução ao direito civil.

PEREIRA, Jane Reis Gonçalves; IGLESIAS KELLER, Clara. Constitucionalismo Digital: contradições de um conceito impreciso / Digital Constitutionalism: contradictions of a loose concept. **Revista Direito e Práxis**, [S. l.], v. 13, n. 4, p. 2648–2689, 2022. Disponível em: https://www.e-publicacoes.uerj.br/revistaceaju/article/view/70887. Acesso em: 3 out. 2023.

PÉREZ LUÑO, Antonio Henrique. **El desbordamiento de las fuentes del derecho**. Madrid: La Ley, 2011.

PÉREZ LUÑO, Antonio Enrique. **Los derechos humanos en la sociedad tecnológica**. Madrid: Universitas, 2012a.

PÉREZ LUÑO, Antonio Enrique. **Perspectivas e tendências atuais do Estado Constitucional**. Tradução de José Luis Bolzan de Morais e Valéria Ribas do Nascimento. Porto Alegre: Livraria do Advogado Editora, 2012b.

PERLINGIERI, Pietro. **Perfis do direito civil**: introdução ao direito civil constitucional. Tradução de Maria Cristina de Cicco. 3. ed. Rio de Janeiro: Renovar, 2002.

PERLINGIERI, Pietro. **O direito civil na legalidade constitucional**. Tradução de Maria Cristina de Cicco. 3. ed. Rio de Janeiro: Renovar, 2008.

PESSOA Fernando. Navegar é preciso. *In:* WIKISOURCE. [*S. l.*], c2023. Disponível em: https://pt.wikisource.org/wiki/Navegar_é_Preciso. Acesso em: 12 abr. 2023.

PILAR, Ana Flávia. Censo 2022: saiba como é a vida na menor cidade do Brasil. **O GLOBO**. Rio de Janeiro, 29 jun. 2023. Disponível em: https://oglobo.globo.com/economia/noticia/2023/06/censo-2022-saiba-como-e-a-vida-na-menor-cidade-do-brasil.ghtml. Acesso em: 3 jul. 2023.

PIÑAR MAÑAS, José Luis. Sociedad, innovación y privacidad. **Revistas ICE – Información Comercial Española, ICE**, [España], n. 897, 2017 (Ejemplar dedicado a: El cambio digital en la economía. Un proceso disruptivo), p. 67-75, jul.-ago./2017. Disponível em: https://dialnet.unirioja.es/servlet/articulo?codigo=6265463. Acesso em: 12 set. 2022.

PIÑAR MAÑAS, José Luis. El derecho de la protección de datos personales en la perspectiva europea. *In:* BAUZÁ REILY, Marcelo (Director). **El derecho de las TIC en Iberoamérica**. Montevideo: Ed. La Ley Uruguay, 2019. cap. XII, p. 345-372.

PLAXTON, Michael. Reflections on Waldron's archetypes. **Law & Philosophy**, [USA], v. 30, n. 1, p. 77-103, jan./2011. DOI: https://doi.org/10.1007/s10982-010-9084-8. Disponível em: https://search.ebscohost.com/login.aspx?direct=true&db=sih&AN=55511343&lang=pt-br&site=ehost-live. Acesso em: 17 jun. 2023.

POLÍTICA de privacidade. Por que o Google coleta dados. **Google.com**. [Brasil], c2023. Disponível em: https://policies.google.com/privacy?hl=pt-BR#whycollect. Acesso em: 27 jun. 2023.

POMPEU. *In:* WIKIQUOTE, [Brasil], 13 de setembro de 2020. Disponível em: https://pt.wikiquote.org/wiki/Pompeu. Acesso em: 12 abr. 2023.

PONTES DE MIRANDA, Francisco Cavalcanti. **Tratado de direito privado**. 2. ed. Rio de Janeiro: Borsoi, 1954. t. II.

PORCEDDA, Maria Grazia. On boundaries: finding the essence of the right to the protection of personal data. *In:* LEENES, Van Brakel; DE HERT; GUTWIRTH (eds.). **Privacy and data protection: the internet of bodies**. [*S. l.*]: Hart Publishing, 2018. p. 1-30. Disponível em: https://ssrn.com/abstract=3627579. Acesso em: 12 ago. 2022.

[PORTUGAL]. Carta dos Direitos Fundamentais da União Europeia – 2000. **Jornal Oficial das Comunidades Europeias**, [Portugal], c364/1-c 364/22, dez./2000. Disponível em: https://www.europarl.europa.eu/charter/pdf/text_pt.pdf. Acesso em: 30 abr. 2023.

POSCHER, Ralf. A mão de Midas: quando conceitos se tornam jurídicos ou esvaziam o debate Hart-Dworkin. **Revista de Estudos Constitucionais, Hermenêutica e Teoria do Direito (RECHTD)**, [São Leopoldo], Unisinos, v. 10, n. 1, p. 2-13, jan./abr. 2018. DOI: 10.4013/rechtd.2018.101.01. Disponível em: http://revistas.unisinos.br/index.php/RECHTD/article/view/rechtd.2018.101.01. Acesso em: 16 jun. 2023.

POSNER, Richard A. **A economia da justiça**. Tradução de Evandro Ferreira e Silva. São Paulo: Editora WMF Martins Fontes, 2010.

PURTOVA, Nadezhda. The law of everything: broad concept of personal data and future of EU data protection law. **Law, Innovation and Technology**, [S. l.], v. 10, issue 1, p. 40-81, Feb./2018. DOI: 10.1080/17579961.2018.1452176. Disponível em: https://www.tandfonline.com/doi/full/10.1080/17579961.2018.1452176. Acesso em: 17 maio 2023.

PÜSCHEL, Flávia Portella. **A responsabilidade por fato do produto no CDC**: acidentes de consumo. São Paulo: Quartier Latin, 2006.

QUELLE, Claudia. Privacy, proceduralism and self-regulation in data protection law. **Teoria Critica della Regolazione Sociale**, [USA], p. 89-106, April 7, 2017a. Disponível em: https://ssrn.com/abstract=3139901. Acesso em: 12 ago. 2022.

QUELLE, Claudia. The 'risk revolution' in EU data protection law: we can't have our cake and eat it, too. *In*: LEENES, R.; VAN BRAKEL, R.; GUTWIRTH, S.; DE HERT, P. (eds.). **Data protection and privacy**: the age of intelligent machines (Hart Publishing, Forthcoming). Tilburg Law School Research Paper No. 17, 25 p., July 11, 2017b. Disponível em: https://ssrn.com/abstract=3000382. Acesso em: 31 jan. 2023.

RADA, Dimitri de. La responsabilità civile in caso di mancato rispetto del GDPR: privacy by default, privacy, by design e accountability nell' ottica del Diritto Privato. **Federalismi.it Rivista di Diritto Pubblico Italiano, Comparato, Europeo**, n. 23, p. 2-16, dez./2019. Disponível em: https://www.federalismi.it/nv14/articolo-documento.cfm?Artid=40769. Acesso em: 24 mar. 2023.

RAMOS, André Luiz Arnt. **Segurança jurídica e enunciados normativos deliberadamente indeterminados**: o caso da função social do contrato. Orientador: Eroulths Cortiano Junior. 2019. Tese (Doutorado em Direito das Relações Sociais) – Setor de Ciências Jurídicas, Programa de Pós-Graduação em Direito, Universidade Federal do Paraná, Curitiba, 2019. Disponível em: https://acervodigital.ufpr.br/bitstream/handle/1884/65931/R%20-%20T%20-%20ANDRE%20LUIZ%20ARNT%20RAMOS.pdf?sequence=1&isAllowed=y. Acesso em: 16 jan. 2023.

RAMOS MARTINEZ, María Florencia. El principio precautorio como fuente de responsabilidad estatal frente a los derechos fundamentales. **A&C – Revista de Direito Administrativo & Constitucional**, Belo Horizonte, ano 17, n. 70, p. 45-63, out./dez. 2017. DOI: 10.21056/aec.v17i70.845. Disponível em: http://www.revistaaec.com/index.php/revistaaec/article/view/845/699. Acesso em: 20 jan. 2023.

REINO UNIDO. EUR-Lex. Parlamento Europeu. **Directiva 95/46/CE do Parlamento Europeu e do Conselho, de 24 de outubro de 1995**. Relativa à protecção das pessoas singulares no que diz respeito ao tratamento de dados pessoais e à livre circulação desses dados. Jornal Oficial das Comunidades Europeias. p. I.281/31-I.281/50. Luxemburgo, 24 out. 1995. Disponível em: https://

eur-lex.europa.eu/legal-content/PT/ALL/?uri=CELEX%3A31995L0046. Acesso em: 30 abr. 2023.

REINO UNIDO. EUR-Lex. Parlamento Europeu. Atos Legislativos. Regulamento (UE) 2016/679 do Parlamento Europeu e do Conselho de 27 de abril de 2016. Relativo à proteção das pessoas singulares no que diz respeito ao tratamento de dados pessoais e à livre circulação desses dados e que revoga a Diretiva 95/46/CE (Regulamento Geral sobre a Proteção de Dados). **Jornal Oficial da União Europeia**, Bruxelas, Bélgica, p. I. 119/1-I.119-88, 2016. Disponível em: https://eur-lex.europa.eu/legal-content/PT/TXT/?uri=celex%3A32016R0679. Acesso em: 15 abr. 2023.

REINO UNIDO. Privazyplan. **UE Regulamento Geral sobre a Proteção de Dados**. Conteúdo. Regulamento (UE) 2016/679 do Parlamento Europeu e do Conselho de 27 de abril de 2016. Relativo à proteção das pessoas singulares no que diz respeito ao tratamento de dados pessoais e à livre circulação desses dados e que revoga a Diretiva 95/46/CE (Regulamento Geral sobre a Proteção de Dados) [...]. Germany, Alemanha: 5 set. 2018. Disponível em: https://www.privacy-regulation.eu/pt/. Acesso em: 15 jan. 2023.

REIS JÚNIOR, Antonio dos. Aplicações da função promocional na responsabilidade civil ambiental. **Revista IBERC**, Belo Horizonte, v. 3, n. 1, 2020. DOI: 10.37963/iberc.v3i1.104. Disponível em: https://revistaiberc.responsabilidadecivil.org/iberc/article/view/104. Acesso em: 20 mar. 2023.

REIS JÚNIOR, Antonio dos. **Função promocional da responsabilidade civil**: um modelo de estímulos à reparação espontânea dos danos. Indaiatuba, SP: Editora Foco, 2022.

RICHARDS, Neil; HARTZOG, Woodrow. A relational turn for data protection? **European Data Protection Law Review**, [S. l.], v. 6, issue 4, p. 492-497, 2020. DOI: https://doi.org/10.21552/edpl/2020/4/5. Disponível em: https://edpl.lexxion.eu/article/edpl/2020/4/5/display/html#3. Acesso em: 1º fev. 2023.

RICHARDS, Neil; HARTZOG, Woodrow. A duty of loyalty for privacy law. **Washington University Law Review**, v. 961, 61 p., 2021. DOI: http://dx.doi.org/10.2139/ssrn.3642217. Disponível em: https://ssrn.com/abstract=3642217. Acesso em: 1º fev. 2023.

RODOTÀ, Stefano. **A vida na sociedade da vigilância**: a privacidade hoje. Tradução de Danilo Doneda e Luciana Cabral Doneda. Organização, seleção e apresentação de Maria Celina Bodin de Moraes. São Paulo: Renovar, 2008.

RODOTÀ, Stefano. **El derecho a tener derechos**. Tradução de José Manuel Revuelta. Madri: Editorial Trotta, 2014.

RODOTÀ, Stefano. Autodeterminação e laicidade. Tradução de Carlos Nelson de Paula Konder. **Revista Brasileira de Direito Civil-RBDCivil**, Belo Horizonte, v. 17, p. 139-152, jul./set. 2018.

RODRIGUES JUNIOR, Otávio Luiz. Direitos fundamentais e direitos da personalidade. *In*: TOFFOLI, José Antonio Dias (org.). **30 anos da constituição**

brasileira: democracia, direitos fundamentais e instituições. Rio de Janeiro: Forense, 2018. p. 679-703.

RODRIGUES JUNIOR, Otávio Luiz. **Direito civil contemporâneo**: estatuto epistemológico, constituição e direitos fundamentais. 2. ed. Rio de Janeiro: Forense, 2019.

RODRIGUEZ, Daniel Piñeiro. **O direito fundamental à proteção de dados**: vigilância, privacidade e regulação. Rio de Janeiro: Lumen Juris, 2021.

RODRIGUEZ, José Rodrigo. **Direito das lutas**: democracia, diversidade, multinormatividade. São Paulo: Liber Ars, 2019.

ROSENVALD, Nelson; FALEIROS JÚNIOR, José Luiz de Moura. Vulnerabilidade digital e responsabilidade. *In*: BARLETTA, Fabiana Rodrigues; ALMEIDA, Vitor (coord.). **Vulnerabilidade e suas dimensões jurídicas**. Indaiatuba, SP: Editora Foco, 2023. p. 621-643.

ROSENVALD, Nelson. **As funções da responsabilidade civil**: a reparação e a pena civil. 3. ed. São Paulo: Saraiva, 2017.

ROSENVALD, Nelson. Quatro conceitos de responsabilidade civil para a 4. Revolução Industrial e o capitalismo de vigilância. *In*: EHRHARDT JÚNIOR, Marcos (coord.). **Direito civil**: futuros possíveis. Belo Horizonte: Editora Fórum, 2022. p. 175-206.

RUGGIE, John Gerard; NELSON, Tamaryn. Human rights and the OECD guidelines for multinational enterprises: normative innovations and implementation challenges. **Brown Journal of World Affairs**, [S. l.], v. XXII, issue I, p. 99-107, Fall/Winter 2015.

SAARENPÄÄ, Ahti. Derechos digitales. *In*: BAUZÁ REILLY, Marcelo (dir.). **El derecho de las TIC en Iberoamérica**. Montevideo, Uruguay: La Ley Uruguay, 2019. cap. 10, p. 291-326.

SAAVEDRA, Giovani Agostini. Compliance de dados. *In*: DONEDA, Danilo; SARLET, Ingo Wolfgang; MENDES, Laura Schertel; RODRIGUES JÚNIOR, OTÁVIO LUIZ (coord.). **Tratado de proteção de dados pessoais**. Rio de Janeiro, Forense, 2021. p. 727-741.

SANTOS, Bruno P. *et al*. **Internet das coisas**: da teoria à prática. Departamento de Ciência da Computação. Universidade Federal de Minas Gerais. Belo Horizonte: UFMG, [2023?]. Disponível em: https://homepages.dcc.ufmg.br/~mmvieira/cc/papers/internet-das-coisas.pdf. Acesso em: 17 jan. 2023.

SANTOS, Daniel dos. Brasil é o país com o maior volume de vazamento de dados. **A LOT Brasil**. [Brasil], c2020. Disponível em: https://aiotbrasil.com.br/seguranca/brasil-e-o-pais-com-o-maior-volume-de-vazamento-de-dados/. Acesso em: 2 maio 2023.

SANTOS, Deborah Pereira Pinto dos. Vulnerabilidade existencial na internet. *In*: TEPEDINO, Gustavo; TEIXEIRA, Ana Carolina Brochado; ALMEIDA, Vitor (coord.). **Da dogmática à efetividade do direito civil**: anais do Congresso Internacional de Direito Civil Constitucional: IV Congresso do IBDCivil. 2. ed. Belo Horizonte: Fórum, 2019. p. 57-71.

SARLET, Ingo Wolfgang. **A eficácia dos direitos fundamentais**: uma teoria geral dos direitos fundamentais na perspectiva constitucional. 11. ed. rev. e atual. Porto Alegre: Livraria do Advogado Editora, 2012.

SARLET, Ingo Wolfgang. Direitos fundamentais em espécie. *In:* SARLET, Ingo Wolfgang; MITIDIERO, Daniel; MARINONI, Luiz Guilherme. **Curso de direito constitucional**. 9. ed. São Paulo: Saraiva Educação, 2020a. p. 415-834.

SARLET, Ingo Wolfgang. Proteção de dados pessoais como direito fundamental na Constituição Federal brasileira de 1988: contributo para a construção de uma dogmática constitucionalmente adequada. **Revista Brasileira de Direitos Fundamentais & Justiça**, Belo Horizonte, v. 14, n. 42, p. 179-218, jan./jun. 2020b. DOI: https://doi.org/10.30899/dfj.v14i42.875. Disponível em: http://dfj.emnuvens.com.br/dfj/article/view/875. Acesso em: 16 mar. 2023.

SARLET, Ingo Wolfgang. Teoria geral dos direitos fundamentais. *In:* SARLET, Ingo Wolfgang; MITIDIERO, Daniel; MARINONI, Luiz Guilherme. **Curso de direito constitucional**. 9. ed. São Paulo: Saraiva Educação, 2020c. p. 312-414.

SARLET, Ingo Wolfgang. Fundamentos constitucionais: o direito fundamental à proteção de dados. *In:* DONEDA, Danilo *et al.* (coord.). **Tratado de proteção de dados pessoais**. Rio de Janeiro: Forense, 2021. p. 21-59.

SARLET, Ingo Wolfgang; SAAVEDRA, Giovani Agostini. Fundamentos jusfilosóficos e âmbito de proteção do direito fundamental à proteção de dados pessoais. **Revista Direito Público-RDP**, Brasília, v. 17, n. 93, p. 33-57, maio/jun. 2020. Disponível em: https://www.portaldeperiodicos.idp.edu.br/direitopublico/article/view/4315. Acesso em: 11 jan. 2023.

SARLET, Ingo Wolfgang; SARLET, Gabrielle Bezerra Sales. **Separação informacional de poderes no direito constitucional brasileiro**. Texto de discussão 4/2022. São Paulo: Associação Data Privacy Brasil de Pesquisa, 2022. Disponível em: https://www.dataprivacybr.org/documentos/separacao-informacional-de-poderes-no-direito-constitucional-brasileiro/?idProject=. Acesso em: 15 set. 2022.

SARLET, Ingo Wolfgang; WEDY, Gabriel; FENSTERSEIFER, Tiago. O 'caso Neubauer e outros v. Alemanha' e os direitos fundamentais. **Conjur – Consultor Jurídico**. Boletim de notícias. [S. l.], 8 out. 2021. Disponível em: https://www.conjur.com.br/2021-out-08/direitos-fundamentais-neubauer-outros-alemanha-direitos-fundamentais. Acesso em: 15 abr. 2023.

SCHREIBER, Anderson. **Novos paradigmas da responsabilidade civil**: da erosão dos filtros da reparação à diluição dos danos. São Paulo: Atlas, 2007.

SCHREIBER, Anderson. **Direitos da personalidade**. 2. ed. São Paulo: Atlas, 2013.

SCHREIBER, Anderson. Responsabilidade civil na Lei Geral de Proteção de Dados. *In:* DONEDA, Danilo; SARLET, Ingo Wolfgang; MENDES, Laura Schertel; RODRIGUES JÚNIOR, OTÁVIO LUIZ (coord.). BIONI, Bruno Ricardo (coord. exec.). **Tratado de proteção de dados pessoais**. Rio de Janeiro, Forense, 2021. p. 319-338.

SCHWAB, Klaus. **A quarta revolução industrial**. Tradução de Daniel Moreira Miranda. São Paulo: Edipro, 2016.

SEBASTIÃO, Simone Martins. **Tributo ambiental**: extrafiscalidade e função promocional do direito. Curitiba: Editora Juruá, 2006.

SEU CELULAR está realmente te espionando?. **BBC News Brasil**. [Brasil], 22 abr. 2019. Disponível em: https://www.bbc.com/portuguese/geral-47993946. Acesso em: 17 jan. 2023.

SIEGEL, Eric. **Análise preditiva**: o poder de prever quem vai clicar, comprar, mentir ou morrer. Tradução de Wendy Campos. Rio de Janeiro: Alta Books, 2017.

SILVA, Clovis Veríssimo do Couto e. **A obrigação como processo**. São Paulo: Bushatsky, 1976.

SILVA, Clovis Veríssimo do Couto e. O princípio da boa-fé no direito brasileiro e português. *In*: FRADERA, Vera Maria Jacob (org.). **O direito privado brasileiro na visão de Clóvis do Couto e Silva**. Porto Alegre: Livraria do Advogado, 1997. p. 33-58.

SILVA, Joseane Suzart Lopes da. A proteção de dados pessoais dos consumidores e a Lei 13.709/2018: em busca da efetividade dos direitos à privacidade, intimidade e autodeterminação. **Revista de Direito do Consumidor**, [*S. l.*], v. 121/2019, p. 367-418, jan./fev. 2019.

SILVA NETO, Victo José da; CHIARINI, Tulio; RIBEIRO, Leonardo da Costa. Viagens de descobrimento: mapeando a geografia da economia de plataformas. *In*: ENCONTRO NACIONAL DE ECONOMIA INDUSTRIAL E INOVAÇÃO, 6., 2022. [*S. l.*]: **Blucher Engineering Proceedings**, v. 9, n. 1, p. 374-394, maio/2022. DOI: http://dx.doi.org/10.1016/vi-enei-815. Disponível em: https://www.proceedings.blucher.com.br/article-details/viagens-de-descobrimento-mapeando-a-geografia-da-economia-de-plataformas-37219. Acesso em: 9 ago. 2023.

SILVA, Rafael Peteffi da. Antijuridicidade como requisito da responsabilidade civil extracontratual: amplitude conceitual e mecanismos de aferição. *In*: SILVA, Michel Cesar; BRAGA NETO, Felipe Peixoto (coord.). **Direito privado e contemporaneidade**: desafios e perspectivas do direito privado no século XXI. Indaiatuba, SP: Editora Foco, 2020. p. 91-123.

SILVEIRA, Sérgio Amadeu da. **Democracia e os códigos invisíveis**: como os algoritmos estão modulando comportamentos e escolhas políticas. São Paulo: Edições Sesc, 2019.

SIMÃO, Bárbara; FRAGOSO, Nathalie; ROBERTO, Enrico. **Reconhecimento facial e o setor privado**: guia para a adoção de boas práticas. São Paulo: InternetLab; IDEC, 2020. Disponível em: https://idec.org.br/sites/default/files/reconhecimento_facial_diagramacao_digital_2.pdf. Acesso em: 24 jun. 2023.

SIMÃO, José Fernando; DANTAS BISNETO, Cícero. Responsabilidade civil: uma leitura crítica dos artigos 42 a 45 da LGPD. *In*: MONACO, Gustavo Ferraz de Campos; CUNHA, Amanda; MARTINS, Melhos Smith; CAMARGO, Solano de (org.). **Lei Geral de Proteção de Dados**: ensaios e controvérsias da Lei 13.709/18. São Paulo: Quartier Latin, 2020. p. 399-406.

SMALLEY, Suzanne. TikTok data collection, influence operations potential draw U.S. NSA concern. **REUTERS** [online]. [USA], March 7, 2023. Disponível em: https://www.reuters.com/world/us/us-nsa-director-concerned-by-tiktok--data-collection-use-influence-operations-2023-03-07/. Acesso em: 10 mar. 2023.

SNOWDEN, Edward. **Eterna vigilância:** como montei e desvendei o maior sistema de espionagem do mundo. São Paulo: Planeta do Brasil, 2019.

SOLOVE, Daniel J. Privacy self-management and the consent dilemma. **Harvard Law Review**, [S. l.], GWU Legal Studies Research Paper No. 2012-141, GWU Law School Public Law Research Paper No. 2012-141, [S. l.], v. 126, p. 1880-1903, 2013. Disponível em: https://ssrn.com/abstract=2171018. Acesso em: 14 out. 2022.

SOLOVE, Daniel J. Data is what data does: regulating based on harm and risk instead of sensitive data. **Northwestern University Law Review**, [S. l.], GWU Legal Studies Research Paper No. 2023-22, GWU Law School Public Law Research Paper No. 2023-22, p. 1-51, January 11, 2023a (Forthcoming 2024). DOI: http://dx.doi.org/10.2139/ssrn.4322198. Disponível em: https://ssrn.com/abstract=4322198. Acesso em: 27 jun. 2023.

SOLOVE, Daniel J. Murky consent: an approach to the fictions of consent in privacy law. **Boston University Law Review**, [S. l.], GWU Legal Studies Research Paper No. 2023-23, GWU Law School Public Law Research Paper No. 2023-23, p. 1-51, January 22, 2023b (Forthcoming 2024). DOI: http://dx.doi.org/10.2139/ssrn.4333743. Disponível em: https://ssrn.com/abstract=4333743. Acesso em: 27 jun. 2023.

SOLOVE, Daniel J.; CITRON, Danielle Keats. Risk and anxiety: a theory of data-breach harms. (December 14, 2016). 96 **Texas Law Review**, [USA], GWU Law School Public Law Research Paper No. 2017-2. GWU Legal Studies Research Paper No. 2017-2. University of Maryland. v. 96, p. 737-786, Dec. 14, 2016. DOI: http://dx.doi.org/10.2139/ssrn.2885638. Disponível em: https://ssrn.com/abstract=2885638. Acesso em: 27 jun. 2023.

SOUZA, Carlos Affonso Pereira de. Segurança e sigilo dos dados pessoais: primeiras impressões à luz da Lei 13.709/2018. *In*: FRAZÃO, Ana; TEPEDINO, Gustavo; OLIVA, Milena Donato (coord.) **Lei Geral de Proteção de Dados Pessoais e suas repercussões no direito brasileiro**. São Paulo: Thomson Reuters Brasil, 2019. p. 417-441.

SOUZA, Eduardo Nunes de. Em defesa do nexo causal: culpa, imputação e causalidade na responsabilidade civil. *In*: SOUZA, Eduardo Nunes de; SILVA, Rodrigo da Guia (coord.). **Controvérsias atuais em responsabilidade civil**: estudos de direito civil-constitucional. São Paulo: Almedina, 2018. p. 33-102.

SOUZA, Eduardo Nunes de; SILVA, Rodrigo da Guia. Direitos do titular de dados pessoais na Lei 13.709/2018: uma abordagem sistemática. *In*: FRAZÃO, Ana; TEPEDINO, Gustavo; OLIVA, Milena Donato (coord.). **Lei Geral de Proteção de Dados Pessoais e suas repercussões no direito brasileiro**. São Paulo: Thomson Reuters Brasil, 2019.

SPIECKER, Indra. O direito à proteção de dados na internet em caso de colisão. **Revista Brasileira de Direitos Fundamentais & Justiça**, Belo Horizonte, ano 12, n. 38, p. 17-33, jan./jun. 2018. DOI: https://doi.org/10.30899/djf.v12i38.709. Disponível em: http://dfj.emnuvens.com.br/dfj/article/view/709. Acesso em: 24 set. 2022.

STOCO, Rui. Responsabilidade civil pela prática de atos lícitos. *In:* NERY JUNIOR, Nelson; NERY, Rosa Maria de Andrade (org.). **Doutrinas essenciais**: responsabilidade civil. São Paulo: Revista dos Tribunais, 2010. v. 1, p. 607-610.

STRASBOURG. Council of Europe. **Convention for the Protection of Individuals with regard to Automatic Processing of Personal Data**. European Treaty Series – No. 108. [...] Recognising that it is necessary to reconcile the fundamental values of the respect for privacy and the free flow of information between peoples [...]. Strasbourg, France: Council de Europe-COE, Jan./1981. Disponível em: https://rm.coe.int/1680078b37. Acesso em: 15 abr. 2023.

STRECK, Lenio Luiz. Bases para a compreensão da hermenêutica jurídica em tempos de superação do esquema sujeito-objeto. **Revista Seqüência**, [Santa Catarina], n. 54, p. 29-46, jul./2007. Disponível em: https://periodicos.ufsc.br/index.php/sequencia/article/download/15066/13733. Acesso em: 23 jul. 2023.

STRECK, Lenio Luiz. Da "justeza dos nomes" à "justeza da resposta" constitucional. **Revista dos Tribunais** [online], Thomson Reuter, Revista do Instituto dos Advogados de São Paulo, [São Paulo], v. 22/2008, p. 1-21/p. 134-154, jul./dez. 2008.

STRECK, Lenio Luiz. As várias faces da discricionariedade no Direito Civil brasileiro: o "reaparecimento" do movimento do direito livre em *Terrae Brasilis*. **Revista dos Tribunais** [online], Thomson Reuters, Revista de Direito Civil Contemporâneo, [Brasil], v. 8/2016, p. 1-10; p. 37-48, jul./set. 2016a.

STRECK, Lenio Luiz. O que ainda podemos aprender com a literatura sobre os princípios jurídicos e suas condições de aplicação? **Revista dos Tribunais** [online], Thomson Reuters, Revista de Processo, [Brasil], v. 258/2016, p. 1-17; p. 153-170, ago./2016b.

STRECK, Lenio Luiz. **Dicionário de hermenêutica**: quarenta temas fundamentais da teoria do direito à luz da crítica hermenêutica do Direito. Belo Horizonte: Letramento; Casa do Direito, 2017a.

STRECK, Lenio Luiz. **Verdade e consenso**. 6. ed. São Paulo: Saraiva, 2017b.

SUÁREZ-GONZALO, Sara. 'Deadbots' can speak for you after your death. Is that ethical? **The Conversation**. [UK], May 9, 2022. Disponível em: https://theconversation.com/deadbots-can-speak-for-you-after-your-death-is-that-ethical-182076. Acesso em: 17 jan. 2023.

SZINVELSKI, Mártin Marks; LIMBERGER, Têmis; SALDANHA, Jânia Maria Lopes. Transnacionalização e selos de qualidade em proteção de dados: um novo campo de estudo na era digital. **Revista dos Tribunais**, [s, l.], v. 1020/2020, p. 143-162, out./2020.

TARTUCE, Flávio. **Responsabilidade civil objetiva e risco**: a teoria do risco concorrente. Rio de Janeiro: Forense; São Paulo: Método, 2011.

TARTUCE, Flávio. **Manual de responsabilidade civil**. Rio de Janeiro: Forense, 2018.

TARTUCE, Flávio. **Responsabilidade civil**. 4. ed. Rio de Janeiro: Forense, 2022.

TEFFÉ, Chiara Spadaccini de. **Dados pessoais sensíveis**: qualificação, tratamento e boas práticas. Indaiatuba, SP: Editora Foco, 2023.

TEPEDINO, Gustavo. **Temas de direito civil**. 2. ed. Rio de Janeiro: Renovar, 2001.

TEPEDINO, Gustavo; SILVA, Rodrigo da Guia. Inteligência artificial e elementos da responsabilidade civil. *In*: FRAZÃO, Ana; MULHOLLAND, Caitlin (coord.). **Inteligência artificial e direito**: ética, regulação e responsabilidade. São Paulo: Thomson Reuters Brasil, 2019. p. 293-323.

TEPEDINO, Gustavo; TEFFÉ, Chiara Spadaccini de. Consentimento e proteção de dados pessoais na LGPD. *In*: FRAZÃO, Ana; TEPEDINO, Gustavo; OLIVA, Milena Donato (coord.) **Lei Geral de Proteção de Dados Pessoais e suas repercussões no direito brasileiro**. São Paulo: Thomson Reuters Brasil: Revista dos Tribunais, 2019. p. 287-322.

TEUBNER, Gunther. **O direito como sistema autopoiético**. Lisboa: Fundação Calouste Gulbenkian, 1993.

TEUBNER, Gunther. **Direito, sistema e policontexturalidade**. Piracicaba, SP: Editora Unimep, 2005.

THE GLOBAL Risks Report 2023. **World Economic Forum**, Cologny/Geneva Switzerland, 18. ed., p. 1-98, January 2023. Disponível em: https://www3.weforum.org/docs/WEF_Global_Risks_Report_2023.pdf. Acesso em: 17 jan. 2023.

THE WORLD'S most valuable resource is no longer oil, but data. **The Economist**. [UK], May 6th, 2017. Disponível em: https://www.economist.com/leaders/2017/05/06/the-worlds-most-valuable-resource-is-no-longer-oil-but-data. Acesso em: 15 jan. 2023.

TORRANO, Bruno. **Pragmatismo no direito**: e a urgência de um "pós-pós-positivismo" no Brasil. Rio de Janeiro: Lumen Juris, 2018.

TOSI, Emilio. Unlawful data processing prevention and strict liability regime under EU GDPR. **Italian Law Journal**, [Itália], v. 7, n. 2, p. 873-904, 2021. DOI: 10.23815/2421-2156.ITALJ. Disponível em: https://www.theitalianlawjournal.it/tosi/. Acesso em: 26 jul. 2023.

U.N. INVESTIGATOR says Facebook provided vast amount of Myanmar war crimes information. **REUTERS**. Geneva, September 12, 2022. Disponível em: https://www.reuters.com/world/asia-pacific/un-investigator-says-facebook-provided-vast-amount-myanmar-war-crimes-2022-09-12/. Acesso em: 10 fev. 2023.

UNIVERSIDADE DO VALE DOS RIO DOS SINOS (UNISINOS). Escola de Direito. Mestrado e Doutorado em Direito. **Linha de Pesquisa**: hermenêutica, constituição e concretização de direitos. São Leopoldo, RS, [2020]. Disponível em: http://www.unisinos.br/mestrado-e-doutorado/direito/presencial/sao-leopoldo/linhas-de-pesquisa. Acesso em: 5 nov. 2022.

USTÁRROZ, Daniel. **Responsabilidade civil por ato lícito**. São Paulo: Atlas, 2014.

VAN DE WAERDT, Peter J. Information asymmetries: recognizing the limits of the GDPR on the data-driven market. **Computer Law & Security Review**, [S. l.], v. 38, p. 1-18, 2020. DOI: https://doi.org/10.1016/j.clsr.2020.105436. Disponível em: https://www.sciencedirect.com/science/article/pii/S0267364920300418. Acesso em: 28 mar. 2023.

VÉLIZ, Carissa. **Privacidade é poder**: por que e como você deveria retomar o controle de seus dados. Tradução de Samuel Oliveira. São Paulo: Editora Contracorrente, 2021.

VENTURI, Thaís Goveia Pascoaloto. **A construção da responsabilidade civil preventiva no direito civil contemporâneo**. Orientador: Eroulths Cortiano Júnior. 2012. 338 p. Tese (Doutorado em Direito das Relações Sociais) – Faculdade de Direito, Setor de Ciências Jurídicas, Programa de Pós-Graduação, Universidade Federal do Paraná, Curitiba, 2012. Disponível em: https://acervodigital.ufpr.br/bitstream/handle/1884/28243/R%20-%20T%20-%20THAIS%20GOVEIA%20PASCOALOTO%20VENTURI.pdf?sequence=1&isAllowed=y. Acesso em: 30 abr. 2023.

VESTING, Thomas. **Gentleman, gestor, homo digitalis**: a transformação da subjetividade jurídica na modernidade. Tradução de Ricardo Campos e Gercélia Mendes. São Paulo: Editora Contracorrente, 2022.

VIEIRA, Andrey Bruno Cavalcante; EHRHARDT JUNIOR, Marcos. O direito de danos e a função preventiva: desafios de sua efetivação a partir da tutela inibitória em casos de colisão de direitos fundamentais. **Revista IBERC**, Minas Gerais, v. 2, n. 2, p. 01-30, mai./ago. 2019.

VIEIRA, Patrícia Ribeiro Serra. **A responsabilidade civil objetiva no direito de danos**. Rio de Janeiro: Forense, 2004.

VIGO, Rodolfo Luis. **Interpretação jurídica**: do modelo juspositivista-legalista do século XIX às novas perspectivas. Tradução de Susana Elena Dalle Mura. FLORES, Alfredo de J. (rev. e notas). São Paulo: Editora Revista dos Tribunais, 2005.

VON GRAFENSTEIN, Max. Book Review. **European Data Protection Law Review**, [S. l.], v. 8, issue 4, p. 548-551, 2022. DOI: https://doi.org/10.21552/edpl/2022/4/16. Disponível em: https://edpl.lexxion.eu/article/EDPL/2022/4/16. Acesso em: 1º fev. 2023.

VON GRAFENSTEIN, Max; JAKOBI, Timo; STEVENS, Gunnar. Effective data protection by design through interdisciplinary research methods: the example of effective purpose specification by applying user-Centred UX-design methods. **Computer Law & Security Review**, [S. l.], v. 46, p. 1-22, 2022. DOI: https://doi.org/10.1016/j.clsr.2022.105722. Disponível em: https://www.sciencedirect.com/science/article/pii/S026736492200067X). Acesso em: 28 mar. 2023.

VON GRAFENSTEIN, Maximilian. Refining the concept of the right to data protection in article 8 ECFR – Part I: finding an appropriate object and concept of protection by re-connecting data protection law with concepts of risk regulation. **European Data Protection Law Review-EDPL**, [S. l.], v. 6, issue 4, p. 509-521, 2020. DOI: https://doi.org/10.21552/edpl/2020/4/7. Disponível em: https://edpl.lexxion.eu/article/EDPL/2020/4/7. Acesso em: 12 ago. 2022.

VON GRAFENSTEIN, Maximilian. Refining the concept of the right to data protection in article 8 ECFR – Part II: controlling risks through (not to) article 8 ECFR against other fundamental rights. **European Data Protection Law Review-EDPL**, [S. l.], v. 7, issue 2, p. 190-205, 2021a. DOI: https://doi.org/10.21552 /edpl/2021/2/8. Disponível em: https://edpl.lexxion.eu/article/EDPL/2021/2/8. Acesso em: 15 ago. 2022.

VON GRAFENSTEIN, Maximilian. Refining the concept of the right to data protection in article 8 ECFR – Part III: consequences for the interpretation of the GDPR (and the Lawmaker's Room for Manoeuvre). **European Data Protection Law Review-EDPL**, [S. l.], v. 7, issue 3, p. 373-387, 2021b. DOI: https://doi.org/10.21552/edpl/2021/3/6. Disponível em: https://edpl.lexxion.eu/article/edpl/2021/3/6. Acesso em: 15 ago. 2022.

WACHTER, Sandra; MITTELSTADT, Brent. A right to reasonable inferences: re-thinking data protection law in the age of big data and AI. **Columbia Business Law Review**, [S. l.], issue 2, 130 p., Jun. 2019, 25. Disponível em: https://ssrn.com/abstract=3248829. Acesso em: 13 jan. 2023.

WALDRON, Jeremy. **A dignidade da legislação**. Tradução de Luís Carlos Borges. Revisão da tradução de Marina Appenzeller. São Paulo: Martins Fontes, 2003. (Coleção justiça e direito).

WALDRON, Jeremy. **Torture and positive law**: jurisprudence for the White House. UC Berkeley: Kadish Center for Morality, Law and Public Affairs, Victoria University of Wellington, New Zealand, Sept. 30, 2004. Disponível em: https://escholarship.org/uc/item/23d27577. Acesso em: 1º jun. 2023.

WALDRON, Jeremy. **Contra el gobierno de los jueces**: ventajas y desventajas de tomar decisiones por mayoria en el Congreso y en los tribunales. GONZÁLEZ BERTOMEU, Juan F. (coord./ed. lit.). Tradução de Leonardo García Jaramillo, Federico Jorge Gaxiola e Santiago Virgües Ruiz. Buenos Aires: Siglo XXI Editora, 2008.

WEDY, Gabriel de Jesus Tedesco. Os elementos constitutivos do princípio da precaução e a sua diferenciação com o princípio da prevenção. **Revista de Doutrina da 4ª Região**, Porto Alegre, n. 68, out. 2015. Disponível em: https://revistadoutrina.trf4.jus.br/artigos/edicao068/Gabriel_Wedy.html. Acesso em: 1º fev. 2023.

WELLE, Deutsche. Por que os yanomami não querem ter fotos suas compartilhadas. **Isto é dinheiro**. [Brasil], 27 jan. 2023. Disponível em: https://www.istoedinheiro.com.br/por-que-os-yanomami-nao-querem-ter-fotos-suas-compartilhadas/. Acesso em: 26 jun. 2023.

ZAGREBELSKY, Gustavo. **El derecho dúctil:** ley, derechos, justicia. Tradução de Marina Gascón. 11. ed. Madrid: Editorial Trotta, 2011.

ZANFIR, Gabriela. Forgetting about consent: why the focus should be on "suitable safeguards" in Data Protection Law. *In:* GUTWIRTH, Serge; Leenes, Ronald; DE HERT, Paul (eds.). **Reloading data protection**. [S. l.]: Springer, Dordrecht, 2014. p. 237-257. Disponível em: https://doi.org/10.1007/978-94-007-7540-4_12. Acesso em: 11 ago. 2022.

ZUBOFF, Shoshana. Big Other: capitalismo de vigilância e perspectivas para uma civilização de informação. *In:* BRUNO, Fernanda *et al.* (org.). **Tecnopolíticas da vigilância**: perspectivas da margem. Tradução de Antonio Holzmeister Oswaldo Cruz e Bruno Cardoso. São Paulo: Boitempo, 2018. p. 17-68.

ZUBOFF, Shoshana. **The age of surveillance capitalism**: the fight for a human future at the new frontier of power. New York: PublicAffairs, 2019.

ZUBOFF, Shoshana. **A era do capitalismo de vigilância**: a luta por um futuro humano na nova fronteira do poder. Tradução de George Schlesinger. Rio de Janeiro: Intrínseca, 2020.